广视角·全方位·多品种

权威·前沿·原创

皮书系列为
"十二五"国家重点图书出版规划项目

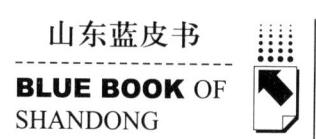

山东文化发展报告（2014）

ANNUAL REPORT ON SHANDONG'S CULTURE
(2014)

主　　编／张　华　唐洲雁
执 行 主 编／王志东　涂可国
执行副主编／张　伟　张　进

社会科学文献出版社
SOCIAL SCIENCES ACADEMIC PRESS (CHINA)

图书在版编目(CIP)数据

山东文化发展报告.2014/张华,唐洲雁主编.—北京:社会科学文献出版社,2014.6
(山东蓝皮书)
ISBN 978-7-5097-6051-2

Ⅰ.①山… Ⅱ.①张… ②唐… Ⅲ.①文化发展-研究报告-山东省-2014 Ⅳ.①G127.52

中国版本图书馆CIP数据核字（2014）第106651号

山东蓝皮书
山东文化发展报告（2014）

主　　编／张　华　唐洲雁
执行主编／王志东　涂可国
执行副主编／张　伟　张　进

出 版 人／谢寿光
出 版 者／社会科学文献出版社
地　　址／北京市西城区北三环中路甲29号院3号楼华龙大厦
邮政编码／100029

责任部门／人文分社（010）59367215　　　　责任编辑／张倩郢
电子信箱／renwen@ssap.cn　　　　　　　　　责任校对／介慧萍
项目统筹／宋月华　许　力　　　　　　　　　责任印制／岳　阳
经　　销／社会科学文献出版社市场营销中心（010）59367081　59367089
读者服务／读者服务中心（010）59367028

印　　装／北京季蜂印刷有限公司
开　　本／787mm×1092mm　1/16　　　　　印　张／24.25
版　　次／2014年6月第1版　　　　　　　　字　数／391千字
印　　次／2014年6月第1次印刷
书　　号／ISBN 978-7-5097-6051-2
定　　价／98.00元

本书如有破损、缺页、装订错误，请与本社读者服务中心联系更换
▲ 版权所有 翻印必究

《山东文化发展报告》编委会

主　　　编　张　华　唐洲雁

执 行 主 编　王志东　涂可国

执行副主编　张　伟　张　进

编　　　委（以姓氏笔画为序）

马学强　王志东　孙聚友　李然忠　杨朝明
杨金卫　张　华　张友谊　张凤莲　张　伟
张　进　郑贵斌　姜　锐　唐洲雁　涂可国

专家咨询委员会
（以姓氏笔画为序）

王希军　王　侠　王韶兴　李国琳　刘德龙
杨　瑛　张友臣　郑贵斌　徐向红　商志晓

主编简介

王志东 山东社会科学院副院长、山东文化产业研究中心副主任、研究员。获山东省"齐鲁文化英才""齐鲁文化名家"荣誉称号。长期从事文化发展、文化旅游的基础理论研究和实际应用对策研究。出版专著3部,主编著作10余部,发表学术论文、研究报告100余篇。主持国家社会科学规划课题1项、省社会科学规划课题5项,获省社科优秀成果一等奖1项、二等奖4项。

涂可国 长期从事儒学、哲学和文化研究,担任山东社会科学院文化研究所所长,山东文化产业研究中心副主任,山东省"齐鲁文化英才"。独著、主编及参著近20部学术著作,主要有《社会哲学》(独著)、《儒学与人的发展》(独著)、《儒家哲学文库》(主编)、《鲁商文化概论》(主编)、《山东文化蓝皮书》(2010~2013年,主编)、《中国文化新体系》(主编)等。在《哲学研究》《文史哲》等重要刊物上发表文章200余篇。主持国家社会科学规划课题1项、省社会科学规划课题4项,获省社科优秀成果二等奖5项。

张　伟 山东社会科学院文化研究所副所长、副研究员,山东省古代文学学会常务理事,《山东文化蓝皮书》副主编。已出版专著4部,在《学术交流》《山东社会科学》《东岳论丛》等刊物发表文章30余篇,主持或参加国家及山东省社科规划项目10余项,曾获得山东省社会科学优秀成果奖,山东省刘勰文艺评论奖,学术成果共计100多万字。2010年被评为"山东省社会科学学科新秀",2012年入选山东省理论人才"百人工程"。

摘 要

2013年是山东省进一步推进文化强省建设的重要之年，这一年不论在全省层面还是在各地市层面，文化的改革和发展都取得了可喜成绩，"文明山东"建设稳步推进，公共文化服务体系建设稳步推进，文化事业日益繁荣，文化产业效益逐步提高。在"常规动作"取得重要进展的同时，重点公共文化设施建设，文化产业园区、演艺产业等文化产业也取得超常发展。

展望2014年山东文化发展，将会呈现以下趋势：公共文化服务体系基本建成，文化保护工作将向纵深拓展，文化产业发展更加注重内涵，文化体制借助于改革更加完善。为进一步推进文化强省和"文明山东"建设，应进一步推进山东文化繁荣发展，使之焕发出新的生机和活力，加强文化遗产保护，积极创建国家级和省级文化生态保护实验区，努力把山东建设成为文化遗产保护强省；大力扶持文化创意产业，推动创意企业发展，完善文化创意产业发展环境，加强文化创意产业载体建设；加强山东文化人才队伍建设，进一步健全山东文化人才奖励制度，通过设立专项资金等方式加大山东文化人才激励开发力度，建立山东文化人才工作督查制和目标责任制。

Abstract

It is a crucial moment for us to make further contribution to build Shandong a powerful province on culture in 2013. We made delectable achievements on cultural reformation and development, both at whole province and every city, in the past year. For example, the project of "Civilized Shandong" was steadily promoted, the project of public service system on culture was gradually advanced, cultural enterprise was increasingly flourished, and cultural industry was making more benefit. In despite of these general progresses, we made extraordinary progress on cultural industry in the field of offering more public facilities of culture, building cultural industry-zones and promoting performing art industry.

We could foresee the trend of cultural development in Shandong province in 2014: public service system of culture will be essentially accomplished, cultural protections will be profoundly promoted, development of cultural industry will cultivates more connotations, and cultural institution will be more perfect under the help of reformation. In order to build powerful province on culture and "Civilized Shandong", there is a lot for us to do: we would promote cultural flourish and development in Shandong province, by means of enhancing protection on cultural heritage and building national protective zones of cultural zoology, in order to make Shandong a powerful province on cultural heritage protections; we would support industries on cultural originality and promote the development of originality-corporations, aiming at perfecting the developmental environment and building more carriers for cultural originality-corporations; we would cultivate more human resources on culture and perfect the encouraging institutions for cultural human resources, whose incomings will be increased greatly by means of special financing, aiming at building examining and responsible institutions on cultural human resource in Shandong.

目录

前言 ……………………………………………………………………… 001

BⅠ 总报告

B.1 2013年山东文化发展分析报告 ……………………………………… 001

BⅡ 文化事业篇

B.2 山东省青年志愿服务发展研究报告 …………………………………… 023
B.3 山东省社会科学发展报告 ……………………………………………… 034
B.4 山东文学艺术发展报告 ………………………………………………… 051

BⅢ 文化产业篇

B.5 山东省新闻出版业发展分析报告 ……………………………………… 086
B.6 山东省广播影视业发展分析报告 ……………………………………… 100
B.7 山东省会展业发展分析报告 …………………………………………… 110
B.8 山东省广告产业发展分析报告 ………………………………………… 118
B.9 山东省演艺业发展分析报告 …………………………………………… 134
B.10 山东省旅游业发展分析报告 ………………………………………… 145
B.11 山东省动漫产业发展分析报告 ……………………………………… 159

BⅣ 专题篇

- B.12 推进山东文化强省建设先进市县创建研究 …………… 176
- B.13 山东省文化产业园区建设分析报告 …………… 185
- B.14 济南建设区域文化中心城市的基础条件与路径选择 …… 200
- B.15 济南市公益性文化事业发展分析报告 …………… 217
- B.16 枣庄市公共文化服务体系建设发展战略 …………… 233
- B.17 山东农村文化消费问题分析 …………… 252
- B.18 山东省流动人口文化消费引导发展的对策研究 …… 263

BⅤ 案例篇

- B.19 第十届中国艺术节综合效益研究分析报告 …………… 278
- B.20 台儿庄运河文化生态保护实验区发展报告 …………… 294
- B.21 "泰安演艺模式"探讨 …………… 306
- B.22 2013年度莫言研究态势分析 …………… 310

- B.23 2013年山东文化大事记 …………… 322

CONTENTS

Preface / 001

B I General Report

B.1 Analyzing Report on Cultural Development in Shandong Province / 001

B II Cultural Enterprise

B.2 Report on Development of Voluntary Service by Youth in
     Shandong Province / 023
B.3 Report on Development of Social Sciences in Shandong Province / 034
B.4 Report on Development of Literature and Art in Shandong Province / 051

B III Cultural Industry

B.5 Analyzing Report on Development of Press and Publication Industry in
     Shandong Province / 086
B.6 Analyzing Report on Development of Radio and Television Industry in
     Shandong Province / 100
B.7 Analyzing Report on Development of Exhibition Industry in
     Shandong Province / 110

B.8 Analyzing Report on Development of Advertisement Industry in
Shandong Province / 118

B.9 Analyzing Report on Development of Performing Art Industry in
Shandong Province / 134

B.10 Analyzing Report on Development of Tourism Industry in
Shandong Province / 145

B.11 Analyzing Report on Development of Cartoon Industry in
Shandong Province / 159

B IV Special Topics

B.12 Researching Report: Building Advanced Cities in Culture as Main Part
to Build Shandong a Powerful Province in Culture / 176

B.13 Analyzing Report on Building Cultural Industry-zone in
Shandong Province / 185

B.14 Basic Conditions and Alternative Ways to Build Jinan a Cultural-centric
City in Shandong Province / 200

B.15 Analyzing Report on Development of Cultural Affairs with Public-welfare
in Jinan City / 217

B.16 Strategies to Build Public Service System of Culture in
Zaozhuang City / 233

B.17 Analyzing Cultural Consumption in Rural Area of
Shandong Province / 252

B.18 Countermeasures to Pilot Cultural Consumption of Floating Population
in Shandong Province / 263

B V Case Study

B.19 Analyzing Report on Comprehensive Utilization of 10th Art
Festival of China / 278

CONTENTS

B.20 Analyzing Report on Zoological Protection-zone of Channel Culture in Tai'er'zhuang / 294

B.21 Probe into "Performing Mode in Tai'an" / 306

B.22 Analyzing on Mo'yan Research in 2013 / 310

B.23 Appendix: Main Events of Culture in Shandong Province in 2013 / 322

前言
把文化强省建设推向新阶段

山东自从2008年提出建设文化强省战略构想以来，已经有6个年头了。从当初强调致力于从文化资源大省向文化强省跨越到后来提出实现从文化大省向文化强省的历史性跨越，表明山东对自身文化更加自信，认知也更加准确。2013年是山东落实中央文化强国建设和山东省十二五文化改革发展规划的承上启下的一年，这一年山东的文化发展把山东文化强省建设进一步推向深入，同时也存在一些需要引起重视和克服的问题。

一 2013年山东文化发展总体特点

回顾山东文化2013年发展的整个历程，我们认为它呈现出以下几大特点：

一是更加协调均衡。如果说过去山东文化发展更加重视精神文明建设和文化事业发展，后来出于GDP崇拜又倒向经济效益更加明显的文化产业的话，那么2013年山东更加注重把物质文化和精神文化、有形文化和无形文化、文化事业和文化产业有机结合起来、并重发展。由"四德工程"、道德模范工程所承载的公民道德建设成绩斐然，并得到习近平总书记的肯定，而山东精神文明创建活动也走在全国前列。这一年山东成功举办了第十届中国艺术节，并由此带动公共文化服务体系建设上了一个新台阶。同时，山东文化产业结构、质量进一步优化、提升，据测算，2013年文化产业增加值超过3000亿元，初步成为国民经济支柱产业。

二是更加注重发挥资源优势。作为文化资源大省山东有着得天独厚的文化发展禀赋，多年来，致力于将文化资源优势转化为产业优势和经济优势。为此，省政府确定了大力发展"曲阜文化经济特区"的战略，尽管这一方案有待修改完善，但它表明山东省对如何利用传统文化资源优势以服务于文化强省的高度重视。2013年山东在注重发挥传统文化资源作用方面最值得人关注的是临沂市苍山县，它不仅引进外资开建荀子文化产业园、举办"荀子思想当代价值"学术研讨会，同时还把"苍山县"改名为更具历史文化底蕴的"兰陵县"。

三是出现了两件具有标志性意义的文化事件。文化部把第十届中国艺术节放在山东举办，表明对山东在文化场馆建设和艺术发展方面的认可，本身彰显了山东的文化软实力。而山东举全省之力，把这一届艺术节办成剧目和美展作品数量、演展场馆建设水平、演艺产品总额和社会筹资总额等均创历届中国艺术节新高的全国性艺术盛会，大大提升了山东文化的知名度和影响力。它必将对山东未来文化发展产生极大的推动作用。2013年11月习近平总书记在山东考察时就加强和阐发中华优秀传统文化发表了两次具有里程碑意义的重要讲话，不仅深刻指明了山东是齐鲁文化发祥地，在弘扬中华民族传统美德方面资源丰富，还充分肯定了山东推进"美德山东""文明山东""诚信山东"建设，开展"学雷锋，做山东好人"活动是有益的实践，同时他提出要加强对中华优秀传统文化的挖掘和阐发，努力实现中华传统美德的创造性转化、创新性发展。这既大大提高了山东建设文化强省的自信心，又为山东推进文化强省建设指明了正确的方向。

二　进一步推进山东文化强省建设应注意解决的几个重大问题

迄今为止，全国一共有20多个省区市提出了建设文化强省（区、市）的战略目标，山东要在激烈的国内外文化竞争和文化冲突中脱颖而出，率先成为名副其实的文化强省，还必须注意克服和解决前进过程中出现的几个重大问题。

一是防止重复低效。这几年山东各地高度重视文化投入，纷纷上了许多文化园区建设项目，但是在影视基地、文化产业园区、旅游景观等方面缺乏科学规划和合理管理，存在重复建设、产业链条单一、人才匮乏等问题，有的经济效益和社会效益低下，以致浪费了大量钱财。今后，一定要注重前期合理规划和论证，防止一哄而上和急功近利，遵照文化发展的科学规律，加强文化管理；一定要认识到文化建设是慢活，文化产业是一个高投入、高风险、见效慢的门类，必须遵循社会主义市场经济规律来规划文化产业项目，建立文化繁荣发展的长效机制。

二是要坚持以人为本。人民群众是文化的创造者和享受者，文化要实现持续繁荣发展离不开人民群众。虽然山东在文化强省建设中注意到了人民群众的主体地位和作用问题，但在处理文化与人的关系上还存在一定的脱节现象。例如，一些演艺场所和节目未能考虑到当地人民群众的实际文化消费需求和能力，导致叫好不叫座；一些文化园区建设侵占群众的耕地和宅基地，侵害了群众利益；部分文化产品粗制滥造，受到消费者的抵制；一些文化活动只是政府倡导和专业人才热心参与，不注意发动群众参与，等等。山东文化强省建设要真正变成一个"民心工程"，既要充分调动广大人民群众的文化积极性、能动性和创造性，激发他们的文化创造活力，还要注意维护他们的文化权益，使其享受到文化强省建设带来的实惠，同时也要从他们的思想文化和文化消费需求实际出发，加以科学谋划。

三是提升核心文化竞争力。毋庸置疑，经过几年的快速发展，山东文化产业实力大为提升，但是又不能不承认山东文化产业核心竞争力不强，新兴高端产业少，缺乏在全国有重大影响力的骨干企业，知名品牌不多，加之文化产业结构不合理，核心层所占比重较低。因此，山东应加大改革力度着力培植拥有核心竞争力的大型骨干文化企业和企业集团，加大新兴文化产业的投资力度，注重文化产业品牌的塑造。尤其是要借助于创新优先发展文化创意产业和企业，提升文化产业的集中度、知名度和美誉度，努力把文化产业真正发展成为山东国民经济的战略产业和支柱产业。

三 加快文化强省建设的基本路径与主要措施

加快推进山东文化强省建设，除了要优化政策环境、加大投入力度、加强监督管理等外，还要从以下三方面寻求突破。

一是改革完善文化制度体系。广义的文化制度是一个包括狭义文化制度、文化体制和文化机制三大层面的有机体系。党的十八届三中全会通过的《中共中央关于全面深化改革若干重大问题的决定》指出，要更加注重改革的系统性、整体性和协同性，到2020年在重要领域和关键环节上取得决定性成果，形成系统完备、科学规范、运行有效的制度体系，使各方面制度更加成熟更加定型。山东文化体制改革一直走在全国前列，已经连续三年被评为全国文化体制改革工作先进地区，但是我们也必须看到，许多转企改制的文化单位还没有真正建立现代企业制度，一些文化体制机制也不够完善。为此，必须坚持从系统整体角度深化山东文化改革，真正建立起文化事业和文化产业领域的收入分配、社会保障、劳动人事等制度体系，使山东文化制度更加充满活力。

二是建立科学合理的文化强省评价体系。2008年山东提出建设经济文化强省战略以来，我们曾就构建相关指标体系作过一些探索，不过目前省委、省政府未构建正式的文化强省指标体系。要知道，建立科学的文化强省指标体系，对于推进文化强省建设具有引导、激励和规范作用。因此，山东省有关方面应调集精干力量，从统计学、社会学、文化学角度对文化强省指标进行分解、量化，以便对山东文化建设的现状作出客观评价，为相关部门提出决策、管理、考核的可操作依据，提高山东文化强省建设的针对性和实效性。

三是进一步实施"人才兴文"战略。山东文化建设之所以大而不强，在全国认同度不高，很大程度上是由于缺乏高精尖、能开拓、会管理的高层次人才，有关文化人才政策存在相互冲突、一刀切、低效率、抑制创新等弊端。要使山东文化真正强起来、硬起来，必须大力实施文化人才的精英制、股份制、流动制，培养一大批富有开拓创新精神的"文化强人"。

张　华
2013年12月

总报告

General Report

2013年山东文化发展分析报告

涂可国 张 伟*

摘 要： 2013年是山东省进一步推进文化强省建设的重要之年，这一年不论在全省层面还是在各地市层面，文化的改革和发展都取得了可喜成绩，"文明山东"建设稳步推进，公共文化服务体系建设稳步推进，文化事业日益繁荣，文化产业效益逐步提高。展望2014年山东文化发展，将会呈现以下趋势：公共文化服务体系基本建成，文化保护工作将向纵深拓展，文化产业发展更加注重内涵，文化体制借助于改革更加完善。

关键词： 山东省 文化 发展 改革

---

* 涂可国，山东社会科学院文化所所长、研究员，山东社会科学院文化产业研究中心副主任；张伟，山东社会科学院文化所副所长、副研究员。

2013年,在十八大有关文化强国建设精神的指导下,山东文化总体发展和文化强省建设取得了新的重要进展。特别是11月12日召开的中共十八届三中全会作出的《中共中央关于全面深化改革若干重大问题的决定》为山东文化发展的"收尾之作"注入了强大动力。

2013年是全面贯彻落实《山东省"十二五"时期文化改革发展规划》承上启下的关键之年,是进一步推进文化强省建设的重要之年。这一年不论在全省层面还是在各地市层面,文化的改革和发展都取得了可喜成绩,文化大事和文化热点不在少数,其中最具标志性的是两件下半年发生的、能够载入史册的、具有全国性的大事:一是第十届中国艺术节(以下简称"十艺节")在山东顺利召开;二是习近平总书记11月在山东考察时就加强挖掘和阐发中华优秀传统文化发表了重要讲话,这两件文化大事势必对山东文化发展产生极为深远的影响。

回望2013年山东文化发展的大势,我们看到,在"常规动作"取得重要进展的同时,重点公共文化设施建设,文化产业园区、演艺产业等文化产业也取得超常发展。

一 2013年山东文化发展总体态势分析

(一)"文明山东"建设稳步推进

1. 社会主义核心价值体系建设进一步加强

2013年,山东虽然没有在全省范围内广泛系统开展社会主义核心价值体系学习教育,但发生了与此密切相关的重大标志性文化事件:一是从6月份开始进行了第一批党的群众路线教育实践活动,这一活动促进了广大干部群众树立科学的思想信念、健康的精神品格和崇高的荣辱观;二是进行了学习贯彻党的十八届三中全会精神的集中宣讲活动,使中共中央关于全面深化改革的精神深入到广大基层群众之中,对于全省达成全面深化改革的共识发挥了很好的作用;三是开展学习习近平总书记在山东考察时有关挖掘和阐发中华优秀传统文化的重要讲话精神,省委宣传部联合光明日报社于12月22日在济南举办了学习习近平总书记在山东考察时关于弘扬中华优秀传统文化重要讲话精神座谈会；四是自12月下旬中共中央办公厅印发了《关于培育和践行社会主义核心价值观的意见》之后，山东迅速掀起了学习研究的热潮。

2013年，山东省坚持把社会主义核心价值体系建设纳入到"文明山东"建设之中，纳入国民教育全过程之中，纳入精神文明建设和思想道德建设之中，使社会主义核心价值体系建设大众化、制度化和经常化。山东不仅围绕社会主义核心价值体系建设的内容、特点、意义、途径等问题进行深入研讨，同时各地通过鲜明的主题、多种的形式和多样的途径广泛开展社会主义核心价值体系宣传教育活动。我省社会主义核心价值体系建设的创新之处在于坚持以"四德工程"建设推进核心价值体系建设。7月30日，山东召开了全省社会主义核心价值体系建设"四德工程"工作会议，会上指出，目前"四德工程"已成为山东省社会主义核心价值体系建设的有效载体和道德建设的品牌，全省17市、98个县市区，根据《全省"四德工程"示范县市区创建活动实施方案》和《测评指标》，相继出台了《实施意见》和《工作方案》，细化道德标准，量化考核指标，融入生活，贯穿工作，发动群众广泛参与。①

2. 公民道德建设成就斐然

山东是孔子的故乡、儒学的发源地，自古便形成了重德尚仁的优良传统，仁人志士层出不穷。新时期以来，山东高度重视道德模范工程，各级均建立了道德模范的评选、表彰、推广和宣传长效机制，注重发挥道德模范的激励、导向、引领、教育功能，推动形成知荣明耻、见贤思齐的良好社会风尚。我省道德模范已经实现了系列化、层次化和典型化，迄今入选"中国好人榜"的好人达到300多位，居全国前列。2013年，山东在全省范围内积极组织推荐全国道德模范，坚持优中选优，一共推荐刁娜、孟祥民、沈星、刘成德、郭庆刚、刘吉传、于统帅、王伟、陈叶翠、王华堂和张翠兰夫妇等候选人参与第四届全国道德模范评选活动竞争，最终舍己救人的"最美女孩"刁娜、敬业奉献的"环保卫士"孟祥民和见义勇为的"英雄战士"沈星光荣当选。与此同时，2013年山东继续开展了省、市、县和乡镇各级各类先进典型、道德模范

---

① 大众网，2013年7月31日。

的评选活动,有力地提高了人民群众的道德认同感、荣誉感和自豪感。

在当代中国社会,由于工具理性和个人权力的过分膨胀,导致了信念伦理与责任伦理的双重沦落,诚信缺失和责任缺失成为当代中国道德危机两大外在表征,因此,党和政府反复强调加强道德领域突出问题的专项教育和治理,其中又特别强调两个方面:其一是把诚信建设摆到突出位置;其二是要求公民履行法定义务、家庭责任和社会责任。正是根据这一指示精神,山东一些地方在道德模范工程建设中对道德模范评选活动作了创新性发展,开展"责任个人""责任市民"的评选。为表彰对济南城市具有强烈的担当意识、深厚的关爱感情的优秀市民,以此提升大家对所居住城市的认同感,创新济南市公民道德建设机制,2013年济南市启动了首届"责任市民"评选活动,经群众投票和专家评审,最后吴明、韩建平、徐建和、权威、欣向泉、王礼兰和张立平(热心组合)、李寅、钟倩、陈永志和吕学强被评为济南市"十大责任市民"。这些"责任市民"虽出身"草根"却无不展现了崇高的担当品质。

此外,"四德工程"建设向纵深拓展。"四德工程"建设是山东深化和拓展公民道德建设的重要创新之举,自2008年实施以来已经有五个年头,它在树立社会主义荣辱观,整体推进公民道德建设具体化、制度化和大众化,规范公民道德行为,提高公民道德素质等方面,均取得了明显成效。"四德工程"分为"大四德工程"和"小四德工程"。所谓"大四德工程"即社会公德、职业道德、家庭美德、个人品德建设,所谓"小四德工程"即以"爱心""诚信""孝敬""责任"为核心的"四德工程"建设。有关"小四德工程"建设,山东各地结合自身实际赋予其不同内涵和形式,例如莱州市、武城县和淄川区逐渐形成了以"孝德""诚德""爱德""仁德"为主题的"四德工程"。由于"小四德工程"为公民道德建设寻找到了较好的突破口,既体现了齐鲁文化所彰显的中华传统美德又具有现时代鲜明特色,同时契合了老百姓的精神诉求和思想实际,按时下流行说法就是比较接"地气",因而有效地推动了山东道德文明建设。2013年"小四德工程"建设不仅在广度上深入到一些街道,还在深度上成为家风建设的重要依托。为进一步推动"四德工程"建设持续健康发展,建立完善行之有效的领导、推进、导向、考核和奖惩机制,形成全省公民道德建设的强大合力,创新文化管理方式,2013年7月,我省召开了山东省社会主义核心价值体系建设"四德工程"工作会议,会上确立了34个县市区作为全省2012年至2013年度"四德工程"建设示范县市区。据媒体报道,截至2013年4月全省17市加强"四德工程"建设规划全部出台,全省将在10000个村居(社区)建立"四德工程"善行义举榜,进一步完善机制、丰富载体,抓好"四德"责任状签订、建立善行义举"四德榜"、道德先模典型树立、示范县(市、区)创建和宣传教育等活动。①

3. 山东志愿服务模式粗具雏形

为有效地促进志愿服务持续化、常态化和专业化,2013年山东在志愿服务文化的引领下,依托"青年志愿服务岗"这一有形阵地,积极打造志愿服务社会化动员与组织化动员相结合的二元模式。根据《健全志愿服务体系 助力社会管理创新》显示,2013年山东省青年志愿服务主要呈现三大特点:一是人员队伍不断壮大,结构逐步优化,素质不断提高,注册志愿者数量不断增加,截至2013年11月,全省注册志愿者337万人,建立志愿者服务站(服务中心)6.7万个、服务基地5万个;二是青年志愿服务组织管理机制体制不断完善,建成了由省级协会、市级协会、县级协会及部分行业、学校协会组成的志愿服务组织管理网络,形成了"党政主导、共青团承办、多元参与"的青年志愿者工作格局,全省建有市级志愿者协会17个,县级志愿者协会141个,高校志愿者协会52个,其他基层志愿者协会1000余个;三是服务内容不断拓宽,注重大型活动志愿服务品牌,积极参与政府公共服务体系建设,建设500余个"青年志愿服务岗",参与志愿服务9008万人次,开展志愿服务13.8亿小时,"一对一"长期结对194万对,志愿服务活动日益实现常态化。②

4. 精神文明创建活动水平得到提高

在某种意义上,群众性精神文明创建活动是通过群众的广泛参与树立先进典型的文明提升工程,经过20多年的发展,同全国一样,山东已经形成了包括文明城市、文明乡村(含文明信用户、星级文明户、文明集市、文明村镇和文明县城)、文明社区、文明行业和文明单位五大层次、不同类型的社会主

---

① 《齐鲁晚报》2013年4月3日。
② 谢宁:《健全志愿服务体系 助力社会管理创新》。

义精神文明创建活动总体格局。在广大干部群众的共同参与下，我省群众性精神文明创建活动紧紧围绕道德领域突出问题教育治理、第四届全国道德模范评选表彰、社会志愿服务和"讲文明树新风"公益广告宣传四个重点展开，总体水平得到了新的提高。

一是文明城市创建活动稳步发展。山东尽管缺乏超大城市，但17个地级以上的城市随着中国城市化的发展也得到了快速发展，且较为均衡，城市文明程度有了明显提升，在2012年全国文明城市文明程度指数测评中，济南市和威海市分列省会和副省级提名资格城市第一名、地级提名资格城市第一名，整体成绩名列前茅。2013年山东继续开展文明城市常态化创建活动，探索利用文明城市带动所属县级市共同创建的路子。在2013年全国城市文明程度指数测评中，我省青岛市位列省会、副省级文明城市第二名，临沂市位列地级文明城市第一名，济南市位列省会、副省级提名资格城市第二名，潍坊市、威海市位列地级提名资格城市前两名。①

二是"乡村文明行动"进一步推进。为积极探索中国农村精神文明建设的新思路，根据建设"美丽乡村"的目标，从2011年起山东在全省实施为期五年的"乡村文明行动"。它是对"乡风文明"的合理延伸。2013年"乡村文明行动"的最大特点是许多地方、许多单位制定了各自的"乡村文明行动"实施方案，如东营市的垦利县、黄河口镇等。6月在曲阜召开了全省"乡村文明行动"现场推进会。毋庸置疑，"乡村文明行动"对于改变城乡文明差距、实现城乡文化一体化发展，建设农村新风尚、新环境和新家园，都具有重要的战略意义。

（二）公共文化服务体系建设稳步推进

针对公共文化服务网络不够健全、利用率不高、设施标准低等问题，2013年山东借"中国十艺节"举办的契机，高度重视建立和完善公共文化服务体系，注重加大财力、物力和人力投入，使公共文化设施结构更加合理，功能更加健全，覆盖率得到明显提高。尤其是山东公共文化服务水平有了极大提高，

---

① 中国文明网，2013年12月23日。

五馆一站新增服务项目和窗口2180个、服务群众8155万人次。

1. 公共文化服务设施更加完善

山东在公共文化服务体系建设方面具有一定的优势,不仅农家书屋数量居全国之首,二级以上的图书馆、文化馆数量也位居全国第一,2013年这一优势得到巩固。围绕办好"中国十艺节",山东先后新建、在建和筹建了一批地标性重点公共文化设施,进一步建立和完善了以图书馆、文化馆、博物馆、艺术馆等为骨干,以基层文化设施网络为基地,以文化广场、农家文化大院为补充的公共文化服务设施网络体系。作为"十艺节"的主场馆,由三馆(美术馆、图书馆和群众艺术馆)、一院(大剧院)所组成的省会艺术中心适时启用,为"十艺节"的成功举办提供了良好的基础保障。它已成为凸显齐鲁文化鲜明特色、代表山东省会崭新形象的地标性建筑。这一年,既是为了迎接"十艺节",又是为了打造"15~20分钟城乡公共文化服务圈",更好地满足广大人民群众日益增长的精神文化需求,山东在公共文化设施建设方面实现了跨越式发展,新建、改建了县级文化馆和图书馆132个,新建标准剧场34个。

2. 重点文化建设工程取得新进展

继续推进基层文化阵地工程、文化信息资源共享工程、广播电视"村村通"工程、农村电影放映工程和"农家书屋"工程,在基层文化阵地建设工程方面取得新的突破。农村文化大院在某种意义上即是乡村文化活动中心,它为广大农民提供了休闲娱乐场所。近年来,山东重视基层文化设施建设,把农村文化大院建设作为"文化惠民、服务群众"的实事、大事来抓,2013年在前一年新建10000个农村文化大院的基础上,筹措2500万元对10000个农村文化大院进行升级改造,有力地提高了山东农村公共文化服务水平。到2013年底,全省共建成农村文化大院70000多个,基本覆盖了所有行政村。

3. 各地公共文化服务体系建设成效显著

在文化强省建设过程中,山东提出了建成"15~20分钟城乡公共文化服务圈"的理念,通过公益性文化场馆免费或者优惠向群众开放,鼓励公共文化服务资源下移,实施政府采购、项目补贴、定向资助等形式提高公共文化产品质量,不断完善公共文化服务机制,旨在为广大群众提供更加便利的公共文化服务。2013年山东一些经济较为发达的地区按照"公共文化服务圈"规划公共文化服务体系建设。我省5个设区市、17个县（市、区）被命名为"山东省公共文化服务体系示范区"，27个项目被命名为"山东省公共文化服务示范项目"，财政将通过以奖代补的方式对这些示范区和示范项目予以扶持，继续全面提升五级公共文化服务设施，并推动全省各地建成较为完善的"15~20分钟城乡公共文化服务圈"；青岛市三区五市规划建设的8个市民文化中心项目，将图书馆、文化馆、博物馆等公益文化设施整合成一体，市民从家中出来，步行15分钟范围内就有文化场所可供休闲娱乐；济南市努力打造城市"10分钟文化圈"和农村"10里文化圈"，以此促进城乡公共文化服务均等化。①

2013年滨州市文化系统以"文化强市"建设为目标，坚持"政府主导、城乡联动、全民参与、共建共享、繁荣发展"的总体思路，努力完善市级设施布局，打造区域文化地标；着力提升县区文化设施，打造区域文化亮点；完善基层文化阵地，打造群众文化家园；完善公共文化服务机制，免费开放公共文化设施。② 德州市全力推动公共文化服务体系建设纵深发展，不断加大对基层文化产品和服务的供给，实现了市、县、乡、村四级公共文化服务设施全覆盖。③

（三）文化事业日益繁荣

如果说公共文化服务体系建设属于完全公益性文化事业的话，那么下面所讲的则属于半公益性文化事业或完全非公益性文化事业。2013年度山东文化事业的发展主要体现在以下三方面。

1. 文艺产品创作生产繁荣发展

2013年山东在打造文艺精品、扶持文艺精品和传播文艺精品方面继续加大力度，推进艺术创新，使得文学艺术的各个门类百花齐放，百花争艳。其中在小说创作、诗歌散文创作、影视剧创作、儿童文学创作、文学批评、艺

---

① 《人民日报》2013年8月21日。
② 《滨州日报》2013年12月2日。
③ 《德州晚报》2014年1月21日。

术创作、精品工程等方面，推出了一大批富有山东特色、体现时代精神、影响全国并具有强烈冲击力的文艺精品。在影视领域，传媒、演艺、影视三大集团成立，使影视艺术的发展呈现出良好的态势：多部影视剧搬上了央视荧屏且好评如潮，多部影视剧已经杀青正在后期制作中，多部影视剧获得全国性大奖；儿童文学，则延续了快速发展的良好势头，涌现出一批充满童趣且源于现实生活又真实反映孩子们所存在的问题的富有时代感的作品，尤其是刘海栖的童话作品《无尾小鼠历险记·没尾巴的烦恼》成功摘得中国四大文学奖之一、中国唯一的纯文学性的儿童文学奖项——全国优秀儿童文学奖；文学批评方面，依旧保持一贯水准，既参与了全国性的理论问题的争鸣探讨，也围绕2013年度山东文学创作的重大事件，涌现出一批高质量的情理兼备的批评文章；成功举办了"中国十艺节"，山东涌现出一大批在全国具有较大知名度和获得各级重要奖项的文艺力作和文艺人才，举办了一系列在全国具有较大影响力的文艺活动，有多项文艺精品和多位艺术家获得国家级奖励。

2. 文化遗产保护取得新进展

2013年山东进一步推进文化遗产保护传承体系建设，在物质文化遗产保护传承和非物质文化遗产保护传承两大方面取得了新进展。

就物质文化遗产保护传承而言，重点加强"七区两带"文化遗产保护片区建设，积极实施重大文物保护工程、重点文物保护项目，加快文化名镇名村、历史文化街区、考古遗址公园等建设。就非物质文化遗产保护而言，济南非物质文化遗产博览园建设顺利进行，有望2014年投入使用。3个省级文化生态保护实验区有的已制定规划，有的正逐步推进。民间文化"百乡千人"扶持计划正式启动，有力地促进了我省"民间文化艺术之乡"建设。2013年8月出台了《山东省非物质文化遗产保护传承工作规划》，制定了构建非物质文化遗产资源保护体系、构建四级非物质文化遗产名录保护体系、非物质文化遗产传承机制建设体系、构建非物质文化遗产整体性保护建设体系、非物质文化遗产生产性保护建设体系、非物质文化遗产传承传播体系、非物质文化遗产基础设施建设体系、非物质文化遗产保护管理机构和人才队伍建设体系、非物质文化遗产保护理论研究体系和非物质文化遗产保护对外交流体系十个方面的工作思路及措施。各地注重非物质文化遗产展示展演，如6月8日济宁市主办了2013年中国文化遗产日系列活动。5月6日，省文化厅评审了首批山东省非物质文化遗产保护特色村（社区）、2012年度山东省非遗保护十大亮点事项及十大模范传承人评审会。这在全国尚属首次。

3. 农村文化出现新变化

2013年山东不仅把农村文化大院作为基层文化设施建设来抓，各地还重视其他文化事业和文化产业发展。为了改变农村文化相对落后面貌、推动城乡文化一体化发展，山东加大对农村文化建设的金融支持力度，拨付30624万元财政专项资金用于建立健全农村电影放映、乡镇文化站、文化大院、农家书屋等基层公共文化服务体系。

2013年对于山东农村文化建设最有意义的一件大事是在全省范围内展开了山东省文化强省建设先进市县考评活动。这一活动是配合山东文化强省建设战略所作出的安排。根据《省委办公厅、省政府办公厅关于印发〈山东省文化强省建设先进市县考评管理办法（试行）〉的通知》规定，省文化体制改革和发展工作领导小组组织开展了首届文化强省先进市县创建考评工作，一共评出8个山东省先进市：济南市、青岛市、淄博市、烟台市、潍坊市、泰安市、威海市和临沂市，42个文化强省建设先进县：济南市章丘市、历下区、市中区、槐荫区、天桥区，青岛市市南区、黄岛区、城阳区、即墨市和胶州市，淄博市周村区、桓台县，枣庄市山亭区、台儿庄区，东营市广饶县、垦利县，烟台市牟平区、蓬莱市、龙口市、莱州市，潍坊市诸城市、寿光市、高密市，济宁市兖州市、曲阜市，泰安市泰山区、肥城市，威海市荣成市、乳山市，日照市东港区、莒县，莱芜市钢城区，临沂市兰山区、河东区、沂水县，德州市齐河县、武城县、茌平县、邹平县、无棣县，菏泽市牡丹区、郓城县。① 本课题组成员曾经参与制定《山东省文化强县测评指标体系》，根据我们的研究，山东省应当在文化强省先进市县创建的基础上，进一步创建文化强县，目前，河南、山西等省、市也已开展文化强县评选活动，其做法和经验值得我省借鉴。

---

① 《大众日报》2013年9月21日。

（四）文化产业效益逐步提高

2013年山东继续把文化创意产业作为国民经济体系中的先导性、战略性的产业来重视，努力解决原创能力偏弱、创意不足、品牌缺失等瓶颈问题，丰富文化生产方式与表现形式，增强文化产品的表现力与吸引力，加快自主创新进程，以促进产业结构的调整、经济发展方式的转变，其发展质量有了明显提升。据2013年7月发布的《2013年中国文化产业发展指数报告》资料显示，山东进入中国文化产业发展"新十强"，排在北京、广东、浙江、江苏之后，居第五位。

1. 文化产业总量规模进一步扩大

由于统计口径的变化和上下重视，山东文化产业2011年的增加值由2010年的1230亿元达到2300亿元，实现了超常规发展；2012年全省文化产业增加值实现2720亿元，同比增长17.9%，实现了稳定发展。如果按15%的增长率计算，2013年山东文化产业增加值应达3100亿元。

2. 由文化产业园区、基地和项目所组成的发展阵地逐步完善

2013年山东加快建设各级各类文化产业园区，大力推动文化产业基地发展，扎实推进重大文化产业项目，为文化产业的快速健康发展提供了良好的载体和阵地。

一方面，文化产业园区、基地呈现数量快速增长、规模迅速扩大、类型日渐丰富的特点。截至目前，全省在相关部门登记备案的各类文化产业园区有141个，其中文化部命名的"国家级文化产业示范园区"1个，"国家级文化产业实验园区"1个，"国家文化产业示范基地"12个（含1个"国家文化（美术）产业示范基地"）；新闻出版总署命名的"国家动漫产业发展基地"3个。

另一方面，山东扎实推进文化产业项目建设，投资力度进一步加大。根据12月9日山东省文化厅发布的最新统计数据显示，2013年山东共确定重点文化产业项目230个，涉及文化演艺、动漫游戏、文化创意等10多个门类，总投资达1650.4亿元；2013年前3个季度，山东447家动漫企业主营业务收入超过24亿元，全省文化创意产业固定资产投资施工项目3678个，累计完成投

资 2529 亿元,同比增长 30%。①

3. 重点文化产业发展迅速

2012 年山东通过大力发展新闻出版业、影视业、会展业、广告业、文化旅游业、动漫业等重点文化产业,初步建立了较为完善的文化产业体系。2013 年山东新闻出版业规模实力和竞争力进一步增强,数字出版等新型业态加快发展,总体呈现出加速发展的良好势头,上半年总产出 700 亿元,实现增加值 155 亿元,同比分别增长 25%、19%。影视产业收入实现较快增长,2013 年全省实现创收 135 亿元,比上年增长 13.6%,其中省级影视产业实现创收收入 94 亿元,比上年增长 35.6%。积极培植会展经济,会展业整体实力进一步增强,2013 年全省会展业直接收入达 42.48 亿元,较 2012 年增长约 18%,拉动相关产业收入 383 亿元。2013 年山东省人民政府出台了《关于提升旅游业综合竞争力,加快建成旅游强省的意见》,围绕建设"旅游强省"战略目标,山东继续打造旅游品牌,调整发展策略,推动旅游业实现健康有序快速发展,全省旅游总收入突破 5000 亿元,增长 11.1%,位列全国三甲。动漫基地建设扎实推进,动漫活动异彩纷呈,动漫产业发展较快,截至 2013 年底,山东拥有济南、青岛、烟台 3 个国家级动漫产业基地,现有动漫企业 447 家,10 家企业通过国家动漫企业认定,动漫产业年产值近 25 亿元。

二 2014 年山东文化发展趋势与展望

(一)公共文化服务体系基本建成

《山东省"十二五"时期文化改革发展规划纲要》提出,到 2015 年基本建成覆盖城乡、结构合理、功能健全、实用高效的公共文化设施网络,构建"15~20 分钟城乡公共文化服务圈";开展国家公共文化服务示范区、省级公共文化服务示范区创建活动;加强公共文化产品和服务供给,研究制定公共文

---

① 《中国文化报》2013 年 12 月 12 日。

化服务质量标准体系，建立健全公共文化机构绩效考评机制，引导加强服务能力建设，创新服务模式。①

2014年是山东省实现"十二五"时期文化改革发展规划所提出的公共文化服务体系建设的关键一年，这一年公共文化服务体系建设将在以下几方面取得突破。

1. 公共文化服务体系更加均等化

推动公共文化资源向弱势群体倾斜，向农村倾斜和向西部欠发达地区倾斜，通过各种形式的文化帮扶、对口支援以及推动政府购买、补贴，确保经济落后地区、困难家庭、残疾人和进城务工人员等群体公平均等享有公共文化服务和产品的基本权益。坚持文化下基层、进乡村活动，制订年度农村公益性文化项目实施计划，保障城乡居民享有同等的公共文化基本权益。推行城乡困难群众收视费、图书借阅费等减免政策，推广图书借阅"一证通"服务，实现图书文献资源城乡共享。

2. 公共文化服务体系更加标准化

《国家"十一五"时期文化发展规划纲要》提出要建立公共文化事业投入绩效考评机制，这是促进文化管理的规范化、制度化和标准化的重要举措。山东省文化主管部门高度重视公共文化服务体系的考核评价工作，早在2008年就出台了《山东省县域公共文化服务覆盖率考核办法》，尝试进行公共文化服务指标体系制度设计。2014年公共文化服务体系标准化建设已提上议事日程，可以预见，山东将建立完善系统的、统一的标准化流程和制度，制定完善基层公共文化服务单位建设、服务、保障和考核等标准，加快推动各级公共文化设施达到国家规定标准。

3. 公共文化服务体系更加社会化

公共文化服务作为公益性文化事业无疑需要政府"埋单"，需要财政支持，但其社会化才是大势所趋。展望2014年，山东公共文化服务体系社会化趋势会愈加明显，出现一些新的气象：一是引进社会力量参与公益性文化设施和单位的管理，建立相关理事会；二是推动公共文化服务网络和产品面向社

---

① 《山东省"十二五"时期文化改革发展规划纲要》。

会，满足不同人群的公共文化需求，最大限度地发挥公共文化服务体系的社会效益；三是推进政府购买公共文化服务、社会捐赠共建和竞争机制，鼓励社会资本参与公共文化服务体系建设和免费开放。

（二）文化保护工作将向纵深拓展

齐鲁优秀传统文化是宝贵的精神财富，是实现山东可持续发展有益的力量源泉。为此，2014年山东将坚持古为今用、推陈出新，发挥齐鲁文化优势，加强齐鲁文化传承体系建设，实现文物持续保护、开发和利用，努力把山东建设成为全国重要的文物保护利用示范区。根据2014年山东文化工作会议的部署，文化保护工作将向纵深拓展。

1. 文化遗产保护工程取得实质性进展

《山东省"十二五"时期文化改革发展规划纲要》提出要实施"七区两带"文化遗产保护片区工程，这就是推动曲阜、淄潍、泰山、黄河三角洲、半岛、沂蒙、鲁西等七个文化遗产保护片区和大运河、齐长城两个文化遗产保护带建设。① 这一工程不论对于山东省文物保护还是对于优化空间发展布局，都具有极其重要的意义。只是工程进度不一，有的进展较快，有的推行较慢。据报道，2014年我省文物工作将突出重点，着力推进88项重点工程，其中包括通过曲阜片区项目和三大国家考古遗址公园建设，打造国家大遗址曲阜片区；通过大运河保护申遗工程，打造"大运河历史文化长廊"，争取下半年集中开工建设；通过齐长城保护工程，打造"齐长城人文自然风景带"，将在上半年集中开工建设；同时还要做好黄河三角洲区域盐业遗址、胶东半岛近现代海防遗址、济南东部地区历史文化遗址、鲁西运河及埽堆文化遗址的研究保护工作，促进区域文化旅游和文化产业发展；努力提高大遗址保护能力，进一步加大考古遗址公园等文物保护重点项目推进力度。②

2. 实施四大文化传承展示工程

依照1月15日召开的全省文化工作会议安排，2014年我省将实施四大文

---

① 《山东省"十二五"时期文化改革发展规划纲要》。
② 参见《大众日报》2014年1月17日，第21版。

化传承展示工程。一是实施孔子及儒家思想展示工程。充实完善山东博物馆孔子文化展的展陈理念、展陈方式，筹办"斯文在兹·孔子及儒家思想展"。二是实施古籍发掘整理研究工程。加强现有馆藏珍贵古籍的研究整理，实施大型古籍整理出版项目，落实"海外儒学文献回归计划"和"齐鲁珍贵地方文献回归计划"。三是实施东夷文化溯源工程。加强东夷文化的考古、研究，举办"文字起源与东夷文化"等系列学术研讨会，系统深入发掘东夷文化的起源意义、思想价值和文脉传承，对东夷文化进行固化展陈展示。四是实施齐鲁文化重大题材美术创作工程。以儒家文化、道家文化、兵家文化、法家文化、墨家文化等齐鲁大地古代历史文明为主题，组织书法美术、舞台艺术精品创作，启动"大哉孔子·儒家文化经典中国画创作工程"。①

3. 实施"乡村记忆"工程

中国的快速城市化在给广大农村带去新的文化要素和文化产品、提升农民文化品位和文化内涵的同时，也使农村文化出现解体、破坏等现象，一些由文化遗存所负载的"乡村记忆"面临消失的危险。为更好地保护好山东农村传统文化遗产，2014年我省在全国首创性提出实施"乡村记忆"工程。据媒体报道，2014年全省文化工作会议指出，"乡村记忆"工程是新型城镇化建设"记得住乡愁""留得住乡情"的载体工程，是推进新型城镇化、加强保护齐鲁传统文化遗产的创新尝试，为此全省要高度重视新型城镇化进程中的文物保护工作，积极实施"乡村记忆"工程，重点在文化遗产和传统乡土建筑富集、保存基础条件较好、文化底蕴深厚的乡村和社区，因地制宜建设民俗生态博物馆、社区博物馆、乡村博物馆，收集和展览富有地域特色、活态文化特色和群体记忆的文化遗产，实现对文化遗产的整体性和真实性保护。②可以相信，在未来"乡村记忆"工程的推动下，不论是山东日渐被侵蚀的以古村居、古村落等为代表的乡村物质文化遗产，还是以民俗文化、戏剧文化、手艺文化等为代表的乡村非物质文化遗产，都将得到有效的保护和活性传承。

---

① 《大众日报》2014年1月17日，第21版。
② 《大众日报》2014年1月17日，第21版。

（三）文化产业发展更加注重内涵

山东是人口大省，有着庞大的具有相同历史文化背景的消费群体，为文化产业发展提供了深厚的群众基础和巨大的社会需求。加快发展文化产业，体现了实施"文化强省"战略的要求，是山东当前转方式、调结构的重大战略举措。

我们预计2014年山东文化产业发展将呈现以下趋势：一是在各项政策的大力扶持下，文化产业仍然呈现平稳增长，高于全省国民经济增长速度，达到1.6%，全省文化产业增加值实现3100亿元；二是通过文化资源在全省范围内的流动、整合，文化企业跨地区、跨行业、跨所有制兼并重组，各类市场主体的公平竞争、优胜劣汰，文化产业的规模化、集约化、专业化水平将有所提高；三是文化产业的政策环境进一步优化，2013年山东已经出台了一系列包括税收优惠、市场准入放开等方面的政策，2014年国家将陆续出台文化产业相关细化政策，将会在民营企业进入、文化企业整合、文化行业扶持政策等方面推出新举措，这些必将对山东调整文化产业结构、优化文化产业空间布局、合理配置文化资源、激发文化产业活力等，提供良好的外部条件。

（四）文化体制借助于改革更加完善

2011年《中共中央关于深化文化体制改革推动社会主义文化大发展大繁荣的决定》就我国文化体制改革作了全面系统部署，要求到2020年在重要领域和关键环节改革上取得决定性成果，形成系统完备、科学规范、运行有效的制度体系，使各方面制度更加成熟更加定型。① 2012年十八大报告立足于社会主义文化强国的长远目标同样提出了要进一步深化文化体制改革，2013年十八届三中全会从更加注重改革的系统性、整体性和协同性的高度提出了深化文化体制改革的要求。

为深入贯彻中央和国务院有关文化改革的指示精神，2011年山东不仅出台了有关文化改革的意见，还于2012年制定了《山东省"十二五"时期文化改革发展规划》。应当说，近年来山东文化体制改革取得了重大进展，已连续

---

① 《中共中央关于深化文化体制改革推动社会主义文化大发展大繁荣的决定》。

三年被评为全国文化体制改革工作先进地区，经营性文化单位转企改制迈出实质性步伐，为全国文化体制改革积累了可供借鉴的经验。如上所述，2013年文化体制改革不断深化，特别是国有文艺院团的改革取得了新的突破。

展望2014年，山东在文化改革方面将呈现以下趋势：一是已实现转企改制的文化企业将进一步按照建立现代企业制度，实施规范的公司股份制改造，涌现出一批新的重点文化企业，同时进行文化事业单位内部劳动人事、收入分配、社会保障制度改革，深化探索建立事业单位法人治理结构；二是在由文化制度、体制和机制所组成的文化制度体系的改革完善方面取得新的进展，尤其是文化管理体制进一步完善，构建起确保国有文化资产保值增值的管理机构，而文化市场的准入和退出机制，公共文化服务体系建设的协调机制、激励机制、反馈机制、评价机制、考核机制等也会更加完善，一些部门开始探索建立公共文化服务机构理事会；三是山东文化改革伴随着全面改革而同经济体制改革、政治体制改革、社会体制改革等领域的改革同步进行、协调发展，尤其是政府职能的加快转变和市场在资源配置中的决定性作用的发挥，将使我省文化体制机制更加充满活力。

三　山东文化发展的战略重点与战略举措

前不久，习近平总书记在山东考察时发表讲话指出，山东是齐鲁文化的发祥地，在弘扬中华民族传统美德方面资源丰富；孔子及儒家思想是中华民族传统文化的重要组成部分，中华文化积淀着中华民族最深沉的精神追求，是中华民族生生不息、发展壮大的丰厚滋养，要加强对中华优秀传统文化的挖掘和阐发，努力实现中华传统美德的创造性转化和创新性发展。

为深入贯彻落实习总书记的讲话精神，进一步推进文化强省和"文明山东"建设，应进一步推进山东文化繁荣发展，使之焕发出新的生机和活力，把山东文化建设推向一个新的高度。

（一）加强文化遗产保护

1. 积极创建国家级和省级文化生态保护实验区

加强齐鲁文化传承体系建设，积极创建国家级和省级文化生态保护实验区。

建设文化生态保护区，是我国为建立区域性非物质文化遗产整体保护模式的重要探索。目前，文化部已正式命名了12个国家级文化生态保护区，山东于2009年启动文化生态保护区建设工作，现已命名9个省级文化生态保护实验区，潍坊市潍水文化生态保护实验区已被评为"国家级文化生态保护实验区"。我省应进一步实施文化保护工程，将文化生态保护工作和文化生态保护区建设纳入各级经济社会发展规划和城乡建设规划，努力创建更多国家级、省级文化生态保护区。台儿庄运河文化属于具有典型特点的区域文化，代表了明清时期鲁南地区运河商业文化的发展盛况，是国内为数不多的至今仍在产生重要影响力的地域文化之一。台儿庄运河文化生态保护实验区是山东省文化厅批准设立的首批省级文化生态保护实验区，下一步省里应支持完善运河文化生态保护实验区规划，积极申报创建国家级运河文化生态保护示范区。

2. 把曲阜"文化经济特区"提升为"华夏历史文明传承创新区"

2008年金融危机以来，国家从战略高度先后出台了30多个经济区区域发展战略规划。2011年《国务院关于支持河南省加快建设中原经济区的指导意见》，把华夏历史文明传承创新区作为中原经济区五大战略定位之一，这不仅是中原经济区有别于其他经济区的显著特点，也是我国主体功能区划中唯一首次明确了传承文化使命和功能的经济区域。2013年1月21日国务院正式批复甘肃省华夏文明传承创新区，这是迄今为止全国唯一的覆盖整个省域的国家级文化发展战略平台。

2012年底，山东省政府与文化部签署《关于合作推进文化强省建设框架协议》，提出共同探索创建曲阜文化经济特区。2013年1月25日，姜大明在政府工作报告中提出推进中华文化标志城和曲阜"文化经济特区"建设。4月12日济宁市出台《关于加快推进"曲阜文化经济特区"规划建设的意见》（简称《意见》），4月15日又召开了加快推进"曲阜文化经济特区"规划建设工作会议。《意见》指出，以曲阜、邹城为中心，规划建设曲阜文化经济特区，并将其打造成为中华民族共有精神家园、儒家文化传承创新区、公共文化服务体系先进区、文化经济融合发展示范区和文化创意创业人才聚集区和国际旅游目的地。

我们认为,应把"曲阜文化经济特区"改为"曲阜华夏文明传承创新区",做好前期规划论证工作,努力申报为国家级区域战略,其理由:一是有助于实施"突破曲阜"战略,充分发挥大曲阜地区文化资源富集的优势;二是改变济宁发展受各经济板块"挤压"的状态;三是进一步拓展鲁南经济隆起带的发展空间;四是克服"曲阜文化经济特区"概念模糊、定位不准、政治敏感的弊端;五是为中华文化标志城建设提供更好的依托和平台;六是推动大曲阜地区文化经济融合发展,推进经济文化强省建设。

3. 努力把山东建设成为文化遗产保护强省

一是把中国非物质文化遗产博览会打造成知名品牌。中国非物质文化遗产博览会由文化部和山东省人民政府共同主办。2010年10月在济南成功举办了首届中国非物质文化遗产博览会,2012年9月在枣庄成功举办了第二届中国非物质文化遗产博览会,2014年第三届中国非物质文化遗产博览会已决定由济南承办。为把中国非物质文化遗产博览会打造成知名会展品牌,使山东成为中国非物质文化遗产博览会的永久举办地,形成与中国(成都)国际非物质文化遗产节一东一西、一会一节共同发展的态势,应采取以下举措:(1)引进竞争机制,由全省17个地市通过竞标获得举办权,以实现传统齐鲁非物质文化的动态整体性保护;(2)加强国际交流与合作,吸引更多国际客户参展,提高中国非物质文化遗产博览会的国际知名度;(3)引进战略投资者和更多会展企业,融合会展和旅游,实现山东非物质文化遗产的保护和开放双赢。

二是建设好国家非物质文化遗产博览园。为提高山东文化资源开发利用水平,实现山东文化资源集约化、规模化、品牌化发展,要着力搞好济南国家非物质文化遗产博览园和台儿庄国家非物质文化遗产博览园建设。2010年国家非物质文化遗产博览园决定落户济南。为把该博览园建设成为全国规模最大、档次最高、品类最全、项目最多,集非遗保护、传承、展示、开发、利用和发展为一体的非遗博览园区,要加快工程进度,力争2014年全部建成;加强与深圳华强集团的合作,加大对项目的支持力度,确保项目早日见效。为把台儿庄国家非物质文化遗产博览园建设成精品工程,要紧紧围绕中华运河文明传承创新核心区的战略定位,深入挖掘枣庄特色地域文化内涵,高起点规划,高标准设计，高质量建设，高水平管理，努力将其打造成为国家非遗保护传承基地；要建立科学有效的项目建设管理机制，完善商业模式，吸引更多金融资本、民间资本投入非遗博览园建设，促进文化、科技和旅游的融合共生。

三是完善发展山东书院。书院是中国古代实施藏书、教学与研究三结合的教育机构，截至1915年，山东书院共计245个。改革开放以后，山东书院快速发展，在推动齐鲁文化交流、传播的同时，也存在政出多门、人员素质参差不齐等问题，应加强统一管理。在加强规范管理的前提下，应积极鼓励和支持山东书院健康发展，建议重建山东古代"四大书院"，并在孔子故里曲阜恢复重建洙泗书院、尼山书院、春秋书院和石门书院"四大书院"。

（二）大力扶持文化创意产业

1. 推动创意企业发展

创意企业将是山东发展文化产业的重要力量，是改善民生、促进共富的重要举措。借鉴其他省市扶持创意企业发展的经验，山东要充分发挥市场配置资源的基础性作用，给予创意企业独立的自主经营权；要针对本省情况制定奖励性政策，对优秀文化创意作品进行奖励，对文化创意企业实施减免税政策；同时，通过落实相关优惠政策，鼓励和支持创意企业加大技术创新投入，鼓励金融机构加大为创意企业服务的力度，为创意企业快速发展营造良好外部环境；鼓励创意企业积极开拓市场，不断提高自身水平和产品质量，出精品、树品牌，对获得国家、省表彰的优秀企业和产品给予一定的奖励；对市场前景好、成长性强、产业带动作用大的知名创意企业，可采用"一企一策"予以扶持；进一步扶持民营创意企业，使它们得到和国有创意企业同等的政策支持；放宽市场准入，简化审批程序，允许投资人以知识产权等无形资产评估作价出资组建创意企业。

2. 完善文化创意产业发展环境

搞好文化创意产业的人力资源整合，创造人才涌现和人才引进的良好环境。通过举办"创意大赛"、优秀原创动漫作品展演、创意山东十件大事和年度文化创意人物评选等活动，将"创意和设计"引入公众日常生活。继续完善文化创意产业发展政策，确定文化创意产业发展的重点行业，明确从行业到企业的扶持政策。加强创意宣传，充分发挥重点新闻媒体的引领带动作用，命名推出一批"创意之城",开设"创意之窗"专题、专栏,开办"齐鲁文化创意网",定期举办"创意山东"国际论坛。建设网上创意征集推广平台,加快文化创意与产业、技术、产品(服务)、市场、资本的对接,培养全社会的创意理念。加大金融扶持文化创意产业力度,设立一定的文化产业风险补偿基金,对金融机构在文化产业融资上的损失由基金进行一定比例的风险补偿,对于一些重大文化创意项目可由财政资金提供贴息,以降低金融机构风险、增进金融机构的信心。引导金融机构加强对重点文化创意企业和重点文化创意项目的信贷支持,开发适合文化企业需求的综合金融产品和特色金融服务。积极推动符合条件的文化企业多渠道上市融资,支持符合条件的文化企业发行企业债和公司债,鼓励中小文化企业利用银行间市场发行短期融资券、中期票据、集合票据等方式筹措发展资金。充分发挥山东省文化产业投资基金和山东省文化创意产业投融资公司的引导作用,支持各市、县(区)设立相应文化创意产业投融资机构,对动漫制作、影视制作、出版发行、文化会展、网络信息等重大产业项目进行重点投资。

3. 加强文化创意产业载体建设

加强创意文化品牌培育,引导创意企业加强对商标、品牌的管理和培育意识,加大对知名品牌和著名、驰名商标的保护、扶持力度。加快文化创意产业园区(基地)建设,以动漫游戏、数字出版、数字印刷、网络视听、演艺娱乐为重点,规划建设一批重点文化创意产业园区(基地)。实施文化创意产业项目培育工程,扶持发展一批具有领军作用、投资规模大、产业优势明显、发展后劲足、持续增长能力强的生产性文化创意产业项目。

(三)加强山东文化人才队伍建设

进一步健全山东文化人才奖励制度。通过设立专项资金等方式加大山东文化人才激励开发力度,建立山东文化人才工作督察制和目标责任制。大力实施"齐鲁文化英才"工程,培养造就一批山东文化名家、大家。积极实施"齐鲁文化名家"工程,着眼于造就一批造诣高深、成就突出、影响广泛的宣传思想文化领域的杰出人才。实施"齐鲁文化之星"工程,为山东文化的创新发展提供充足的人才储备。按照省人社厅的现行规定,"齐鲁文化英才"和"齐鲁文化名家"既不能作为晋升为专业二级岗位的条件,又不能作为申评"有突出贡献的中青年专家"的依据。建议把"齐鲁文化英才"和"齐鲁文化名家"作为晋升为专业二级岗位的条件之一。"有突出贡献的中青年专家"自2011年起把年龄从55周岁限制为50周岁,使一大批50周岁以后的优秀人才得不到奖励,建议恢复到55周岁。同时,"有突出贡献的中青年专家"的每月补贴从十几年前设立时起1000元,至今未动,远低于"齐鲁文化英才"的待遇,应根据经济的发展予以相应提高。

文化事业篇

Cultural Enterprise

B.2
山东省青年志愿服务发展研究报告

谢宁 涂可国*

摘 要: 回顾2013年,山东青年志愿服务取得了可喜成就,人员、队伍不断壮大,机制、体制不断完善,服务内容不断拓宽,社会影响不断扩大。2014年山东青年志愿服务要坚持志愿服务项目化运作、社会化动员、制度化发展;进一步弘扬志愿精神,激发公众参与志愿服务的热情,积极参与社会管理创新;打造完备的资金、智力、项目、信息平台,进一步健全组织网络、壮大骨干队伍、完善体制机制,拓宽服务领域,实现青年志愿服务的科学发展。

关键词: 青年 志愿服务 科学发展

---

* 谢宁,共青团山东省委副书记;涂可国,山东社会科学院文化所所长、研究员。

2013年山东省青年志愿服务积极拓展工作领域，不断丰富工作内容，健全完善工作机制，在扶贫济困、助老助残、社区服务、生态建设、大型活动、抢险救灾、社会管理、文化建设、西部开发、海外服务等多个领域开展了形式多样、卓有成效的志愿服务活动，实现了青年志愿服务大发展、大跨越。

一 山东省青年志愿服务发展的现状

（一）人员、队伍不断壮大

大力推广完善青年志愿者注册管理体系，注册志愿者数量不断增加，队伍规模不断扩大。截至2013年11月，全省注册志愿者337万人，参与志愿服务9008万人次，开展志愿服务13.8亿小时，"一对一"长期结对194万对，建立志愿者服务站（服务中心）6.7万个、服务基地5万个。随着志愿服务领域的拓展、志愿服务群众基础的不断巩固和对志愿服务专业化、长效化的积极探索，青年志愿者来源渠道日趋多元，青年志愿者队伍结构逐步优化，人员素质不断提高，已初步形成以专业型人才、先模人物、高校学生干部为骨干，以大中专学生、机关和企事业单位青年干部职工为主体，社会各界人士广泛参与的稳定的志愿者队伍。消防志愿者、地震救援志愿者、公共机构节能减排志愿者、青年志愿服务岗志愿者、全民健身志愿者、平安行志愿者等多支专业队伍得以建立，大大提高了志愿服务的专业化水平。

（二）机制、体制不断完善

注重构建合理完善的组织管理体系，建成了由省级协会、市级协会、县级协会及部分行业、学校协会组成的志愿服务组织管理网络，形成了"党政主导、共青团承办、多元参与"的青年志愿者工作格局。全省建有市级志愿者协会17个、县级志愿者协会141个、高校志愿者协会52个、其他基层志愿者协会1000余个。市、县两级志愿者协会联系、引导、吸纳本地志愿者组织的功能日益凸显，与民间志愿者组织的伙伴关系稳固发展。工作开展中，勇于打破传统志愿服务的组织模式和地域限制，顺利实现了从组织化动员到组织化动员、社会化动员相结合的过渡，实现了以服务目标引领志愿者、以服务项目凝聚志愿者、以服务内容吸引志愿者。同时，注重完善志愿服务工作运行机制建设，实施科学管理，不断推动志愿服务向常态化、专业化发展。建立健全了志愿者招募、培训、管理、考核、激励等工作流程，不断探索、完善市场经济条件下与志愿者行动相适应的工作机制；创新性地推出了大型赛会校项对接、校馆对接运作模式；有效推行了志愿者注册制度；联合省委高校工委、省教育厅出台了《关于深入推进全省青少年学生志愿服务活动的意见》，推动青少年学生志愿服务活动的开展；注重志愿服务成果提升及转化工作，开展山东省青年志愿服务论文征集活动和山东省青年志愿服务先进集体、先进个人评选表彰活动，增强了青年志愿服务的吸引力。

（三）服务内容不断拓宽

一是注重打造后奥运时代大型活动志愿服务品牌。组织带领广大青年志愿者参与并圆满完成了第十届中国艺术节等国际或国家级大型活动、赛会的志愿服务任务。2013年10月11~26日，第十届中国艺术节在山东成功举办。在"十艺节"筹办阶段和赛事举办期间，共组织4000名赛会志愿者和5000名城市志愿者参与"十艺节"志愿服务，在开闭幕式、"文华奖"评比、"群星奖"评比、全国优秀美术作品展评、演艺产品交易会、群众文化活动等主体活动中，累计上岗服务达3万余人次，服务时间20余万小时，服务人数达500万人次。志愿者们以饱满的热情、辛勤的汗水、周到的服务、无私的奉献，卓有成效地开展了各项志愿服务工作，赢得了各方面的高度赞誉。志愿者的微笑成为"十艺节"一张亮丽的名片。通过第十届中国艺术节山东在志愿服务方面取得了宝贵经验：因需设岗，实现了人员充足和节俭办会的有机统一；因岗招募，实现了志愿者倾情服务和个人成长的有机统一；因势利导，实现了满足服务需求与助推全民志愿的有机统一；注重长效，实现了赛会服务与后期成果转化的有机统一。

二是积极参与政府公共服务体系建设。组织带领广大青年志愿者以服务社区建设和群众需求为导向，以农民工子女、孤寡老人、残疾人、特困学生等困难群众为重点对象，全省建成志愿者为老服务站4200余个、为老服务基地

2100余个；组建助残志愿者队伍1700支，开展助残服务42万人次，服务64万小时；组建6.6万人的法律援助志愿者队伍、15.8万人的医疗服务志愿者队伍、76.2万人的环境保护志愿者队伍、20.2万人的平安山东建设志愿者队伍、近2万人的公共机构节能志愿者队伍，分别开展了形式多样的志愿服务活动。还集中建设500余个"青年志愿服务岗"，开展常态化志愿服务活动。

三是积极参与西部开发和海外援助。组织选派大学生奔赴祖国西部，实施大学生志愿服务西部计划，先后有5万余名大学毕业生踊跃报名，累计招募、派遣西部计划志愿者5469人，输送研究生支教团志愿者339人。同时，向省内的欠发达地区派遣山东计划志愿者507名。4月16日，团中央召开2013年全国大学生志愿服务西部计划视讯会议，我省在聊城大学召开了2013年山东省大学生志愿服务西部计划工作会议。会上，聊城大学、山东理工大学、滨州学院、山东万杰医学院、山东大学、德州团市委的同志就落实好西部计划政策统筹、服务管理、宣传动员、专业对口选拔、研究生支教团、山东计划服务保障等工作作了交流发言。4、5月间，先后组织举办了10场"中国梦·西部行"西部计划优秀志愿者宣讲会。指导各高校做好西部计划的宣传、发动和报名工作，截至6月3日报名系统关闭，我省2013年共有来自81所省内院校的6501名应届毕业大学生报名参加西部计划，位居全国前列，圆满完成了2013年大学生志愿服务西部计划志愿者的派遣工作。7月20~28日，我省718名西部计划志愿者分8批先后赴西部省（自治区、直辖市）集中报到。

四是各领域志愿服务项目不断拓展，这成为我省青年志愿服务全面介入社会服务体系的有力保证。围绕党政所需开展各项志愿服务活动，包括组织国际反贪局联合会第五届研讨会志愿服务，开展"平安行·你我他——青年志愿者在行动"活动和"好客山东·旅游志愿者在行动"活动，举办山东省全民健身志愿者骨干培训班。围绕重大事件开展志愿服务，联合省地震局组建山东省地震救援志愿者队伍，注册志愿者18万余人，其中专职地震救援志愿者4万余人，居全国领先位置。同时，加大青年志愿者服务队、服务站（点）的组建和完善工作，逐步推行医疗卫生志愿者注册制度，完善服务内容与服务机制，初步形成了层层有组织、级级有机构的工作格局，先后成立了无偿献血志愿服务队、防艾志愿服务队、社区卫生志愿服务队等专项志愿服务队伍。围绕民生需求开展志愿服务，组织开展铁路春运志愿服务和省科技馆科普志愿服务。围绕重要纪念日、节日，开展学雷锋志愿服务活动、"我的中国梦 我的志愿行"集中志愿服务活动。

（四）社会影响不断扩大

注重发挥舆论宣传的导向作用，充分利用平面媒体、广播电视和网络媒体，广泛宣传青年志愿者行动，动员和吸引更多的青年投入到志愿服务活动中来。积极推动山东青年志愿者网、山东青年志愿者微博、QQ群、微信群等新兴信息交流平台建设，遵循青年发展特点，贴近青年时代喜好，不断提升志愿服务信息化水平，增强青年志愿者工作的社会影响力。注重发挥先进典型的示范作用，以"山东省青年志愿服务先进集体和先进个人"评选表彰活动为抓手，大力选树、广泛宣传先进典型。走出国门，远赴亚非拉发展中国家服务，为增进中外友谊作出积极贡献的"非洲之星"援外志愿者王刚；放弃内地优越工作，重回新疆，扎根西部无私奉献的最美志愿者许晓艳；以一己之力，感召和带动广大市民"当义工、做公益"，在社会中散播爱心、奉献真情的枣庄义工汲春锋等一大批先进典型，提升了青年志愿者品牌的公信力。

在肯定成绩的同时，更要清醒地认识到，山东青年志愿服务工作与社会发展的需求、与广大志愿者和社会各界的期待相比，还存在不小的差距。主要有：面对社会日趋多样的服务需求，还缺乏足够的服务内容；面对公众日趋高涨的参与热情，还缺乏充足的工作项目；面对社会公共管理体系的转型，还缺乏组织架构的完善和突破。问题倒逼改革，事业亟待突破。

二 开展好青年志愿服务工作的重大意义

党的十八大报告提出了"广泛开展志愿服务"的指导思想，强调了志愿服务是体现公民社会服务意识、反映社会文明进步水平的重要标志。党的十八届三中全会《决定》在创新社会治理体制部分也提出了"支持和发展志愿服务组织"。在"12·5"国际志愿者日，中共中央总书记、国家主席、中央军委主席习近平给华中农业大学"本禹志愿服务队"的回信中指出："青年一代有理想、有担当，国家就有前途，民族就有希望，实现中华民族伟大复兴就有源源不断的强大力量。希望你们弘扬奉献、友爱、互助、进步的志愿精神，坚持与祖国同行、为人民奉献，以青春梦想、用实际行动为实现中国梦作出新的更大贡献。"

新形势下青年志愿服务既面临着重大机遇，也存在新的、更大的挑战。开展好青年志愿服务工作，对于深化社会领域改革、增强公民尤其是青年人的社会责任意识、推进社会治理方式转型、做好新形势下精神文明建设具有重要的意义。我们要从全局和战略的高度，深刻领会和认真贯彻党的十八大和十八届三中全会重要精神，进一步统一思想，充分认识志愿服务在构建社会主义和谐社会、实现中华民族伟大复兴中国梦中的重要作用。

（一）志愿服务是实现中华民族伟大复兴中国梦的必然要求

党的十八大以来，习近平总书记提出并深刻阐述了实现中华民族伟大复兴中国梦的奋斗目标，提出了实现中国梦需要每一个人付出辛勤劳动和艰苦努力，实干才能梦想成真。志愿服务活动作为群体性组织活动形式，方式灵活多样，内涵十分丰富，适应了现代社会自主意识、社会责任意识不断增强的特点，能满足不同层次人们关爱他人、服务社会、展示特长的愿望，有利于人们在参与志愿服务活动中开阔眼界、增长才干，在为他人谋幸福、为社会作贡献的过程中提升生命价值，书写人生灿烂篇章，进而汇集起追梦圆梦的强大力量。每一个个体的服务体验，都是一个"中国梦"的自我实现路径。

（二）志愿服务是加强和创新社会管理的现实需要

当前，我国正处于社会转型、经济转轨的关键时期，社会管理领域面临许多新情况、新问题。志愿服务具有领域宽、渠道广、相互关爱与服务社会相结合的属性，有利于提高群众自我管理和自我服务能力，作为政府服务和市场服务的有效补充，它在解决政府顾不上、市场管不了的问题上有着独特的作用和优势。做好志愿服务工作，对进一步加强党委领导、政府负责、社会协同、公众参与的社会管理格局，维护人民群众权益，促进社会公平正义，保持社会良好秩序，推进社会主义和谐社会建设，具有十分重要的意义。

（三）志愿服务是深化精神文明创建的有效途径

提升群众文明素质在深化精神文明创建中具有重要意义。志愿服务有着广泛的群众基础，是整体提升群众文明素质最有效的方式。通过参与志愿服务能够把服务他人、服务社会和实现个人价值有机结合起来，使人们在为他人送温暖、为社会作贡献的过程中，经受锻炼、陶冶情操、提升境界，既能体现个人的社会责任，又能有效提升群众的文明素质。

（四）志愿服务是共青团吸引、凝聚青年的重要载体

当前社会，追求精神时尚已蔚然成风，而青年素有"开风气之先"的传统。志愿服务正好适应、激发了当代青年的内在特质，创造了新的、为青年人所喜爱和接受的精神时尚，通过参与志愿服务，可以满足青年人的理想主义情怀需求；通过参与志愿服务，可以让青年人彰显责任、获得社会认同、经受锻炼。作为新时期的社会时尚，青年志愿服务吸引、凝聚了一大批有理想、有信念的时代青年。

三 进一步推进山东青年志愿服务的思路与举措

2014年，山东青年志愿服务要大力弘扬"奉献、友爱、互助、进步"的志愿精神，全面深化青年志愿者行动，注重育人导向、事业导向、基层导向，坚持志愿服务项目化运作、社会化动员、制度化发展；进一步弘扬志愿精神，激发公众参与志愿服务的热情，积极参与社会管理创新；打造完备的资金、智力、项目、信息平台，进一步健全组织网络，壮大骨干队伍，完善体制机制，拓宽服务领域，实现青年志愿服务的科学发展。

（一）加强队伍建设，实现人员参与多元化与专业化相结合

健全完善志愿者注册招募制度。依托青年志愿服务队和其他社会志愿者组织，拓宽志愿者的招募途径，不断发展壮大覆盖城乡的基层志愿者队伍和组织。根据新修订的《中国注册志愿者管理办法》，山东应适时出台适合我省实

际的志愿者注册招募制度，原则上采取全网络化注册管理。2014年，登记注册并长期参与活动的志愿者力争达到380万人。山东应重视在中小学生中开展志愿服务意识教育，培养志愿服务事业后备力量。

不断健全完善志愿者组织体系。依托青年志愿者和其他社会志愿者组织，不断发展壮大覆盖城乡的基层志愿者队伍和组织；加强对志愿者队伍建设的规划、管理和指导，拓宽志愿者来源渠道，形成一支来源广泛、结构合理、作用突出、规模宏大的志愿者队伍；加大对志愿者领袖、骨干的培养力度，适时启动志愿者骨干培养工程，确保培育出1万名以上能够在组织志愿服务、进行团队管理、加强宣传联络、整合社会资源等方面发挥示范带头作用的骨干志愿者，并从中遴选、培育一批在青年中具有较强号召力的领袖型志愿者；强化专业化志愿者队伍建设，针对不同服务领域特点，逐步建立更多的专业化志愿者队伍，更好满足社会需求；与相关部门联合，探索青年志愿者队伍与社会工作人才的联动，推动"志愿者+社工"的工作模式。

积极建立健全科学的志愿者培训体系。加大对志愿者培训工作的重视程度，组建志愿者培训讲师团队，加强综合性、通用性志愿者培训课程、教材的开发，探索建立较为科学的培训体系和教材体系；高度重视志愿者接受培训提升的权利，根据需要举办各类培训班以及交流分享活动，努力促进志愿服务队伍建设和服务水平的提高，使志愿服务取得长远发展。

（二）加强组织建设，实现协会功能枢纽化与规范化相结合

注重发挥青年志愿者协会的枢纽作用。按照创新社会治理的要求，把协会打造成开展工作的重要载体，加强协会自身建设，广泛建立与各类志愿者组织的合作关系，发挥好协会的联络、引导、吸纳、培育作用，搭建以省、市、县青年志愿者协会为龙头、注册志愿者队伍为主体、其他志愿者组织为重要组成部分的志愿者组织体系，更好地发挥青年志愿者协会的枢纽型组织作用。

不断扩大基层青年志愿者组织覆盖面。继续推动"县县建协会"工作目标的实现，确保四年内全省所有县（市、区）均建成规范有序、体系健全、活力旺盛的县级青年志愿者协会；推动大中专院校普遍建立青年志愿者协会，鼓励有条件的行业、部门、企业积极建立青年志愿者组织；完善"基层团组

织+辖区志愿者组织"的组织框架。

积极与民间组织建立伙伴关系。充分重视民间公益组织在志愿服务活动中的重要性，尊重民间组织的发展规律、自身属性和组织特点，与民间组织建立合作共赢的伙伴关系，利用现有资源为民间组织提供政策、资金、人才扶持，敢于、善于将服务项目委托给民间公益性组织，联合公益性组织共同参与、探索政府购买公共服务。

（三）加强项目建设，实现活动开展整体化与区域化相结合

不断巩固和深化重点项目。按照团中央"全团一盘棋"的要求，进一步巩固深化"青春助力"——山东共青团关爱农民工子女志愿服务行动，大学生志愿服务西部计划、研究生支教团和大学生志愿服务西部计划山东项目，中国青年志愿者海外服务计划，大型活动志愿服务工作，应急救援志愿服务工作、有形化阵地建设等重点项目，强化服务标准，提升实施水平，扩大品牌影响，着力发挥重大项目在青年志愿者行动中的示范带动作用。探索启动具备新时代特征、符合新形势要求的社区志愿服务和助残助老志愿服务项目。

大力促进区域性项目健康发展。支持各地在遵循"党政高度关注，社会普遍需求，具有实施条件，青年乐于参与"四项基本要求的前提下，争取当地政府和社会支持，科学设计、合理开展具有创新性、区位性的地方服务项目，积极参与政府购买公共服务项目，与相关社会组织合作开展志愿服务项目。

积极完善志愿服务项目体系。在对现有服务项目总结提炼的基础上，汇总整理我省志愿服务项目的基本经验、主要特点和特色做法，逐步建成一个层次分明、门类齐全、公众认可、参与便利的项目库，并确保项目库的专业性、丰富性和广泛性。

（四）加强平台建设，实现工作载体实体化与网络化相结合

注重搭建实体型平台。继续加大有形化阵地的建设力度，对现有青年志愿服务岗（站）、青春助力行动"七彩小屋"等有形化阵地进行整合升级，使之

成为标准规范,具有高度借鉴价值的实体型平台;按照社区化、便利化的要求,加大社区志愿服务实体化平台建设,力争四年内全省50%新建社区至少建成一处规范化志愿服务阵地。

积极尝试搭建综合性网络服务平台。升级网络平台建设水平,率先将"山东青年志愿者网"改造成为全省青年志愿者工作的枢纽型门户网站,依托网站实现人员注册、日常管理、信息发布、交流沟通、供需对接、资源共享等需求,努力形成统一的、基于互联网的青年志愿服务信息平台;支持、倡导利用微博、微信等新兴媒体平台开展各类网络"微公益"活动。

大力搭建资源整合平台。坚持行业联动,充分发挥各部门、单位和行业、系统,尤其是团属企事业、协会的优势,实现横向整合、资源互补,建设好资金平台、智力平台;积极争取党委政府支持,把青年志愿服务纳入社会建设的总体布局和有关工作的整体规划。

(五)加强文化和理论建设,实现志愿服务品牌化与产业化相结合

持续做好品牌推广。在活动策划、组织实施、宣传报道等各环节加强整体策划,实施品牌延伸战略,发掘品牌核心价值,大力推介青年志愿者品牌;通过使用标识、悬挂旗帜、佩戴徽章、配发服装等方式,扩大青年志愿服务品牌的影响。

不断加大志愿服务文化产品供给。善于用公众喜闻乐见、时尚流行的形式和语言,特别注重运用艺术、时尚、情感等元素传播志愿文化;通过与专业机构和人员合作创作、向社会征集、开展评选和推荐作品等方式增加志愿服务文化作品的供给,从中发现并向社会推出一批贴近青年、贴近生活、引领时代潮流的文化精品。

进一步加强理论研究。及时研究总结基层的有益经验和创新成果,丰富和发展志愿服务理论体系,加强志愿者文化体系建设;加强与高校、研究机构、社会组织合作,充分发挥顾问委员会作用,开展对青年志愿者行动规律的研究,通过课题发布、学术研讨、出版发行等方式,实现理论研究成果的应用转化。

（六）加强机制建设，实现运行管理标准化与制度化相结合

继续健全管理服务机制。完善志愿者注册、认证、考核和激励等实施细则，以志愿服务的时间累计制度为基础，以服务质量考评为重点，建立完善的志愿服务星级考评激励体系，形成精神鼓励与物质奖励相结合、组织表彰和社会评价相呼应的良好激励机制；积极争取政策支持，建立和完善志愿服务的动员机制、管理机制、激励机制、筹资机制和协调机制，推动青年志愿者行动持续健康发展。

积极完善政策保障机制。健全志愿者保障机制，尝试通过建立志愿者风险基金、与商业保险企业合作开发专项险种等方式，根据项目特点为注册志愿者提供适当的保险。探索建立志愿者权益维护机制。健全工作支撑机制，遵循市场资源配置规律，拓宽统筹和利用社会资源的渠道，增强志愿服务发展活力。合理、高效地利用好山东省青年志愿服务基金，鼓励基层设立基金。

（七）加强合作交流，实现交流合作伙伴化与国际化相结合

注重加强与省内外各行业、各系统志愿者组织的工作交流。加大与民政、妇联、工会、红十字会等兄弟单位、系统的沟通交流力度，在内容成熟、机制完善的服务领域对其他系统的志愿服务工作提供最大限度的支持；注重"走出去"与"引进来"相结合，加强与省外志愿者协会的交流沟通，及时学习借鉴他们的先进经验和做法。

积极开展与国际及我国港澳台地区的交流合作。在立足国内志愿服务实践的基础上，吸收借鉴世界各地开展志愿服务的经验，不断创新工作思路、工作方式和自身建设，推进志愿服务事业实现新的更大发展。广泛与国际志愿服务组织及我国港澳台志愿服务组织开展合作，重点加强信息、资源的交流共享；积极参与国际志愿服务项目及我国港澳台志愿服务项目，探索共同开发海外志愿服务项目的机制，支持、鼓励有条件的市承办实施海外服务计划。

B.3 山东省社会科学发展报告

阎亚男　张传民　高玉宝　吕汝凯*

摘　要： 2013年山东省社会科学界充分发挥哲学社会科学认识世界、传承文明、创新理论、资政育人、服务社会的重要作用，紧密结合我国特别是山东实际，结合"两区一圈一带"和经济文化强省战略，组织专家学者进行深入研究，形成了一批有分量的研究成果和政策建议，积极参与中央马克思主义理论研究和建设工程、扎实推进山东省重点学科建设工程，为推动全省社会科学大发展大繁荣作出了新的贡献。

关键词： 山东省　社会科学　发展

2013年，山东省社会科学界深入学习贯彻党的十八大和十八届三中全会精神、习近平总书记系列讲话和视察山东重要讲话精神，认真贯彻落实省委十届七次、八次全会精神，坚持"二为"方向和"双百"方针，坚持贴近实际、贴近生活、贴近群众，充分发挥哲学社会科学认识世界、传承文明、创新理论、资政育人、服务社会的重要作用，紧密结合我国特别是山东实际，结合"两区一圈一带"和经济文化强省战略，组织专家学者进行深入研究，形成了一批有分量的研究成果和政策建议；积极参与中央马克思主义理论研究和建设工程、扎实推进山东省重点学科建设工程，为推动全省社会科学大发展大繁荣作出了新的贡献。

---

* 阎亚男、张传民、高玉宝、吕汝凯，山东省社会科学界联合会。

山东省社会科学发展报告

一 2013年山东社会科学发展概况

（一）基本情况

2013年，山东省从事哲学社会科学研究的主要高等院校有山东大学、中国海洋大学、中国石油大学（华东）、山东科技大学、青岛科技大学、济南大学、青岛理工大学、山东建筑大学、齐鲁工业大学、山东理工大学、山东农业大学、青岛农业大学、山东中医药大学、山东师范大学、曲阜师范大学、聊城大学、鲁东大学、临沂大学、山东财经大学、山东体育学院、山东艺术学院、山东工艺美术学院、青岛大学、烟台大学、山东交通学院、山东工商学院、山东政法学院等33个单位，内设人文社会科学教学研究机构419个。科研院所、党校干校和实际部门等重点科研单位和系统有党委政策研究室系统、政府研究室系统、党委党史研究室系统、党校系统、社会科学院系统、山东行政学院、山东社科规划管理办公室、山东省软科学办公室、山东省宏观经济研究院、山东省教育科学研究院、山东省财政研究所、山东省税务研究所等约20个。

截至2013年底，山东省社会科学界联合会（以下简称省社科联）所属省级社团190个，其中省级学会、协会、研究会、促进会159个（经济学科51个，政治社会学科39个，文化教育学科37个，文史哲学科32个），民办社科研究机构31个，会员超过20万人。2013年度，山东高校从事社会科学职业的工作者27454人，其中正高级人才3204人，副高级人才7145人。山东高校社科类长江学者6人，教育部"新世纪优秀人才培养计划"社科类入选者42人。

2013年，全省获得国家社科基金项目（不含教育学和艺术学）193项，获资助4164万元。其中，重大招标项目5项，重点项目18项，一般项目98项，青年项目47项，后期资助项目18项，中华学术外译项目7项。立项课题涉及哲学、政治学、马列科社、党史党建、应用经济、理论经济、管理学、法学、社会学、人口学、中国文学、外国文学、语言学、中国历史、世界历史、宗教学、国际问题研究、民族问题、图书馆情报与文献学、体育学、新闻学与传播学、考古学等22个学科。山东省社科规划资助项目521项，涉及哲学、政治学、马列科社、党史党建、经济学、管理学、法学、社会学、人口学、中国文学、外国文学、语言学、中国历史、世界历史、宗教学、国际问题研究、民族问题、图书馆情报与文献学、体育学、新闻学与传播学、考古学、统计学、教育学、艺术学等24个学科。2013年，全省获教育部人文社科研究项目立项219项，其中青年项目93项。全省获国家软科学计划项目立项9项。

据不完全统计，2013年山东省社会科学界共出版社科学术著作400多部，公开发表学术论文9000余篇。截至2013年度，全省有社会科学类国家级重点学科6个、山东省重点学科119个。

（二）主要社科学术活动概况

2013年全省社会科学界积极发挥思想库和智囊团作用，紧紧围绕经济社会发展中的重大理论和实践问题、学科前沿问题和重点内容、人民关心的社会热点难点问题等开展研究，以山东社科论坛、各类研讨会、论坛、座谈会等为载体，以各个研究中心、基地、研究院所等阵地为依托，充分发挥社科评奖、课题立项等杠杆的引导作用，深入开展课题攻关、学术交流和研讨活动，继续开展"调研山东"活动，组织专家学者，深入基层了解掌握党政关心、社会关注的热点问题，提出对策建议，服务党政决策。全省社科界在基础理论研究和实际应用研究方面都出现了新变化新进展，在优势学科、新兴学科、交叉学科和边缘学科发展中取得了显著成绩，社科研究呈现出强劲发展的良好势头。社科成果对推动山东经济文化强省建设发挥了较好的决策参考作用，获得省级以上领导批示1000余项次。

1. 全省学术研讨氛围更加浓厚

随着经济社会的快速发展，社会各方面对社科研究的重视程度愈来愈高。为了充分调动全省社科研究的积极性主动性，提高学术研讨效果，推动全省社科研究的质量和水平，2013年由山东省社会科学界联合会牵头，联合山东省委宣传部、山东省委党校、山东社会科学院、大众报业集团、山东广播电视台，将山东社科论坛作为提升全省学术交流的品牌项目，积极创新论坛的组织举办形式，以"学习贯彻十八大精神与推进山东小康社会建设"为总主题，采取全省性大型论坛、专题论坛、学科论坛等形式，动员全省社科界积极举办论坛，整合全省社科研究力量，有力地激发了研究活力，提升了学术研讨水平。全省34个单位共举办了55场论坛，评选出十佳研讨会、10个"优秀研讨会"、109篇优秀论文、39个组织工作先进个人。其中，山东大学沂蒙精神与群众路线研讨会、城镇化发展全省性大型研讨会在全省引起很大很好的反响，各地各单位举办的影响较大的专题性论坛、学科论坛主要有：山东大学承办的城镇化发展研讨会，临沂大学承办的沂蒙精神与群众路线研讨会，山东省世界经济学会和山东省对外经济学会举办的加快转变对外经济发展方式研讨会，曲阜师范大学举办的社会转型中的儒学重构研讨会，青岛市社科联和青岛市委党校举办的中国特色社会主义道路自信、理论自信、制度自信研讨会，山东师范大学举办的理论创新与中国梦研讨会，山东省青少年教育科学研究院和山东女子学院举办的青少年素质教育研讨会，潍坊学院举办的转变经济发展方式的法治保障研讨会，省委党校举办的中国特色社会主义道路与中国梦研讨会，莱芜市社科联举办的创优服务打造一流环境研讨会，曲阜师范大学举办的农村改革与发展研讨会，滨州学院举办的全国沿海高校服务区域经济发展联盟研讨会，山东省孙子研究会举办的孙子兵法与中国梦研讨会，山东省财政学会举办的山东预算绩效管理改革研讨会，济宁学院举办的中国语言文学学科的困境与出路研讨会，山东省宏观经济学会举办的山东经济转型升级发展研讨会，聊城职业技术学院举办的提高大学生人文素质与实现中国梦研讨会，山东体育学院举办的山东体育产业发展研讨会，菏泽学院举办的地方文化与区域发展研讨会，山东现代教育发展研究中心举办的现代大学生职业生涯规划教育研讨会等。其中，5000多名专家学者参加山东社科论坛，近千人在研讨会上发言，共收到论文2071篇。通过《山东社科成果专报》报送的成果受到省领导批示29次，《人民日报》《光明日报》及各大网站均给予了深度报道，中宣部《宣传工作》介绍了山东社科论坛的做法。

2. 对外学术交流取得新的更大发展

全省社科界深入实施"走出去"战略，积极扩大对外社科交流与合作，拓宽研究视野，有力地增强了全省社科研究的活力。各高校重视国际学术交流与合作，与许多国家建立合作办学关系，加大了优质教育资源的引进力度，促进了社科研究的快速发展。据不完全统计，全省各种国际学术交流活动近1000次，影响较大的活动有：省社科联与韩国举办的中韩饮食文化交流活动；山东大学举办的中国艺术人类学国际学术研讨会、海洋环境治理国际学术研讨会、中美高等教育研讨会、山大与山口大学合作30周年庆祝活动、山东大学第十三届国际文化节；由山东大学、邹城市人民政府主办，山东大学当代文化发展研究中心、邹城市文物局、邹城市孟子研究院共同承办的孟子文化国际学术研讨会；山东师范大学举办的多元文化视阈下的日本学研究国际学术研讨会、中韩乡村治理学术研讨会、济南中日交流之窗；潍坊学院举办的中日历史上的战争赔款问题研讨会；济南大学举办的国际应用统计学术研讨会、第三届软实力国际研讨会；山东女子学院举办的2013当前文化环境下的女性生存与发展国际研讨会。

3. 各学科学术研究成果更加丰硕

2013年，山东学术研究在政治与哲学社会研究、文学与历史研究、经济与管理研究、教育与文化研究以及山东经济文化强省建设研究等各个方面，均有了很大发展，取得了一批具有创新性、时代性、前瞻性的标志性成果，促进了各个学科的发展。在政治与哲学社会研究方面，主要集中在马克思主义政治学、马克思主义哲学、中国古代哲学、科学社会主义、中国特色社会主义理论体系、马克思主义中国化、政党政治、党史党建、民主理论与实践、政治哲学、社会主义核心价值体系、思想政治教育、民族精神、时代精神与山东精神、群众路线、社会管理与社会政策、社会学理论、人口学、民族国家、法律史、刑法、民商法学、诉讼法学、环境与资源保护法学、人权问题、群体性事件、网络问题、心理健康等领域，主要围绕学术前沿和社会热点问题展开。在文学与历史研究方面，一些研究继续保持国内领先地位，并在许多新领域获得了进一步拓展，研究内容更趋于翔实，研究方法日益多元化，对学术界前沿、热点问题的关注与探讨渐趋加强。其中，文学领域继续保持活跃态势，对学术界前沿、热点问题的关注和探讨更为广泛与深入，在往年相对薄弱的若干领域亦有一定的拓展，学科整体发展更加趋于均衡合理。特别是对古代文学、近代文学、现当代文学、语言学、文艺美学的研究，一直保持良好的发展态势。另外在专题研究方面也有了新的突破，如左联时期研究、修辞学研究、文学转型研究等。在史学领域，继续保持了在全国的领先地位，最突出的是中国古代史研究，在儒学研究、考古研究、吏部研究等领域涌现出一些高水平的成果，同时对近现代史的研究有所加强，但是对魏晋南北朝隋唐史、辽宋金元明清史的研究还需进一步加强。在经济与管理研究方面，成果比较丰富，多篇论文发表在国内权威期刊《经济研究》《管理学报》上，在理论经济学，人口、资源与环境经济学，金融学，产业经济学，国际贸易学，企业管理，会计学等方面均取得了长足发展。在教育与文化研究方面，教育学、心理学和体育人文社会学的研究成绩显著，许多项目获得国家级和省级社科规划立项，出版了一批高质量的著作和教材，在国内外重要期刊《教育研究》《音乐研究》等发表了不少高质量的文章，许多文章被《新华文摘》、人大复印资料、《中国社会科学文摘》转载。深入研究经济文化强省建设中的理论问题和实践问题，是山东社会科学研究的努力方向。2013年重点在推动山东经济"转调创"、实施"蓝黄"等区域发展战略、培育山东文化精神、城乡一体化发展、城镇化发展、社会管理、文化改革发展等方面加大研究力度，指出了山东经济发展的思路、重点领域、关键突破点和促进经济社会健康快速发展的途径，有效地服务了省委省政府和实际工作部门的决策工作。

4. 大型社会调查活动深入持久开展

省社科联、《齐鲁晚报》共同主办了"调研山东（2013）"大型社会调查活动，活动围绕党委政府关注、社会各界关心的重大问题，确定了涵盖旅游、交通、金融、教育等10个热点选题。组织专家学者带领团队，深入城乡基层，深入调查研究，最终形成了《民众心中的中国梦调查》等十个调研报告，为党委政府的科学决策提供了有益参考，受到省委、省政府领导的高度重视和充分肯定。年底，结集出版《调研山东（2013）》。

（三）主要社科普及活动概况

2013年，全省社科界着眼于提高全省公众人文社科素养，着眼于建设文化强省，开拓创新、扎实工作，周密组织"社科普及周"活动，省市县三级联动，社会各界广泛参与，把社会科学知识"进机关、进农村、进企业、进学校、进社区"活动不断引向深入；认真举办齐鲁大讲坛及分坛，规范管理，精心选题，引导舆论，引领思潮，解疑释惑，努力从理论和实践的结合上解答群众关心的热点难点问题；巩固完善社会科学普及教育基地，因地制宜，发挥优势，建章立制，增强基地影响力和吸引力，打造社科普及工作新亮点；组织编写社科普及读物，不断满足干部群众知识需求。全省社科普及工作呈现蓬勃发展的良好局面。

1. 举办第十届全省社会科学普及周

省委宣传部、省社科联、《齐鲁晚报》共同主办了以"宣传十八大精神，同心共筑中国梦"为主题的山东省暨济南市第十届社会科学普及周活动，5月5日，在省城济南举行了全省社科普及周开幕式，孙守刚、季缃绮、王新陆等出席开幕式并参观"中国梦"主题展，省直与济南市有关方面领导及社会各界群众约500人参加开幕式。本届社科普及周活动主题鲜明、内容丰富、形式活泼，全省联动、错时展开、参与广泛。据不完全统计，第十届社科普及周期间，全省安排各类主题讲座、印发"口袋书"、"理论热点面对面"现场咨询服务、社科专家基层行、网上交流、人文社科知识竞赛等各类活动5000余项。"社科普及周"活动规模越来越大，影响越来越广，效果越来越好，已成为我省重要的公益性社科普及品牌项目。

2. 精心打造"齐鲁大讲坛"公益性文化品牌

省委宣传部、省社科联、山东大学、《齐鲁晚报》等单位坚持齐鲁大讲坛"搭建思想平台、共享精神财富"的办坛宗旨，贴近群众、贴近生活、贴近实际，主坛精心选取热点话题，先后邀请姚景源、罗援、陈俨、葛剑雄等20名主讲嘉宾做客齐鲁大讲坛，解读热点问题，普及社科知识，深受社会各界欢迎和好评。围绕十八届三中全会作出的经济改革发展部署，齐鲁大讲坛创新办坛形式，以"改革·发展·共赢"为主题，举办"2013齐鲁大讲坛·对话高端"，邀请李铁、丁一凡、韦森、王帅等国内政商学界精英，共同求解未来发展、可持续繁荣之道，服务经济文化强省建设。以齐鲁大讲坛分坛为载体，强化管理，开展了"我的中国梦基层宣讲""学习贯彻习近平总书记系列重要讲话精神基层宣讲""党的十八届三中全会基层宣讲"等活动，解疑释惑，统一思想，凝聚共识，全年举办各类普及讲座千余场，扩大了齐鲁大讲坛的社会影响力。2013年9月，齐鲁大讲坛荣获山东省首届文化创新奖。

3. 编写社科普及通俗读物

结合群众知识需求，编写社科普及读物，用最新教材和群众身边的鲜活事例来宣传党的最新理论成果，回答广大干部群众普遍关心的热点难点问题。一是编写了《新农村新生活》系列读本。受省委宣传部委托，省社科联组织专家学者，编写六个分册读本，对社会主义新农村建设中的群众普遍关心的问题进行分门别类、分章列目、层层解答、逐一回答。丛书内容全面系统，语言通俗易懂，文风朴实无华，形式别具一格，贴近农村、贴近农民、贴近实际，具有指导性、可读性和实用性。二是资助出版社科普及读物。经公开申报、专家评审、社会公示，确定了50项山东省社科普及与应用重点项目，其中资助项目20项，自筹项目30项。到2013年底，资助出版《山东省人文社科素养简明读本》等通俗读本，深受群众欢迎和好评。

4. 大力扶持社科普及教育基地建设

社科普及教育基地是传播社会科学知识的重要阵地和载体。2013年，省委宣传部、省社科联命名了12个"山东省社会科学普及教育基地"，使省级社科普及教育基地达到47个，重点打造"优秀传统文化""红色文化""现代企业文化"三个基地群建设，利用重大事件、重大活动、重要纪念日和节庆日，对公众免费或优惠开放；广泛开展研讨会、演讲会、报告会、知识竞赛、主题文艺演出等特色活动，大力开展社会科学普及活动，有效发挥辐射带动作用。

5. 推动社科普及立法工作

2013年2月，经省委批准，省人大常委会将《山东省社会科学普及条例》（以下简称《条例》）列为2013年立法计划，条件成熟后适时安排审议。在省人大教科文卫委、法工委的精心指导、大力支持下，省社科联组织有关人员，先后到省外宁夏、青海和省内潍坊、枣庄、淄博、青岛以及山东大学、滨州学院、山东社科院进行调研，向21个市、大企业社科联、35个高校、23个省级社团以及省社科联兼职主席广泛征求意见建议。组织专家反复修改，几易其稿，2013年底，最终完成《条例（草案会签稿）》，立法准备工作就绪。

6. 首次举办人文社科知识竞赛活动

为更好地利用多种方式普及社会科学知识，省社科联、《齐鲁晚报》联合举办了山东省首次人文社科知识竞赛活动。本次竞赛共收到答卷3728份，其

中217份获得满分,根据竞赛规则,最后从获得满分的试卷中随机抽取了一等奖5名,二等奖10名,三等奖20名。

(四)社科界社团工作情况

以学会、协会、研究会、促进会、民办社科研究机构为主体的社科界社团是党委和政府联系广大社科工作者的桥梁和纽带,是哲学社会科学繁荣发展的重要力量。2013年,省级社科界社团在省社科联业务指导下,紧密配合党委和政府中心工作,不断拓展新的工作思路,构建新的工作载体,建立与经济社会发展相适应的社团活动机制,在理论研究、学术交流、宣传普及、咨询服务、规范管理、党的建设等各个方面都取得了新的成绩,社会影响力不断增强,充分发挥了在经济社会发展中的理论支持和智力服务作用。

1. 围绕中心工作,开展学术活动,不断加强学科建设

全省社科界社团紧紧围绕战略性、前瞻性、基础性的前沿问题和关键性、紧迫性的瓶颈问题,积极举办学术会议和学科论坛。如,山东省科学社会主义学会(以下简称"省科社学会")召开"科学社会主义与中国特色社会主义"学术研讨会,解读中共十八届三中全会的精神,对中国特色社会主义建设事业的战略布局、中国模式、民主建设及全面深化改革等问题展开讨论。省新闻学会围绕宣传党的十八届三中全会精神、中华民族伟大复兴"中国梦"和党的群众路线教育实践活动,及省委省政府转方式调结构、"一圈一带"区域发展战略等中心工作,引导推动全省媒体,组织策划、宣传解读,为全省各项重点工作深入推进营造了浓厚的舆论氛围。山东孙子研究会将孙子文化研究融入实现"中国梦"大主题之中,开展"孙子兵学与中国梦"海峡两岸论坛,阐述了"孙子梦、两岸梦、中国梦"的必然联系,提出了"没有两岸'团圆梦',中国复兴梦就实现不了"的思想。省青少年教育科学研究院"山东省青少年素质教育研讨会"、省青少年研究会"山东青少年发展论坛"等活动,对我省青少年问题研究及青少年工作的开展发挥了重要作用。省民俗学会立足山东民俗与齐鲁文化,拓展民俗学的理论与方法,进行非物质文化遗产和地域文化研究,召开以"城镇化进程中的鲁南民俗保护与传承"为主题的学术年会,针对鲁南民俗文化保护现状、石榴文化的历史渊源和文化内涵、石榴与吉祥文化研究等问题，进行了深入研讨。省学校文化研究院连续举办五届全国中小学"推动学校文化建设，打造特色名牌学校"实施战略研讨会，积极推动了全国中小学校文化建设。据不完全统计，2013年省社科界社团举办学术研讨会、论坛等不同形式、不同层次的学术活动500余场次，为我省社科界营造了良好的学术氛围，有力地促进了社会科学各学科领域的繁荣发展。

2. 围绕重大主题，开展课题研究，彰显理论服务功能

围绕经济社会发展的热点难点问题，特别是围绕省委、省政府的重大决策，社科界社团发挥各自的优势，组织广大会员，进行课题调研，参与决策研究。如，省宏观经济学会参加省政府重大调研任务，学会《当前山东经济运行中需要关注的几个重大问题》《山东与兄弟省市利用外资情况对比分析及对策建议》《今年我省经济运行预测分析及对策建议》《建设中日韩自由贸易区桥头堡的对策建议》《建立应对雾霾天气应急长效机制》等成果，都得到了省委省政府主要领导重要批示，迅速被有关职能部门采纳，有效发挥了为政府的服务参谋作用。省创新管理研究院致力于社会管理创新工作研究，承担《参政党服务社会管理的实践与探索》《社会组织创新发展研究》《中国生态文明社区建设研究》等课题，并积极建言献策，先后得到姜异康、王军民、孙伟、张超超的肯定性批示。山东汉唐盛韵文化艺术研究中心完成《山东农村文化建设研究》课题，从投入、管理和体制等方面剖析了制约山东农村文化建设的问题，向省发展改革委等有关部门提出了有针对性和操作性的对策建议。各社团积极参与课题调研，涌现了一大批具有较强理论意义、学术价值和指导实践的研究成果，既深化了学术研究，推进了学科建设，又体现出社团活力；既反映了我省广大社科工作者对中国特色社会主义伟大实践的理论思考，又体现了广大社科工作者的学术研究水平。

3. 搭建平台，扩大阵地，培养造就优秀人才

社科界社团具有宽松的学术氛围，对外联系广泛，活动形式灵活，学术会议、社会活动较多，这就使社科界社团成为发现人才、凝聚人才、培养人才的重要平台。相当一部分中青年学者在社科界社团开展的活动中崭露头角，并逐渐成为各学科的学术骨干。省人大工作理论研究会、省政协工作理论研究会积极吸纳热爱人大、政协工作理论研究的各界人士入会，为开展人大、政协工作理论研究提供了人才保证。省金融学会设立重点课题,为会员发挥和展示自身优势和才华提供条件。如,省高等教育管理科学研究会注重吸引、接纳年轻的优秀人才、高端人才,不断充实新生力量,打造坚实的人才阵地,为我省高等教育管理科学领域储备和输送力量。省学校文化研究院实施"员工综合素质培训工程",每周一次主题培训,集中学习,利用多种方式对员工进行文化熏陶、素质培养,为研究院发展壮大积极储备人才。省级社科界社团从改革开放三十年前的十几个社团几千人,发展到现在的190个社团二十余万人,在培养人才、推出精品方面,社科界社团发挥了无可替代的作用。

4. 加强规范化管理,推进组织建设,提升社团工作质量

规范化、制度化建设是社团的基础建设,是新形势下提升社团内在素质的重要保证。通过不断努力,社团的组织体系得到进一步健全,社团的管理机制日趋规范。2013年,十个省级社团完成了换届选举工作。省工人运动研究会组织网络不断发展,在各市及省直大企业陆续建立工运研究会分会,已基本形成健全的组织网络,骨干队伍进一步壮大,有力保证了研究会的自身发展。山东孔孟文化研究交流中心逐步健全完善各项规章制度,为中心发展打下了坚实基础。山东孙子研究会、山东国际孙子兵法研究交流中心充分发挥党支部战斗堡垒作用和共产党员先锋模范作用,坚持重大事项召开党支部会议研究决定,采取网上党课形式,及时组织全体党员进行形势教育、时政学习,在党支部引领下,形成了工作按制度有序运转、严格按规章办事的浓厚氛围。山东社科界社团坚持科学民主办会、依法依章办会,按照有关法规、条例开展活动,已经逐步走上规范化、制度化轨道。

(五)社科优秀成果奖工作概况

2013年,按照全省社会科学发展的需要,以社科优秀成果奖、优秀科普作品奖、高校人文社会科学研究优秀成果奖等奖项作为社科繁荣的重要评价手段,进一步改革评奖细则和办法,完善评价标准,规范评奖程序,推动评奖公开公正、严谨透明,提高了社科评奖的公信力、权威性和导向性。特别是山东省社会科学优秀成果奖评选,通过完善社科评奖制度,不断改进创新,大大增强了评选工作的科学性和权威性。按照孙守刚部长"切实做到公开、透明、严谨,增强评选工作的公信力、权威性和导向性"的要求,我们要继续探索社科评奖科学完备的评价体系。评奖要进一步改进组织办法,取消省评奖办组织的初评,改为各授权单位评选推荐。完善评选专家库和主客观赋分评价标准,制定推荐指标分配规则。严格各项评选程序,在评选方式和方法上,实行客观赋分与专家审核相结合,评选专家背靠背打分与学科组民主评议相结合,进行匿名评选。实行评选场地封闭设岗,客观赋分、专家评分结果由纪检人员当场密封保存,增加公示客观赋分、审核专家等更加严格的纪律措施。省第二十七次社科优秀成果奖共评出获奖成果260项,未收到任何投诉、举报、质询等负面意见,得到参评作者、评选专家和社科界普遍赞誉。山东省社会科学突出贡献奖、学科新秀奖评选工作更加科学规范,顺利完成第七届评选任务,有5人获得突出贡献奖,5人获得学科新秀奖。

(六)社科界组织队伍和阵地建设概况

2013年度,在社科队伍建设上,省社科联把县(市、区)社科联建设当作一件大事来抓。山东省委九届十三次全会明确提出,要"加强社科联组织建设",省委宣传部专门下文《关于加强县(市、区)社科联建设的意见》,明确要求建立健全县(市、区)社科联,并将此纳入宣传部的考核,纳入群团管理。省社科联和各市社科联抓住难得的历史机遇,强化措施,狠抓落实,县(市、区)社科联组织建设取得很大成效。目前,全省已建和已批准筹备成立的县(市、区)社科联79个,高校社科联17个,其中潍坊、枣庄、滨州、菏泽等市的县级社科联已全部成立或全部批准筹备成立,烟台、德州、聊城、淄博、莱芜等市属绝大多数或多数县(市、区)社科联已批准筹备成立。省社科联通过开展县(市、区)社科联专题调研,指导加强基层组织建设,召开全省县(市、区)社科联建设工作会议,推动县(市、区)社科联组织建设。与此同时,全省地方社科院建设也取得很大进展,济南、青岛、潍坊、东营等地社科院围绕当地党委政府中心工作,积极发挥了思想库和智囊团作用。

2013年度,全省社会科学中文核心期刊围绕经济社会发展中的重大理论和现实问题策划开设高水平学术专栏,提高办刊质量,引用率大幅提升,影响力持续扩大。《文史哲》《山东社会科学》《东岳论丛》《齐鲁学刊》《山东大学学报（哲学社会科学版）》等CSSCI来源期刊全年在《新华文摘》《中国社会科学文摘》、人大复印资料等转载量继续上升，通过国家社科规划办考核并获得基金资助。全国唯一的领导科学类报纸《领导科学报》在更好看、更好读、更好用上下功夫，重点围绕十八大、中国梦、群众路线教育实践活动、全国组织工作会议精神等进行宣传，6件作品获省专业报刊新闻奖。2013年度完成了《山东社会科学年鉴2013》编纂出版工作，共190多万字，翔实记述了2012年山东社会科学事业发展状况，为社会各界提供丰富的信息资料服务。2013年度，全省社科类网站建设进一步得到优化完善。

二 山东社会科学发展中存在的困难和问题

2013年，随着山东经济文化强省建设战略的实施和推进，社会科学日益凸显其重要性。面对新形势新任务，我们感觉需要解决以下困难和问题。

（一）认识问题

当前，对社会科学重要性的认识远远不够。世界各国的发展历史证明，经济社会越发展，就越需要哲学社会科学和人文科学的支撑和指导。自然科学只能解决"单产"问题，社会科学才能综合解决"总产"问题和总体发展道路问题。当前中国经济社会发展的速度不断加快，发展思路和方式严重滞后于社会现实，社会矛盾日益加深，各种严重的社会问题不时爆发，特别需要通过哲学社会科学和人文科学来理顺社会关系，理清发展思路、发展模式，以保证我们的经济、社会、文化等各个方面科学发展、有序发展、健康发展。在这个大趋势下，我们如果只重视自然科学甚至崇拜科技至上，而忽视社会科学，经济社会发展中的根本性矛盾就无法化解。

（二）体制问题

目前，社科联系统处于"上面无头，下面腿短"的尴尬境地。由于各种因素，虽然全国各省区市社科联多年来一直强烈呼吁，虽然很多人大代表和政协委员也多次在全国"两会"议案提案中呼吁，但全国社科联一直没能成立。

从国家层面说,社科科研体制条块分割严重,难以形成整体合力。内部学科林立,各自发展,难以适应当今跨学科、宽领域、多视角的综合研究需要。缺乏宏观整合机制,难以建立统一的中国特色、中国风格、中国气派的哲学社会科学话语体系,难以适应当今自然科学研究、工程技术研究与哲学社会科学研究相互融合、相互渗透、协同攻关的大趋势。这严重限制了我国哲学社会科学研究为党和国家中心工作与大局服务的能力,严重阻碍了国家文化软实力建设的进行,对地方社会科学的发展也是个严重的"瓶颈"。与此同时,我省社科联的组织建设也有很多不适应的地方,特别是县(市、区)、企业、高校社科联建设还存在着不少薄弱环节和问题。社科联基层组织建设不力,有些工作任务就很难落实,特别是社会科学的宣传普及工作迫切需要县(市、区)、企业、高校建立起社科联。

(三)学术环境问题

社科界普遍反映,我省社会科学领域还在不同程度存在着学术研究环境不够宽松,有的学者缺乏自律,存在学术腐败等现象,学术管理有行政化倾向,评价机制需要进一步健全。当今社会存在的诚信缺失、拜金主义等现象难免会反映到社科研究中,它表现为有的学者学风浮躁、抄袭剽窃、粗制滥造。有的党委政府片面强调社会科学的工具性,把社会科学研究的功能仅仅停留在宣传党和国家政策上,造成社会科学功能错位,这极易导致一些社科工作者盲目跟风、媚官求利。基础理论研究有所弱化。基础研究和应用对策研究是社会科学的两翼,不宜偏废,厚此薄彼。但由于基础研究时间长,社会效益不是很直接,有的更谈不上什么经济效益,所以,有的社科单位对基础研究不是很重视,投入严重不足,学科长远发展受到影响。

(四)人才问题

哲学社会科学的繁荣和发展,离不开一支学科门类齐全、并且具有一定学术水平和理论创新能力的社会科学研究队伍。目前,我省社会科学传统的优势学科发展不够,特色学科不够突出,新型学科、交叉学科不够强,致使学术成果"有群山而少高峰",表现为一般性成果较多,精品力作少,大家名家少,尤其是全国一流的顶尖专家比较缺乏。优秀人才"东西南北飞",大量流向"京津沪、北上广"现象严重,培养人才、留住人才的机制体制有待进一步完善。

应当看到,除了以上所说的学术环境外,待遇低是山东省社科人才流失的一个主要原因。社科教学科研人员的收入主要来源于工资,过低的工资水平与他们所付出的劳动和产生的价值严重不对称,导致劳动得不到应有的社会尊重、承认,严重挫伤了其工作积极性,有的专家直接说没有"尊严感"。人才流失严重、后劲不足,高水平中青年学者留住难,已成为制约山东哲学社会科学发展的重要因素。

(五)经费问题

目前,山东财政对哲学社会科学的投入,不但跟江浙沪、北京、天津、广东差距较大,而且连西部有些省份也不如,如云南、广西、四川等,与山东经济大省、哲学社会科学大省的现实极不相称。我省社科联组织学术活动、理论研究没有专项经费,而兄弟省市社科联大都有专项经费。如湖北省170万元、辽宁省80万元等。社会科学普及经费,我省只有150万元,而相当多兄弟省市比我省多。如湖北省300万元、辽宁省350万元等。扶持组织社科界社团经费,我省没有专项经费,而一些省市多的几百万元,少的也有几十万元。如广东800万元、上海200万元、湖北100万元、浙江190万元、云南48万元。山东190个省级社科社团,省社科联业务主管的56个,无经费支持其开展活动,特别是文史哲基础学科的社团发展更困难。哲学社会科学国际学术交流经费只有15万元,根本无法组织社科专家进行国际学术交流活动。

三 山东哲学社会科学发展的对策建议

(一)提高对哲学社会科学重要性的认识

我们建议加强党委政府对社会科学工作的领导,进一步提高认识,切实解决社会科学与自然科学同等重要的问题,把繁荣发展山东哲学社会科学纳入经济社会发展大局来研究、来部署。

一是省委常委会、省政府常务会每年听取一次省社科联关于全省哲学社会科学工作的汇报，研究山东哲学社会科学发展中的有关问题。

二是省委、省政府每年召开一次社科专家座谈会，由省委、省政府主要领导出席、有关部门领导参加，听取社科专家对山东经济社会发展的意见和建议。

三是在省委、省政府对全省经济社会发展的综合性会议、领导讲话和文件中体现重视加强发展哲学社会科学的内容。

四是重视哲学社会科学的立法工作。中央关于进一步繁荣发展哲学社会科学的意见中，明确指出"要重视哲学社会科学领域立法工作"。目前宁夏等省区已经制定"社会科学普及条例"，我省从去年提出，今年列入人大立法调研，建议省委高度重视这项工作，提出明确意见，推动社科立法的进程。

（二）创新体制机制，营造良好学术环境

一要树立精品意识和创新意识。我省要确立"人无我有、人有我新、人新我多、人多我精"的社科研究理念，大力倡树精品意识和创新意识，并将其贯穿于研究的全过程，落实到选题、立项、成果产出和转化等各个关键环节。要坚持理论联系实际，探索创新方法，通过继承创新、综合创新、原始创新，力争推出填补学科空白和具有前瞻性的扛鼎之作，不断提高社科研究的整体水平和社会效益。

二要打造高水平的社科研究平台。我省要加强山东社科论坛、齐鲁大讲坛、课题立项、出版资助项目、重点研究基地、大型调研活动、理论报刊、网络、社科年鉴、社科评奖等学术阵地建设，完善制度，探索规律，聚合功能，实现平台建设的规范化、系列化、集聚化、常规化、长效化。要扶持一批学术水平高、研究能力强的社科界社团和社科研究机构，使其成为我省学术研究和人才培养的主阵地。要加强与国外社科学术界的合作与交流，在相互借鉴中不断提高我省的学术研究水平。

三要完善社科评价转化机制。我省要充分发挥社科评奖尤其是山东省社科优秀成果奖这个省委省政府最高奖的引领、带动、激励作用，以激发研究活力为根本，以提升研究质量为导向，以推进学科体系、学术观点、科研方法创新为重点，完善评价标准，规范评价办法，构建评价体系，健全评价制度，推动社科研究在思想理论上有所创新，传承文明上有所贡献，学科建设上有所推动。要建立

完善成果转化机制，社科管理部门要强化市场意识，当好转化的调度员；增加有效供给，当好转化的质检员；拓展转化渠道，当好转化的营销员。建立社科研究供求互通机制，发挥好中介作用，及时征询、发布供求信息，宣传推介社科成果，搭建起社科理论界和需求主体之间的信息平台。建立社科成果转化信息库，向社会、政府、企业等消费主体推广销售社科成果。鼓励社科界社团和社科研究机构直接面向消费主体开展咨询服务活动，为社科成果转化创造更广泛的途径。

四要大力加强学风文风建设。我们要在全省社科界大力倡树严谨治学、实事求是的学风文风，弘扬"板凳甘坐十年冷"和"十年磨一剑"的精神，鼓励广大社科工作者深入调查研究，汲取营养智慧，形成真知灼见。要坚持教育引导、制度规范、监督约束、惩防结合、标本兼治，扎实推进学风文风建设。当前最急迫的任务是建立和完善加强学风文风建设的规章制度，形成切实可行的长效机制。我省要以"四个一批"、齐鲁英才工程、文化名人工程、社科突出贡献专家和学科新秀、"百人工程"为抓手，在全社会积极选树、广泛宣传社科学风文风道德模范，形成榜样示范效应，促进良好学术环境的形成。

五要着力加强社科人才队伍建设。积极与人才强省战略相对接，大力培养造就高水平的社科专家队伍。牢固树立人才是第一资源的思想，强化人才队伍建设政策，加大物力财力投入，以蓬勃的事业、优良的环境和优厚的待遇培养人才、吸引人才、使用人才。要紧紧依托博士点、硕士点以及学科建设平台等形式重点培养，通过参与重大课题、重大项目研究等形式带动培养，通过参加培训、参加学术研讨活动、实践锻炼等形式广泛培养，形成一批学贯中西、具有国内外影响的学术大家，形成一批功底坚实、勇于创新的学科带头人，形成一批素质良好、锐意进取的青年理论骨干。

（三）加大财政对社会科学的投入力度

我省要建立哲学社会科学发展基金，并随着经济社会的发展，不断增加对哲学社会科学事业的投入，不断改善社科理论工作的硬件和软件设施。逐步提高学术活动经费、社科课题项目经费、社科优秀成果评奖经费、社科普及经费和社科界社团活动经费投入；积极引导社会各界加大对哲学社会科学事业的投入，多渠道筹措社科资金，保障哲学社会科学事业健康有序发展。

B.4
山东文学艺术发展报告

张　伟等*

摘　要： 2013年山东文学艺术发展成绩斐然。文学艺术的各个门类异彩纷呈，文艺精品工程强力推进，第十届中国艺术节成功举办，艺术人才培养机制继续完善，要之，山东文学艺术呈现出良好的发展态势。在分析2013年山东文学艺术发展态势的基础上，展望未来山东文学艺术的发展趋势，探求适合山东文学艺术发展的思路和对策。

关键词： 山东　文学艺术　发展态势

2013年是山东文学艺术发展成绩斐然的一年。这一年，山东全面开局贯彻落实党的十八大精神，着重实施"十二五"规划，强劲推进文化强省建设，在打造文艺精品、扶持文艺精品和传播文艺精品方面继续加大力度，全省广大文艺工作者全方位、多层次地开展文学艺术创作，推进艺术创新，使得文学艺术的各个门类百花齐放，百花争艳。其中在小说创作、诗歌散文创作、影视剧创作、儿童文学创作、文学批评、艺术创作、精品工程等方面，推出了一大批富有山东特色、体现时代精神、影响全国并具有强烈冲击力的文艺精品。

小说方面，纯正耐读的中短篇精品和青年新锐的不俗表现都为齐鲁文学注入了新鲜的血液，一大批勇猛精进的中青年作家渐成"文学鲁军"之中坚，

---

* 序言、八：张伟，山东社会科学院文化所；一：赵月斌，山东省作家协会；二：杜玉梅，山东社会科学院文化所；三：卢少华，山东省作家协会；四、七：车振华，山东社会科学院文化所；五：马兵，山东大学文学与新闻传播学院；六：吴红，山东省文化厅。

其中"山东女作家群"已成为驰誉全国文坛的一支文学劲旅；诗歌方面，山东诗坛表现积极，诗人队伍越发整齐，不仅诗集出版数量较多，在全国各类诗歌比赛中斩获颇丰，而且异彩纷呈的诗歌活动也点亮了山东诗界；影视领域，传媒、演艺、影视三大集团成立，使影视艺术的发展呈现出良好的态势：多部影视剧搬上了央视荧屏且好评如潮，多部影视剧已经杀青正在后期制作中，多部影视剧获得全国性大奖；儿童文学，则延续了快速发展的良好势头：涌现出一批充满童趣且源于现实生活又真实反映孩子们所存在的问题的富有时代感的作品，尤其是刘海栖的童话作品《无尾小鼠历险记·没尾巴的烦恼》成功摘得中国四大文学奖之一、中国唯一的纯文学性的儿童文学奖项——全国优秀儿童文学奖；文学批评方面，依旧保持一贯水准，既参与了全国性的理论问题的争鸣探讨，也围绕2013年度山东文学创作的重大事件，涌现出一批高质量的情理兼备的批评文章。其中有对经典作家经典作品的批评，有对新锐作家的关注，还有对经典化问题焦点讨论等；艺术方面值得大书特书，2013年是山东打造全国重要的区域性文化中心、冲击"十艺节"的重要一年。中国艺术节是我国规格最高、规模最大的国家级艺术盛会，2013年全省办节氛围浓厚，场馆设施大幅提升，文化惠民成效显著。山东涌现出一大批在全国具有较大知名度和获得各级重要奖项的文艺力作和文艺人才，举办了一系列在全国具有较大影响力的文艺活动，有多项文艺精品和多位艺术家获得国家级奖励。其中第二十届图博会中国作家馆"山东主宾省"活动的成功举办，全面宣传推介了山东作家和山东的文学作品，促进了社会各界更加关注山东文学事业，推动齐鲁文学再创辉煌；精品工程方面，山东采取多项措施促进精品生产：如进一步完善签约作家管理制度，省作家协会继续对文学创作重点项目予以扶持，继续加大青年文艺人才的培养力度，组织多种形式的研讨和学习班等，帮助青年文艺人才尽快成长。

尽管我们已经取得这样或那样的成绩，但是山东的文学艺术发展中所存在的问题与不足也不容忽视。如对社会生活方面的反映，人类生活是文学艺术取之不尽、用之不竭的源泉，是文学艺术发展的推动力，文学艺术应该全面而广泛地反映社会的生活面貌和本质。可是我们的文学艺术创作在一定层面上还存在着与我们的生活貌合神离的状况，缺少关注现实，关注底层的精品力作。另外，政治、法律、道德、宗教、哲学和科学等社会意识同文学艺术相互影响、相互渗透，且它们会作为思想内容包含在文学艺术作品中，而我们的创作队伍却还不够丰富不够全面不够合理，这都在一定程度上影响或抑制了我省文学艺术发展的脚步。所以，与时俱进，全面合理的繁荣山东的文学艺术创作还任重而道远。

一 小说创作发展态势分析

2013年，山东的小说创作在平静中踏实前行，虽没有出现大出风头的热门作家、热门作品，但总体上看则是丘壑并起，竞显峥嵘。尤为可喜的是，艾玛的短篇小说《井水豆腐》获得第六届《中国作家》鄂尔多斯文学奖，东紫的中篇小说《北京来人了》获得第五届《北京文学·中篇小说月报》奖，王秀梅的短篇小说《父亲的桥》荣登中国小说学会"2013年度中国小说排行榜"，以她们为代表的"山东女作家群"已成为驰誉全国文坛的一支文学劲旅。包括她们在内的一大批中青年作家在中短篇小说领域勇猛精进，渐成"文学鲁军"之中坚。此外，王一、乔洪涛、杨袭、郝炜华、高玉宝、徐永、程相崧等青年新锐亦表现不俗，为齐鲁文学注入了生猛的力道。

2013年是全国长篇小说创作的"大年"，出现了金宇澄的《繁花》、余华的《第七天》、苏童的《黄雀记》、韩少功的《日夜书》、贾平凹的《带灯》、阎连科的《炸裂志》、马原的《纠缠》、李浩的《镜子里的父亲》、乔叶的《认罪书》、田耳的《天体悬浮》等一大批影响广泛的作品。相比起来山东的长篇创作则波澜不惊，是略显拮据的"小年"。尽管如此，仍有不少很有分量的作品问世。

《藏獒不是狗》（青岛出版社）是杨志军继《藏獒》《伏藏》《西藏的战争》系列之后又一部写"藏獒"的小说。这部作品脱离了对藏獒童话式的塑造，转而写人性，写人的精神回归和对信仰的呼唤。小说以城市人袁最和草原人"我"（作家色钦）两条主线交错展开，以藏獒的灾难折射人心的黑暗，从而让我们看到，触目惊心的藏獒悲剧后面，更有匪夷所思的"人"的堕落。杨志军称，在探讨好人与坏人这个问题上，小说对于人性的思考没有停止，作者对于人性的思考也没有终止，我们也意外地看到了人性之光的闪耀、心灵之力的存在、信仰救赎的可能。

《公社的蝴蝶》（作家出版社）记录了鲁南某农村从1948年至1984年近40年的艰难历程，讲的是人民公社干部和社员的故事。作者王昭溪曾是一名公社社员，这部小说全是亲历亲闻，每一个情节，每一个人物，都脱胎于真实的生活。作品中有九奶奶、朱石曹、陈道士等60多个人物，这些人物形象鲜活，具有明显的时代特征。小说不仅具有突出的鲁南地域特色，深刻地揭示了那一时期的历史真实，而且语言朴实生动，随处可见的小诙谐、小幽默，使小说化沉重为轻松，颇有反讽的意味。

王涛的《无处栖息》（山东画报出版社）由六个中篇结构而成，这也是他计划中的"革命往事"三部曲的第一部，小说叙写了一个家族在长达一个世纪的社会变革中最终走向覆灭的故事。作者动用了诸如魔幻、神秘、荒诞、象征等诸多现代小说手法，以影响深远的土改运动为中轴，对这个家族里六代人的遭遇和命运予以详尽描画，既表达了作者对"苦难"的深层思考，又呈现了他对"历史"和"革命"的认识和理解。

王秀梅的《蓝先生》（《中国作家》长篇小说增刊）的主角蓝先生是一只信鸽，它察敌情、传信息，像一名足智多谋的"间谍"，为抗战题材增添了不少悬疑色彩和传奇性。张锐强的《时间缝隙》（《中国作家》）主要写北洋军阀时期发生在河南信阳的一幕幕闹剧。主人公钱鬼子在走马灯般的乱局中迷失了自我，被时代的车轮辗压得面目全非。常芳的《爱情史》（中国对外翻译出版公司）写的是乡土中国的沉浮与沦陷：一个叫锦官城的村庄，不断地变成城市，直至失去最后一块土地——墓地。从第一代人为了三亩薄地而背弃了自己的爱情，到今天人们为了城市化不得不果决地放弃土地，常芳由此写出了一部乡土中国社会转型的心灵史。

此外，徐化芳的《祖谱》（《时代文学》）、范惠德的《孪生梦》（泰山出版社）、张建鲁的《追寻岁月》（蓝天出版社）三部长篇皆写大跨度的家族逸事，各有其擅长之处。

2013年的中短篇小说创作无疑是山东作家的强项，既有张炜、尤凤伟、赵德发等实力名家领衔先行，又有王秀梅、艾玛、东紫、刘玉栋、范玮、宗利华等主力干将强势扛鼎，他们的新作品不仅提升了山东文学的整体质量，也为其本人的小说创作打开了新的维度。

张炜。《你在高原》之后的张炜进入了新的调整期，小说创作转向了一个神秘玄妙的奇幻境界，今年发表的《莱山之夜》《蘑菇婆婆》《小爱物》等作品便让我们看到了以"厚重"著称的张炜亦不乏灵动飞扬的一面。被《小说选刊》转载的中篇小说《小爱物》，写了一个名叫"见风倒"的守园人跟一个长得很卡通的小妖怪（孩子们称之"小爱物"）发生的"爱情"。然而爱情却被恶人破坏，小爱物被囚入鸟笼，还惊动到了上级，要"一级一级往上送"。好在这时孩子们挺身而出，他们抢出了鸟笼，"小爱物"重获自由。这个长着翅膀的"小爱物"和马尔克斯的"巨翅老人"有如同类，它们以妖怪的模样来到人间，当然很难人见人爱，只会让人害怕、敌视，免不了要被遗弃、被剿杀。人类的自大和傲慢让"小爱物"无可遁逃。获得"金圣担保·边疆文学大奖"的中篇小说《镶牙馆美谈》也是以孩子的口吻讲述的一个寓言化故事：弱小的兔子们为了抵抗恶狼的压迫不断起义，最后终因镶上了铁牙大获全胜。这般概述小说情节似无多少新意，只有进入小说文本，才可能被它的现场感、真实感所带动，进而像爱丽丝漫游奇境那样，看到被人类忽略的另一重世界。一般童话大都以大人口吻讲给孩子听，张炜则反其道而为之，他以孩子的口吻讲给大人听，这就使得他的小说超越了通常意义的童话、寓言而具备了极大的阅读弹性，你可以把它当作主题单纯的神异故事，也可以对它的隐性文本作进一步的探究。张炜以其恣肆汪洋之笔，写出了小说最本质的自由。

赵德发。中篇小说《下一波潮水》写的是一个特殊群体——携带货物往返于中韩两国的"带工"者，中国女人乔燕和韩国老男人李知义在客船上偶遇，因"同是天涯沦落人"——乔被花心丈夫抛弃、李是破产的穷光蛋——二人产生了惺惺相惜的感情。但是带工这一行并不好干，李上岸另寻出路，二人终致分手。正当乔燕感到前途渺茫之际，儿子的短信带来了新的希望，让她看到了"下一波潮水"。小说以"潮水"的涨落比附"带工"行当的兴衰，亦由此点染女主人公心境的动荡起伏，既写出了国际背景下底层人群的艰辛沉浮，又写出了与之牵缠难解的个体的悲欢际遇，大视野和小情怀相生相映，体现出作家以宽广胸襟承载的体恤之心。

刘玉栋。"刘玉栋这两年的新作显示了他破壁的用心,虽然他还是在乡土和城市这两类题材上用力,但书写面向均迥异从前。"正如评论家马兵所说,这位久负盛名的小说家确是在和自己的"老本"较劲。他告别了童年叙事,化用了志怪谈玄的笔法,写出了《狐门宴或夜的秘密》(《十月》)——"他不但向前贤致敬,立志接续传统文学的脉络,更有意借野狐禅笼络起一种业已丧失的乡间灵韵,以'招魂'的方式为被现代化祛魅了的乡村重新'赋魅'"。他摒弃了虚空高蹈,以写实应对僵硬的现实,写出了《烧伤》《家庭成员》。发表于《人民文学》的《家庭成员》由《父亲的孤独》《母亲的菜园》《妻子的烦恼》《儿子的日记》四个单元构成,从小标题可知小说的主人公是"我"的四个亲人。故事背景是变化得天翻地覆的小城。父亲因蹭吃蹭喝闹出了脑血栓,母亲为菜园的沦陷失魂落魄,妻子被剧情连续的梦折磨得身心疲惫,儿子则在日记里抒发着"成长的烦恼"。几个家庭成员都被不同程度的欲望、压力所困扰,他们在变化的小城里患得患失,也被不断变化的世界所改变。耐人寻味的是,看似圆满的《家庭成员》,单单少了"我"的故事,这个在儿子眼里只会"胡涂乱抹"的专业画家,只是充当了一个负责勾描点染的叙事人,他津津乐道地讲出了一个个"家庭成员"的烦心事,唯独漏掉了自己。我们只知道他会画画,却"一事无成",他看过卡夫卡的《城堡》,会因儿子的不理解产生"挫败感"。其他,我们一无所知。这个以第一人称出现的叙事者,就像一个游离其外的旁观者,他成了这个家庭的"外援"。可见,这个家庭并不完整,作者将"我"放逐到了文本之外,也为小说留下了幽微的关口。

范玮。范玮在《福建文学》《山东文学》等刊物发表了六部中短篇小说,中篇小说《太平》(原发于《当代小说》)被《小说选刊》转载。《太平》承袭了作者惯用的"寻找"模式:故事的叙述者"我"(周小舟)来到父亲周成舟曾经工作过的太平镇,为的是帮父亲"问问清楚"一桩十五前的丑闻。但是当他抵达太平镇之后,却发现了更多的秘密。关于"我"父亲、于勒叔叔,以及与之相关的张映红、"五四青年"、张小琴、六姑、"我"的叙述对象小白,等等,这些人物都在"我"的寻找过程中变得莫衷一是,不仅难以"问问清楚",而且又增添了新的歧途。《小说选刊》编辑付秀莹认为,《太平》可称得上是体现了小说的复杂性和不确定性的优秀之作。在小说中,作者看似是在心无旁骛地寻求真相,其实却是在相反的方向上用力,并且越走越远,一再地靠近斑驳复杂的生活本身。作为米兰·昆德拉的信徒,范玮一直追求先锋的、有难度的写作。不过从其前段时间的写作实践来看,有时又未免用力过猛。今年的创作则能看出他在努力调整,且已大见成效。《鸡毛信》《东野湖》《出故乡记》等作品即避免了花哨古怪的小动作,《太平》更是在质朴中蕴集了沉勇的气度。因此可以说2013年是范玮的得"道"之年,至于下一步能否"乘物以游心",就要看他今后的修为了。

艾玛,东紫。她俩皆非高产作家,但都出手甚高,今年各有两部中篇小说发表于《人民文学》和《中国作家》。东紫依旧坚持了她的手术刀原则,在她的小说里,一面是庸常委顿的现实,一面是触目惊心的创口,她的职责是戳穿某种伪生活并加以缝合。《正午》和《伪绿色时代的挣扎》即可归类为"问题小说",东紫借助卑小人物的"挣扎",对所谓关系国计民生的大问题,投以绝不苟且的笔锋,她的小说也因此有了直击现实的介入感。艾玛的小说大体可分为两类,一部分以"涔水镇"为背景,一部分以知识分子为主角,前者有着浓郁的乡土情怀,后者则有强烈的思辨性,《诉与何人》和《初雪》即为后者。《诉》通过一位女律师写给一个老作家的信表达了一种无以言说的苍凉。女律师本应是真理在握、匡扶正义的,可她心里尽是解不开的死结。老作家本应是秉笔直书、解构生活的,可他早已失去了灵感,无甚可写了。他们都是失语者,即使有话要说,也不知诉与何人听。艾玛的知识分子小说多有一种旷远的无奈和忧伤,透出左右互搏的思辨意味,她发现问题,也提出问题,但她没有答案。她的作品也就如同迷者自迷的葫芦套,让我们惚兮恍兮,偶见乍隐乍现的微光。

刘照如。这位曾以其颇具先锋品格的小说引领风骚的"60后"作家,在中断小说创作十年后重新拾笔,甫一上阵即不同凡响,在《人民文学》《十月》等刊物发表了《果可食》《刘兰的婚事》等中短篇小说,短篇小说《叶丽亚》更是被《小说选刊》《小说月报》同时转载。有的人尽管一直笔耕不辍,却像推磨的劳模,总也绕不出一个固定的小圈儿,写作对他来说,只是量的增加。然而再度出发的刘照如却像攒足了加速度,一下子冲出很远,写出了技压同侪的新作。短篇小说《叶丽亚》叙述了"我"和叶丽亚漶漫了20余年的情感迷雾与命运错结，作者删繁就简，放弃了故事的完整性，以片断和空白构造小说，使其小说文本呈现出语焉不详的不确定性，同时，也让我们为那种无可奈何的宿命感和破碎感唏嘘不已。由此也可看出，刘照如不只在小说的技巧上得心应手，而且更懂得藏巧于拙，他以看似不经意的冷调叙事，讲出了人间诸多的不幸、不甘和不忍。

王秀梅。这些年，王秀梅一直以能写著称，今年亦不例外，不仅数量可观，而且质地上乘，堪称创收大户。中篇小说《天衣》被《小说选刊》《小说月报》《长江文艺·好小说》转载，发表于《人民文学》的短篇小说《父亲的桥》亦被《中篇小说选刊》《新华文摘》转载。《父亲的桥》写的是一个桥梁工程师缪一二的故事。因为妻子的不忠（当然也可能另有隐情），他离婚、离家，一去二十年没再露面，当他再次回到原来的家中时，已成了近乎白痴的精神疾患者。他的妻子以为，这样的人再也不会逃脱，一定会死在这个家里，未料最后还是不明不白地失踪了。对小说的叙事者"我"及其家人来说，缪一二始终都是一个暧昧的"他者"，关于他的一切都是不可化解的谜团。作为桥梁专家的缪一二，终其一生没有架起自己的桥梁。小说最终指向了无边的空茫。

宗利华。今年发表的三部中篇小说《水瓶座》《师生图》《颈动脉》分别被《小说选刊》《中篇小说选刊》《长江文艺·好小说》转载。《水瓶座》是一部寓言性作品。一个叫桑格的女人在与多名男人的情欲关系中沉醉或迷失，活得消沉且盲目。一只叫格桑的猫则和野猫本发生了轰轰烈烈的爱情，野猫虽然出身贫贱，却颇有骑士精神，为了心中至爱，不惜舍身就死。显然，猫与人的故事有着一种互为映衬的对照关系，作者的用意不言自明：他对人类的失望，或与希望相同。

还有一些不容忽视的作家作品，亦简述如下。牛余和的短篇小说《文老师上访》、方如的中篇小说《午夜广场》、嘉男的短篇小说《还乡》《大雾》、王宗坤的短篇小说《意外之外》、柏祥伟的短篇小说《易时水》，分别被《小说选刊》《作品与争鸣》《中华文学选刊》《长江文艺·好小说》《2013年中国短篇小说经典》转载，这些作品都产生了很好的反响。

"70后"女作家近年势头看好，在全国各地的文学期刊频频露面，呈明显的上升姿态。值得一提的有杨袭的《痴语》、段玉芝的《一路平安》、祝红蕾的《槐杨街风物往事》、张悦红的《不陌生的陌生人》等中短篇小说。郝炜华还被《时代文学》文坛新势力栏目重点推荐，同时刊发了《手指冰凉的女人》《老宅》两篇小说，另外还在《清明》《山东文学》等刊物发表了《牙齿》《瘦小的身影》等作品。刘爱玲的短篇小说《红》被《小说选刊》转载，还在《延河》《当代小说》等刊物发表了《他们的孩子》《霍普金斯国际机场》等作品。她们的创作成绩使"山东女作家群"更加名副其实。

"80后"作家表现不俗，渐成气候。乔洪涛在《清明》《福建文学》等刊物发表了《哥哥去哪里了》《父亲》等作品，程相崧在《文学界》《小说林》等刊物发表了《绝唱》《响器》等作品，杨牧原在《作品》《四川文学》等刊物发表了《梁子的婚事》《一泽清泉》等作品。在这些年轻作者身上，既可看到传统的烟火承继，更能看到勇于破茧、突围的锐气，他们的小说有着令人期许的明天。

此外，马金刚的《失物收藏者》、黄书恺的《夕阳缓》、卢金地的《睽败记》、刘亮的《巡道工》、闵凡利的《债主》、徐永的《蒙娜丽莎的梦》、王庆利的《挣钱》、瓦当的《北京果脯》、凌可新的《跳楼表演》、宋潇凌的《厉害人》、常芳的《我知道你藏在哪里》、张玉洪的《一只水性杨花的羊》、周海亮的《大水》、王方晨的《神马飞来》、张锐强的《隐形眼镜》、高玉宝的《冷香》、邢庆杰的《老汤酒鬼》、陈东亮的《红鞋》、初曰春的《晒小脚》、魏留勤的《丛树根寻妻记》、张明亮的《一人一个诨名字》等中短篇小说，也都不可小觑。

总之，2013年的山东小说虽无炙手可热的鸿篇巨制，却不乏纯正耐读的中短篇精品。一大批值得推重的小说家，有的御风而行，有的登上了高地，还有的正在路上，他们，可能瑑瑑如玉，可能珞珞如石，可能被夸大，也可能被低估，但是他们的作品，最终要接受时间的审读。若干年后，谁是沙子谁为金，一切自有分晓。

二 诗歌创作发展态势分析

2013年山东诗坛表现积极。诗人诗作或秉承齐鲁诗歌传统，在潮流涌动中坚守本土创作实践；或集全省之力扶植诗坛新生力量，青年诗人初绽华彩。

山东诗人队伍不断壮大,创作水平不断提高,取得了不俗的成绩。2013年10月,青年女诗人田暖赴绍兴参加了第29届"青春诗会",专辑《如果暖》被收录到《青春诗丛》中结集出版。2014年2月,诗人寒烟(刘燕)、韩宗宝(韩增宝)、孙方杰以及儿童诗诗人莫问天心成为山东省作协第三批签约作家。回顾2013年的山东诗坛,诗歌创作佳作频出、充满活力,诗坛活动丰富多样、十分活跃。

进入21世纪以来,山东诗人尤其是青年诗人迅速成长,异峰突起。其中许多佼佼者更是活跃在诗坛的最前沿,初露锋芒就令人瞩目。2013年6月,山东省作家协会联合中国作家协会创研部、中国作家协会诗歌委员会在北京主办了"山东青年诗群研讨会"。会议对路也、王夫刚、邰筐、轩辕轼轲、蓝野、东涯、阿华、寒烟、李辉、木鱼等十位山东青年诗人进行了重点集体推介。叶延滨、阎晶明、吴义勤、吴思敬、李小雨、李掖平、孙基林、张清华、杨庆祥等三十多位著名专家学者和诗评家们就山东青年诗群"崛起"的地缘成因、文化背景、美学特征、创作态势等问题进行了多角度研究探讨,对代表性作家作品进行了精细的个案解读。专家们认为"山东诗人在嘈杂和多元的时代面前能够沉潜和深入,从而以一种自足、朴质、拙沉的雕塑感质地承担起诗人的社会使命"。这次会议是山东青年诗群首次集体亮相,以文化视角对山东青年诗人群进行整体考察和现象剖析,因此成为2013年中国诗坛不可错过的重要景观。

在创作方面,山东青年诗人尝试从地域、性别等不同角度摹刻出生命底层的肌理,表现出个性鲜明的诗歌风貌。其中又以女性青年诗人群、临沂诗人群等较为突出,颇受学界关注。山东女性青年诗人写作以路也、寒烟、东涯、阿华等为代表。作品大都敏思而睿智,在豁达与细微间拿捏得恰到好处,既到得流水深处,又不失生活本真,在刚柔并济之间游刃有余。临沂诗群经过近几年的发展,已经成长为特色鲜明的诗人群体,其中不乏高水准的诗人与作品。

山东青年诗人的群体性"崛起"在诗界引起了越来越多的关注。2013年底,《江南时报》刊发了《中国诗歌地理·山东篇》。专辑集中介绍了23位山东籍青年诗人及其代表性作品,其中包括北野、东涯、吴玉垒、尤克利、黄浩、轩辕轼轲、路也、麦岸、鲁北、王夫刚、蓝野、寒烟、张建鲁、格式、李志明、宇向、赵继波、雪松、王桂林、麦歌、刘书峰、李辉、阿华等等。专辑还包括著名诗人王夫刚的访谈录《王夫刚：有品质的诗人在"相忘于江湖"的道路上越走越远》和青年评论家赵月斌的文章《山东诗歌：在左顾右盼中崛起》。地域文化视野下山东诗人的创作现状和清醒的自我认知、审度和批评，令人对山东诗歌的未来充满期待。

2013年山东诗集出版数量较多。戴小栋的诗集《冷香》字字湿冷，又余味绵长。"大自然的又一个枯草期到了/我不知道是不是如秋日促织正在做最后的/歌唱"，语言充满韵味，富有古典主义的情调。《秋水斜阳》《惟有池塘自碧》《泗湿的冬日》……字里行间揉碎的疼痛，纠缠着城市的愁思。江非的诗集《傍晚的三种事物》语言风格一如既往的冷傲坚深。在无尽的夜色下，诗人试图用挣扎去触碰真理的光晕，用喑哑和滞顿吟诵着一首首被抛弃者的挽歌。

2013年8月，人民文学出版社出版了山东著名诗人长征的诗集《习经笔记》。诗人通篇由诗经引入，通过雄奇的意境、丰赡的意象，营造无尽的诗意。2014年1月，鲁迅文学院、中国现代文学馆、人民文学出版社、北京师范大学创作批评研究中心联合举办了诗集《习经笔记》研讨会。专家们认为《习经笔记》"重塑中国汉诗的本源性力量，沟通中国古典诗歌精神与现代人的内在气质"，"构建了一个全新的诗意世界，呈现的是有关精神、生命、文化的风景"。

实现中华民族伟大复兴的"中国梦"给中国诗歌注入了不竭的动力。许多诗人满怀激情，以梦凝诗、以诗入梦，歌颂时代、熔铸生活，创作了一批优秀的作品。2012年底作家出版社出版了由青岛诗人华文峰历时六年创作完成的长篇诗集《中华史诗》。该诗集包括"中华之歌""中国人歌""华夏神歌"三首长篇组诗，共四万余行。诗歌气势恢宏、丰沛壮美。在这部史诗巨制中，诗人深情讴歌了五千年华夏文明的辉煌历史和新中国成立六十多年以来取得的伟大成就，酣畅淋漓地抒发了诗人火热的赤子情怀，凸显了文化精英在时代发展中的重要地位，表达了建构和谐世界的美好祈愿。

2013年山东诗人在全国各类诗歌比赛中斩获颇丰。青岛诗人毛秀璞的诗歌《女诗人》获得波兰42届"华沙之秋国际诗歌节"最佳作品奖。军旅诗人朱建信凭借组诗《光荣与疼痛》荣获第七届空军"蓝天文艺创作奖"文学类银翼奖。陈原的诗歌《无限是灵魂的深度》（组诗）以其震撼人心的诗句荣获第十届"十月文学奖"。寒烟以其作品中空灵的诗句和巧妙的意象荣获了扬子江诗学奖年度优秀诗作奖。云亮诗集《深呼吸》和许烟华诗集《烟华》荣获第二十二届全国鲁藜诗歌奖。路也先后获得第四届"天问诗人奖"和第二届"上官军乐诗歌奖"杰出诗人奖。王夫刚获得第21届"柔刚诗歌奖"主奖，获奖作品为《祭父稿》《父子恩仇录》。刘棉朵获2013年度"诗探索奖"青年诗人奖。异彩纷呈的诗歌活动成为2013年山东诗界的新亮点。山东自古诗词名家辈出，有吟诵的传统。与山东诗人队伍的不断壮大相适应，山东省的诗歌创作氛围日益浓厚，丰富多彩的诗歌活动在全省各地争相开展。2013年9月，第三届中国"红高粱诗歌奖"颁奖典礼暨诗歌朗诵会在高密举行。著名作家林莽、商震等出席颁奖典礼。10月，为庆祝新中国成立六十四周年，淄博市举办了"我的中国梦"诗歌朗诵会。

由中国诗歌学会、山东省作家协会、中共东营市委宣传部主办，东营市作家协会等单位承办的2013黄河口（中国）金秋诗会11月17日在东营市成功举行。本次诗会共收到参赛作品5600多篇，并精选其中95篇佳作收录为《黄河入海流——2013黄河口（中国）金秋诗会优秀作品选》。国内文坛名家王巨才、巩怀书、舒婷、陈仲义、程步涛、曾凡华、桑恒昌等和三十余位获奖诗人以及众多诗歌爱好者一起吟河海奇观，赞油城巨变。

2013年9月14~15日，济南隆重举办"以诗歌的名义"——中国十艺节·济南诗歌朗诵会暨诗歌峰会。诗界评论"在诗歌遭遇边缘与恶搞的今天，这无疑是中国诗歌新世纪的一次深情回望，也是中国现代诗歌的一场盛典与诗意狂欢"。这次由诗人和知名学者本着"唤醒"的初衷发起策划的诗歌活动，迅速得到了社会和媒体的广泛支持和参与。这次峰会定位于"诗歌的盛典"，邀请到谢冕、吴思敬、吴开晋、舒婷、梁小斌、芒克、于坚、韩东等著名诗人与诗评家到会。同时更突出狂欢的特质，邀请到许多活跃于民间的诗歌流派和社团组织以及社会各界人士参加。本次活动力图让诗歌更加贴近百姓，用诗歌精神关注现实，让诗歌回归当下。

以诗歌的视角诠释"齐鲁文化、山东气派"是山东诗人及其诗歌作品义不容辞的责任。山东诗歌具有优厚的历史传统与文化传承。今后，山东诗歌还要努力在"创精品"和"走出去"上下足功夫。既要积极贴近民生民情,迅速成为构建公共文化体系的重要力量;又要尽快打造一张具有浓郁齐鲁文化特色的"山东诗歌"文化品牌。要让山东诗歌真正成为代表山东文学乃至中国文学的地域标识,在国际文化交流和弘扬民族文化精神等方面发挥更加积极的作用。

三 影视文学创作发展态势分析

山东的影视剧创作,经过多年的积淀和探索,已经形成了厚重、大气、朴实的艺术风格。特别是传媒、演艺、影视三大集团的成立,对我省的影视艺术的发展起到了促进的作用。2013年山东影视领域呈现出较好的态势,对下一步的发展奠定了很好的基础。

(一)2013年影视艺术发展现状和成就

2013年我省影视剧创作取得了辉煌的成就,有多部影视剧搬上了荧屏,并且有几部电视剧在中央一套和八套首映,受到了好评。还有多部影视剧已经杀青,正在后期制作中。2013年还有多部影视剧获得全国性的大奖。鲁剧今年的特点是厚重与清新兼具。

2013年首先推出的是一部真正的国产大片《止杀令》(3.22),这部影片是我省迄今投资最大的电影,影片取材于"一言止杀"的历史典故,讲述了公元13世纪初昆嵛山全真道人丘处机不远万里西行阿富汗,劝说成吉思汗停止杀戮班师东归的故事。影片大力弘扬止战、和平的理念,充分展现了中国传统文化的魅力,对于维护世界和平、促进人类和谐具有重要意义。2013年3月在国内公映后受到了广泛的好评。电影《止杀令》可以说是未映先热。美国著名电影公司环球影业在2012年戛纳国际电影节就一举购下《止杀令》欧洲九国的发行权,最近好莱坞狮门影业又购下了《止杀令》的北美发行权。而在亚洲地区,《止杀令》的发行也是格外顺利。据导演王坪介绍,《止杀令》不仅年内在日韩地区公映,更将是首部以分账形式登陆韩国院线的中国电影。在2013年的英国万像电影节上,《止杀令》作为开幕电影在英国亮相,得到了当地观众的热情赞赏，影片接下来会在英国全面上映。由山东影视传媒集团、山东电影电视剧制作中心和招远市委市政府、山东招金集团联合摄制的32集电视连续剧《战火大金脉》，分别于2013年6月13、15日在中央电视台一套上午剧场首播和八套晚上黄金时间播出。这是鲁剧向观众奉献的又一部抗战剧。该剧以抗战时期为背景，通过两个家族在党的指引下与日寇艰苦卓绝的斗争，以及悲欢离合的感人故事，刻画了一批性格迥异、个性鲜明的人物形象，展现了抗战救国时期采金人身处乱世的生活状况，折射出一个时代的变迁。中央电视台审片组对该剧给予高度评价，认为全剧达到了思想性、艺术性和观赏性的高度统一。此剧播出后产生较强的社会反响。38集电视连续剧《穿越烽火线》，由中央电视台、山东影视传媒集团、山东电影电视剧制作中心、齐鲁电子音像出版社联合出品。2013年8月6日在中央电视台一套上午首播，8月17日在八套晚上黄金时间播出。该剧是导演钱晓鸿继央视热播红色儿童抗战剧《小小飞虎队》之后，再度倾力打造的又一抗战剧力作。《穿越烽火线》以抗战年代为背景，将八路军护送保育院的孩子们转移作为主线，通过6个大人与15个孩子的演绎，讲述了一段温情又感人的故事。剧中以硝烟四起的战场烘托出孩子们纯净无瑕的世界，更由此表达对和平的向往以及对安宁美好生活的祈盼。该剧将匪战、武打、智斗、喜剧等诸多类型片元素有机融合于各个板块中，使得情节曲折紧凑，矛盾冲突激烈，悬念迭出，引人入胜。该剧播映后受到了小朋友和家长们的关注和喜爱。《到爱的距离》是山东影视集团的第一部行业剧，该剧将严谨的行业领域与人与人之间情感的表达与转变相融合，以专业的视角注解真情本源。该剧讲述了在医院背景中，主人公如何在现实的种种制约下，不懈地追求职业理想，努力向爱走近的故事。《到爱的距离》的剧本由原小说作者朱朱亲自执笔，由山东影视传媒集团、百视通网络电视技术发展有限责任公司、燊德映画（北京）文化传媒有限公司、北京泛亚宏智鑫海广告有限公司联合出品，朱朱是一位曾有着多年临床经验的专业医疗从业人员，这就从技术层面上充分保证了剧作的准确和严谨性。本剧制片人侯鸿亮谈及拍摄该剧的机缘时表示："做这部戏的初衷源于一位业内前辈，他说电视剧年产量14000部集，但两类题材却严重缺失：医疗、教育，而这两类题材与民生密切相关，很幸运能遇到朱朱，有了这部《到爱的距离》，

山东文学艺术发展报告

它告诉我们，我们还有行业道德去遵守，我们还有行业理想去追求。"医疗题材的行业剧，的确是我国电视剧的一个缺口，虽然这些年也推出过几部有分量的剧作《感动生命》《心术》等，但数量太少。《到爱的距离》这种着眼于当下生活的视角截取以及立足行业剧类型的选择，充分彰显了山东影视集团积极拓宽题材领域的新思路、新突破。此片受到专业人士的好评。

相比已上映的影视作品而言，2013年有更多部影视剧已杀青，有望在近期内展现在荧屏上，从目前来看2014年搬上荧屏的影视剧将超过2013年。战争题材电视剧《战长沙》2013年初就已杀青，是一直被大家期盼的一部大作，此剧由执导《闯关东》《生死线》的孔笙执导，首次在电视剧中再现震惊中外的长沙大火，并以八年抗战里中日双方投入兵力最多、规模最大、历时最久的长沙会战为背景，着力于大时代背景下点状的个人命运，更重要的是它有着对战争深刻的反思精神。《战长沙》的人物与情感让先睹为快的业内人士感叹：这部电视剧保持了鲁剧严谨大气的制作风格，但没有把这种厚重的历史题材主旋律化，也没有不适当不严肃的娱乐化倾向，反而对此类题材电视剧的市场化探索是一个很好的范本。之后，孔笙又执导了一部大制作，电视剧《北平无战事》，此剧由著名历史剧作家刘和平历时近6年完成，斥资1.5亿元，以1948年的北平为背景，叙述了新中国成立前夕，社会经济溃散，生灵涂炭，中共地下党及先进青年与国民党政治经济各方贪腐实力展开的殊死比赛。另外，孔笙、李雪合力执导的古装巨制《琅琊榜》目前正在紧张的前期筹备阶段，预计2014年2月将正式开机拍摄，该剧是年度备受关注与期待的古装大戏之一。已经制作完成的鲁剧《父母爱情》刚刚通过审片，2014年春节期间作为马年贺岁剧在中央一套黄金时间播出。《青岛往事》是我省的金牌编剧赵冬苓的作品，该剧是真实再现青岛开埠时期风貌的商战传奇大戏。全剧以满仓、天佑、德发三个少年的成长为故事主线，将三人的奋斗和恩怨与青岛民族工业的成长相结合，编剧说"我试图借助历史，来把握一个城市独一无二的质感和元素"。我们期待着这部精彩之作的上映。2013年10月《槐树花开》也于青岛杀青，此剧以田园轻喜剧的形式生动展现了一个城市雅痞的乡村奇遇记。该剧一反鲁剧传统风格，采用全喜剧视野真实展现当代城乡生活现状，深刻挖掘城乡文化冲突之所在。整体风格轻松、明快，在探索全新风格的同时，保留了鲁剧制作上一贯的高水准、严要求,精益求精的制作品质。35集电视连续剧《花一样的女人》《放开我的手》《老农民》目前正在后期制作中。正在筹拍的电视剧有《潍县集中营》《好大一棵树》《生命签证》;还有以萧逸原著《甘十九妹》进行第二次全方位的再创作的《新版甘十九妹》;以台儿庄大战为背景的《台儿庄》;由援藏干部创作的电视电影《守望天湖》等。

今年我省在影视领域获得多个奖项。在第15届电影华表奖、第29届电视飞天奖颁奖典礼上,电视剧《温州一家人》获长篇电视剧一等奖、高满堂获优秀编剧奖、殷桃获优秀女演员奖,该片导演孔笙也获得优秀导演的提名。《温州一家人》可以说是赢了个盆满钵满。《温州一家人》获一等奖,再次实现"鲁剧"飞天"三连冠"的梦想。获长篇电视剧一等奖的还有赵冬苓编剧的电视剧《中国地》,电视剧《知青》喜获长篇电视剧三等奖,电视剧《小小飞虎队》获少儿电视剧三等奖。《厂花》中的马苏获优秀女演员奖,电影《我和我的伙伴》获得电影华表奖优秀影片提名。山东影视传媒集团凭四部作品六项大奖领跑此次中国电影和中国电视剧的政府奖评奖,成为最大赢家。同时《温州一家人》还获第19届上海电视节"白玉兰"奖的最佳导演奖。而在第十七届北京影视春燕奖上,电视剧《风车》获最佳摄影奖。必须要提的是2013年初的"大剧正红"首届导演工作委员会年代评选表彰大会,参与本次表彰大会评选的作品是2008~2012年我国的电视剧作品,所有奖项均由导演工作委员会的300多位会员导演一票一票无记名投出。山东获得不菲的佳绩:山东卫视被评为最佳电视剧文化传播平台,山东影视传媒集团获得最佳电视剧制作单位奖,5部作品获得最佳电视剧奖,其中我省有两部作品《闯关东》《中国地》获奖。《闯关东》的导演张新建获得最佳导演奖。

(二)山东影视艺术发展前景

山东影视业在2013年取得了辉煌的成就,呈现出蓬勃发展的态势,但是影视市场的竞争也日益激烈,要想继续在全国影视领域保持优势,就必须走改革发展的道路,只有在保持鲁剧厚重品格的基础上不断创新,才能保持持续发展的前景。

一是进一步做精做好,多出大制作,提高山东影视创作在全国乃至世界的影响力,为中国影视走向世界提供精品力作。这些年山东影视业不断发展壮大,拍摄了多部大制作的精品影视剧,如2012年的《温州一家人》,取得了巨大的成功。2013年我省推出了耗资八千万元的电影《止杀令》,这部名副其实的大制作,讲述一代天骄成吉思汗东征传奇的国产史诗奇幻大片,不仅得到国内观众的追捧,还得到了各国当地观众的热情赞赏。它的成功首先得益于选对了主角,成吉思汗可以说是个世界人物,他的故事对全球观众都有相当的吸引力;在创作团队上,向国际化上靠拢,邀请了多个国际电影人参加,保证了与国际化接轨的需要;而影片所倡导的和平理念"止杀"则是世界人民的心愿,这正是打开国际市场的重要因素。还有正在制作中的,斥资1.5亿元的电视剧《北平无战事》也是一部大制作,目前正在紧张的后期制作中。我们期待着又一部精品力作的问世。山东影视剧要想保持领先的地位,就必须在精品力作上下功夫,创作出有血有肉鲜活灵动的人物,张扬正能量。

二是在坚持主旋律创作的基础上,扩大题材面,增强商业性和娱乐性,让鲁剧更具观赏性,是山东影视人应该关注的问题。其实这些年鲁剧在题材选择、风格样式等方面,都有所创新和突破。2012年的《瞧这两家子》是一部轻喜剧,清新、时尚、幽默,被业界誉为"厚重鲁剧的新改变"。2013年影视传媒集团又推出了一部行业剧《到爱的距离》,这也是一个新的成功尝试,扩大了鲁剧的题材面。2013年还完成了一部农村生活轻喜剧《槐树花开》,为鲁剧的类型多元化进行了有益的探索。总之,如何在主旋律命题和商业化运作之间寻找到一个平衡点,是个亟待解决的问题。创作模式的革新也是势在必行的。

四 儿童文学创作发展态势分析

2013年,山东的儿童文学延续了快速发展的良好势头,省内的儿童文学专业出版社——明天出版社推出了《微笑说再见》《天狗》等一大批畅销作品。明天出版社出版的《穿越天空的心灵》入选第四届"三个一百"原创图书出版工程文艺少儿类书目。《穿越天空的心灵》是明天出版社品牌畅销书系"阳光姐姐小书房"系列在2011年底推出的最新作品,该系列丛书由著名儿童文学作家伍美珍女士创作,故事素材均来自于真实的生活,充满了童趣,真实反映出孩子们存在着的诸多现实问题,很富有时代感。

明天出版社出版的6套共15种图书获得2013年冰心儿童文学奖。获奖图书分别为:"曹文轩纯美绘本"系列中的《马和马》《鸟船》《飞翔的鸟窝》,"金谷粒桥梁书"系列中的《眼睛树》《大嘴巴小鬼》《晚安,我的星星》《香草不是笨小孩》《布谷鸟的心愿》,"科学家大自然探险手记"系列中的《南极100天》《探索火山之谜》《南海寻找可燃冰》《追踪大熊猫40年》,"书香童年"系列中的《蝴蝶鱼》,"世界插画大师英诺森提作品"系列中的《房子》,以及原创儿童文学作品《青草的骨头》。

山东省内的知名儿童文学作家也于2013年度推出了大量新作,这其中有诗歌,如莫问天心的儿童诗集《翅膀》(少年儿童出版社出版);也有童话小说,如郝月梅的《小麻烦人儿由由》系列,浙江少年儿童出版社出版。此系列包括《由由入园记》《长个子的秘方》《六岁的妈妈》《不要玩马桶》《眼镜和魔法》《鸡狗猫老师》6种。书中的"由由"是个圆眼睛、圆脑袋、圆鼻头,手脚闲不住,并且爱幻想的小姑娘,常常给父母制造一些小麻烦。从由由一系列令人啼笑皆非的故事里面,我们可以窥见孩子成长的生命秘密。

霞子(刘金霞)的《酷蚁安特儿总动员》系列,包括《安特尔出世》《流浪奇遇》《真假公主》《把大象搬进蚂蚁窝》《飞翔之梦》《遨游太空》《四面楚歌》《百花盛开的蚂蚁山》8种,由中国少年儿童出版社出版。讲述了一只名为安特尔的小蚂蚁的奇幻旅程。李岫青的《李奔奔的奇妙f暑假》(山东文艺出版社出版)是一部充满缤纷想象且不乏幽默感的美妙童话。小说讲述了"我"在暑假来到大山里看望爷爷所遇到的一系列奇怪的事情和独特的遭遇。作品构思奇妙、幽默风趣,记录了主人公和大山中的几个少年丰富而有趣的生活,它提醒孩子们:无论身处何方,善良、温暖、爱心永远都会存在。

2013年度,山东有多部儿童文学作品获得各级奖项,其中,最重要的是全国优秀儿童文学奖。2013年7月19日,第九届全国优秀儿童文学奖评选揭晓,山东省作家协会副主席、儿童文学作家刘海栖的童话作品《无尾小鼠历险记·没尾巴的烦恼》成功入围。《没尾巴的烦恼》幽默风趣、鲜活灵动,极具童趣和想象力。作者通过对无尾小鼠壳儿一家艰辛创造幸福生活的描写,塑造了成长中的小鼠壳儿活泼可爱的形象与欢快率真的可贵性格。作品既妙趣横生，又能寓教于乐。

全国优秀儿童文学奖是由中国作家协会主办的与茅盾文学奖、鲁迅文学奖、少数民族文学"骏马奖"并列的中国四大文学奖之一，是中国唯一的纯文学性的儿童文学奖项。此前，山东作家邱勋和张晓楠已分别于第一届和第七届获奖。至此，山东省已有3位作家获得全国优秀儿童文学奖。

另外，米吉卡（曹娟）的童话《床底下的妖怪》在第九届"上海市作家协会幼儿文学奖"评选活动中荣获优秀作品奖。霞子的科学童话作品《来自宇宙的水精灵》于2013年4月入选第八届"文津图书奖"推荐图书。其童话作品《酷蚁安特儿历险记——把大象搬进蚂蚁窝》在中国科协举办的"公众喜爱的科普作品"推介活动中，进入"重点向公众推介的106本优秀科普图书"。在2013年11月下旬，霞子又因为科学童话创作方面的成绩而荣获第五届山东科普奖。该奖是山东省科协于2003年设立的全省科普工作最高奖项，本次全省共5人获奖。霞子的获奖，既是对"霞子一直致力于科学童话的创作和创新探索"的褒奖，也是对山东儿童文学创作整体业绩的一次肯定。

2013年度，儿童文学的发展也受到山东作家协会的重视和鼓励。2013年11月26日，山东省作协文学研究所组织召开儿童文学作家霞子作品研讨会。山东省作协党组成员、副主席刘海栖出席会议并讲话。山东省作协文学评论特邀研究员孙书文、张丽军、马兵、张艳梅，儿童文学评论家殷媛媛、刘启双，作家霞子以及文研所工作人员参加研讨会。这是山东省作协第一次就儿童文学作家的作品举办专题研讨会，是山东省作协关注和扶持儿童文学发展的重要举措。与会评论家对霞子的儿童文学创作取得的丰硕成果予以充分肯定，并提出了一些意见和建议。

五 文学评论创作发展态势分析

2013年山东文学批评依旧保持一贯水准，既参与了全国性的理论问题的争鸣探讨，也围绕本年度山东文学创作的重大事件，涌现出一批高质量的情理兼备的批评文章。

2013年8月28日至30日,由中国作家协会、中共山东省委宣传部主办,作家出版社、山东省作家协会承办的第20届北京国际图书博览会中国作家馆山东主宾省活动在北京举行。这次主宾省活动通过新闻发布会、主题论坛、新书发布、对谈会、研讨会等形式,全面推介了齐鲁文学和山东作家作品,集中展示了各类文学创作成就,深入研讨了齐鲁文学的辉煌历史和发展趋势。山东作家们第一次在北京图博会和首都文学论坛上集体对外亮相,以良好的形象和雄厚的实力,赢得了全国文学界的广泛关注,产生了良好的社会影响。围绕这次"主宾省"活动,省内批评家相继撰写一批高质量的文章,包括李掖平发表于《光明日报》的《扎根齐鲁大地的文学书写——新时期以来"文学鲁军"创作概论》、贺仲明和几位青年学者发表于《名作欣赏》的《齐鲁青未了——山东文学的现实与未来》等,前者把文学鲁军的创作风貌概括为"稳健沉厚、磅礴大气的现实主义文学品格""地域特色鲜活的民间书写和文学地标的建构""忧患深挚的道德理想主义立场和丰富多彩的艺术风格",以华茂的语言点染出文学鲁军在中国文学版图中的独特地位。贺仲明等的文章则从"历史、现状、特征、问题、建议"等多个侧面,全面梳理了山东文学新时期以来的发展脉络,对其辉煌的历史和发展中遇到的问题予以了总结和概括,并对未来的走向进行了展望。

2013年6月7日,由中国作家协会创研部、山东省作家协会和中国作家协会诗歌委员会联合主办的"山东青年诗群研讨会"在北京召开。在文学鲁军的阵营中,以路也、王夫刚、寒烟、邰筐等为代表的青年诗人的崛起是21世纪来诗坛和文坛的重要事件,这次研讨会上我省的诗评家孙基林、孙书文、赵月斌、高艳国等对齐鲁青年诗人的创作从区域地理、地缘分化、诗人心理、时代境遇、传统文化遗留等诸多方面进行了深入分析,并结合各位诗人的具体写作有针对性地提出了意见和建议。除此次研讨会外,发表于《中国现代文学研究丛刊》2013年第7期的孙基林的《知识分子写作:作为思想方法的叙事与其修辞形态》,认为"叙事性"不仅是知识分子写作的写法和技艺,更是历史、时代和现实存在的一个隐形的感官与触角,是诗人体验、思考和处理历史或个人经验的一种思想方法,"体现在修辞层面,它与朦胧诗的意象象征同质异向,也与第三代诗歌的'本体式叙述'有所区别,从而呈现为'寓体式叙述'的特定修辞形态"。这篇论文对 21 世纪诗歌中的"知识分子写作"的特质、缘起和定位有着正本清源的阐述意义。

对于经典作家经典作品的批评依然构成 2013 年度山东批评界的重要关注向度。莫言仍然是最受关注的批评对象。2013 年末，近百位山东文学界学者、批评家共聚一堂，见证了"山东省莫言研究会"的成立，选举并产生了第一届理事会，还就莫言研究的深入和齐鲁文化的复兴等议题展开讨论。同时，研究会编辑的《莫言研究三十年》《大哥说莫言》等 8 册莫言研究文集也一并推出。论文方面，较有影响力的是温儒敏教授的《莫言历史叙事的"野史化"与"重口味"——兼说莫言获诺奖的七大原因》，文章认为莫言的小说热衷"讲史说书"，但有意背离正史一路，放纵对历史的想象，让历史具有粗糙的质感，而他叙事的"重口味"也在新文学史上独标一格，更新了现代文学的文体气质。张艳梅的《莫言：红高粱、燕尾服及其他》立足文本的细读，深入浅出地论说莫言笔下的还乡故事，提供了对于莫言中西文学传统传承的另一种思考路向。丛新强和孙书文的《莫言研究三十年述评》则详实地提供了新时期以来关于莫言研究的多种框架和思路，具有重要的参考价值。

对于新锐作家的关注是山东文学批评界素来的传统，在 2013 年也出现了较多的批评成果。张丽军的《未完成的审美断裂：中国"70 后"作家群研究》以审美的代际递变为切入口，考察被遮蔽的庞大的"70 后"作家群，宏观地呈现了这代作家的文学境遇、美学特质和文学史上的地位。刘新锁的《论打工文学中女性形象的建构》借鉴叙事学和女性主义的理论，对于底层女性文学形象的塑造进行了别开生面的阐释，丰富了打工文学的研究思路。房伟的《梁庄与中国：无法终结的记忆》通过对梁鸿的非虚构文学《出梁庄记》的个人读解，投射对现代化、城镇化和文学使命的思考。此外，翟文铖的《"70 后"作家的都市想象》、周志雄的《关于网络文学入史的问题》、张厚刚的《臧利敏诗歌与"新红颜写作"》、王晓梦的《论付秀莹小说的芳村叙事》等也拓宽了相关领域的研究视野。

经典化问题一直是 21 世纪文学批评界关注的焦点问题，2013 年初《小说评论》杂志推出"经典专题研究"，集中刊发了山东大学现当代文学研究所几位青年学者的批评文章,包括叶诚生的《经典建构的现代性语境及其反思》、史建国的《文学期刊与典律的构建》、程鸿彬的《"另类"现代性与左翼文学经典》、丛新强的《"红色经典"的建构、解构与重构——以〈红旗谱〉为例》、马兵的《"公投"经典与新世纪新文学的典律构建问题以"华文世纪文学60家"为例》等,这组文章从多维的现代性视野、文学体制、消费语境等不同角度,围绕新文学经典化相关的多重问题展开讨论,在学界引起了一定的反响。

对于山东批评界青年力量的培养,省内各方在2013年也有新的举措。2013年11月20日,由山东省作协主办的第十一届青年作家高级研讨班在济南开班,邀请了李敬泽、雷达、黄发有、邵燕君等全国知名评论家为学员集中授课。这届高研班是省作协第一次举办的以文学评论为主要内容的青年作家高研班,也是首次对青年文学评论人才进行集中培训。本届高研班学员以40岁以下青年评论家为主,许多是大学教授、副教授、博士,在业界具有较高知名度。此外,本届高研班采取集中研讨的方式,学员听课之余还就"新世纪以来中国文学的现状分析""当下中国文学批评现状分析""当下山东新锐作家创作现状分析""对齐鲁文学再创辉煌的思考"四个专题进行集中研讨,对于未来山东文学批评事业起到了重要的推动作用。

六 艺术繁荣发展态势分析

2013年,是山东省文化艺术发展史上极为不平凡的一年。全省文化系统在省委、省政府和各级党委、政府的坚强领导下,认真落实部、省合作推进山东文化强省建设框架协议,紧紧抓住筹办第十届中国艺术节的重大历史机遇,大力实施精品带动战略,取得了办赛、参赛双胜利,开创了文化强省建设的新辉煌。

(一)2013年全省艺术发展基本情况

一是全省文艺院团情况。2013年,山东省文艺院团改革不断深化,除中央明确保留事业体制的山东省京剧院和青岛市交响乐团2家院团外,全省承担改革任务的116家国有文艺院团已全部完成阶段性改革任务，其中转企68家，撤销23家，划转25家，核销事业法人91个，核销事业编制4410名，3689人进入转制企业，并签订劳动合同。转企院团占到全省院团总数的58%，杂技、话剧、歌舞等一般性国有院团全部实现转企改制。威海市率先在全省完成院团改革任务，省直、青岛、济南、济宁等组建了演艺集团，山东演艺集团发起组建山东演艺联盟、剧场院线，艺术生产力得到明显解放。

二是参加第十届中国艺术节总体情况。2013年10月11日至26日第十届中国艺术节在山东成功举办。这是党的十八大之后举办的第一个国家级艺术盛会，由文化部和山东省政府主办。作为东道主，省委、省政府以高度的文化自觉，举全省之力、集全民之智，以坚忍不拔、争先创优的执着和努力，在有史以来参评剧目、参展作品数量最多的一届艺术节中，我省创下了入围作品数量最多、获大奖及各类奖项数量最多、演展场馆和公共文化设施建设投入最大、演艺产品交易签约总额最大等多个"历史之最"，充分展示我省艺术事业的最新成果，在山东艺术发展史上添上了最为浓墨重彩的一笔。实现了"更具特色、更加成功"的奋斗目标，夺取了办赛、参赛"两块金牌"，完成了齐鲁儿女和几代艺术工作者的艺术梦想，受到党和国家领导人的充分肯定，赢得了社会各界的高度评价。

舞台艺术成绩斐然。"文华奖"评比展演中，我省15台重点剧目入围，其中《百姓书记》《瑞蚨祥》《红高粱》等3台剧目荣获文华大奖（占本届14台文华大奖剧目总数的21%），《项羽》荣获文华大奖特别奖，10台剧目获文华优秀剧目奖（占本奖项46台剧目总数的22%），1台剧目获文华剧目奖，1人获中国文化艺术政府奖·文华表演奖（本届全国21人获此奖），此外还有34个文华单项奖，创下历届艺术节一个省份参赛获奖数量之最、获大奖数量和获奖总数之最。"十艺节"期间，共邀请8台境外经典剧目演出44场，38台省内外优秀剧目参加了展演和祝贺演出。

在"十艺节"各专业艺术单项评比展演活动中，我省入选作品数量、获奖作品数量、获奖等次也均位居全国前列。全国民族器乐民间乐种组合展演评奖中，我省9组作品入选并获得4个优秀演奏奖、4个演奏奖、1个鼓励奖；第十届全国舞蹈比赛全国共有181个作品参加决赛，我省18个作品入选并分别获得一、二、三等奖、优秀奖和组委会特别奖、评委会特别奖,入选数量以及获奖数量、获奖等次全国第一,实现了山东在全国大型舞蹈赛事中历史性的突破;全国话剧优秀剧目展演、全国曲艺优秀节目展演、全国木偶皮影优秀剧(节)目展演,我省参演剧目也都获得一致好评。

社会文化群星璀璨。在"群星奖"决赛中我省获得49个奖项。其中,39件作品类参赛作品全部获奖,32件获得"群星奖"(占全国220个"群星奖"的14.5%),7件获得"群星奖"优秀演出奖;此外,获项目类"群星奖"4个,"群文之星"6个。我省获奖总数居全国第一位,创历届"群星奖"比赛中一个代表团获奖最多之纪录。

美术作品展盛况空前。全国优秀美术作品展览,汇集了全国近3年来创作的精品力作647件,创下15天接待20万观众的历史纪录。展览作品终选后,山东省入选作品124件(占全国479件入选作品总数的26%),加上邀请作品15件,全省共有139件作品参展,居全国第一位。此外,成功举办"山东省重大历史题材美术创作工程作品展""美丽的传说——山东省民间文学中国画展""齐鲁画风——山东省中国画大展"等三大主题性美术展览等。

(二)山东艺术发展的几个特点

举全省之力、集全民之智,筹备三年的"十艺节"终于在我省取得优异成绩的胜利声中落下帷幕。从备战十艺到参与十艺,这不仅仅是一次山东艺术创作成果的集中展示,更是推动山东文化艺术全面发展繁荣,向文化强省建设迈出的坚实一步。"十艺节"期间,成功签下了86个演艺项目,签约额达9.02亿元,为上届演交会的5倍。纵观2013的山东艺术发展情况,集中体现了以下几个特点。

一是精品创作全面繁荣。全省累计投入2.8亿元,在全省实施舞台艺术精品工程、"十艺节"重点剧目创作工程、社会文化艺术创作工程和重点美术创作工程等"四大工程",新创作重点剧目62台,群众文艺节目4400多个,参加县级以上选拔的美术作品13200多幅,艺术创作呈现全面繁荣的可喜局面。省京剧院刘建杰、省吕剧院吕淑娥分别荣获第26届中国戏剧梅花奖;山东省吕剧院《百姓书记》荣获第13届中国戏剧节"优秀剧目奖",傅焕涛获优秀表演奖。多台剧(节)目在国内会演评比中获奖:省柳子剧团《选民老冤蛋》获文化部全国小剧场戏剧展演"优秀剧目展演奖"。聊城市山东梆子剧院的《萧城太后》荣获第三届中国少数民族戏剧会演"剧目金奖"及五个单项奖。沾化县渔鼓戏剧团的《墙角》、阳信县艺术团的《闹猪场》获中国文联、中国剧协举办的第五届中国戏剧奖小戏类优秀剧目奖,沾化县渔鼓戏剧团的《枣园夜曲》、博兴县扽腔剧团的《牛老邪赔礼》获得剧目奖。省吕剧院被文化部评为"全国地方戏创作演出重点院团"。

二是文化惠民成效显著。以筹办"十艺节"为契机,我省积极组织举办全省优秀剧目展演、社会文化新创文艺作品调演、优秀邀请剧目演出以及优秀节目进农村、进社区、进广场、进学校、进军营、进企业"六进"免费演出等系列惠民活动,累计演出5万多场,举办广场群众文化活动3.5万余场;举办"欧美经典美术大展"等美术作品展览920多场,参与群众2900多万人次;历时6个月的"全国群众文化优秀节目惠民展演"活动,吸引了全国23个省和省内优秀节目在各大广场演出96场,观众达66万人次;此外,组织向农民工、残疾人、福利院儿童等特殊群体免费送票1万余张,向低收入家庭、老年观众、青年学生等提供低价票2万余张,产生了良好的社会效应,受到了各类群众的热烈响应,百姓享受到了切实的文化实惠。

三是场馆设施大幅提升。我省累计投入98.31亿元的资金,准备了演展场馆56个,其中新建16个,维修改建25个,其他场馆也进行了改造完善,设施水平明显提高,一批新建场馆成为重要的文化阵地和文化新地标;山东省会大剧院、青岛大剧院荣膺中国十大剧院,标志着山东演展场馆硬件水平达到国内一流水平。

四是全省办节氛围浓厚。"十艺节"历时短短的16天,却分别在济南、青岛、淄博、烟台、潍坊、泰安、威海、日照、德州等9个城市举办了第十四届"文华奖"评比展演、"群星奖"复赛决赛以及"全国优秀美术作品展览",7个全国性专业艺术单项评比展演、境外经典剧目邀请演出、省内外优秀剧(节)目展演和祝贺演出以及全省范围的演出、展览和群众文化活动等一系列活动。同时,在文化部的支持下,7个全国性专业艺术单项评比展演也

被列为艺术节重要组成部分,在山东提前举行,打破了以往办节设主、分会场的模式,转由全省 17 个市共同承担,形成全省办节的格局,从而最大限度地体现了"艺术的盛会、人民的节日"的宗旨,让更多的人在家门口享受文化盛宴,这在历届艺术节中不仅是突破,而且也成为办节的一大亮点。为了营造喜庆热烈的社会氛围和强有力的舆论支持,吸引更多的群众积极参与艺术盛会,主办方开设了"十艺节"官方网站、官方微博,在省内重点新闻媒体设置"十艺节"专题、专版、专栏,进行全方位、多角度的宣传报道;在公共场所设置"十艺节"宣传广告、图片、标识,制作播出广告动画片,广泛征集宣传口号和宣传画报;成功举办"十艺节"倒计时两周年、一周年、100 天、30 天等庆祝活动;围绕"十艺节"重点活动,组织近百次集中采访,召开近 20 场新闻发布会。"十艺节"筹办期间,境内外媒体原创和转载有关报道达 9 万多篇次,百度搜索结果超过 303 万条,扩大了"十艺节"的社会影响。

(三)推动山东艺术发展的几点思考

"十艺节"在山东的成功举办,带来的不仅是成果丰硕的艺术盛宴和实实在在的文化惠民,更是巨大的文化消费群体和消费市场,如何在今后的艺术发展进程中,更好地回归艺术本体,发挥"后十艺"效应,推动文化强省建设,是摆在我们面前亟须解决的问题。

一是推进文化体制机制的改革创新。全省认真贯彻落实中央和省委全面深化文化体制改革的部署要求,全面落实改革政策,切实把改革向纵深推进。加快政府职能转变,提高审批效率;推进政企政事分开,加快由办文化向管文化转变;深化文艺院团改革,增强市场竞争意识,健全适应市场规律的劳动分配、艺术生产、激励约束等经营管理机制,鼓励推动有实力的演艺企业以资本为纽带进行兼并重组,优化艺术资源配置,加快建立现代企业制度,完善法人治理结构,创新文化管理体制,培育合格的演艺市场主体。

二是建立持续推动艺术繁荣发展的长效机制。全省要加快推进繁荣山东舞台艺术"4+1"工程,即"山东省舞台艺术精品工程""山东省地方戏振兴与京剧扶持工程""山东省优秀保留剧目工程""山东省舞台艺术英才培育工程"

和"关于建立长效机制扶持和推动我省优秀剧目、优秀人才参加国内外重大艺术比赛、艺术评奖活动的办法"的出台和实施;推进"农村文化小广场建设工程""优秀民间艺术保护工程""全省美术精品创作工程",从艺术精品创作、地方戏发展、民间艺术保护、人才培养等方面入手,改革艺术生产投入机制,创新艺术生产管理机制,强化艺术生产激励机制,创新演出营销机制,推进我省艺术持续、全面、繁荣发展。

三是打造演艺发展平台,推动艺术产业聚集区建设。山东要进一步整合全省演艺资源,提升我省艺术业经营管理水平和市场竞争力,充分发挥山东演艺联盟作用,建立剧场院线、票务系统、联盟理事会三位一体的大型演艺产业发展平台,探索演艺产业的"山东模式"。充分发挥"十艺"展演场馆作用,建立覆盖全省的统一的剧场管理模式,组织开展"十艺节"优秀剧目加工提高和展演巡演,实现全省剧场标准化、规模化管理。在具备条件的地区开展艺术产业聚集区建设,探索建立多层次、多业态的标志性演艺产业发展综合体和山东演艺产业基地,重点扶持、授权龙头演艺企业进行市场运作,实现艺术产业规模化集聚效应,带动区域经济快速发展。

四是培育山东文化艺术品牌,提升艺术科技含量。全省要加快艺术产业化发展,积极构建优势突出、特色鲜明、结构合理的齐鲁文化艺术产业品牌体系,充分发挥文化的影响力、感召力和辐射带动作用。打造以"文艺下乡"和"广场文化"为代表的文化品牌;以《百姓书记》《瑞蚨祥》《聊斋遗梦》等为代表的齐鲁戏剧品牌;以《粉墨》《封禅大典》《神游华夏》《菩提东行》《泰山情缘》《梦回琴岛》等为主体的具有山东特色的大型旅游演艺品牌。推动文化艺术产业与科技的深度融合发展。利用数字、网络、3D等高新技术提升文化创作、生产和传播方式,提高文化企业自主创新水平和文化产品、服务的高新技术含量;推动高新技术在演艺、艺术品等传统文化艺术产业领域的运用,提升演出场所、演出设备和演出形式的科技含量,对舞台表演进行数字化采集;推动艺术品企业研发和制作数字艺术品、有声艺术品,提升艺术品的科技含量和附加值。

五是完善现代演艺市场体系,培育良性文化消费。全省应加强文化艺术产品和要素市场建设,建立集艺术创作、艺术演出、演出经纪、演出场所于一体的完整的现代演出市场体系。整合全省演艺资源，开发辐射省内外的演艺服务网络，大力发展演出院线，加大演艺公共服务平台建设。培育书画交易等特色文化产品市场。强化市场监管，加大知识产权保护力度，理顺文化市场综合执法体制，建立统一、开放、竞争、有序的现代文化市场体系。

加快培育文化消费市场。以扩大居民文化消费、提升文化消费水平作为艺术产业快速发展的重要抓手，针对不同文化消费群体，加快发展大众型文化消费，开发中高端文化消费，培育特色文化消费，形成分众化的文化消费增长点。探索"文化消费补贴计划"和"文化惠民卡工程"，对群众文化消费进行适当补贴。推动演出院线向城乡基层延伸，实行低价位的惠民政策，形成良好的文化消费市场。

六是强化各类艺术人才队伍建设。全省要建立科学的人才培养、使用和引进机制，尽快实施高层次人才引进管理办法、干部教育培训办法。培养文化艺术创意策划、经营管理、资本运营、创新研发、经纪代理等方面的人才，提高整体素质，壮大文化艺术人才队伍，为文化建设提供有力的智力支撑。完善文化艺术职业技能培训，支持、鼓励高等院校、培训机构与文化企业联合创建人才培养、研发、实训基地，开展产学研合作，培养实用性、复合型技术人才。大力引进高层次、高技能、熟悉文化艺术产业特殊属性、擅长现代企业经营管理的高端人才。建立文化艺术领域经营管理人才库，完善人才评价机制和激励机制。

七　文学艺术精品工程推进态势分析

2013年，山东省继续推进文学艺术的精品工程建设，按照省委提出的"文化强省"的具体要求，在打造文艺精品、扶持文艺精品和传播文艺精品方面继续加大力度，涌现出一大批在全国具有较大知名度和获得各级重要奖项的文艺力作和文艺人才，举办了一系列在全国具有较大影响力的文艺活动。

2013年，山东省最大的文化事件就是成功举办了第十届中国艺术节。中国艺术节是我国规格最高、规模最大的国家级艺术盛会。第十届中国艺术节于10月11日至26日在山东省举办，充分展示了近年来我国文化艺术事业的

山东文学艺术发展报告

最高成就和最新成果。10月26日下午,"十艺节"第十四届"文华奖"颁奖仪式在青岛大剧院举行,山东省成为最大的赢家,充分展现出艺术大省的风采。山东省15台参评剧目全部获奖,其中,京剧《瑞蚨祥》、吕剧《百姓书记》、舞剧《红高粱》三台剧目摘得"文华大奖",京剧《项羽》获"文华大奖特别奖"。

此外,山东梆子《古城女人》《两狼山上》《圣水河的月亮》、吕剧《李二嫂的新故事》、五音戏《云翠仙》、莱芜梆子《儿行千里》、柳琴戏《沂蒙情》、儿童剧《向前 向前》、方言话剧《泉城人家》、杂技剧《聊斋遗梦》等10台剧目夺得文华优秀剧目奖,话剧《严复》获文华剧目奖。临沂市柳琴戏传承保护中心的刘莉莉获得2013年中国文化艺术政府奖文华表演奖个人表演大奖。

2013年,山东有多项文艺精品和多位艺术家获得国家级奖励。在第24届全国摄影艺术展中,山东获得两金两银一铜的好成绩,其中吕廷川的《哭泣的菜农》组照获得"纪录类"金奖,马杰的《雨中的杂技少年》获得"艺术类"金奖。舞蹈《鼓子少年》荣获政府主办的舞蹈专业领域的最高赛事——第十届全国舞蹈比赛群舞组表演一等奖,成功打破了山东舞蹈多年来的低迷状态。聊城市豫剧院(聊城市山东梆子剧院)创排的山东梆子《萧城太后》荣获第三届少数民族戏剧会演"剧目金奖""优秀编剧奖""优秀导演奖""优秀音乐设计奖""优秀灯光设计奖""优秀演员奖"六项大奖。山东省京剧院的刘建杰和山东省吕剧院的吕淑娥荣获由中国文联和中国戏剧家协会共同主办的第26届"中国戏剧奖·梅花表演奖"。

2013年8月,第六届山东省"泰山文艺奖"评选结束。交响乐《胶东韵》等14件作品获得一等奖,歌曲《茶香中国》等44件作品获二等奖,器乐《汶川随想》等79件作品获三等奖,单项奖共14项。本届获奖作品在内容和形式上注重凸显齐鲁文化特色,基本反映了目前山东省的艺术创作水平,其中不少作品还获过国家大奖。"泰山文艺奖"的举办正逐步成为激励山东省文艺工作者出精品、出力作、出人才,推动文艺事业发展、加快经济文化强省建设的重要举措。

2013年12月,全省文艺评论最高专项奖——第七届山东省刘勰文艺评论

奖揭晓，共有《中国文论经典流变》《后经典时期马克思主义文艺美学的形态与主题》《王蒙文艺思想论稿》等53部作品获奖。

2013年8月28日上午，第二十届北京国际图书博览会中国作家馆开馆暨"山东主宾省"活动新闻发布会在北京中国国际展览中心新馆举行。山东省作协主席张炜携山东作家代表团和李存葆、莫言等山东籍驻京作家共同出席活动，全面展示了山东作家的整体形象和实力。

此次图博会中国作家馆"山东主宾省"活动，围绕"文学中国梦·齐鲁青未了"这一主题，举办一系列丰富多彩的宣传推介活动，其中有四项重要活动：（1）"齐鲁文学再创辉煌"主题论坛，邀请全国著名作家、评论家，就齐鲁文学的发展历史、创作现状、创作特色以及创作趋势走向等进行了深入分析和广泛研讨，为文学鲁军的再创辉煌把脉开方；（2）举行张炜长篇小说年编、散文年编、短篇小说精选英文版新书发布会，重点推介著名作家张炜新出版的长篇小说年编和散文年编两套新书；（3）举行"文学鲁军新锐"与首都作家对谈会，邀请首都著名作家和著名文学期刊主编，对10位山东新锐作家进行面对面的点评和指导，帮助新锐作家开阔艺术视野，突破创作瓶颈；（4）举行赵德发传统文化题材作品研讨会，邀请著名评论家、作家，就山东作家赵德发近年来创作出版的传统文化题材长篇小说三部曲《君子梦》《双手合十》《乾道坤道》进行集中研讨。"山东主宾省"活动的成功举办，全面宣传推介了山东作家和山东的文学作品，有助于促进社会各界更加关注山东文学事业，推动齐鲁文学再创辉煌。

在2013年度，山东省共有4位作家入选中国作家协会年度重点作品扶持项目名单，他们分别是：杨志军的长篇小说选题《藏民》、刘海军的纪实文学选题《最后的书贾》、简默的散文选题《活在尘世中》、杨勇（杨阿里）的网络文学选题《桃花潭》。有5位山东作家入选中国作家协会年度作家定点深入生活名单。分别是：宁阳作家石玉奎（愚石），拟到青海省西宁监狱、部分劳改农场深入生活，创作反映木偶艺人家族历史的长篇小说；威海作家孙桂丽（嘉男），拟到黑龙江省绥芬河深入生活，创作反映中俄民间往来的长篇小说；胜利油田作家丁庆友，拟到山东省临邑县深入生活，创作反映鲁西南百姓生活的散文集；临沂作家邰茂光（邰筐），拟到北京市海淀区树村、六郎庄深入生活,创作北漂族蜗居、蚁居生活的非虚构作品;青岛作家李发成(铁流),拟到山东省广饶县刘集村深入生活,创作反映大革命时期山东农民对敌斗争的长篇报告文学。

文艺精品的产生离不开政策的引导,2013年,山东省围绕"多出精品,多出人才"的中心任务,进一步完善鼓励和扶持文艺创新的体制机制,通过建立文艺精品创作扶持激励机制、加强重点作品扶持、完善评奖机制等方式来保证文艺精品的生产。2013年度,山东进一步完善签约作家管理制度,省作家协会第三批签约作家评审工作已经完成。按照《山东省作家协会签约作家管理条例》规定,省作协组织专家组成评审委员会对申报作家进行认真审议论证,评选出刘照如、闵凡利、凌可新、寒烟(刘燕)、韩宗宝(韩增宝)、孙方杰、简墨(陈剑霞)、耿立(石耿立)、陈原、莫问天心10位作家为山东省作家协会第三批签约作家人选。

为加强全省文学创作的扶持力度,促进文学精品创作,2013年度省作家协会继续对文学创作重点项目予以扶持。按照《山东省作家协会重点作品扶持工作管理办法》规定,省作协组织专家组成评审委员会对申报作品进行认真研究论证,2013年度最终评出《困惑与探索:新世纪文学批评研究》《千里单骑》等11部重点扶持入选作品。

打造文艺精品,离不开人才。人才的培养,是文艺精品生产保障机制中重要的一环。2013年度,山东继续加大青年文艺人才的培养力度,组织多种形式的研讨和学习班,帮助青年文艺人才尽快成长。2013年11月,山东省举办了第十一届青年作家(文学评论)高级研讨班,这是省作协第一次举办的以文学评论为主要内容的青年作家高研班。中国作协党组成员、书记处书记李敬泽,省作协党组书记、副主席杨学锋出席开班仪式,来自全省的41位文学评论家参加了开班仪式。本届高研班学员以40岁以下青年评论家为主,许多是大学教授、副教授、博士,具有很强的专业能力,在业界具有较高知名度。本届高研班第一次采取集中研讨的方式,在邀请全国著名评论家为学员集中授课的同时,分四个专题进行集中研讨。这是山东省在文艺人才培养机制方面所作的一次务实而且有效的探索。

目前,加强文学艺术的精品工程建设,进一步打造文艺精品,扶持文艺人才,已经成为山东各级政府的共识,山东各地市也采取了多种形式来鼓励和保障文艺精品的产生与文艺人才的涌现。2013年度青岛市已启动首批签约制作家工作。济南市和东营市已于几年前分别设立了"泉城文艺奖"与"黄河口文艺奖",2013年枣庄市也设立了政府文艺最高奖——"榴花文艺奖",分为组织工作奖、文学创作奖、艺术创作奖、特别奖,原则上每两年评选一次。相信这些举措会促进山东的文艺精品工程建设迈入一个新的阶段。

八 文学艺术发展趋势展望与对策建议

2013年山东文学艺术呈现出良好的发展态势。文学艺术的各个领域都展现出符合各自特点的优势和活力。在2013年文学艺术事业发展的基础上,展望未来山东文学艺术的发展趋势,寻求适合山东文学艺术发展的思路和对策,是山东文学艺术发展的重要任务。

(一)文学艺术发展趋势展望

同世界上一切事物的发展变化有规律可循一样,文学艺术的发展也要遵循一定的规律。梁玉先生肯定文学艺术的发展在整个漫长的人类文学艺术史中是不断演化和进步的。[1] 刘立志先生也认为,文化与文学艺术本身也朝着两个方向——全球性的同化和横向分化——发展,也是走向松散的联盟,并依据可能性原理而繁衍、演化。[2] 一般来说,文学艺术来源于生活,它必将在社会生活中发展壮大。

一是文学的发展更加自由。文学已进入商品化的时代,它的功利性和市场化将不断加强,在这个现实的时代,文学要呼唤真情、呼唤真实,才会有人看。但是,对于文学的发展来说,现在这个时代尽管有混乱、物化、粗俗的一面,但也有着更加强大的自由和宽容,人们更广泛地接受和容忍,使得艺术有更大更多的机会变回常态,这本身就对文学艺术的发展提供着不可多得的机遇

---

[1] 梁玉:《论文学艺术发展的总趋势之进化论》,《北方文学(下旬刊)》2012年第8期。
[2] 刘立志:《文化与文学艺术发展的大趋势——走向松散的联盟》,http://www.liulizhi.com。

和空间。

二是网络文学的发展空间将增大。随着互联网的迅猛发展,一个快节奏的信息时代已然到来。根据中国互联网络信息中心发布的《中国互联网络发展状况统计报告》显示,中国上网用户人数达5800万人,网民总量居世界第二。中国的网民结构越来越优化,网民的信息消费越来越追求品质,网民上网的行为更趋于理性化。大大小小的文学网站或网络文学频道仿佛雨后春笋一般映入网民的视野,网络原创文学也有着令人吃惊的发展。搜狐、雅虎、新浪和网易等"四大门户网站"都开辟了"文学"视窗,并通过文学平台设置、栏目链接、文学容量和信息更新等,为网民提供丰富的文学信息,同时为网络文学的发展提供了充足的物质条件。另外,电脑、网络已经全方位侵入了人们的生活,人们已经离不开网络,他们可以利用网络平台描述自己的生活,表达自己的感受,发表自己的见解,可以天马行空,可以平铺直叙,宽松的网络环境,给了网络文学发展壮大的精神力量和无限空间。

三是影视艺术拥有足够的潜力。第一,由于高科技的参与,电视、电影、网络等蜂拥而至,使得影视艺术拥有足够的潜质和力量与印刷艺术抢占地盘。第二,对文学作品而言,我们不得不承认,有的文学作品是靠搬上荧幕才变得家喻户晓。叶辛的《蹉跎岁月》改编成电视剧,她便一夜成名;《万家诉讼》改编成《秋菊打官司》,一时间就红遍大江南北;……虽说文学才是真正的艺术,但影视通过形象艺术、造型艺术后,能够以更直观的形式为大多数人所了解和接受。第三,由于丰厚的经济收益和影视剧强大的传播效应,很多文学家一改过去不敢把自己的作品拿去改编的老观念,而主动把自己的作品送上门去,这在很大程度上助推了影视艺术的发展和壮大。

四是从传统文化中寻找元素。重新审视文化传统,寻找和发掘可以转化的基因和生长点,创造新的文化,已成为当今社会文化发展的主要内容之一。从传统文化中发掘符合中国人审美意境和审美习惯的题材,然后用现代的手法来表现时代的主旋律。当然,要做到这点,必须对传统文化有着较深的积淀,只有积累了足够多的传统文化,才能更好地捕捉和运用传统文化元素。

（二）打造文艺发展新优势的对策建议

1. 打造精品力作，赶走精神荒原的侵袭

现代经济社会的飞速发展，促进了人们物质生活的极大丰富，快节奏的生活和现代人的压力也使得人们常常感慨精神荒原的不断侵袭。生活的空虚状态和人类面临的精神荒芜已经成为人类潜在的威胁和杀手。[①] 文学是人的文学，应以提高人的素质、满足人们的精神需求为要旨。而精神食粮的需求增长，已经随着经济社会的飞速发展而迅猛增长，这无疑对文学艺术的发展提出了更高的要求。繁荣文学艺术的根本任务就是打造文艺精品力作，在出精品、出力作、打品牌的过程中，集中人、财、力形成拳头，重点扶持有发展潜质的作家、艺术家，创作出符合群众根本要求的，反映时代脉搏的，风格、流派丰富多样，题材、主题新颖独到的作品，使得人们精神愉悦生活充实，最大限度地将人们的精神荒原变为富足的绿洲。

2. 立足现实，创新发展，让文学艺术发出时代的最强音

现实是文学艺术生长的根基，创新是文学艺术发展的生命。立足现实创新发展，是发展繁荣文学艺术事业、反映时代气韵的重要手段。作家、艺术家坚持深入生活采风，不断增加其创作积累，才能够生产出优秀的文艺作品。只有让文学艺术扎根于现实生活，才能满足其不断延续不断成长的土壤和养分；而创新观念，创新内容与形式，创新促进文学艺术发展的体制和机制，才能把文学艺术推向社会，更好地与社会生活融合，更好地发挥其导向性精神力量的作用，为建设社会主义先进文化贡献力量；反之，社会生活的检验能够让文学艺术加强其深度和广度，使其更好地达到思想性和艺术性的完美统一。

3. 加大文艺人才的培养力度，为文化艺术的发展备足力量

文艺人才是文化艺术发展的生力军，可就现状而言，文艺人才的短缺仍是影响山东文化繁荣发展的主要问题。没有好的作家、艺术家队伍，没有一定数量的文艺拔尖人才，文艺创作就很难走向繁荣。

首先，要整合文艺队伍，逐渐减少冗员庸员，增加素质较高的专业人才，

[①] 梁玉：《论文学艺术发展的总趋势之进化论》，《北方文学（下旬刊）》2012 年第 8 期。

特别是要培养充实各类艺术品种的带头人；其次，抓好对现有文艺人才的培养和提高，畅通拔尖文艺人才进入文化单位的渠道。对有特殊才能的艺术人才，特别是顶尖人才，各级文化单位要制定特殊政策，进行定向培养，随时补充到文学艺术队伍中来；最后，不断拓展途径，促进文学艺术的交流与合作。比如，采取"走出去"和"请进来"的方式，组织作家、艺术家与省内外文艺团队进行交流与合作，积极借鉴先进的经验，为优秀文艺人才及优秀作品脱颖而出、健康成长创造良好的条件，推动山东文学艺术走出国门。

文化产业篇

Cultural Industry

B.5
山东省新闻出版业发展分析报告

徐建勇*

摘　要： 2013年山东省新闻出版业规模实力和竞争力进一步增强，亮点频现，成就喜人，总体呈现出加速发展的良好势头，但是一些突出矛盾和深层问题也逐步凸显，深化改革和创新发展的任务依旧繁重。加快形成山东新闻出版业发展的新优势，必须着眼于创新，以思想解放引领体制创新，以市场机制推动资源优化创新，以高新科技促进发展方式创新，以政府引导实现发展平台创新，把体制改革与企业做大相结合，把市场主体自觉发展与政策支持相结合，把修炼内功与对外扩张相结合。

关键词： 新闻出版业　改革　发展

---

* 徐建勇，山东社会科学院文化所。

山东省新闻出版业是山东文化强省建设的核心领域，它既是社会主义核心价值体系建设、文化事业建设的核心阵地，又是文化产业发展的领航中坚。2013年，山东省新闻出版业着力加强与高新技术、信息技术相结合，加快发展数字出版等新兴产业，在制度建设、业态培育、方式创新等方面进行了一系列探索，为今后山东新闻出版业实现全面快速可持续发展打下良好基础。

一 山东省新闻出版业发展的基本状况

2013年山东省新闻出版业规模实力和竞争力进一步增强，体制机制改革效果显著，数字出版等新型业态加快发展，精品力作大量涌现，发展举措不断有新的突破，总体呈现出加速发展的良好势头。

（一）山东省新闻出版业呈现出加快发展的态势

2012年山东省新闻出版业总产出达到1023亿元，实现增加值260亿元，分别比上年增长12.42%和18.18%。① 2013年全省新闻出版业总产出达1400亿元，同比增长25%。②

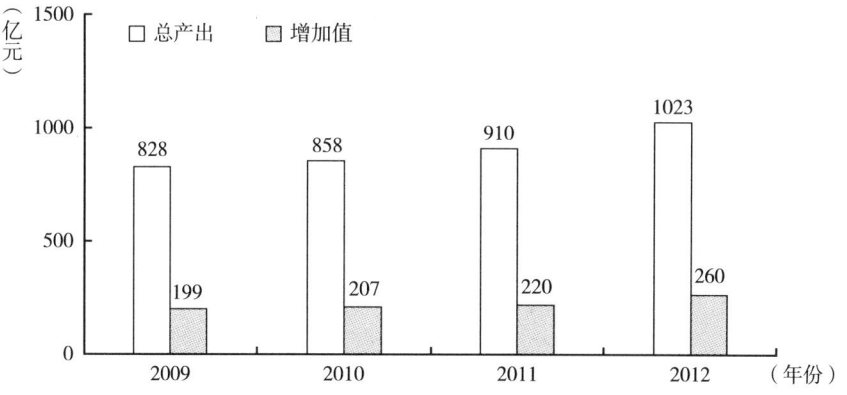

图1　2009~2012年山东省新闻出版业总产出与增加值示意图

---

① 《山东省新闻出版局热烈祝贺〈中国新闻出版报〉创刊25周年》，中国新闻出版网，2013年5月8日。
② 赵琳：《骨干企业领跑山东新闻出版业》，《大众日报》2014年1月12日。

随着文化体制改革不断推向深入,山东国有新闻出版单位逐步成为独立市场主体,建立起现代企业经营管理制度,企业活力得到释放,整体实力和竞争力开始迈上新台阶。文化与科技融合更加紧密,传统出版方式迅速升级换代,效率不断提高,数字出版、网络出版、手机出版等新兴业态加快发展,为山东新闻出版业带来新的经济增长点。在此种背景下,山东省新闻出版业的总产出和增加值的增长幅度从2012年起出现较大增加,2013年继续呈现出加速发展的趋势,对文化产业甚至整个国民经济发展都将发挥巨大的带动作用。

从全国来看,山东省新闻出版业的总体实力和竞争力基本保持稳定。根据国家新闻出版广电总局的统计分析报告[1],2012年山东省新闻出版业的总体经济规模仍然居第6位,位于广东、北京、浙江、江苏、上海之后,因与第5位的上海、第7位的河北之间存在较大差距,所以短期内山东省这一排名不会发生变化。山东重点新闻出版企业的表现优劣不一,山东出版集团总体经济规模排名有较大提升,大众报业集团、青岛出版社排名基本稳定,山东新华书店有限公司2011年排名第5位,2012年则被挤出前十,表明全国新闻出版发行单位的市场竞争日趋激烈。

表1 山东重点新闻出版企业排名

企 业	2011年		2012年	
	评价得分	排名	评价得分	排名
山东出版集团有限公司	0.5865	7	1.0869	4
山东大众报业集团	1.3593	5	1.2901	5
青岛出版社	2.2252	5	2.0909	4

(二)山东省新闻出版业所有制格局不断优化

以公有制为主体、多种所有制共同发展的山东新闻出版格局基本形成,国有新闻出版单位活力大大增强,继续保持主体地位和主导作用,民营新闻出版企业日趋活跃,成为重要组成部分。

---

[1] 国家新闻出版广电总局:《2012年新闻出版产业分析报告》,《中国新闻出版报》2013年7月10日。

山东省新闻出版业发展分析报告

山东出版集团高举文化体制改革大旗，转企、股改、上市，三步并作两步走，两年迈出两大步。2011年底成功设立山东出版传媒股份有限公司；2012年实现股份公司规范运营和远超预期的优良业绩，成功搭建起优质上市平台，为冲刺上市和实现跨越发展奠定坚实基础。截至2012年底，该集团资产总额达158.39亿元，实现销售收入107.26亿元，顺利跨入全国"双百亿"出版集团行列，2013年1~10月有1856种图书销量过万册，发展步伐继续加快。

大众报业集团已成为拥有18份报纸、5份杂志、1个网站群的传媒集团，2012年实现营业总收入25.12亿元、利润7亿元，2013年利润达到7.3亿元，在全国位列前茅。大众报业集团旗下半岛传媒股份有限公司是全国文化体制改革先进单位，在世界日报第60届年会上，半岛都市报发行量位列世界日报第48位，自2009年以来连续四年入选"中国500最具价值品牌"，品牌价值达到27.18亿元。半岛都市报社印刷厂，拥有世界最先进的印刷设备，是目前我国北方地区印力印能最大的专业印刷厂，总印量位居全国第3位。

青岛出版传媒股份有限公司旗下拥有青岛新华书店有限责任公司、青岛出版社有限责任公司等11家子公司，是覆盖出版物出版、发行、物流等业态，集编、印、发、供、贸于一体，具备完整产业链的出版企业，现有员工近2000人。青岛传媒总资产为15.89亿元，净资产为9.87亿元；2012年度营业总收入为11.72亿元，净利润同比增长31%，在全国地方出版社中总体经济规模排第4，在全国社科类图书出版社总体经济规模排名中排第2，位居副省级城市出版社首位。

山东民营书业在全国占有绝对优势，有6家企业拥有全国出版物总发行权。山东世纪天鸿书业拥有员工近1000人，业务范围涵盖基础教育研究、文教图书策划发行、数字出版、教育培训、教育信息化、文化创意产业投资，是国内首家同时获得出版物国内总发行权和出版物全国连锁经营权两项图书发行资质的民营企业。2012年，其图书销售码洋达到16亿元，居全国民营图书出版发行业首位。山东世纪金榜科教文化股份有限公司是以图书开发为主业、拥有出版物全国总发行权的大型民营出版机构，年策划、发行图书达4300多种，年发行图书1.5亿册，教育类图书全面覆盖小学、初中、高中、大学各阶段，少儿图书《全能宝贝》等版权出口到新加坡等国家，综合实力连续三年在全国民营书业中综合排名第一。① 山东民营印刷企业同样表现突出。鸿杰印务是山东民营印刷企业的排头兵,它已经成为年产值8亿多元的综合性印包集团,拥有先进的设备和一流的管理,创造出了100天印制1000万册《新华字典》的纪录。

(三) 山东省新闻出版体制改革不断出现新的亮点

山东省新闻出版宏观管理体制进一步优化。山东省新闻出版局为提高工作效率,积极转变职能,取消8项行政审批项目,下放5项行政审批项目,为新闻出版企业营造出更好的发展环境。山东省逐步建立起比较完善的著作权登记制度,一是开发建立数字版权保护平台,著作权作品登记采取在线填报的方式,更加便捷;二是从2013年9月1日起正式取消了著作权登记费,实行作品免费登记。这两项措施促使山东省版权作品登记数量大幅增长②,截至2013年9月30日,山东省著作权作品登记数量达20244件,主要包括文字、美术、摄影、工程设计图、产品设计图、计算机软件等类型产品,比2012年同期增长152%,遥遥领先全国68%的增长幅度,为增强山东省新闻出版业的创新能力与核心竞争力提供了制度保障。探索建立重要新闻网络媒体首发制,对于"三公"经费公开、食品安全等重要新闻,在新华网、人民网、大众网等网络媒体首发,加快了新闻传播速度,取得了较好的传播效果,受到广大网民的肯定。

新闻出版企业加快建立现代企业制度,市场运营能力进一步提升。近年来,大众报业集团积极探索报业整合之路,在地市报整合上走在了全国最前面,形成了具有鲜明特色的"股权连接,利益联合,文化融合"的报业资源重组的"大众报业模式",为全国报业改革探索出新路。2009年11月,大众报业集团旗下的半岛传媒与潍坊日报社合作,共同成立潍坊晚报传媒有限公司。2010年10月,大众报业集团与临沂日报报业集团开展战略合作,在全国率先蹚出了市级报业集团生活类报纸与省级报业集团联袂闯市场的新路子。

---

① 《山东省新闻出版局热烈祝贺〈中国新闻出版报〉创刊25周年》,中国新闻出版网,2013年5月8日。
② 《山东1~9月山东省版权作品登记数量大幅增长》,山东省新闻出版局官方网站。

2012年10月，大众报业集团与菏泽日报社签署协议，统一运营《齐鲁晚报·今日菏泽》和《牡丹晚报》，联手培育开发菏泽报业市场。① 2013年3月，大众报业集团半岛传媒股份有限公司与青岛报业传媒集团有限公司正式签署战略合作协议，合作成立青岛新报传媒有限公司，管理运营《青岛早报》《青岛晚报》，双方各占50%的股权。② 数据显示，大众报业共同经营《潍坊晚报》《沂蒙晚报》，控股经营《鲁南商报》，统一运营《牡丹晚报》，使合作方报纸质量明显提高，经济效益大幅提升，利润均达到整合前的三至四倍。③ 山东出版集团积极进军国际市场，于2013年12月在莫斯科建立尼山书屋，开展国际出版合作，搭建图书销售平台，对引领山东新闻出版业"走出去"具有重要示范意义。

（四）山东省数字出版产业全面发力

2012年山东省出台《关于加快山东省数字出版产业发展的若干意见》后，山东数字出版产业开始追赶在全国失去的先机。青岛出版集团等公司投资30亿元建设"青岛数媒中心"，集体验型大型书店、网络教育、数码印制、数字博物馆、富媒体中心、儿童数字文化体验中心、财富信息中心等功能于一体，预计未来5年可形成年产值10亿元的科技型数字文化产业群。山东世纪天鸿书业有限公司积极向数字出版领域探索，打造了教育信息化"成才学院"系统、"电子书包"系统，与联想集团、中国电信等公司达成了多项合作，年销售额近千万元，成为国内专业并独具特色的教育信息资源提供商和教育数字出版物提供商。山东省出版技工学校开设数字出版专业，为传统出版转型提供技能型人才，建设服务山东数字出版产业发展的人才平台。继青岛数字出版基地建立之后，2013年4月山东省（潍坊）数字出版基地及中动数字出版创意研发园区、云计算版权交易园区揭牌，这将加速数字出版创意研发及版权相关企业的聚集，带动山东全省数字出版业的快速发展。在维护好传统农家书屋的同时，山东省以东部地区为重点，对5000个农家书屋进行数字化升级，目前多

---

① 曾革楠：《股权连接　利益联合　文化融合》，《中国新闻出版报》2013年3月18日。
② 曾革楠：《山东报业资源整合取得重大进展》，《中国新闻出版报》2013年3月4日。
③ 曾革楠：《股权连接　利益联合　文化融合》，《中国新闻出版报》2013年3月18日。

个市县已经完成转型升级任务。

齐鲁晚报、青岛出版社成为我国首批数字出版转型示范单位。① 1998年,齐鲁晚报依托强大品牌和资源优势,打造出山东第一生活资讯服务网群,抢占对新媒体市场的控制力。齐鲁晚报手机报于2007年4月创办,现已拥有200万固定读者群,稳居全国地方类手机报第一名。目前,齐鲁晚报数字化已粗具规模,以晚报网为核心,以车行齐鲁网、选房网、手机报、微信报、967067齐鲁直销商城等为内容的数字化转型机构正在形成,成为国内一流、山东第一的信息集成运营商、数字信息运营商、媒体和信息的混合运营商。青岛出版社有限公司在2010年成立了数字出版部,2012年初成立了数字动漫出版中心,积极开展出版物数字化、数字化平台建设以及数字出版物出版市场运营、销售等业务。该社有四个数字出版项目进入国家新闻出版广电总局新闻出版改革发展项目库,三个共获中央文化产业发展专项资金2600万元扶持。青岛出版社有限公司在数字出版与传统出版有机融合的基础上,改造ERP系统与传统出版流程,利用"数字城市社区"项目工程提升了企业的品牌效应。

(五)山东新闻出版业精品力作不断涌现

山东省新闻出版业近年来大力实施品牌带动战略,取得了社会效益和经济效益的双丰收。在国家新闻出版广电总局组织开展的2013年"百强报刊"评选中,《大众日报》《齐鲁晚报》《文史哲》入选,进入国家品牌报刊方阵。截至2013年5月,《笑猫日记》累计销量已经突破2100万册,销售码洋突破3亿元,先后荣获中国出版政府奖图书奖、中华优秀出版物奖等诸多殊荣,成功输出了德文和英文版权。山东美术出版社的《中国新疆麦盖提县刀郎农民画》(第3集)荣列"第二届向全国推荐百种优秀民族图书";山东美术出版社的《轮回的艺术——Vintage》荣获第八届全国书籍设计艺术展览佳作奖;山东美术出版社的《古简牍精选字贴》荣获"2012~2013年度全行业优秀畅销书"奖;青岛出版社的《中国高等植物》(15卷)和明天出版社的《曹文轩纯美绘本》(6册),入选第三届中国出版政府奖图书奖;山东教育出版社的

---

① 鲁科新:《我国首批数字出版转型示范单位名单公布》,大众网,2013年8月7日。

《转型期西方教育理论与实践丛书》《20世纪文学史理论创新探索丛书》，齐鲁书社的《汉语官话方言研究》，山东文艺出版社的《中国当代文学编年史》，入选第三届中国出版政府奖图书奖提名奖；山东美术出版社的《国宝》，青岛出版社的《世界维管植物》，入选第三届中国出版政府奖印刷复制奖提名奖。①

（六）山东省新闻出版业发展载体更加健全

2013年山东省财政设立了1500万元的山东省新闻出版发展宏观调控专项资金，制定了《山东省新闻出版发展宏观调控专项资金管理办法（试行）》，它将对山东省新闻出版业产生巨大的引导、示范、带动作用。2013年6月18日，山东省新闻出版局和交通银行山东省分行在济南签署《支持山东省新闻出版业发展战略合作协议》，交通银行山东省分行将在未来5年内为山东省新闻出版产业的发展提供200亿元的意向性融资支持，合作双方将共同以政策引导和金融支持相结合的方式，推进政府部门、金融机构和文化企业间的共赢合作。②

为促进版权事业发展，山东省积极为版权交易搭建各类平台。由青岛市主办的"中国创新设计文化展暨2013中国（青岛）工艺美术博览会"于2013年6月在青岛国际会展中心举办，这是首次在全国工美行业展会上植入"版权推动创新"的理念，并在全国率先建立起工艺美术行业专业版权贸易平台。博览会共接待国内外各类参观者8万人次，实现总交易额4亿元，其中现场成交8000万元，贸易成交协议实现3.2亿元；意向性工艺美术版权贸易类现场签约15项，交易额达1500万元，另签订版权转化意向100余项，预计实现版权贸易额6000余万元。③以"版权·创意·梦想"为主题的中国首届"青岛·东北亚版权创意精品展示交易会"于2013年11月7日至10日在青岛国际会展中心举行，此次交易会全面展示新闻出版、动漫游戏、影视音乐、艺术美术、工业设计等方面的最新版权创意成果及山东省版权保护与创意成果，并

---

① 山东省新闻出版局官方网站，http://www.sdxwcb.gov.cn。
② 宫中亮：《山东省局与交行签署战略合作协议》，《中国新闻出版报》2013年6月20日。
③ 青岛市文化广电新闻出版局：《版权推动工艺美术行业转型升级》，青岛政务网，2013年6月20日。

组织开展全国青少年版权创意作品大赛、参展作品（产品）评选、著作权免费登记和咨询、版权交易签约和推介等四项主要活动，致力于打造专业性、国际化的交流交易平台，促进国际特别是东北亚地区的版权合作，推动版权创意产业发展和创新型城市建设。①期间，山东半岛蓝色经济区版权联盟成立，它由青岛市、潍坊市、烟台市、威海市、日照市、滨州市、东营市七市文化执法部门组成，建立联盟会议协商、版权联合执法、信息通报和共享等多项机制，推动版权工作的深入开展。

国家级版权贸易园区基地建设取得新的进展。继2012年台儿庄国家级版权贸易基地建立之后，青岛国际版权交易中心在2013年挂牌成立，它将建设成为集版权展示、鉴定、评估、交易、投融资及各种商务活动为一体的多功能高端平台。国家版权局批准授予济南章丘龙山黑陶研制中心为国家级版权示范园区，它成为继青岛创意100产业园后获得的又一家国家级版权示范园区。山东省国家级版权交易基地和示范园区建设在全国遥遥领先，为山东新闻出版业后续发力奠定坚实基础。

二　山东省新闻出版业发展存在的主要问题

随着文化体制改革的不断深入、高新技术的高速发展、国内新闻出版竞争日趋激烈，山东省新闻出版业发展的弊端和问题逐步凸显，这些短板和制约因素既不适应社会主义市场经济深入发展的需要，也不符合社会主义文化大发展大繁荣的要求，深化改革和创新发展的任务非常繁重。

一是山东省新闻出版业面临严重的外部挑战。全国各省市区按照建设新闻出版强国的发展战略，都在积极实施新闻出版强省（市区）战略，努力打造跨地区、跨媒体、跨行业、跨所有制的骨干企业和企业集团，山东省新闻出版业面临的区域竞争非常激烈。新闻出版业技术创新日新月异，新兴业态发展迅速竞争激烈，而山东省新兴新闻出版业态发展相对滞后，转方式调结构的任务十分繁重，新闻出版产业的快速可持续发展需要寻求新的支撑点。随着物质生

---

① 东北亚版权创意精品展示交易会网站，http://www.iccpf.com。

活水平的不断提高，人民群众的精神文化需求总量和品质要求迅速提升，因而对新闻出版业产品生产提出了更高要求。

二是山东省新闻出版整体实力还不够强，市场竞争力较弱，这与山东经济文化强省建设的地位和要求不相适应。与同为经济大省的广东相比，山东新闻出版业在营业收入、增加值、总资产、总产出等主要经济指标方面均不及广东的一半，与自身人口大省的巨大文化需求也相去甚远。

三是山东省新闻出版产业布局不尽合理，数量多、规模小、资源分散，市场集中度较低，在全国新闻出版业中竞争力强、影响力大的骨干企业和出版品牌产品比较少，在国际上的传播力有待于进一步提高。全国目前已有32家在境内外上市的出版发行和印刷上市公司，山东至今尚没有一家。

四是山东省数字出版等新兴出版业态发展相对滞后，新闻出版产业和产品结构性矛盾比较突出。传统产业形态和产品仍然在山东新闻出版业占据绝对位置，越来越不适应新的文化消费形式和文化市场竞争，被市场自然淘汰的危险正逐步加剧。据介绍，仅当当网一家的图书销售额就占到2013年全国图书零售市场总额的1/4以上。新兴产业形态和运营模式的缺乏从根本上阻碍着山东新闻出版新优势的形成和可持续发展的实现。

五是出版发行单位体制改革尚不彻底，个别单位靠行政摊派、买卖报刊号维持生存，有的成为部门和单位的"小金库"，助长了不正之风；转企改制后创新经营机制，将改革成果转化为发展动力和现实生产力的任务还很艰巨。

三 加快山东新闻出版业发展的思路建议

加快形成山东省新闻出版业发展新优势，必须着眼于创新，以思想解放引领体制创新，以市场机制推动资源优化创新，以高新科技促进发展方式创新，以政府引导实现发展平台创新，把体制改革与企业做大相结合，把市场主体自觉发展与政策支持相结合，把修炼内功与对外积极扩张相结合，全面提高发展速度，建设全国区域性出版中心、民营发行业高地、印刷业强省，在山东文化强省建设中持续地发挥引领作用，为全面建成小康社会提供思想保证、价值引领和智力支持。

（一）加快产业与科技融合，大力发展数字出版

新闻出版产业只有紧紧结合科技进步，才能实现传统产业的升级和新兴产业的崛起，才能实现生产流程和技术手段的高效再造，才能把握新兴业态和新时代的消费者，才能保持竞争力不被市场淘汰。我们要引导山东省新闻出版全行业和相关政府部门积极贯彻落实《加快山东省数字出版产业发展的若干意见》，推动出版单位积极采用数字、网络等高新技术和现代生产方式改造传统出版流程，建立适应数字出版产业发展的内容生产方式和传播渠道。要积极贯彻国家新闻广电总局《关于加强数字出版内容投送平台建设和管理的指导意见》，鼓励山东大型出版传媒集团和有实力的电信运营商、技术提供商、电子商务企业等各类市场主体积极参与数字出版内容投送业务，建设大众阅读、专业信息、教育学习以及综合服务等多种类型数字出版内容投送平台，形成统筹规划、优势互补、良性竞争、服务规范、有序发展的数字出版内容投送格局。①

（二）实现改革与发展衔接，推动企业走集团化道路

国有经营性文化单位转企改制，只是文化体制改革迈出的第一步，推进转制新闻出版企业发展，必须进一步推进国有经营性新闻出版企业进行改革、改组、改造和加强管理相结合，即"三改一加强"。国家一系列重大政策的出台，为新闻出版企业跨媒体、跨地域、跨行业整合资源、做大做强，提供了千载难逢的机遇。随着体制改革的完成，全国各省市新闻单位都成为市场主体，下一步将迅速进入兼并扩张阶段，山东新闻出版企业必须提前下手、抢占先机，大胆进行"三跨"行动，广泛与省外、境外媒体开展全方位的战略合作，优先形成规模效应，掌握市场竞争的主动权。我们要推动已改制的新闻出版企业建立现代企业制度，进一步形成符合现代企业制度要求、体现新闻出版企业特点的资产组织形式和经营管理模式，通过有效的制度安排，提高出版企业的市场竞争力。加速资本运作，鼓励和支持有条件的新闻出版企业以多种方式兼

---

① 《关于加强数字出版内容投送平台建设和管理的指导意见》，国家新闻出版广电总局网站。

并、收购境外企业，鼓励有条件的新闻出版企业通过上市、参股、控股等方式，扩大境外投资。

（三）推动国有与民营共进，优化产业发展结构

提升山东新闻出版业发展效益，必须进一步完善新闻出版产业结构，转变发展方式。要发挥山东新华书店集团优势，整合发行渠道，加强跨地区连锁经营，建设主业突出、辐射力强的大型国有控股出版物流通企业集团。发挥现有集聚优势，组织实施以济南为中心，以淄博、潍坊、济宁、滨州、临沂为基地，辐射全国的山东民营书业集群建设，形成实力强劲、特色鲜明、效益明显的山东民营书业发展态势。积极培育一批内涵式发展的大社名社，形成市场中坚力量。引导中小报刊社和出版单位走"小而专"的道路，以专业化服务取得市场地位。建立完善报纸期刊评估退出机制，推动报刊资源整合。在积极推进非时政类报刊转企改制的同时，加强战略重组，构建山东报刊业集约化发展的新格局。鼓励新闻出版流通和物流企业发展电子商务，推进市场流通方式转变。

（四）开发国内与国际两个市场，拓展产业发展空间

鼓励新闻出版企业实施"走出去"战略，积极开拓新的市场领域。要引导新闻出版企业学会利用"两种资源"、占领"两个市场"，制订山东省新闻出版企业进入国际市场的实施计划，制定主动牵线搭桥、举办国际化图书展览、实行税收优惠等一系列扶持政策。积极发展版权贸易，大力推动版权输出，鼓励支持优秀作品通过版权输出走向国际市场。支持各种所有制的新闻出版企业开展境外资源合作开发。充分利用国内外资本市场，拓展新闻出版业投融资渠道。

鼓励和引导文化消费，大力挖掘国内市场潜力。鼓励新闻出版企业在城镇中发展网络报刊征订、销售业务，积极适应城乡居民消费结构变化的趋势，创新出版产品和服务，培育消费热点，拓展消费领域，引导社会公众的文化消费。新闻出版生产单位要面向群众，努力降低成本，提供价格合理、丰富优质的产品和服务。具备条件的地方，可采用政府补贴方式，向社会提供低价产

品。提高国民阅读意识和文化消费意识，改善出版物消费环境，加强图书、报纸、期刊、音像制品的价格监管，建立和完善出版物消费投诉、受理机制，维护消费者的合法权益。

（五）加强园区与项目建设，搭建牢固发展载体

山东已经建立起数量众多的文化产业园区、实验区、示范基地，实践证明其对文化产业发展具有强大的孵化、带动、引导、烘托作用。山东新闻出版业要加强规划引导和政策支持，一是引导各种所有制的新闻出版、发行、印刷企业积极进驻这些园区基地，充分利用文化产业园区基地的便利条件和集散作用加快发展；二是依托龙头企业建立专门的新闻出版产业园区基地，形成产业集群，实现规模效应。在新闻出版产业园区的建设上，要适应数字化趋势，注意高科技公共服务平台的搭建，注重形成出版、印刷、发行等完整产业链条，注重创新能力、学习氛围、沟通渠道、政府服务等软件的建设。

加强山东新闻出版重特大项目在山东"文化产业项目数据库"和"文化项目社会办"活动中的宣传推介，不断拓宽山东省新闻出版产业投资渠道。精心推出策划一批关联度高、牵动效应强、支撑作用大，在全国有重要影响的重大出版项目；继续筛选确定一批省重点印刷产业项目，从土地税收、配套设施、金融等方面，给予一些确实的政策支持。推动各地组建新闻出版产业投资公司、中小发行企业融资担保公司、开展银企合作等，帮助有条件的文化企业通过发行企业债券、股票上市等手段融资。

（六）重视人才与政策支持，提供坚强发展保障

加快山东新闻出版业发展，要始终坚持人才是第一资源的观念，不断提高对新闻出版人才制度、人才环境建设的重视程度。山东要通过实施素质工程、领军人才工程和高技能人才工程三项重点工程，加强新闻出版党政人才、企事业单位经营管理人才和专业技术人才三支队伍建设，全面提升新闻出版业人才队伍整体素质。实施复合型专家型人才开发计划，着力培养复合型专家型记者、编辑和国际新闻出版编译传播人才。

适应数字出版发展需要,尽快成立山东省数字出版产业协会。中央和省里已经出台多种新闻出版发展鼓励扶持政策,关键在于将这些政策落到实处。我们下一步要在普遍惠及原则上下功夫,对民营新闻出版企业要一视同仁、互惠共享。设立山东省出版基金,实行重点出版物出版奖励补贴制度,支持新闻出版企业组织策划和生产出更多思想性、艺术性、可读性俱佳的原创精品力作。

B.6 山东省广播影视业发展分析报告

汪霏霏 沙金*

摘　要： 2013年广播影视系统的改革使得整个队伍的生机和活力得到了极大的激发，舆论宣传和引导水平不断提高，涌现出一批精品力作，体制改革进一步深化，广电惠民工程扎实推进，产业经营迈出新步伐，对外合作交流继续扩大。山东广播影视业的改革发展距文化体制改革的目标还有一定差距，现代广电产业体系还不够健全。2014年是全面贯彻落实党的十八届三中全会精神、推进全面深化改革的第一年，山东广播影视业改革发展的任务重大而艰巨。

关键词： 广播影视业　现状　新形势　对策

2013年山东广播影视业以科学发展观统领全局，以改革创新为动力，以争当经济文化强省建设排头兵为目标，以牢牢把握正确舆论导向为根本，深入学习贯彻党的十八大、十八届三中全会精神和习近平总书记系列重要讲话及视察山东重要讲话精神，认真贯彻落实山东省第十次党代会精神和省委、省政府决策部署，文化事业和文化产业都取得了新的发展，全省广电事业综合指标在全国排在前列，为经济文化强省建设发挥了重要作用。

---

* 汪霏霏，山东社会科学院文化所；沙金，山东省新闻出版广电局。

一 山东广播影视业发展现状

（一）舆论宣传和引导水平不断提高

山东广播影视业加大宣传创新力度，深入开展了党的十八大、十八届三中全会和习近平总书记系列重要讲话精神宣传，开展了"中国梦"和社会主义核心价值体系主题宣传，圆满完成了全国及省"两会"、"十艺节"、群众路线教育实践活动等重大宣传任务，加强了对突发事件和热点敏感问题的引导，广电媒体传播力、影响力、公信力得到新的提升。山东加强了对节目制作播出的调控，落实上星频道节目备案管理，规范综艺娱乐节目播出，治理虚假新闻，规范了广播电视宣传秩序。

（二）涌现出一批精品力作

2013年山东广播影视内容生产产量稳步增长，品质不断提升，专业化、品牌化建设卓有成效，广播电视网络新闻、影视剧、动画片、纪录片等涌现出一批优秀作品。山东广播电视台全年审查并许可发行电视剧10部359集、电影（初审）14部。山东广播电视台齐鲁频道获得"2013年度两岸四地创新频道四小龙"称号，《共产党员》栏目荣获"2013十大电视优秀专栏"称号。在第23届中国新闻奖评选中，山东4件作品获奖，其中齐鲁网制作的网络专题《齐鲁正能量之爱心帮农季》获得一等奖。在第29届中国电视剧"飞天奖"评选中，"鲁剧"一举摘得7项大奖。其中，影视传媒集团拍摄的电视剧《温州一家人》获得长篇电视剧一等奖，并独揽三项大奖。《青岛往事》《红高粱》等一批新剧目投入拍摄。

（三）体制改革进一步深化

山东广播影视系统按照省级广播影视体制改革实施方案要求，加快理顺广播影视管理体制，完成了划转单位的清产核资、资产划转移交工作。山东广电网络公司和山东影视传媒集团现代企业制度建设取得新进展，山东电影制片厂、洗印厂转企改制继续推进。山东省广播电视监测中心和产业中心获批组建。职能转变和简政放权力度加大，取消和下放行政审批事项4项，承接国家下放审批事项3项。加大了对重点自办节目的监管力度。

（四）广电惠民工程扎实推进

列入省政府工作报告和全省文化惠民实事的3项工作按时完成。全省完成了2299个20户以下自然村"盲村"和国有林场通广播电视工程，全省提前两年完成"十二五""村村通"建设任务。全年为农村放映公益电影80多万场，基本实现全省行政村"一村一月一场电影"的放映任务，农村电影数字放映监管服务平台通过验收。我省投入资金417万元，在临沂、菏泽、枣庄三市为2万户农村困难家庭免费提供了有线电视节目。省财政投入600万元加上市县财政的投入，对100家县级城市数字影院设备配置与更新进行了扶持。以开展广播电视公共服务为原则，制定了地面数字电视规划。

（五）产业经营迈出新步伐

山东广播影视系统坚持公益性事业与经营性产业两手抓，广告、有线网络、城市电影等产业收入实现较快增长。2013年全省实现创收135亿元，比上年增长13.6%，其中山东广播电视台实现创收收入94亿元，比上年增长35.6%。城市电影保持较快增长态势，加入城市电影院线的影院新增62家，达到278家；银幕新增299块，达到1348块；票房收入7.61亿元，较上年增长34%。其中山东省电影公司票房收入1.4亿元，占全省总票房18.4%。多种所有制影视制作机构快速增加，全省具备电视剧制作资质的社会制作机构新增41家，达到146家；完成电影制作备案的社会制作机构新增30家，达到61家。"美丽人生影视欢乐城""青岛东方影都"等重点影视园区开工建设。山东组织参加了第九届中国国际文化产业博览交易会和第七届海峡两岸文化产业博览交易会。山东广播电视台、山东广电网络公司、山东影视传媒集团、山东省电影公司等试点单位营改增工作实现平稳过渡。

（六）对外合作交流继续扩大

泰山电视台依托长城（亚洲）平台，正式覆盖我国台湾、香港、澳门地区和韩国、越南、缅甸、泰国等亚洲国家，对外传播影响力进一步提高。山东影视传媒集团的《闯关东》《大染坊》等6部电视剧出口海外，扩大了"鲁剧"的国际影响。日照、济南分别成功举办"韩国电影周"活动和"香港主题电影展映"活动，为进一步繁荣山东电影市场做出了有益尝试。

二 山东广播影视业面临的新形势新任务

2014年是深入学习宣传贯彻党的十八届三中全会精神的重要一年，也是山东建设经济文化强省、实现富民强省新跨越的关键一年，广播影视业既面临难得机遇，又面临严峻挑战。

（一）山东广播影视业距文化体制改革的目标还有一定差距

根据山东文化产业发展和文化体制改革的目标，到2020年山东文化产业要成为国民经济支柱性产业，全省文化发展主要指标、文化事业整体水平、文化产业综合实力都要走在全国前列。近些年，山东广播影视业的改革扎实推进，整个队伍的生机和活力得到了极大的激发。但是同时也存在着不可忽视的问题和不足，比如"三局合一"后，有的地方广电行政管理工作被弱化和边缘化，现代广电产业体系不健全，传统媒体和新媒体的融合有待加强，体制机制的改革有待深化，人才队伍的建设和引进比较落后，等等。

（二）社会矛盾的凸显和社会思想意识的多元使山东广播影视业面临现实考验

从国际上看，当今世界正处于大发展大变革大调整时期，不稳定和不安全因素增多，传统安全威胁和非传统安全威胁同步上升，特别是国际金融危机仍在持续发酵，欧洲主权债务危机还在扩散蔓延，西亚北非局势动荡，国际和地区热点频频出现。外部的不利影响等待我们去化解。从国内看，总体形势较好，但是发展中国家和转型时期社会的发展不平衡、不科学的问题十分突出，转变经济发展方式和践行科学发展观任重道远。一方面人民生活水平普遍提高；另一方面贫富差距也在日益扩大，群体性事件时有发生，反腐败斗争形势

十分严峻，维护社会稳定的难度也不可小觑。与经济体制改革、社会结构调整同步的是人们思想观念的独立性和多元性也在日益增强，某些消极落后的思想通过微信微博等新媒体传播迅速，成为影响社会稳定的不可忽视的因素。2013年我们党召开了十八届三中全会，国内外的目光都聚焦到中国的下一步该怎么走，各个领域都会发出不同的声音。广电宣传系统判断形势、引导舆论、统一思想、促进和谐的任务十分繁重。广电系统要积极为主流舆论宣传造势，为改革的顺利进行和社会的稳定营造一个良好的氛围。

（三）广播电视节目质量有待进一步提高

广播电视宣传影响力的提升途径众多，而提高节目质量是最重要的途径之一。提高广播电视节目的质量，一方面能够满足观众对广播电视的需求；另一方面也能更好地实现广播电视的服务性质。要想提高节目质量，就要打破传统节目的体系，把思想性、艺术性和观赏性有机结合起来。目前山东的广播电视台核心竞争力不强，品牌节目缺乏，节目的影响力和同级电视台相比远远不够，还不能满足观众日益增长的精神文化追求。广播电视的低俗风气已得到部分遏止，但通过广播电视节目给予观众正能量、营造良好社会风气的任务还不能松懈。另外，山东广播电视的专业人才和营销策划人才稀缺，这也从根本上影响了广播电视节目水平的提高。

（四）管理和服务有待进一步加强

从观众需求看，部分电视节目有过度娱乐化的现象出现，观众也有一些反面情绪；从外部竞争看，近年来视频网站引人关注，随时收看和视听连贯的优势吸引了很多电视观众，这也导致电视的收视率不断下降，广播电视行业的视听习惯受到前所未有的挑战。因此，广播电视业要积极应对由此带来的行业洗牌。随着视频网站、移动终端等新媒体业态的推出和壮大，电视节目、电视剧播出平台已经日益多样化，电视台作为唯一播出平台的时代已经一去不复返。这就要求我们巩固内容制作方面的传统优势，一方面，通过不断提升播出内容的品质，打造品牌化的播出平台；另一方面，通过提供优质的节目内容，延长产业链条，实现效益的最大化。

山东文化市场综合执法改革还有待进一步深化，市县级文化行政主管部门与文化市场综合执法机构、广播电视播出机构的职责权限和管理关系还不够明确；文化市场的综合执法还不够规范，广播影视的行政执法力量需要加强。广电系统的服务意识、服务水平和服务能力还不强，在新媒体业态和新业务的开发过程中，要求山东广电人以受众的需求为出发点，维护好人民群众的利益。

三 山东广播影视业发展的对策建议

2014年是全面贯彻落实党的十八届三中全会精神，推进全面深化改革的第一年，广播影视业改革发展的任务重大而艰巨。

（一）深刻认识面临的新形势新任务并着力实现新的转变

山东广播影视业要在发展理念、发展定位、发展动力、发展途径和考核导向上实现新的转变。

一是加快实现由"量"到"质"的转变。山东广播影视业要在保持数量稳定增长的同时，把立足点转移到提高节目的质量和水平上来。牢固树立精品意识，为观众提供更多更好的广播影视作品。建立完善科学的内容产品评价体系，引导和促进优秀作品的创作生产。统筹推进惠民工程建设，既重建设又重管理服务，真正让惠民工程惠及群众。

二是加快实现由传统媒体为主向传统媒体与新媒体融合发展转变。全媒体时代已经到来。山东广播影视业要从巩固壮大宣传阵地、提高舆论引导能力的高度，加速推进传统媒体与新媒体融合发展。以推进台网并重、深度融合为重点，加快网络广播电视等视听新媒体发展。改造提升传统媒体，大力支持主流传统媒体把传统产业内容优势与新科技融合，转化为新的生产力。提高广播影视制作、传输、播映全流程数字化水平。

三是加快实现由管理部门为导向的体制向市场为导向的创新体制转变。我国正在探索进入文化体制改革的深水区，这就需要我们进行制度和体制创新，重新塑造市场主体，实现体制转变。为此，山东广播影视业应致力于培育自主经营的广播影视企业主体，建立现代企业制度，激发广播影视企业的积极性和

创造性。文化产业的本质和其他产业一样,必须以市场为导向进行配置。广播影视产业属于高风险行业,而管理部门的过度行政干预则会大大增加这种风险,造成广播影视产品的滞后和浪费。所以,山东广播影视产业要让市场自己来选择和推动产业的发展,通过政府的定位营造良好的市场环境和规范的法律秩序。

(二)着力加强影视精品创作生产

一是打造一批优秀原创影视节目与栏目。倡导把中华文化元素与现代电视节目形态有机结合,传承展示优秀传统文化,丰富电视节目表现内容,创新节目形态。二是打造一批优秀电影电视剧,进一步提升"鲁剧"创作质量和影响力、竞争力。深度拓展题材的多样性,重视现代题材创作生产。重点抓好《老农民》《琅琊榜》《大秧歌》等剧目的筹备和前期拍摄。三是打造一批优秀纪录片。开展以"魅力山东"为主题的纪录片题材征集和创作活动,争取把纪录片创作培育成新的"亮点"。四是打造一批优秀公益广告。落实公益广告的播出备案制度,将公益广告的播出纳入广告监管体系。

(三)着力构建广播影视现代公共服务体系

山东广播影视业要制订广电公共服务行动计划,以农村和基层为重点,加快广播影视公共服务体系建设,加强群众评价和反馈机制建设,促进广播影视基本公共服务标准化、均等化。

一是加快农村广播电视公共服务升级。农村广播电视公共服务要坚持有线、卫星、无线覆盖的统筹协调,在"村村通"基础上推进"户户通"。提高无线传输覆盖网络的运行和覆盖质量,加快农村有线网络发展,进一步丰富"户户通"内容和服务。

二是推进地面无线数字电视覆盖网建设。进一步细化全省地面数字电视覆盖技术规划,指导各级广电部门依法依规进行地面电视的模数转换,加快地面电视数字化进程。2014年在山东省新闻出版广电局5个直属高山转播台和10个县各建设一个地面数字电视频道。该工程实施后,全省65%以上的人口可免费收看中央电视台第一套、第七套和省第一套、本地第一套等6~8套地面数字电视节目，大幅提高广播电视播出质量。

三是全面实施应急广播体系工程。按照国家新闻出版广电总局《推进国家应急广播体系建设工作方案》和省政府"突发事件应急体系建设规划"的要求，我省启动建设省应急广播信息制作播发和调度控制平台，实现与国家应急调度和播出平台、省政府有关应急平台的有效衔接。在充分利用现有广播电视传输覆盖设施的基础上，建设应急广播传输覆盖示范网。选取调频、有线电视网络和农村"村村响"试点，实现试点地区的应急广播信息覆盖和应急广播应用示范，并总结经验在全省推广。

四是加快升级电影公共服务。全省继续实施农村公益电影放映工程，完善经费保障机制。加快改善农民群众观影条件，推动由流动放映向固定放映的转变，鼓励有条件的中心村镇建设电影院。加强对全省农村公益电影放映影片和放映情况的实时监管，保证放映质量。积极探索解决外出打工群众看电影需求的有效途径。

（四）着力推动广播影视产业实现跨越发展

坚持把社会效益放在首位、社会效益和经济效益相统一，推动广播影视产业做大做强。2014年，全省广播影视产业经营收入力争达到160亿元以上。

一是培育影视文化市场主体和现代市场体系。我们要降低市场准入门槛，积极吸引民间资本、社会资本和外资进入政策允许的广播影视产业领域。做好国有经营性影视单位改革，推动转企和改制的顺利进行。已转制企业要加快公司制、股份制改造，完善法人治理结构，建立现代企业制度。鼓励有实力的企业跨地区跨行业跨所有制兼并重组，做大做强一批骨干企业。山东电影制片厂和洗印厂的转企改制和整合重组要取得重大突破。

二是加强影视产业和其他产业的融合。在市场经济条件下，文化产业与其他产业一样，必须遵循市场经济规律，走市场化的发展道路，追求经济效益最大化。只有加快广播影视产业与其他产业融合，创新广播影视产品和服务的生产、储存、传播和消费形态，发展新型业态，开发衍生产品和服务，延伸产业链，才能最大限度地实现广播影视产品和服务的经济效益，实现广播影视产业的生产和再生产，也才能更好地实现广播影视的社会效益。因此，广播影视业要充分利用省里扶持服务业和文化产业的政策措施,加强广播影视与旅游、金融、房地产等行业的结合,积极发展影视旅游、休闲娱乐、电视购物、电子商务、影视会展等业态。

三是重视重点影视园区、影视项目、影视企业发展。影视园区要遵循产业化运作模式,以影视产业为主体,力促园区经济功能的实现。影视园区的盈利模式包括:注重差异化和特色化;确立产业与高科技相结合的发展战略;追求集约化、规模化和国际化;全力延伸、完善和丰富产业链。同时,影视园区在发展中还应实行特惠政策,以内容生产为核心,合理调整和搭建园区与旅游等其他产业的关系,这样才能最终实现社会效益与经济效益的统一。全省要重点推动"美丽人生影视欢乐城"项目园区建设和东平动漫出口园区规划建设。支持影视传媒集团继续做好青岛影视基地开发、青岛欢乐城和青州、文登产业园项目的规划建设。

四是实施"突破电影"战略,加快电影市场发展。全省要推动城市影院建设,增加影院和银幕数量,提高影院运营质量,扩大电影院线市场规模。完善规范县级城市数字影院管理和服务,培育和引导县级数字影院形成市场主体。2014年,力争全省城镇数字影院增至360余家,银幕达到2000余块,力争实现年电影票房收入12亿元以上,综合票房和附加值15亿元以上。

(五)加强对外宣传和加快"走出去"步伐

山东要加大广播电视节目和电影电视剧海外营销和宣传推广力度,加快推动"走出去",对外传播中华文化、提高中华文化世界影响力。做好泰山频道在海外的落地工作,扩大我省对外宣传阵地。推动设立青岛国际电影节。充分利用在日本大阪举行的第十六届山东出口商品展览会和2014香港国际影视展等国际展会,提高我省影视文化开放水平,扩大对外影视文化交流。

另外,我们要推进山东广播影视产业融入全球文化产业价值链体系。当前世界上经济区域之间的联系日益密切,产业创新体系不是闭门造车,而是要和全球化的产业体系相融合,将省外国外的创新体系引进来,也把我们的创新体系送出去。山东广播影视业要积极主动地融入全国乃至全球市场和产业链体系,从产业链低端向产业链高端演进,即从低附加值产品的生产到高附加产品的创造，这也是山东广播影视产业发展的长久之计。山东广播影视产业要在与跨国公司的合作和竞争中，提升自身创新能力和核心竞争力。当然，这种合作不是单纯的创意模仿和节目版权引进，跨国公司经常性地向别国出售节目版权和创意，目的是为了保证产品的生命周期，以获得更多利润。这是一种已经运营较久且逐渐被淘汰的创意和产品，并不是先进的或核心的创意。而先进核心创意才是广播影视业真正的依靠和根基。这种创意根本上来源于企业的科技创新和内容创新，所以我们需要提高自身的科技创新和内容创新能力。

B.7 山东省会展业发展分析报告

闫 娜*

摘 要: 会展业是山东文化产业发展的重要组成部分,在推进经济结构战略性调整和产业结构优化升级方面发挥着更加积极的作用。2013年山东积极培植会展经济,会展业整体实力进一步增强,会展业在促进山东经贸交流与合作、扩大商品流通与消费、带动产业和地方经济发展中发挥着日益重要的作用。山东会展业逐渐从注重规模扩张向更加注重质量提升转变,探索由品牌、创新、服务所驱动的内涵式发展的新增长模式。

关键词: 会展业 创新 对策

2013年山东积极培植会展经济,主动吸引众多全国有影响力的展会,自主培育上规模的展会项目,会展业持续健康发展,会展业整体实力进一步增强,在全国的影响力得到明显提高。会展业在促进山东经贸交流与合作、扩大商品流通与消费、带动产业和地方经济发展中发挥着日益重要的作用。目前,山东会展业已经成为山东经济的助推器、新亮点和转方式调结构的重要支撑性产业。未来,山东会展业要积极调整境内外办展结构,重视战略新兴产业,培养新信息技术、生物、高端装备制造和新能源、新材料等产业的品牌展览,从注重规模扩张向更加注重质量提升转变,建立起由品牌、创新、服务所驱动的内涵式发展的新增长模式。

---

* 闫娜,山东社会科学院文化所。

一 山东会展业基本情况

2013年,山东现有主要会展场馆35个,展馆面积为106.7万平方米,20000平方米以上展会数量达78个。截至2012年底,山东省会展业协会现有会员114家,其中,会展组织者29家,会展场馆14家,会展服务商65家,会展教育与培训机构6家;副理事长单位9家,理事单位21家,普通会员单位84家。

从市场角度来看,2013年山东展览市场总量延续上升趋势,而且在全国位次明显提高,2013年山东共举办504个展览会,在全国举办的2363个经贸类展览会中,上海、广东、北京、山东、浙江、江苏,举办展览会场次名列全国前六位。山东积极培育会展市场主体,探索会展业发展社会化运作途径,不断提高市场竞争力。济南会展业尝试强强联合,济南日报报业集团与舜耕山庄集团签署会展领域战略合作协议,极大地增强了省会会展经济的竞争力。舜耕山庄集团下辖的济南舜耕国际会展中心、济南国际会展中心两个大型场馆,是济南会展业发展的平台和载体。好客展览公司是会展中心的场租大客户,而会展中心又是报业集团的广告客户,他们之间的战略合作有利于济南会展业的资源整合,为推动济南会展经济在新起点上实现更大发展。此外,很多会展企业加大了赴省外甚至国外组展的力度,这为山东会展业的发展创造了更多机会,使企业得到市场锻炼,进一步增强了山东在会展领域的知名度,为山东会展树立了新的发展形象。

从基础设施建设来看,山东各类展会软硬件设施都有显著改善和提升。山东现有综合类现代化会展场馆36个。各级会展管理协调机构逐渐完善,济南、青岛、烟台、威海、临沂、东营等都已经设立会展办,菏泽设立了专门的会展工作领导小组。济南、临沂、日照和德州设立会展业协会,潍坊设有风筝办,聊城、招远、广饶和滕州设有节庆办,威海和青岛建立了会展联盟,这些机构为山东打造会展品牌起到了良好的作用。

从行业发展环境来看,从国家到地方各级政府都十分重视会展业的发展,为各类会展企业参与市场竞争营造了更加健康宽松的环境。宏观层面,商务部出台的《关于"十二五"期间促进会展业发展的指导意见》是我国会展行业发展的第一个中长期指导性文件，明确了会展业发展的指导思想、基本原则、主要任务和保障措施。《山东省国民经济和社会发展第十二个五年规划纲要》和《山东省"十二五"会展服务业专项规划》给山东省会展业发展指明了方向、发展道路和任务目标，为山东省会展业的健康快速发展创造了良好的环境。微观层面，济南、青岛、东营、莱芜等城市也针对本地会展业发展实际，从维护市场秩序、保护行业利益与消费者权益、培育展会品牌、节约办展等方面出台了一系列的章程和办法。

二 山东会展业创新发展

山东会展业在近几年的发展中重视更新思路、提升观念，巩固节庆活动，突出优势，从信息化角度挖掘展览、会议潜力，向会议、展览、节庆三方面齐头并进、互动发展迈开步伐。在运行模式、发展形式等方面积极创新。各地区会展部门认真跟踪数据，切实做好研究，为山东会展业实现可持续发展进行了多方面探索。

1. 发挥节庆优势带动会议、展览

山东的节庆活动发展突出，孔子国际文化节、泰山国际登山节、青岛国际啤酒节、潍坊国际风筝节等已经成为国际知名度较高的节庆活动。菏泽国际牡丹节、中国威海国际人居节、中国临沂书圣文化节、中国青岛海洋节、中国江北水城（聊城）文化旅游节、烟台国际葡萄酒节等也已经成为国内较有影响的节庆活动。各类会展借助著名节庆的品牌知名度展开营销。例如，在山东旅游局举办山东贺年会期间，各地都适时组织各类新春年货会和年货展。中国商业联合会、济南市政府联合主办的"2014全国年货精品展销会暨第十一届济南年货会"，展示内容涵盖糖酒食品、调味品、绿色农产品、服装家居、节日商品等，预计会吸引来自全国二十多个省市及韩国、泰国等多个国家和地区的1000多家企业参展。济南、青岛、威海等城市凭借节庆知名度，会议产业的发展已经开始有所突破，《2012中国会议蓝皮书》显示，济南在全国97个重点城市中以1172场次的会议接待量名列第二，仅次于北京。据统计，2010年，济南会议接待量为494场次，北京、南京、杭州均排在济南之前。2011

山东省会展业发展分析报告

年,济南会议接待量跃升至1172场次,增幅高达137%。济南的会议产业正在打破展览业"一枝独秀"的局面,努力实现会议、展览"比翼齐飞"。

2. 立体开发市场带动小型会议发展

举办大型国际会议一直以来是会展业发展的焦点,但随着市场需要的多元化,各类高端的小型会议逐渐增多。小型会议包括办公会议、座谈会、双边或者多边的商谈会、经验交流会等,它克服了大型专业会议的不灵活和教条性,更适合客户的个性化需求。很多境外知名机构和国内著名协会发起小型会议,有力地提升了办会地的知名度,推动了当地经济发展。山东会展业一方面做大做强已有优势会展品牌;另一方面紧盯市场需求,发挥小型会议可以满足不同客户的个性化需求的特点,着力开发小型会议市场。尝试在举办小型会议的同时,基于办会酒店的餐饮食宿条件开发"附设展",更加有效地扩大了市场。

3. 践行节俭办会推动办展社会化

"节俭办会"是山东会展业发展的新亮点,在各类政府主导的展会中,通过调整或取消展会开幕式、不搞政府宴请活动、不铺张浪费等措施,使承办单位减轻了开幕式、接待晚宴等举办大活动的精力、财力和压力,把工作重点转移到展会的组织及现场服务中来,推进展会取得更大成效。据统计,2013年,济南通过调整或取消展会开幕式、不搞政府宴请活动等"节俭办会"措施,拉动相关行业收入182亿元,同比增长8.3%,仅配合"十艺节"举办的交易会签约额就达9.02亿元。济南市商务局统计显示,2013年,济南市共举办展会156场,展览面积255万平方米,同比增长15.9%;参观人数911万人次,增长9.4%;实现交易额1320亿元,增长7.9%;拉动相关行业收入182亿元,增长8.3%。其中有影响力的知名展会不断增加,包括吸引澳门推广周、全国茶叶展、全国摩配展、全国燃气展等一批知名展会活动都在济举办,带动了相关产业的国际交流与合作。仅配合"十艺节"举办的第十届中国艺术演艺产品交易会就有86个演艺项目达成合作,签约额9.02亿元。

4. 融合多种元素促进和谐社会发展

山东把会展作为传播齐鲁文化悠久历史,塑造现代城市文明形象的有效载体。知名品牌会展能够得到大量国内外媒体的不断报道,这为会展及会展承办城市知名度在全球、全国性推广起到了绝佳的促进作用。会展业的兴起也是提升民生幸福指数的重要抓手。山东独具特色的节庆会展活动,为广大老百姓所喜闻乐见,体现了惠民、乐民、富民的宗旨。如中国非物质文化遗产博览会、孔子国际文化节、泰山国际登山节等,不但丰富当地人民的精神文化生活,也极大地促进了当地就业,带动城市发展。大量会展活动开阔了人民的眼界,提升了文明度和审美意识,有效地促进了山东和谐社会的建设。

三 促进会展业发展的对策措施

随着新一届政府大力推进改革,以往偏重于政府主导的展览业逐步向市场化、专业化迈进。一方面,"八项规定"的出台使得各级政府对大型展会的财政支持转变为服务、政策支持;另一方面,市场化需求促动下,综合类展销会逐渐减少,取而代之的是有专业细分的展览会。山东会展业要把握住"转型升级"的重要战略机遇,继续提升在全国的位次,为新一轮的地方经济竞争作出贡献。

1. 深化整合发展体制,建立高效会展发展机制

会展业具有公共性、社会性和政府主导性的特点,会展是涉及城市各方面的公共活动,它的综合协调、管理、统筹性很强,涉及各级机构、各企业、各团体,而原有的管理机制不能起到协调、统筹的作用。因此,会展业的发展需要有高效的管理体制,以及一系列深入推动城市会展业发展的机制、政策。政府出台会展业专门的发展规划,为会展业长远发展勾画蓝图;由专门会展办事机构具体负责会展的规划、协调和指导等工作,积极发展同各级政府、企事业单位及行业协会的交流与合作,加强信息沟通和配合服务工作;会展行业协会配合政府加强对会展行业的协调和监管。使会展业最终形成政府指导协调,协会规范监管,企业组织承办,市场化操作运行,公平竞争、规范有序的运营体制。除此之外,还要促进会展业与其他行业的融合发展,建立跨区域联合、全产业链覆盖的会展业服务及促进机构,搭建涵盖会展业管理部门、专业服务机构、场馆酒店、旅游服务、会展教育及研究机构等部门的高效运行机构,促进会展产业链"抱团"发展。①

2. 规划发展品牌会展

制定长期的会展品牌发展战略规划，对现有会展进行细分，做大做强龙头型展会；搞好搞活区域展会；做新做实专业展会。依托城市产业特色，发挥和挖掘本地资源、产业优势，培育以本地主导产业和特色产业为基础的特色展、名牌展。培育形成知名的会展企业品牌，通过资源整合、信息共享进行战略重组，加强与国外展览组织合作，通过融资、合资、并购等方式提高山东会展业企业的整体实力和办展水平。继续扩大山东会展品牌的影响力，通过大品牌带动小品牌，引导山东会展向专业化和高端化发展。一是打好特色文化资源牌，继续挖掘曲阜孔子文化、沂蒙红色文化、青岛啤酒文化、烟台红酒文化等资源，把齐鲁文化特色鲜明的节会办成山东形象性节日。二是打好特色产业牌。立足山东已有的优势行业产业，进一步做大会展品牌，加大投入力度，精心创意策划，使烟台国际果蔬博览会、寿光蔬菜节、青岛电子家电博览会等跻身于国内一流的产业展会。三是打好绿色休闲牌。顺应社会发展趋势和人民消费需求，把威海国际人居节、微山湖湿地红荷节等节会发展成新型体验展会，使之成为山东推动城乡一体，统筹发展的前沿阵地。四是打好文化交流牌。山东要继续办好APEC大型会议展览，借助地缘优势积极争取举办中韩经济论坛、中日经济论坛、东北亚经济论坛之类的国家级乃至世界级的大型会展活动。

3. 扶持县域地方特色会展

抓住"省会城市群经济圈"和"鲁南经济发展隆起带"的战略机遇，扶持地方特色会展。山东的很多县域城市都颇具特色，很多县市已经形成了地方特色鲜明的节会，如莱阳的"梨花节"、栖霞的"苹果节"、肥城的"桃花节"、章丘的"大葱节"、龙口的"徐福文化节"、招远的"黄金节"、栖霞的"胶东风俗旅游文化节"、莱州的"石材博览会"、海阳的"沙雕节"等。发展地方特色会展能有效地促进县域经济的发展。但这些展会大多数规模较小，

---

① 朱立文：《瞭望锦官城：成都会展业创新发展之路》，新华财经，2011年12月26日，http://news.xinhuanet.com/fortune/2011-12/26/c_122486306.htm。

办展水平较差。针对这类展会问题，应该由各级政府部门统一策划，形成品牌，使之成为地方经济和文化形象的展示平台。

4. 应用新兴科技提升会展业竞争力

计算机、互联网、移动通信网、物联网等信息产业浪潮，深刻地改变着人们的生活生产方式。会展业应充分利用现代新兴科技有效配置会展资源，提高办展效率，也是提升会展业竞争力的有效手段。一方面，新兴科技可以无限延伸会展的时空。有数据显示，中国拥有4200多万家中小企业，而每年能够到现场参加会展的企业则是九牛一毛，更多的企业由于受到资金、时空的限制而被拒之门外。开展网上虚拟展，可以打破时空限制，吸引世界各地的远程买家，为更多的潜在客户服务，数字化展览是实体展览新的延伸，它提供了更便利、覆盖范围更广泛的参与方式和更具互动性的体验模式，在某种意义上是对原有展览模式的颠覆。另一方面，新兴科技为实际展会带来方便。展会中推广应用RFID技术，如推出手机刷卡业务，使得假币、假门票无处藏身，又能加快支付速度，还可以向参会客商提供展馆导航、手机播报展会期间各项文娱活动最新消息等功能，建立智能交通系统解决方案，可以缓解大型展会期间会展中心周边的交通拥堵，降低展会期间事故发生率。①

5. 立足自身优势推进和谐发展

充分发挥会展业的整合性和带动作用，有效连接第一、二产业和第三产业形成新的高端产业和产业高端，专门打造与山东"一蓝一黄一圈一带"发展战略结合紧密的展会，以此带动高端产业招商引资，不断树立健康、绿色、休闲的城市形象，不断放大会展对地方经济社会文化发展的促进作用。做好会展和旅游结合的文章，会议、展览会与旅游活动是紧密联系、相互渗透的，世博会的成功举办不仅带动了上海及其周边地区的旅游业发展，甚至促进了中国旅游业的进步。山东拥有丰富的历史文化资源和良好的旅游业发展基础，"好客山东"作为山东的形象品牌，已经在国内外叫响，山东会展应该搭上旅游的快车，进一步开辟特色发展的道路。首先要增进旅游部门和会展管理部门的交流合作，在对城市进行目的地整体促销时，会展部门应该和旅游部门协作，在

---

① 俞华：《借力物联网提升会展业竞争力》，《国际商报》2011年3月16日，第8版。

会展企业单独开展营销推广活动,把会展与城市及周边的旅游景点和旅游接待设施结合起来。饭店、旅行社等旅游企业应积极为参展商、与会者和观众提供"食、住、行、游、购、娱"等一系列服务,把丰富多彩的旅游节庆活动与大型会议或展览结合起来。提高对济南"东荷西柳"等现有体育及会展场馆的利用,在会议服务公司、展览公司等继续举办大型展会以吸引观众外,旅游部门应将具有本城市特色的现代化场馆作为都市观光的一个重要景点,以提高场馆的利用率。

B.8
山东省广告产业发展分析报告

刘光英*

摘　要：

2013年山东省的广告行业稳步发展，广告产业发展规模化、集约化、专业化初见成效；广告经营、创意能力稳步提升；长效监管机制收效明显。要推动山东广告业健康发展，就要加强公共服务管理，促进区域平衡发展；培育大型广告企业集团，助推中小企业；提升监管水平，高压打击违法；创新产业发展观念，大力发展新兴广告产业。

关键词：

广告业　发展　管理

2013年我国经济探底回稳，受此影响，我国广告市场也保持了平稳发展的态势，总体起伏不大，发展较为平稳，并成为世界第三大广告市场。中国广告协会报刊分会、央视市场研究媒介智讯日前联合发布《2013年度中国报纸广告市场分析报告》。报告显示，按刊例价格统计，2013年中国传统媒体广告同比增长6.4%，增速虽比上年提高了两个百分点，但仍然没有摆脱中低速增长的趋势。这也是连续两年传统媒体广告的增速低于GDP的增速。

与此对应的是，2013年中国网络广告连续两年实现高速增长，市场规模达到1100亿。在这样的大趋势下，山东省的广告行业稳步发展，截至2012年底，山东省广告经营单位发展到2.6万户，广告从业人员15.4万

---

* 刘光英，齐齐哈尔大学教育与传媒学院。

人，广告经营额176.4亿元，同比分别增长41.2%、19.5%、49.5%，行业发展持续高增长。广告产业链条进一步拉长，上游商业渠道与下游应用市场均得到拓宽。

一 山东省广告行业发展现状

（一）广告产业发展规模化、集约化、专业化初见成效

自2012年6月6日国家工商总局与山东省政府在山东大厦签署推进广告业发展战略合作协议以来，山东省就开始探索构建"政府统领、工商牵头、部门配合、园区带动、社会参与、共同推进"的广告产业园区建设工作机制，2013年6月，山东省政府专门下发了《关于实施广告拉动战略的意见》；同年9月，山东省工商局组织召开了全省推进广告拉动战略暨广告产业园区建设现场会等，吸引了大批国内外知名企业入驻省内各广告园区，全省广告产业的规模化、集约化、专业化程度得到大幅提升。

山东省委、省政府将广告产业纳入全省经济发展大局，《山东省"十二五"广告产业发展规划》明确表明要培育具备国际竞争力的大型广告企业集团，推介山东省重点企业走出山东、走向世界。2013年，山东省大力开展重点广告企业培育、广告企业品牌创建、广告创意园区建设、广告会展项目建设、广告人才培训、公益广告事业发展等"九大工程"的实施，全省广告产业发展成效愈显，涌现了山东新之航传媒集团和山东长城梅地亚文化传播有限公司等一批知名广告公司，新之航传媒集团的影视基地项目和长城梅地亚文化传播有限公司负责的3D网络广告开发等13个项目被列为山东省重点扶持项目。除此之外，山东还着力打造了"晨鸿"等驰名商标广告企业，推介了"好客山东""一品景芝"等知名品牌；与教育部门联合开展以大学生为主体的"学院杯"广告创意大赛，培养了一大批广告创意人才；开展了"讲文明、树新风"公益广告评选，筹备建设了山东省公益广告创作推广基地；建立了集广告展示、资源拍卖、融资、信息交流等职能于一体的山东广告交易中心2012年全年交易额突破5000万

元。

截至2012年底，山东省广告经营单位发展到2.6万户，广告从业人员15.4万人，广告经营额176.4亿元，同比分别增长41.2%、19.5%、49.5%，行业发展持续高增长。

青岛、潍坊、烟台3家国家级广告产业园，得到中央扶持资金2.1亿元并已经到位，园区建设发展将驶入快车道。同时，我省"政府统领、工商牵头、部门配合、园区带动、社会参与、共同推进"的园区建设工作机制在实践中得到有力印证，吸引了一批国内外知名广告企业入驻，拉动全省广告产业规模化、集约化、专业化程度大幅提升。

2012年，潍坊广告创意产业园已聚集各类广告业户220家，专业设计人才2000人，实现营业收入4.5亿元，园区规模效益和产业层级得到前所未有的发展和提升。对于城市而言，结合工业退城、城市转型，盘活闲置资源，以广告营销、创意设计等创意产业为主攻方向，建园区、聚企业、引人才，催生了新的业态，促进了经济转型，提升了城市品质。

烟台广告创意产业园区已逐步形成融广告设计、动漫影视、工艺美术、出版印刷等为一体的创意产业链条。2013年，烟台杰瑞、山东智慧传媒集团等烟台当地大型企业已同园区签订了进驻合同，杭州时光坐标数字影像技术有限公司的影视后期制作、新闻出版广电总局广告监管平台等即将落户园区，园区还充分利用烟台的地域优势，先后3次赴日本、韩国等动漫广告产业发达国家招商，引进外资企业15家。

（二）广告经营、创意能力稳步提升

1. 广告公司通过国家企业资质认证数量逐年增加，且综合服务类广告公司增加迅速

早在2010年山东省等级广告资质企业就已达83家，占全国广告资质企业的9.0%，其中一级广告资质企业19家，二级广告资质企业48家，三级广告资质企业16家。近年来，山东省基本保持每年三十几家企业通过国家级资质认定。（见表1）

表1 2008~2012年山东省通过国家资质认定的广告企业数量统计表

年份	批次	一级			二级			三级		
		综合服务类	媒体服务类	设计制作类	综合服务类	媒体服务类	设计制作类	综合服务类	媒体服务类	设计制作类
2008	6	5	1	0	11	2	0	4	1	0
2009	7	0	2	0	5	1	2	2	0	1
2010	8	6	2	0	19	1	1	3	0	5
2011	9	6	1	1	16	5	1	1	1	3
2012	10	0	3	0	16	8	2	4	0	2

从表1中，我们可以看出，自2010年以来，山东省每年通过国家资质认定的企业都在30家以上。这说明近年来山东省广告企业的经营能力一直在稳步提升。除此之外，5年来，通过资质认证的这些广告企业中，综合服务类的比重最大，占到了68.1%，媒体服务类和设计制作类分别为19.4%和12.5%。这也说明了山东省的广告公司正在逐步脱离以低端的制作为主的经营模式，转向以品牌服务为核心，为广告主提供全过程全方位的服务，尤其是策划创意核心竞争力有所提升。（见图1）

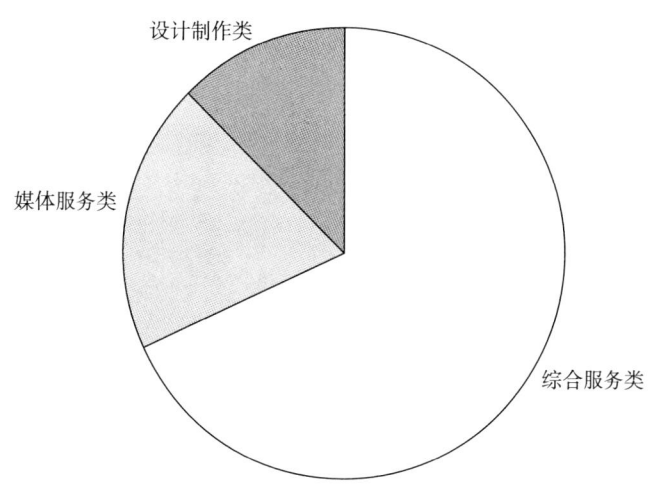

图1 2008~2012年山东省广告公司企业资质类别构成

2. 山东省广告公司营业额过亿元的大中型广告公司增加，影响力逐步扩大

从营业额看，2012年中国广告企业（非媒体类）营业额100强中，山东世纪经纶营销企划有限公司以29681万元的营业额排在第33位。山东省国际广告有限公司和山东超越文化传播有限公司分别以9842万元和9817万元的营业额分列74位和75位。媒体类排行中,山东通广传媒广告有限公司和山东中铁旅游广告集团有限公司以76位和92位跻身100强。参照中国标识网《广告公司调查对象概况》的标准,这表明山东省已经具有营业额突破1亿元的大型广告公司和具有相当影响力的中型广告公司。在2013(第六届)大中华区4A广告公司100强排行榜中,山东省只有山东省国际广告有限公司排在第77位。而2012年迅速蹿升至53位的山东长城广联国际广告集团(山东长城梅地亚文化传播有限公司)却遗憾地消失在100强之外。(见表2)

表2 2013(第六届)大中华区4A广告公司100强排行榜

排位	公司	排位	公司
1	天联(BBDO)	24	博达大桥(DRAFTFCB)
2	Wieden + Kennedy	25	灵智(Havas Worldwide)
3	恒美(DDB)	26	扬罗必凯广告(Y&R)
4	阳狮广告(Pulicis)	27	华扬联众
5	广东省广告股份有限公司	28	Proximity
6	腾迈(TBWA)	29	〔台湾〕我是大卫广告股份有限公司
7	睿狮(lowe)	30	电通(Dentsu)
8	智威汤逊(JWT)	31	英扬传奇
9	百比赫(BBH)	32	180China
10	睿域(Razorfish)	33	思美传媒
11	盛世长城(Saatchi & Saatchi)	34	〔香港〕Metta Communications
12	威汉营销传播(WE Marketing)	35	天博(TBWA\HAKUHODO)
13	AKQA	36	安瑞索思
14	新网迈(NIM Digital)	37	三星鹏泰(OpenTide)
15	麦肯.光明(McCann)	38	欧安派(OMP)
16	旭日因赛(NEWSUN)	39	〔台湾〕Z1 Star Digital
17	知世·安索帕(isobar)	40	Verawom
18	葛瑞(GREY)	41	北京新意互动广告有限公司
19	奥美广告(Ogilvy & Mather)	42	Momentum
20	李奥贝纳(Leo Burnett)	43	灵狮
21	〔台湾〕联广广告	44	博报堂(HAKUHODO)
22	狄杰斯(DIGITAS)	45	im2.0互动营销
23	〔香港〕Fluid	46	AGENDA

续表

排位	公司	排位	公司
47	九易广告	74	上海广告有限公司
48	揽胜广告	75	梅高
49	上思（M&C Saatchi）	76	北京金马广告有限公司
50	杰尔思行（Cheil）	77	山东省国际广告有限公司
51	长沙盛美广告有限公司	78	智立方
52	伊诺盛（INNOCEAN）	79	〔香港〕八方联智
53	上海氩氪广告有限公司	80	广州火之鸟广告有限公司
54	金鹃国际广告有限公司	81	北京东方仁德广告有限公司
55	贵州天马	82	广州喜马拉雅广告有限公司
56	〔台湾〕三子数码科技	83	南京博尚广告传播有限公司
57	巴蜀新形象广告传媒股份有限公司	84	北京广告公司
58	游龙（Nurun）	85	银都奥美（Yindu Ogilvy）
59	北京思恩客广告有限公司	86	江苏雅智广告有限公司
60	朗涛（Landor）	87	中海互动
61	武汉市利器广告传播有限责任公司	88	海润新时代广告
62	蓝色创意	89	博斐（Profero）
63	ADK	90	深圳市风火创意管理股份有限公司
64	北京互通联合国际广告有限公司	91	爱德威（ADWAYS）
65	麒灵（SapientNitro）	92	西安麦道品牌传播有限公司
66	蓝门数字营销	93	上海蓝梦广告有限责任公司
67	〔香港〕New Digital Noise	94	杭州博采传媒
68	〔台湾〕雪芃	95	灵思传播机构
69	成都阿佩克思奥美（ApexOgilvy）	96	厦门市夏广广告有限公司
70	电通东派广告有限公司	97	上海同盟广告
71	琥珀传播	98	天津世纪座标广告公司
72	博圣云峰	99	南京市广告有限公司
73	广东平成广告有限公司	100	海南中视广告有限公司

3. 组织、参与广告赛事，加强对外交流

2013年，山东省先后举办了第十四届山东广告节、山东省第三届"学院创意杯"广告大奖赛、山东省首届"泰山体育杯"广告摄影大赛等广告赛事，吸引了国内诸多广告公司和广告培训机构参加。

在2013年第二十届中国国际广告节上，青岛天马广告有限公司的青岛老年公寓"孤寂才是凶手系列（刀片篇/药片篇）"获得长城奖银奖，另收获长城奖铜奖16个、优秀奖33个。山东长城梅地亚文化传播有限公司的"德育《视力表》篇"收获黄河奖金奖一项，山东通广传媒广告有限公司"留下关注、留住希望"获得黄河奖铜奖。另外，山东省国际广告公司、青岛天马广告公司等收获了17个黄河奖优秀奖。山东省广告企业在国内权威广告节中屡获大奖，体现出山东省广告企业、人才创意能力及其影响力的提升。

（三）长效监管机制收效明显

山东省工商管理部门对广告市场的监管将从集中整治转变为日常监管，不断完善健全"一票否决、二级配合、三级审核、四级联动、五个统一、六个一批、七项制度"的广告监管长效机制，并重点做好"三级审核"的落实检查以及广告市场信用监管的推广工作。具体内容为：指导媒体单位强化自律，坚持广告审查员一票否决制；"对重大案件采取下管一级"的方式，实现统一掌控；指导媒体单位完善广告审查员、广告部门负责人、媒体单位分管领导三级审查；"四级联动"，完善工商系统内部上下联动网络，实现省、市、县、所四级联动；统一事前指导、统一事中监测、统一事后执法标准、统一大要案掌控，统一学习培训；采取查处一批、撤销一批、曝光一批、封杀一批、责令整改一批、停发一批等方式，不断加大执法力度；坚持和完善联席会议、广告监测、违法广告四级通报、违法广告公告、市场信用监管、违法主体市场退出、违法主体责任追究等制度。

为有效防止虚假违法广告反弹，2013年山东省工商局继续把与人民群众健康安全切实相关的医疗、药品等五类"高危"广告和危害未成年人身心健康的低俗广告等作为整治工作重点来抓，加大查处力度，保持高压态势不放松，进一步强化属地广告监管责任制度，全省范围内医疗、药品等广告的违法率比去年同期下降了24.9%，创下了历史新低，广告市场秩序更加规范有序。

山东省工商局还将加强广告监测，做好广告监测与案件查处有效衔接，对虚假违法广告做到早发现、早制止、早查处。同时，该局加大执法办案力度，对监测、检查中发现的虚假违法广告，发现一起、查处一起；对违法率居高不下或者发布虚假违法广告造成恶劣社会影响的广告主、广告经营者和广告发布者，在给予经济处罚的同时，依法责令其在相应范围内公开更正；对屡查屡犯、屡教不改的单位，必要时将依法停止其广告发布资格。

山东省工商局坚持监管与服务相统一，综合运用告诫、警示、教育、培训、行政建议、处罚等手段，逐步从事后监管向事前、事中、事后全过程监管转变。在媒体广告监管方面，该局引导媒体认真执行有关规定，自觉规范广告发布行为。在网络广告监管工作中，该局将借鉴先进地区经验，探索监管的新方法，并加强与相关部门的沟通协调，建立各司其职、齐抓共管的互联网广告监管机制。

二 山东省广告行业发展存在的问题

（一）区域发展不平衡

目前，山东省的广告产业发展主要集中在省会济南和青岛、烟台等少数沿海地区，内陆地区的中小城市广告行业发展相对落后，山东广告行业发展严重失衡。

在山东工商行政管理局发布的《山东省2010年广告管理基本情况统计分析》数据中，这种区域发展失衡的现象体现得非常明显。

从经营单位数量看，济南2944户，占广告经营单位总数的19.07%，同比增加1730户，增长142.5%；青岛4104户，占广告经营单位总数的26.59%，同比增加557户，增长15.72%；二者共计7048户，占广告经营单位总数的45.66%，同比增加2287户，增长48.07%。

从经营额看，省属31.23亿元，占广告经营总额的35.99%，同比增加2.46亿元，增长8.54%；济南9.05亿元，占广告经营总额的10.43%，同比增加3.13亿元，增长52.68%；青岛20.51亿元，占广告经营总额的23.64%，同比增加1.41亿元，增长7.34%；三者共计60.79亿元，占广告经营单位总数的70.06%。

从现有数据来看，2011年青岛市广告经营单位共计4572户，相关从业人员2.6万人，年广告经营额达19.9亿元。从这三项指标看，青岛市在省内城市中居第一，济南以14.6亿元的广告经营额居全省第二。而当年山东省整体的广告营业额为118亿元，这意味着，仅青岛和济南两地的营业额占比就达到

了近三分之一，如果将省属广告经营单位的营业额考虑在内，这个数字势必更加惊人，须知省属广告经营单位的分布也以青岛和济南为主。

目前，山东省已建成的3个国家级广告产业园区分别位于青岛、烟台、潍坊，6个省级广告产业园区分布在济南、青岛、潍坊、东营、淄博和枣庄。这种广告业区域发展不平衡的现象略有改观，但从广告主资源上来说，优质的广告主资源仍集中在济南和青岛两地，烟台、潍坊等地的广告发展空间巨大，而聊城、德州、菏泽等地广告行业发展依然步履迟缓。

（二）小微企业多，同质化严重

前文提到，截至2012年底，山东省广告经营单位已达2.6万家，从业人员接近16万。一方面，广告是经济的晴雨表，广告经营单位数量和营业额的增加体现的是山东省整体经济的向好；另一方面，这也是山东省实施广告拉动战略，进一步降低广告行业的准入门槛，多个广告产业园区招商引资等措施所带来的客观结果。由于广告公司入行门槛低，并具有投入少，风险低，业务市场大等特点，很多企业和个人都将目光投向广告行业，导致数量庞大的各种"夫妻店""磨坊式加工店"的出现，这些小微企业多以制作为主，经营项目单一，通过打价格战，进行恶性竞争，导致行业利润越来越低。

从营业额看，2012年度中国广告企业（非媒体服务类）广告营业额前100名排序中，山东省只有山东世纪经纶营销企划有限公司以29681万元的营业额排在第33位。排名分列74位和75位的山东省国际广告有限公司和山东超越文化传播有限公司的营业额分别为9842万元和9817万元，都没有突破1亿元大关。参照中国标识网《广告公司调查对象概况》的标准：营业额在1000万元人民币以下的广告公司，归于小型广告公司；营业额在1000万~1亿元人民币的广告公司，归于中型广告公司；营业额在1亿元人民币以上的广告公司，归于大型广告公司。这就意味着山东省仍欠缺实力雄厚的大型广告公司。

（三）传统媒体独大，新兴媒体潜力挖掘不足

目前，山东省的广告营业额主要集中在传统大众媒体的广告投放上，传统大众媒体广告投放依然是主流。根据《2012年中国媒体单位广告营业额》

提供的数据，山东广播电视台以31.5亿元广告收入位列第8位，大众报业集团以12.8亿元的营业额位列21位，此外，青岛电视台、济南广播电视台电视广告中心、烟台报业集团、山东商报社和烟台广播电视台也都榜上有名，仅这几家单位的营业额总和就达到5.4亿元人民币，占当年山东省广告业总营业额的31%，在2013年全国最具投放价值的上榜媒体中，齐鲁晚报社跻身晚报二十强，半岛都市报社也在都市报三十强中榜上有名，足见山东省传统大众媒体的强势。（见表3）

表3　2012年度中国媒体单位广告营业额前100名排序

单位：万元

序号	单位全称	广告营业额
1	中央电视台	2690000
2	上海东方传媒集团有限公司（广播、电视部分）	646100
3	湖南电视台	600512
4	江苏电视台（集团）	473200
5	深圳报业集团	396588
6	浙江广播电视集团	387101
7	腾讯控股有限公司	338230
8	山东广播电视台	315000
9	北京电视台	310000
10	深圳广电集团（电视）	280800
11	安徽（广播）电视台广告中心	273800
12	新浪	257740
13	河南电视台	187317
14	天津电视台	175000
15	国家广播电影电视总局电视卫星频道	161000
16	四川广电传媒集团有限公司	156119
17	陕西省广播电视台广告中心	155192
18	广东电视台	153000
19	江西电视台广告中心	140000
20	湖北广播电视台	135531
21	大众报业集团	128210
22	今晚传媒集团	125000
23	重庆日报报业集团	120340
24	黑龙江电视台	117500

续表

序号	单位全称	广告营业额
25	云南广播电视台	112135
26	天津日报报业集团	105000
27	成都商报	103000
28	宁波日报报业集团有限公司	94242
29	河北电视台广告经营管理中心	91000
30	辽宁电视台	90000
31	西安华商广告有限责任公司	84000
32	南京广播电视集团	83281
33	吉林电视台	78000
34	成都电视台广告中心	75700
35	文汇新民联合报业集团	72224
36	山西广播电视总台	70850
37	广西电视台	70200
38	贵州广播电视台（电视）	70000
39	浙江都市快报传媒有限公司	68000
40	海峡都市报社	64658
41	海南电视台	61800
42	天津人民广播电台	55000
43	大河报社	55000
44	温州日报报业集团	52042
45	重庆广播电视传媒集团股份有限公司广播电视广告经营分公司	48485
46	福建东南卫视（卫视部分）	48200
47	潇湘晨报	44427
48	上海新娱乐传媒有限公司	43307
49	新安传媒有限公司（新安晚报）	42000
50	新闻报社	41896
51	广西日报社	40029
52	青岛电视台	38500
53	大连电视台	38000
54	厦门日报社	34305
55	宁波广播电视广告有限公司	32566
56	贵州日报报业集团	32000
57	内蒙古电视台	30000
58	长沙晚报社	28000
59	昆明广播电视台	26372

续表

序号	单位全称	广告营业额
60	温州市广播电视总台	26331
61	上海第一财经报业有限公司	26264
62	贵阳日报传媒集团	26000
63	新疆电视台	25200
64	江南都市报社	25000
65	济南广播电视台电视广告中心	22002
66	无锡报业发展有限公司广告分公司	21573
67	厦门广播电视广告有限公司	21010
68	甘肃省广播电影电视总台	21000
69	宁夏广播电视总台	20805
70	西安日报社	19353
71	泉州广播电视台	18600
72	杭州日报传媒有限公司	18000
73	三湘都市报	17739
74	宁夏日报集团广告中心	17000
74	杭州人民广播电台交通经济广播	17000
74	河北人民广播电台	17000
77	上海世纪出版股份有限公司译文出版社	16862
78	厦门海峡导报发展有限公司	15494
79	常州市报业广告中心	15411
80	烟台风云广告有限公司（烟台报业集团）	14382
81	上海炫动传播股份有限公司	14140
82	山西日报社广告中心	13635
83	台州广播电视总台	13600
84	体坛传媒	13554
85	太原电视台	13500
86	南京日报社	13400
87	长沙电视台政法频道	13069
88	潍坊电视台	12113
89	吉林人民广播电台	12000
89	福州广播电视集团广告中心	12000
91	太原日报社	12000
92	山东商报社	11781
93	烟台广播电视台	11670
94	福建中广广播广告有限公司	11526

续表

序号	单位全称	广告营业额
95	广西广播电台	11403
96	陕西日报社广告中心	11300
97	绍兴日报报业广告有限公司	11018
98	嘉兴嘉报传媒广告有限公司	10896
99	湖南日报	10800
100	金华日报社	10705

此外，山东省新兴传播媒体异军突起，网络广告、楼宇视频、移动电视广告、校园媒体广告、手机短信平台、LED显示屏等，大大丰富了山东省的广告载体，但与大众媒体的红火相对应的就是新兴媒体尤其是网络广告的冷清，2013年全国网络广告市场规模达到了1100亿元，连续两年快速增长，而传统媒体广告的增速已连续两年低于GDP的增速，这对山东省广告行业的发展应该可以提供借鉴。互联网广告投放市场上，交通、网络服务类、食品饮料是主力投放行业。食品、饮料、酒类、医药、日化、个人用品等传统行业增长显著，继续加速在互联网传播。尤其在传统媒体上投放缩减的医药行业，在互联网上有超过50%的高增长投入。部分行业的媒体传播转型，值得关注。

（四）屡禁不绝的违法广告问题

广告业在社会上诚信度不高，尤其是在特殊商品服务行业，如药品、医疗、保健食品、房地产、加工承揽等商品服务类别广告。从违法广告的种类看，医疗广告、保健食品广告和药品广告三类违法情况最为突出，违法广告发布率超过50%，这与此三个行业的广告制作和发布不太规范以及广告量比较大有一定关系。其中，医疗广告主要违法行为表现为保证治愈或者隐含保证治愈；利用患者或者其他医学权威机构、人员和医生的名义、形象或者使用其推荐语进行宣传。保健食品广告的违规行为表现为使用医疗机构、医生的名义或者形象，广告中涉及特定功效的，利用专家、消费者的名义或者形象作证明。食品广告出现与药品相混淆的用语，直接或者间接地宣传治疗作用，借助宣传某些成分的作用明示或者暗示该食品的治疗作用，等等。

三 山东省广告产业发展对策建议

（一）政府引导，加强公共服务管理，促进区域平衡发展

针对山东省广告产业发展区域布局失衡问题，相关部门应积极发挥政府引导和调控作用，积极建立健全广告产业的相关公共服务管理体系，为广告产业的可持续健康发展提供及时全面的服务，推动内陆地区广告业全面发展，加快建设内陆地区和区县级广告产业园区的建设。一是建立完善科学的广告业调查统计制度，采用科学的统计方法和指导体系，保证广告业信息统计和预算的系统性及权威性，为全省广告产业的宏观决策提供依据。二是建立广告业信息发布制度，对广告企业广告数据进行定期的核实与检查，并做好相关统计申报和管理，及时为广告市场研究提供科学、准确、完整的数据服务，以便及时掌握广告业发展现状、问题及趋势。三是针对重点广告企业，建立政府主管部门与之直接联系的制度化渠道，简化管理模式，推动广告业的尽快改革和长远发展。

（二）园区带动，培育大型广告企业集团，助推中小企业

山东省具备发展广告产业的良好基础，广告园区的试点工作成效明显。截至2013年，山东省已有3家国家级广告产业园，6家省级广告园区，园区的集聚效应、辐射效应和示范效应逐步显现。山东应继续推进广告产业园区建设，创新意识，大力提升广告产业园区功能和作用，并建立第三方动态考评制度，为广告园区的持续发展提供客观标准和长久鞭策。总结广告园区试点工作经验，充分发挥园区辐射效应，进一步推动园区更好地发挥核心驱动作用。

针对山东省广告市场主体数量少、规模小、同质化竞争严重的问题，山东应继续深化工商登记制度改革，执行"宽进严管"，营造自由宽松的市场准入环境，采取扶持和孵化等手段，助推中小广告企业发展，深入开展调查研究工作，加强对广告企业的分类指导，鼓励企业整合资源，创新经营模式，拓展服务领域，促进传统媒体与新媒体的融合，引导、扶持广告企业转方式调结构，推行现代企业制度，向综合性广告经营方向发展。

提升龙头广告企业核心竞争力，重点扶持山东省国际广告有限公司、山东长城梅地亚文化传播有限公司、青岛天马广告有限公司、山东新之航传媒集团及潍坊晨鸿集团等企业发展，鼓励这些企业积极创新，做强做大；尽快培育一批掌握先进技术、拥有较强核心创新能力和市场竞争力的大型广告企业集团，鼓励其打造著名企业品牌；鼓励省内已拥有著名品牌的大型企业通过为其提供全面服务的广告公司，提高国际市场竞争力；鼓励具有竞争优势的广告企业通过参股、控股、承包、兼并、收购、联盟等方式扩大市场份额。

（三）长效监管，提升监管水平，高压打击违法广告

针对屡禁不止的违法广告，一方面，加强重点类别广告监管，继续把药品、医疗、保健食品、化妆品、美容服务等"五类广告"、网络涉性广告、电视购物广告等作为监管的重点。另一方面，加强重点媒体单位监管，把地位突出、影响大的媒体单位作为治理的重点，以重点突破带动整体推进。加大虚假违法广告整理力度，净化广告市场环境，确保虚假违法广告违法率大幅下降。

在广告基础管理上，继续强化广告法规制度的建设与完善，持续探索广告长效监管机制，提升监管信息化水准和办案水平，建立完善广告数据监测及统计中心，对广告市场运行状况和违法广告发布动态等进行汇总分析，积极做好各市协调工作，加速推进广告监测现代化进程，完善我省数据统一掌控、监测系统信息联网。提高基层执法人员的能力，特别是加强网络广告案件查办能力的训练；统一广告监管执法的办案标准和尺度，协调跨地区的广告案件的查办。

充分发挥部际联席会议制度作用。发挥各部门各自的职能优势，运用各部门特色管理手段，从广告发布源头加强治理，遏止虚假违法广告的重复发布现象；建立部门间信息沟通反馈、广告案件移送、停止广告发布、行政处罚与司法追责衔接等工作制度。

（四）人才为本，创新产业发展观念，大力发展新兴广告产业

结合广告业发展需求，重点建设山东大学、山东工艺美术学院、青岛大学等人才培养基地，支持有关院校、科研机构实施不同类别的多层次人才培养计

划，加快培养造就适应广告行业发展需求的各类人才；鼓励知名广告企业参与人才培养，建立各具特色的广告实践基地；培养并引进高端广告人才，尤其是具有新媒体广告行业背景的高层次人才，以人才为核心竞争力发展以数字化和多媒体等高新技术为依托的网络广告、新媒体广告、新型广告装备制造等科技含量高、附加值高的新兴广告产业；鼓励环保型广告材料的广泛运用，支持开发低成本的替代广告材料，重点培育一批创意独特、科技含量高的新兴广告企业；加速网络广告、移动电视、手机终端、户外LED显示屏、楼宇视频等新兴广告媒介市场的开发。

B.9
山东省演艺业发展分析报告

赵迎芳*

摘　要： 借力"十艺节"，2013年山东省演艺业迈上新台阶，精品创作全面繁荣，场馆建设力度空前，演出交易取得突破，演艺业机制进一步完善。然而，目前山东演艺业发展还存在许多制约因素，山东下一步应继续深化国有文艺院团体制改革，建设和完善演艺市场体系，加快培育演艺文化消费市场，不断开创演艺业发展新局面。

关键词： 演艺　转制院团　剧院　消费

一　2013年山东演艺业发展回顾

1. 精品创作全面繁荣

全省各级单位以筹办"十艺节"为契机，深化文化体制改革，实施舞台艺术精品工程、"十艺节"重点剧目创作工程、社会文化艺术创作工程和重点美术创作工程等"四大工程"，对重点剧目和重点群众文化作品给予资金扶持，对重点美术作品实行签约制，有效激发了广大文艺工作者的创作热情，涌现出一大批精品佳作和艺术新人。筹备"十艺节"以来，全省艺术精品创作累计投入2.8亿元。山东为迎接"十艺节"新创作优秀剧目62部，15部入围"文华奖"评比，京剧《瑞蚨祥》、吕剧《百姓书记》、舞剧《红高粱》3台剧

---

* 赵迎芳，山东社会科学院文化所。

目摘得"文华大奖",京剧《项羽》获"文华大奖特别奖"。创作群众文艺节目4400多个,全省39件作品进入"群星奖"决赛,32件作品获奖。我省获奖作品数量居全国第一位。艺术创作呈现全面繁荣的可喜局面。

我省一些艺术门类的发展获得重大突破。如舞剧涌现出《红高粱》、杂技剧涌现出《聊斋遗梦》等具有国家艺术水准的作品;一些近年来有些沉寂的剧种,如山东梆子就鲜有新创作剧目,借力"十艺节"也涌现出多部优秀剧目,并有《古城女人》《两狼山上》《圣水河的月亮》3部剧目入选"十艺节",成为本届艺术节入选剧目最多的地方戏剧种。

2. 场馆建设力度空前

我省坚持新建与改建相结合,本着"经济实用、适度超前"的原则,统筹规划建设各类演出、展览场馆,对重点场馆建设改造实行代建制。省里先后投入近6000万元对山东剧院、梨园大剧院、百花剧院进行升级改造,莱芜市投资数百万元对剧场舞台灯光、化妆室、服装室进行了全方位改造,济南章丘动用财政资金近百万元对舞台吊杆、内外环境进行了整修。滨州市先后筹资800余万元对滨州影剧院、临沂市筹资200余万元对蒙山沂水大剧院进行升级改造,大大提升了剧场效果。"十艺节"筹办两年多来,全省准备演展场馆55个,重点场馆资金投入达98.31亿元,其中新建16个,维修改建25个,改造完善14个老场馆,质量、标准、工艺、设施和运行等都全面达到演展要求。这些场馆已经成为我省重要的文化阵地和文化新地标。特别是省会文化艺术中心大剧院、山东美术馆新馆等一批重点场馆的建成使用,填补了省会城市缺乏现代化文艺演出、美术展览场馆的空白,标志着山东演展场馆硬件水平进入国内一流行列。在2013年10月12日举行的"十艺节"剧院建设与综合运营高峰论坛上,幕式场馆山东省会大剧院以及青岛大剧院入选中国十大剧院。此次专门针对大剧院的综合评选在国内尚属首次。

3. 演艺交易取得突破

"十艺节""中国(山东)演艺产品交易会"(以下简称演交会)展馆面积1.5万余平方米,共有31个省区市的知名演艺机构、演艺剧目参展,其中包括北京保利文化集团等多家大型文化企业,广州珠江灯光科技有限公司和法国力素音响等20多家灯光音响企业,设立特装展位77个。近700家演出经纪机构、剧院、剧场以及其他文化公司前来演交会采购,包括美国百老汇、澳大利亚澳亚文化节、芬兰赫尔辛基艺术节等多家国外演出经纪机构及我国香港舞蹈团、澳门演艺学院、台湾文创产业联盟等多家演艺机构。共有国内外600多个演艺机构近2000个剧(节)目前来参展。在演交会期间,两天时间就有超过8.2万人次进馆参观,86个演艺项目达成合作意向,签约额达9.02亿元,为上届演交会的5倍。① 演交会期间,还成功举办了"剧院建设与综合运营高峰论坛"。"十艺节"演交会作为一个良好的演艺产品交易平台,对于演艺产业全产业链的打造提升,对于演艺产业的整体发展具有积极的现实意义和长远的历史意义。

4. 文化建设机制进一步完善

完善艺术创作的激励机制,设立专项资金,实施精品工程,对优秀剧目创作、群众文艺创作给予资金扶持,建立部门合作机制,对重点作品实行签约制,极大地激发了艺术工作者的创作热情。山东充分发挥"后十艺节"效应,研究制定《关于促进我省文化艺术产业发展的意见》《推动山东舞台艺术持续发展"4+1"工程实施方案》《"一村一年一场戏"工程方案》等文件,建立长效机制,促进艺术创作持续繁荣。

规范票务管理。"十艺节"组委会专门下发通知,取消向党政机关、领导干部公款赠票送票。同时,建立了高标准的票务系统,完善销售网络,提高服务质量,统一票务管理,面向市场、面向社会公开销售,让广大观众能够通过网上网下方便地买到演出门票。演出票价坚持大众化原则,以中低价位为主,主要区间控制在60～280元,推出大量20元低票价,最高不超过380元,让普通百姓能够买得起票、看得上节目。加强演出剧目宣传介绍,及时通过报刊、网站发布演出信息,让广大观众及时了解演出场次安排,方便他们选择观看自己喜爱的剧目。"十艺节"期间,山东演艺市场一改以往不温不火的情况,广大观众观演热情高涨,几乎场场演出都非常火爆,有的门票提前一周全部售完,甚至出现一票难求的局面。高水平的演出,较低的门票价格,拉近了艺术与观众的距离,吸引了越来越多的观众购票观看,"十艺节"让山东演艺市场直线升温。通过大力倡导文明观演、热情观演、有序观演,营造了尊重艺

---

① 焦雯、苏锐:《参展规模全面提升 签约实现重大突破》,《中国文化报》2013年10月27日。

术、欣赏艺术的良好观演环境。下一步，山东还要将"十艺节"票务系统建设与全省院团改革、组建演艺联盟相结合，双管齐下推动山东省演艺院线建设。

演出场馆长效利用机制逐步完善。早在2011年济南省会文化艺术中心破土动工之际，"十艺节"场馆后续利用问题就被考虑在内。"十艺节"开幕前夕，省会文化艺术中心大剧院委托经营管理签约仪式在济南举行，中国对外文化集团公司正式获得大剧院为期8年的经营管理权。大剧院将于2013年11月1日开始为期两个半月的开幕及新春演出季，上演音乐剧、芭蕾舞剧、戏曲、儿童剧等各类舞台艺术表演形式的演出60余场，来自五大洲的千余名艺术家将登台。泰安市通过招商引资，引入新加坡兆璟财团旗下泰安泰豪名城房地产公司投资成立了泰安汉辰文化创意产业有限公司，签订了泰安大剧院托管经营协议，公司在大剧院的监督下，独立经营，市场化核算，独自进行驻场或巡演演出。根据"托管经营+驻场演出"这一模式，泰山大剧院的管理运营整体托管，托管费用由市财政每年补贴，主要包括演出补贴、惠民票务补贴和管理运行补贴。"十艺节"演出场馆长效利用机制正逐步完善。

加强人才培养。一是集中培训、普遍提高。近两年来，山东先后组织举办了全省编剧培训班、舞蹈编导培训班，与中国戏曲学院合作举办了山东省导演高级研修班、舞美设计高级研修班、青年京剧新秀集训班等多个人才培养活动，累计邀请全国各领域艺术名家60余位、对全省200余人次的青年艺术人才进行了各类培训，推动我省新一批艺术骨干茁壮成长。二是选准尖子、重点突破。两年来，先后资助省京剧院、省吕剧院、省歌舞剧院、省艺术研究所等十余人次进入中国戏曲学院、上海戏剧学院等全国重点艺术院校学习进修。培训活动的成功举办，大大提升了青年人才的艺术素养和整体水平。

在文化项目建设上，广泛动员企业和其他社会力量参与办文化，探索形成了政府办文化与社会办文化相结合的发展机制。充分利用"十艺节"资源、品牌和平台优势，山东成功举办两次"十艺节"合作企业签约仪式，一批知名企业成为合作伙伴。先后与中国移动通信、兖矿集团、中国民生银行等61家企业和单位签订赞助协议，合同金额折合人民币3.16亿元，创历届中国艺术节最高水平。利用市场机制，由泰康人寿保险公司为"十艺节"演职人员、观众、志愿者等13.4万人，承保80亿元的人身意外伤害险，保费1200万元。

5. 打造山东演艺联盟

2013年2月2日，山东演艺集团联合近40家艺术院团、剧场院线、演出经纪机构组建成立了山东演艺联盟，改变以往单兵作战的模式。山东演艺联盟将组织全省专业演艺机构，结合全省演出院线和票务系统，逐步整合成覆盖全省的紧密型演艺实体，并运用市场化手段引入外部产业资金，通过控股、参股、合作等多种方式，分级分批，逐步实现山东全省剧场的标准化、连锁化经营，并发展成为具有独立法人资格的实体。山东演艺集团创设奖励机制，拿出100万元作为奖励专项基金，奖励承接演出场次多、剧场利用率高、引入市场资金多、营销渠道宽、舞台演出形式丰富、演出内容创新、运营科学合理的联盟成员，以促进联盟良性发展。①

6. 惠民展演措施有力

自筹备"十艺节"两年多来，全省积极开展文化惠民活动，先后组织举办"喜迎十艺节、全民共欢乐"等系列惠民展演，优秀节目进农村、进社区、进广场、进学校、进军营、进企业"六进"免费演出，"唱响中国梦、喜迎十艺节"群众文化活动等，累计演出5万多场，举办广场群众文化活动3.5万余场，参与群众2900多万人次。"十艺节"把京剧、话剧、指挥、舞蹈、民族器乐、木偶皮影、曲艺等7项全国性专业艺术单项评比展演提前安排在山东举办，累计演出100余场，现场观众10余万人次。这使各地观众可以用低票价欣赏到全国最高水平的专业演出。继2012年在全省实施12件文化惠民实事之后，2013年山东又实施16件文化惠民实事，筹集省以上各类财政资金3亿多元，撬动各级和社会资金20多亿元，用于农村文化大院完善提升、农村文体小广场建设、流动舞台车配备、送戏下乡等活动，受到基层群众的广泛欢迎。

"十艺节"外演活动先后邀请8台境外精品剧目参加艺术节演出，并出台政策，扶持多场营业性演出剧目，吸引和服务广大观众，最大限度地惠及各类社会群体。据统计，"十艺节"外演部成功组织境外精品剧目演出共8台24场、巡演17余场、扶持演出7场、交流演出3场，共计51场，观众近6万人次，演出收入达1033万元（包括冠名收入），也让广大观众近距离欣赏到国

---

① 苏锐：《山东演艺业结盟闯市场以基金促良性发展》，《中国文化报》2013年2月5日。

际一流水准的演出。"十艺节"的剧目展演，向农民工、残疾人、福利院儿童等特殊群体免费送票1万余张，向低收入家庭、老年观众、青年学生等提供低价票2万余张，使老百姓得到了切实的文化实惠。

二 山东演艺业发展的主要制约因素

1. 演艺市场制度建设还不到位，市场要素发育尚不成熟

目前山东演出市场虽然初步建立，但与北京、上海等演艺市场产业化运作比较成熟的省市相比，山东的演艺市场制度建设还不到位，市场要素发育尚不成熟，主要表现为山东缺乏本土的富有活力的演出团体、演出经纪公司规模实力弱小，而且几乎全部是项目型演出经纪公司。山东演艺集团2011年演出收入仅为542万元，相较于重庆演艺集团的7000万元和东方演艺集团的9000万元，还存在较大的差距。① 没有经常性的多种类、多式样、多层次的文艺演出，不能满足居民的消费预期，演艺业应有的发展空间尚未打开。另外，缺乏相关的政策支持和制度安排如政府引导支持机制、艺术生产的投入产出机制、多渠道投融资机制，演出市场也缺乏统一的规划引导，这些都制约着全省演艺业的市场化进程。

2. 民营文化企业基础薄弱

与国有演艺团体相比，民营演出团体和演出经纪机构更加贴近市场，对繁荣演艺业能起到不可低估的作用。山东省缺乏多渠道投资体制和有效的筹资机制，演艺业资本形式单一，民营文化企业基础极为薄弱，目前全省还没有一家具有较大影响力的民营演出团体或经纪机构。一些地方文化行政部门对民营院团的发展不够重视，对民营院团的认识还停留在"业余剧团""草台班子"的层面上，政府组织的各类文化活动，基本上被国有剧团垄断，民营文化演艺团体无法与国有演出团体真正同等准入、公平竞争，这在一定程度上又限制了民营演艺团体的发展。②

---

① 林凡军：《山东演艺产业发展现状研究》，http://www.sdpag.com/newsview.asp?id=1745。
② 赵迎芳：《山东省文艺院团发展研究》，《建设经济文化强省：挑战·机遇·对策——山东省社会科学界2009年学术年会文集》。

3. 市场意识淡漠，缺乏演艺精品

目前相当数量的艺术院团的思维模式不是以市场为导向，按需生产，抢占市场，而是"拿国家的钱、向政府营销、拿奖是目标"，拿到奖之后却将大多剧目束之高阁，产品无法实现与市场的对接，如山东省专业艺术产品历年来获多项国际性和全国性奖项，专业艺术事业所取得的成果位居全国上游。但其中真正进入市场表演的演艺项目却很少。对一些精品剧目的包装、宣传力度不够，运作营销手段不够丰富，开拓演出市场力度不够，缺乏一整套完善的营销策略，造成了观众的流失和演出市场的低迷，从而形成了恶性循环。①

4. 演出成本过高导致票价过高，使居民无力承受

改革开放30多年来，人们的消费理念发生了根本性的变化，大众文化消费方式呈现出强劲的多样化发展趋势，这对舞台表演艺术造成冲击，舞台表演艺术正面临无可奈何的衰落。表现最为突出的是在戏曲艺术领域，戏曲剧团存量萎缩，观众人数锐减，多数剧团面临如何生存繁衍下去的难题。同时演出成本的居高不下也制约了演艺业的发展。目前，和国内其他大中城市一样，山东的部分文化表演由于演出成本过高而导致票价太高，超过了居民的承受能力。演艺成本是演出所要承担的第一成本，它首先就决定了票价的基础水平，是造成票价高的基础因素。演出场所的租金居高不下也是导致票价增高的原因之一，管理的尺度、场馆垄断性、票务代理等因素都会使演出成本和演出效果打折扣。演出门票高达数百甚至上千元，最低的票价也是三百元左右，使普通民众望而却步。低票价是电影产业比演出产业发展迅速的原因之一，看电视和看演出是很相近的休闲娱乐方式，但看电视的成本相对低很多，几十块钱就能看两个多小时的电影。而看一场演出，平均票价需要六七百元。看演出在国外和其他亚太地区国家并不是很贵，但对于我们来说，却是奢侈消费。

5. 政策落实不到位，政府引导和扶持力度不足

文化产业具备与其他产业不同的产业属性，政府的引导、资助和扶持非常重要，这是世界各国的普遍做法。我们必须看到，仅靠市场机制并不能完全解

---

① 赵迎芳：《山东省文艺院团发展研究》，《建设经济文化强省：挑战·机遇·对策——山东省社会科学界2009年学术年会文集》。

决文化产业结构的优化问题。随着市场经济和电影、电视等文化娱乐形式多元化的影响，相当一部分观众被分流，剧团的演出市场受到很大冲击，科学合理的扶持引导政策尤为重要。从当前来看，山东省对演出市场的培育和开发远远不够，改革实践中反映出来的一些应普遍关注的重点难点问题也亟须进一步破解。比如，转制院团存在消极观望，畏首畏尾等情绪；一些支持改革的优惠政策未能得到很好的贯彻落实；相关部门之间协调困难，没有为转制院团的发展创造更为有利的条件，等等。

三 山东省演艺业改革与发展的对策建议

国有文艺院团转企改制的完成，是国有文艺院团体制改革进程中迈出的一大步，山东省下一步应按照兼顾当前与长远的原则，规范改革工作，巩固改革成果，并继续深化改革，按照中央的要求，以更加坚定的决心、更加有力的举措、更加完善的制度推动国有文艺院团体制改革不断深化，建设和完善演艺市场体系，加快培育文化消费市场，不断开创发展新局面。

1. 深化保留事业体制院团内部机制改革

经批准保留事业单位性质的国有文艺院团，要按照政府扶持、转换机制、面向市场、增强活力的方针，着眼于突出公益属性、强化服务功能、增强发展活力，全面推进文化事业单位人事、收入分配、创作生产、社会保障制度改革，明确服务规范，完善激励和约束机制，建立健全绩效考核体系，着力提高适应能力和发展活力。要与国家事业单位改革相衔接，进一步深化内部改革，推行聘用制度和岗位管理制度，健全岗位目标责任制。对不同类型的事业单位实行不同的收入分配管理办法，合理调节收入。依法参加社会保险，保障职工合法权益。

2. 完善转制院团管理体制和运行机制

按照现代企业制度的要求，转制院团应建立法人治理结构和内部组织机构，完善运行机制，健全适应市场规律的劳动分配、艺术生产、激励约束等经营管理机制，使其真正成为自主经营、自我发展、主业突出、充满活力、运行高效的市场主体。

完善转制院团管理体制和运行机制，重点是深化用人和分配制度改革，转换经营机制，激发内部活力，建立起有利于"出好戏、多演戏"的机制。改进院团补贴方式，实行补贴与演出绩效挂钩的办法，引导、鼓励院团以高质量的剧目开拓市场，增强自我发展能力；建立符合艺术院团特点的用人机制。剧团自主用人、人员自主择业、政府依法监督、配套措施完善；实行全员聘任制，加快完成由身份管理向岗位管理的转变；以事设岗，以岗聘人，以岗定薪，岗变薪变，建立能上能下、能进能出、灵活畅通的用人机制。结合艺术院团从业特点，根据按岗定酬、按任务定酬、按业绩定酬的精神，建立重实绩、重贡献，向优秀人才和关键岗位倾斜，灵活多样的分配激励机制；演职员收入与演出绩效挂钩，浮动工资与岗位、工作业绩、单位效益挂钩。加大津贴在演职员收入中的比重，进一步激发活力。

建立以经营为中心的院团运作模式，成立经营机构连接创作与市场，并以此配置艺术资源，争取市场效益的最大化。院团要从实际出发，采取项目制作人制、剧目股份制、项目合作制等办法，逐步形成适应市场规律的创作生产机制。

采取经营优秀文化项目、行业专项服务、承办大型文化活动和不同主体参股、入股、募股等多种方式，拓宽融资渠道，借助社会力量实现艺术资源的优化配置，推进艺术事业发展社会化进程。

3. 建设和完善演艺市场体系

发展演艺业的目标是建立集艺术创作、艺术演出、演出经纪、演出场所为一体的完整的演出市场体系。在实现这个目标的过程中，山东可先建立由演出经纪和演出场所为先导的演出服务体系，逐步整合省直和全省的演艺资源，开发辐射省内外的演艺服务网络，广泛开展艺术生产、艺术服务、产品营销，不断拓宽业务渠道，发挥龙头作用，最终实现建立完整演出市场体系的目标。

加大演出市场培育力度，要制定优惠政策，吸引、扶持、鼓励社会力量参与演艺业；各级专业演出公司、艺术院团和演艺场所应发挥主力军作用；加强演艺公共服务平台建设，继续着力打造"泉城大舞台""文艺下乡""广场文化"三大品牌；定期举办齐鲁文化艺术节、农村文化艺术节、庄户剧团调演等活动。

山东要注重产业互动，形成良好的产业发展运行机制。一是以资本为纽带，推进院团与报纸、广播、电视、网络等媒体的合作、互动，借助媒体实力，加大对演艺剧目、演出人员的宣传推介力度，扩大剧目和演出人员的影响，培养一批本土的演艺明星，增加演艺产品的吸引力和号召力。二是大力发展演出中介机构。山东省演艺业发展滞后，与目前全省演出中介机构数量少、规模小、市场运作能力弱不无关系，在今后的发展中山东要积极采取措施，鼓励发展演出中介机构，同时要规范中介业的经营行为，保护其合法权益。

4. 加快培育文化消费市场

山东要把扩大居民文化消费、提升文化消费水平作为演艺业快速发展的重要抓手，针对不同文化消费群体，加快发展大众性文化消费，开发中高端文化消费，培育特色文化消费，形成分众化的文化消费增长点。推动演出院线向城乡基层延伸，鼓励其在商业演出中开辟一定低价位的演出形式，鼓励文化演艺团队开展下乡演出活动。探索推行"文化消费补贴计划"和"国民文化消费卡工程"，对群众文化消费进行适当补贴。

山东要培育和开发演出需求市场。第一，观众培育。政府统一规划，让优秀的演出团体和演出场馆等对观众进行普及性的教育，让更多观众养成自费购票的习惯，逐渐降低团体票的比重，从而达到改善演出市场的目的。

第二，家庭观众培育。增加低票价的比例，吸引更多的家庭观众进入剧场，经过日积月累的培育工作，培养起真正的演出观众，为济南演出市场的未来发展提供观众基础。

第三，学校观众教育。继续办好大学生戏剧节和青年戏剧节；演出团体、场馆等为学校提供优秀的艺术教育内容，定期组织艺术家到学校讲课，让艺术进入课堂；与学校合作开展艺术教师的合作培训，为艺术教师提供授课材料；剧场增加教师观赏票和学生票的比例，增加学生进入剧场的机会。

第四，观众研究。政府或协会每年定期对演出观众进行调查和研究，深入了解他们的构成、需求和未来需求状况。以此为基础，对观众和市场进行有针对性的引导和培育。

5. 积极探索演艺场馆运营模式

后"十艺节"效应，不仅包括"十艺节"参展获奖的优秀演艺剧目如何探索走出市场化、产业化的发展路径，更包括演出场馆在艺术节后的效能发挥。山东省为筹办"十艺节"，新建或改建了53处专业演艺场馆，"十艺节"后这些场馆的利用和作用的发挥，将为山东演艺业的良性发展奠定坚实的基础。目前，国内的剧院主要有业主自行管理模式、业主委托专业管理公司进行管理模式、业主和专业管理公司成立合资公司管理模式以及业主聘请专业公司作为顾问的自行管理模式。这四种模式都各有利弊，借鉴全国其他城市的做法，山东省演艺场馆宜采用"业主委托专业管理公司进行管理模式"。目前，在山东各地高雅艺术演出市场尚未发育、文化消费习惯尚未形成、剧院管理经验比较缺乏的情况下，剧院应引进国内经营经验多、院线设置全、剧目资源广、已有成功合作先例的品牌企业，加盟专业剧院管理公司进行委托管理。这样可共享优质连锁演出资源，提升管理标准，训练本土团队，培育观众市场，大幅度降低演出成本，促进山东当地演艺业健康发展。

B.10
山东省旅游业发展分析报告

于行行*

摘　要：

2013年山东省旅游业完善产业结构，规范行业标准，规划旅游业发展方向，继续打造山东旅游品牌，顺应社会环境和行业发展的变化，及时调整发展策略，促进旅游业健康有序快速发展。

关键词：

旅游业　旅游品牌　行业发展

2013年，山东省旅游业取得了辉煌的发展业绩。全省旅游总收入突破5000亿元，增长11.1%，位列全国三甲；"好客山东"经过6年的培育，品牌价值达到170亿元；仅在一年之中就连续创立了"天下第一泉""沂蒙山"两大国家5A级景区，全省5A级景区总数达到9家，位于全国前列。

一　2013年山东省旅游业发展状况

2013年，在中国第一部《中华人民共和国旅游法》（简称《旅游法》）正式实施的大背景下，山东省旅游业完善产业结构，规范行业标准，规划旅游业发展方向，继续打造山东旅游品牌，顺应社会环境和行业发展的变化，及时调整发展策略，促进旅游业健康有序快速发展。

（一）确定建设旅游强省发展目标

2013年8月，山东省政府出台了《关于提升旅游业综合竞争力加快建成

---

* 于行行，山东交通学院。

旅游强省的意见》以下简称《意见》，确定到2017年，将山东建成具有较强综合竞争力的旅游强省和我国重要的观光旅游、休闲度假目的地的目标，全省旅游总收入比2012年翻一番。

2012年，山东实现旅游总收入4519.7亿元，按翻一番的指标计算，2017年全省的旅游总收入有望突破1万亿元大关。届时，旅游总收入对全省GDP的贡献率，也将由目前的9%上升至12%，旅游产业将成为山东省名副其实的支柱产业。

《意见》中提出，山东将加快旅游航线建设，开通至欧美、俄罗斯和东南亚等重要客源地的国际航线，稳步扩大省内支线机场的吞吐能力。各市、县（市、区）要建立能够免费为游客提供综合服务的旅游服务咨询中心。A级景区和高速公路服务区厕所，要在2013年底前完成环保式改造，全部达到基本卫生要求。四星级以上饭店和4A级以上景区、省级以上旅游度假区要开通免费无线网络。

《意见》提出"把旅游业纳入科学发展综合考核和目标管理绩效考核"，这表明把旅游业的发展和政绩考核真正联系到一起，是全面加快全省旅游业发展的重要举措。

2013上半年，《国民旅游休闲纲要（2013~2020年）》出台，景区票价问题和带薪休假制度的落实备受关注。《意见》提出，山东将进一步优化旅游消费环境，强化旅游景区价格监管，加快推进公益性城市公园免费开放，依托公共资源开发的旅游景区实行低票价制度，到2017年全省基本落实带薪休假制度。

（二）大力发展乡村旅游

2013年，山东省政府连续多次召开全省层面的会议部署乡村旅游工作，在出台的《关于提升旅游业综合竞争力，加快建成旅游强省的意见》中，有关乡村旅游的内容，占了四分之一的篇幅。

2013年山东省乡村旅游总收入920亿元。《意见》提出，到2017年，全省乡村旅游总收入占农业增加值的比重达到30%左右，占旅游总收入的比重达到25%左右，培育形成400个旅游强镇，2000个旅游特色村。

为实现这一目标，《意见》要求省、市、县、乡（镇）和有条件的村，都要编制乡村旅游发展规划；集中打造"齐鲁乡村游，好客到我家"品牌集群；大力发展乡村旅游专业合作社，支持"景区＋农户""公司＋农户""合作社＋农户""协会＋农户"等经营模式。在督导考核方面，要求旅游强县（市、区）、强镇（乡）要对乡村旅游实施单独考核。

乡村旅游涉及最多也最难的问题是用地问题。《意见》对旅游产业用地、用海方面提出了详细的政策扶持措施，有专家认为，这是山东建设旅游强省迫切需要解决的问题。《意见》提出，土地利用总体规划、城乡规划，要充分考虑旅游建设用地需求。为旅游配套的公益性城镇基础设施建设用地按照划拨方式提供。利用林地、水面、山头兴办的旅游项目，可通过承包、租赁等形式取得使用权或经营权。以出让方式取得土地使用权的，可依法转让、出租和抵押。城乡建设用地增减挂钩和土地整理结余的土地使用向乡村旅游业倾斜。在乡村旅游发展的过程中，也可探索成立旅游发展基金，利用门票质押进行资产证券化等旅游金融改革方式形成特定的扶持旅游业发展政策，可以形成乡村旅游发展中很有操作性的创新之处。

（三）"好客山东"旅游品牌体系基本形成

全省17市全部确立了城市旅游形象品牌标识和宣传口号，"好客山东"旅游品牌体系基本形成。在韩国及中国香港、台湾等国家和地区建立了品牌营销中心。经专业机构评估，"好客山东"品牌价值达到170亿元。

近年来，山东创新体制机制，走出了一条具有特色的品牌推广之路。倾力打造"好客山东"这一国内一流的文化旅游品牌，一经央视播出即受到社会各界的广泛关注，在业界引起强烈反响。经过几年的努力，以"好客山东"为统领，形成以全省17个城市旅游目的地旅游形象品牌为支撑，以旅游企业和旅游产品品牌为基础的"好客山东"旅游品牌体系。同时，全省初步形成了节事活动品牌体系、旅游要素品牌体系，山东旅游目的地的竞争力大幅提升，品牌价值和品牌带动力、辐射力得到巨大体现。通过采取"联合推介、捆绑营销"的模式广泛开展目的地品牌形象宣传推广，被视为"全国首创、众省效仿"。这一举措实现了山东旅游整体形象高频次、高密度的覆盖，产生了强大的集群效应。

（四）旅游标准化年取得积极成果

作为旅游标准化年，2013年山东省的旅游标准化工作取得了积极成果。山东出台了《城市旅游公共服务设施规范》，全面推进《好客山东旅游服务标准》的贯彻实施，在全行业推广了"微笑迎宾、有问必答、有求必应"基本服务规范。开展国家级、省级旅游标准化示范单位创建活动，推出60家省级旅游标准化示范单位。组织开展城市游客满意度调查，积极开展旅游市场秩序整顿。《城市旅游公共服务设施规范》提出了"城市不仅要为居民服务，也要为游客服务"的理念，加快旅游标准化城市建设，配套出台了一系列城市旅游基础设施标准和服务标准，积极推动各地旅游集散中心、旅游厕所、旅游道路交通标识等旅游公共服务设施的建设和完善，引导各市利用游客满意度调查结果开展城市旅游综合环境整治，全面提升标准化服务水平。这些工作深入地推进了旅游标准化建设，提高了旅游服务质量。

（五）新媒体营销全面展开

山东旅游业与国内外知名网络媒体建立合作机制，搭建"好客山东旅游旗舰馆"和营销平台。利用微博、微信、新闻客户端、手机报、手机应用等移动互联网渠道开设山东旅游营销平台和信息服务平台，走在全国前列。

2013年，山东省旅游局在淘宝旅行、欣欣旅游、同程网、途牛网上开设好客山东旅游旗舰馆，开展旅游目的地产品聚合营销，并以百度、谷歌两大搜索引擎作为广告投放场所。山东省17个城市从中开设市级旗舰店，店中陈列的是按目的地聚合起来的山东旅游产品，景区可以在旗舰店里销售自己的门票，旅行社可以在上面推荐线路，游客无须再按目的地"查询"产品而是直接从中挑选。此次山东旅游局发起全省范围的网络营销计划涉及搜索引擎、网络社区、旅游网络平台等各个方面。以此为依托，可以把目的地形象营销和产品营销结合起来，同时旅游局的网络营销有了投放的出口和模式，各平台也有了增值的影响和收入。

二 山东省旅游业发展现状分析

《2013 中国旅游业发展报告》的旅游竞争力评价指标体系，对我国各省域和重点城市的旅游业综合竞争力水平进行了定量评价和分析，依据得分高低将这些省、市（区）分成三个梯队。评价结果显示，排在第一梯队的省市（区）有：广东、浙江、江苏、北京、山东、上海、四川、辽宁、安徽和湖南。山东省的旅游业综合竞争力水平已经稳居全国第一梯队。

（一）旅游品牌形象突出，产品体系确立

2013 年，"好客山东"荣膺 2013 "中国最佳旅游口号"。一份来自专业机构的评估报告显示，"好客山东" 2012 年的品牌价值已达 170 亿元，比 2011 年的市值上涨 55 亿元。从注册商标到"身价"大涨，以"好客山东"品牌为统领，以城市品牌、产品品牌、重要节事活动品牌为支撑的"好客山东"品牌体系基本形成。

2007 年，山东省旅游局创意性地推出了"好客山东"旅游品牌形象，其形象标识被广泛使用于机场、车站、旅游景区、旅游星级饭店、旅行社等企业和场所，争取全省性重大经贸、文化、体育活动使用"好客山东"标识，"好客山东"迅速叫响全国。2010 年底，"好客山东"被国家工商总局认定为国家商标，拥有"贺年会""休闲汇""山东客栈""鲁菜馆""山东 100""山东三珍""年博会"等子品牌。

2013 年 8 月，山东省政府出台《关于提升旅游业综合竞争力加快建成旅游强省的意见》，要求全省持续强化旅游品牌建设，精心经营"好客山东"品牌。在省、市两级组织的重大经贸、文化、体育等活动中统一使用"好客山东"标识；在海外重要客源市场设立旅游营销中心，叫响"美丽中国，好客山东"。

目前，全省 17 市全部确定城市旅游形象品牌标识和宣传口号，"泉城济南、逍遥潍坊、亲情沂蒙、运河古城、文化济宁、江北水城、好运荣成"等一系列旅游形象，显示出齐鲁地域文化的丰富多彩。"好客山东"品牌国际化战略同步启动，已在韩国及中国香港、台湾等国家和地区建立了品牌营销中

心,"好客山东"品牌体系产品营销深度迈向国际市场。

几年来,"好客山东"创造的山东模式,已成为业界效仿及学界研究的样本。山东省旅游局首创"联合推介,捆绑营销"的品牌传播模式,如今很多省市也都相应地采取了这一做法。"好客山东——源自两千年前孔子的邀请"入选山东大学 MBA 教学案例,"好客山东"是对山东人的性格特质和山东地方文化的高度概括,具有文化整合性和地域概括性。它一经推出,就不仅得到了山东人自己的认同,也得到了全国和世界的认同。这种旅游形象设计理念,也引领了中国新一轮旅游形象设计的发展趋势。通过中外 MBA 合作途径,这个案例将进入美国著名高校 MBA 案例库,使山东经验进一步具有国际意义。

随着"好客山东"品牌建设的完善,其品牌价值也会实现滚动增值。2017 年山东要建成旅游强省,届时旅游总收入将达到 10000 亿元左右。据研究人员介绍,在品牌评估体系的数据分析中,旅游总收入是一个关键要素,随着山东旅游总收入的不断提高,"好客山东"的品牌价值将会水涨船高。

(二)旅游营销创意不断,营销效果良好

2013 年山东省旅游局在全国范围内率先启动了省市县企四级联动的超大规模海内外网络营销计划,并试图通过这一计划的实施将山东旅游网络营销涉及的三大环节:信息营销、形象营销、产品营销全面打通。

2013 年山东省旅游网络营销的最大亮点是与百度、谷歌两大搜索服务公司建立了积极的合作关系,通过大数据的采集分析,山东旅游网络营销获取了大量数据依据,这为大幅提升山东旅游信息营销的扩散效力提供了有力的支撑。通过对有效用户搜索行为的分析,可以进一步明确客源地的真实分布情况,潜在客源地的可影响人群情况,以及当前具有出游意向网民的获取信息的真实习惯。

在海外营销方面与 Google 的多渠道合作是山东省全球互联网营销的巨大亮点。借助 Goolge 搜索、Goolge 联盟以及 YouTube 视频网站的视频发布,山东省旅游的海外营销取得了更广泛的海外影响力。据省旅游局委托的第三方网络营销监测服务商的评估,山东旅游营销在 Google 上的实际曝光数、实际到访数都远超预期,平均点击成本 4.60 元/次。此外,依托 Goolge 联盟的实力,山东省旅游局在多个方面获得了 Expedia、Agoda 的支持,甚至全球最大的在线旅游网站

Expedia还为该局开辟了中国首个省级旅游推广专页，以备其推广。

2013年山东旅游网络营销投入力度大、覆盖范围广，创造了各级旅游目的地和旅游企业捆绑营销的网络营销全新模式。山东省旅游局将进一步夯实信息基础，围绕目的地数字系统开展多渠道营销，并继续强化多目的地层级的捆绑营销和线上线下互动的整合模式。

（三）政府重视旅游业发展，政策法规支持力度加大

2013年，山东省政府和山东省旅游局对旅游业的重视程度和支持力度不断加大，连续召开了全省旅游工作会议、山东省乡村旅游工作会议以及全省星级饭店、旅游餐饮企业及旅行社2014年贺年会工作会议等，并出台了《关于提升旅游业综合竞争力加快建成旅游强省的意见》《城市旅游公共服务设施规范》等指导性文件和行业标准。

2013年上半年，《国民旅游休闲纲要（2013~2020年）》发布。在前几年发展的基础上，山东省配合该《纲要》的实施，继续举办国民休闲汇。2013年8月至10月期间，2013年好客山东休闲汇活动在山东省17市同步举办"齐鲁乡村逍遥游休闲汇活动"，此次"休闲汇"以"美丽乡村 休闲人生"为主题，突出暑期、"十一"黄金周、金秋采摘季三大时间节点，打造以乡村旅游为重点的十大系列产品，主要包括齐鲁乡村逍遥休闲、环城市游憩休闲、旅游度假、养生健身、文化休闲、夜间休闲、美食休闲、蓝色休闲、黄河休闲和修学休闲等。构建了休闲体系：首先打造以休闲区域、场所或活动为载体，承载休闲产品或活动的休闲目的地体系，重点培育休闲城市、休闲小镇、休闲乡村、休闲街区、休闲度假区和休闲景区等；同时打造休闲品牌，并推出具有山东特色的拳头旅游休闲产品。2013好客山东休闲汇期间，全省休闲旅游消费总额2775亿元，同比增长17.9%，游客总量近2亿人次。

（四）5A级景区创建工作成绩显著

山东省创新创建5A级景区模式，济南景区泉群抱团申报"天下第一泉"，潍坊沂山风景区和临沂蒙山旅游区跨区域联合创建"沂蒙山旅游区"，双双获得国家5A级景区称号。山东省5A级景区达到9个，名列全国各省（市、区）第三位。

沂蒙山旅游区位于山东省中南部，包含沂山景区、龟蒙景区、云蒙景区三个景区，是中国著名的革命圣地，中国镇山文化发祥地，著名养生长寿圣地，世界文化遗产齐长城所在地。此次成功创建国家5A级景区的沂蒙山旅游区，是临沂市蒙山旅游区和潍坊沂山风景区的联合称谓，之前这几处景区同为国家4A级景区。2012年，临沂市和潍坊市均提出各自创建5A级景区的目标，山东省旅游局经过研究，提出"沂山、蒙山联合创建沂蒙山旅游区"、共同申报5A的总体思路。临、潍两市由此按照旅游景区质量等级划分与评定国家标准，对景区的外部交通、内部交通、服务设施、生态停车场、游客中心等硬、软环境进行了系统的整合和升级改造。

天下第一泉风景区筹建于2012年8月，整合了大明湖、趵突泉、五龙潭、护城河四个景区，组建天下第一泉景区，制定创建国家5A级景区的工作目标，同时成立了济南市创建国家5A级景区领导小组，5A级景区创建工作正式启动。天下第一泉风景区实现了大明湖和趵突泉两个4A级景区优质资源的整合，并成立了景区管理机构"济南天下第一泉景区管理中心"，全面实现了景区统一机构、统一管理、统一运营、统一宣传的目标。按照国家5A级景区《服务质量与环境质量评分细则》和《景观质量评分细则》要求，"天下第一泉"对景区交通、游览、安全、卫生、邮电、购物、综合管理、资源环境保护等8大个大项、213个小项进行了系统提升。其中改造游客中心2处，完成1处五星级、5处四星级、7处三星级共计13处厕所的改造提升，对11处停车场进行了生态化改造，景区的景观环境质量由此达到了国家5A级景区标准。

三 山东省旅游业发展存在的主要问题

山东旅游业的发展尽管取得了巨大的进步，但是仍然存在着不足：山东省旅游发展与全国先进地区相比，与建设经济文化强省的要求相比，与人民群众的期待相比，还存在一些差距。这主要表现在旅游核心竞争力不够强、旅游基础设施建设相对滞后、旅游人才短缺、资源整合不够、公共旅游服务体系建设推进力度不大等方面。

（一）旅游核心竞争力不够强

从旅游经济总量看，山东省还没有一座城市入围全国旅游经济总量前10强，仅青岛入围前20强，与发达城市的差距也较大。

来自山东省旅游局的信息表明，山东省旅游城市的发展与国内发达城市的差距很大。根据2011年全国旅游经济总量前20强城市榜单，山东仅青岛市以684.1亿元的旅游总收入位列第13名。尽管山东已经培育了一批旅游城市，但这些城市的国际知名度和影响力还不够大，在国内旅游城市中的地位也不突出。

山东很多市都拥有丰富的旅游资源，比如潍坊，共有A级旅游景区76家，列全省第一，其中4A级旅游景区18家，列全省第二。论自然资源，有仰天山、云门山、沂山、泰和山；论景区资源，有诸城恐龙园、富华游乐园；论历史资源，它是历史上著名的手工业城市，乾隆年间便有"南苏州，北潍县"之称，更是风筝的诞生地；论人文资源，这里孕育了众多文学家和艺术家，其中杨家埠民间艺术大观园可谓是集大成者，作家莫言更是把中国文化带向了世界。如今"南苏州"的旅游收入早已过了千亿元，而潍坊旅游却相对默默无闻。这就是缺乏核心竞争力的表现，它与一个旅游地的包装、营销和当地的整体服务能力、保障体系等因素都有很大关系。

（二）旅游基础设施建设相对滞后

山东旅游业近年来发展迅速，但在旅游基础设施方面的建设仍然相对滞后，这在客观上影响了山东旅游业的健康快速发展。除了仍在建设之中的胶东半岛城际铁路网之外，在准备大力发展的乡村旅游示范点中，也普遍存在着旅游基础设施建设滞后的情况，主要包括交通路网建设太少，每到节假日等旅游高峰时段现有的乡道、省道承载的交通压力过大；缺少大型客车运营体系，停车场及相关服务设施缺乏；旅游导示牌建设不统一，缺乏规范；旅游住宿、餐饮接待设施不足，设施等级过低等问题。

（三）旅游人才短缺

山东对乡村旅游发展非常重视，不仅在刚出台的《关于提升旅游业综合竞争力加快建成旅游强省的意见》中明确表示将乡村旅游摆上重要位置，而且山东省政府在安排下达各市总规模26.5亿元"两区""一圈一带"专项资金时，明确提出用于乡村旅游规划、乡村旅游基础设施建设的资金不低于20%，并要求各项涉农资金都要向乡村旅游倾斜。山东省旅游局则积极穿线搭桥，推荐全国30家旅游规划设计单位，同时给予全额补贴，帮助全省132个县市区编制乡村旅游规划。

在政策、资金、规划等问题都得到解决的情况下，旅游业人才缺乏则成为制约乡村旅游发展亟须突破的瓶颈。对山东几个地市发展旅游的乡村进行的调查显示，目前，山东乡村旅游经营人员主要是当地农民，学历普遍不高，多为中小学毕业，年龄多集中在35~60岁。旅游业管理经营人才匮乏，目前发展乡村游的景区大都是靠吸纳本村或周边村镇的农民参与景区建设甚至经营管理，人员素质普遍较低，根本不适应形势的发展。

（四）资源整合不够

尽管近年来山东省旅游业在"好客山东"品牌的号召下已经形成了较好的整体形象，"好客山东"品牌体系的形成也促进了全省旅游业的整合发展，但从全省的整体而言，资源整合仍然不够。2013年济南景区泉群整合成"天下第一泉"、潍坊和临沂整合成"沂蒙山旅游区"创建5A级旅游景区成功的事实表明：山东旅游资源应加快整合，充分发挥济南、泰安、济宁等周边区域文化旅游资源密集的优势，彰显"山、水、圣人"精品旅游景区的独特魅力，打造山东文化旅游产业发展高地；而沿海7市则可以抱团发展，加快推进半岛滨海观光大道建设，打造滨海休闲度假观光带。

四 山东省旅游业发展的趋势与展望

2014年山东省旅游业将在深化旅游改革、促进旅游发展的基础上，做好转型升级、提质增效的工作，构建现代旅游产业体系，推进旅游治理能力现代化，贯彻落实《旅游法》。预计山东旅游业将继续在优化旅游市场环境、完善旅游服务设施、保护旅游生态、提升游客满意度等方面努力。国家、省政府对旅游业发展的重视和政策支持,将对山东省旅游业的发展起到重要的促进作用,使山东省旅游经济继续繁荣发展。2014年山东旅游业将在以下几个方面重点发展。

(一)全面推进乡村旅游发展

作为农业与旅游相结合的新兴产业,休闲农业与乡村旅游近年来在中国显示出巨大的市场潜力。休闲农业除了解决温饱问题,还具有观光、教育、休闲等多重功能,发展好休闲农业,相当于为农民开辟了一种新的收入渠道。这一类型的农业既可以提高农业的经济价值,又可以让农民就近转移就业或通过流转土地获得收入,可谓一举多得。通过发展乡村旅游,长沙望城区年接待游客达600多万人次,实现旅游综合收入近30亿元,特别是近年来农民人均纯收入年均增长20%以上。

农业与旅游业的相互融合,还引领出一种新的旅游理念——无景点旅游,这也将是中国探索旅游产业转型的新方向。所谓的无景点旅游,就是游客自主选择落脚点,自主选择行程,自主确定旅行时间。旅游途中不再是"到知名景点一游",而是驻扎到某地,吃吃饭,喝喝茶,随意安排行程。休闲农业与乡村旅游恰恰就是发展和推行无景点旅游的最佳切入口,发展乡村旅游,可以让所有农村都变成旅游点。

2013年针对乡村旅游的发展,山东省既有政策上的指导性意见出台,又有实际的工作推进。2014年山东省将全面启动新一轮规划编制、人员培训工作和乡村旅游"改厨改厕"(简称"双改")工作,依据标准对省级旅游度假区、旅游强县、旅游强乡镇、旅游特色村、旅游购物商店等,实行质量认定管理,加强乡村旅游基础服务设施建设,提高乡村旅游发展的科学性、高品质和可持续性。

(二)继续深化旅游营销改革

2013年,山东旅游业确定了胶东半岛滨海打造世界级滨海度假海岸目标,启动打造"仙境海岸"品牌,并着手策划省会旅游城市圈、西部隆起带等区域旅游品牌。2014年,这些策划工作将全面启动,率先在"仙境海岸"创新

"联合推介，捆绑营销"模式，逐步向旅游大企业、大旅行社、旅游地产企业、网络运营商、旅游电商捆绑营销转变，构建线上线下相结合的营销渠道。这也是丰富完善"好客山东"品牌体系的一部分。

山东旅游将继续建立以企业为主体，旅游专家、旅游部门相结合的产品研发团队。深化与知名搜索引擎合作，建立旅游产品特色认证和数字营销体系，将17市特色旅游产品全部纳入OTA"好客山东旅游旗舰馆"销售。创办山东旅游网络狂欢节，引导各大景区、酒店、旅行社推出限时特惠产品。建立常态化重大旅游活动"码上"营销平台。

（三）加快建设旅游公共服务设施

旅游项目再好，如果缺乏方便舒适的旅游公共服务设施，游客只能被迫缩短出游时间甚至主动避而远之，精心打造的旅游项目也就成了天价摆设。目前山东省各地在建、规划建设的游客集散中心已超过20处，部分城市将旅游公共服务设施提速升级纳入市级重点工作，定期督察推动，未来几年山东省旅游公共服务设施将进入密集建设期。其中，旅游信息咨询服务中心和游客集散中心在全省设区的市至少设立3~5处，蓬莱、曲阜等重点县市级旅游城市设立1~3处旅游咨询服务中心，2014年至少启用一处，并做到能为游客提供交通游览信息、免费为游客提供本地旅游宣传资料，能受理游客投诉，能为游客提供紧急救援信息等。结合打造国际著名旅游城市的目标，济南、青岛、烟台、泰安、济宁等城市还要确保2014年基本建成游客集散中心，其他城市原则上在两年内完成。

（四）促进旅游基础设施重点项目建设

为扩大需求增强后劲，2014年山东将大力优化投资结构，增强投资的关键性作用，引导资金重点投向社会民生、农田水利、交通能源、现代服务业、战略性新兴产业等领域。其中，将会极大促进旅游与休闲产业发展的重大项目如下。

在综合交通及枢纽方面，优化综合交通运输网络布局，编制出台全省综合交通运输体系中长期发展规划，加快推进济南、青岛国家级综合运输枢纽建设。配合做好渤海海峡跨海通道前期协调工作。高速公路方面，推进枣庄至鱼台高速等项目前期工作，力争东阿至聊城等高速公路项目开工建设，加快济南至东营、济南至乐陵等在建高速公路进度，我省高速公路通车总里程将达5101公里。快速铁路方面，加快推进济青高铁等铁路项目前期工作；开工建设青连铁路，争取青烟威荣城际铁路（济南方向）、德大铁路等4个重大项目建成通车，新增铁路里程1015公里，完成电气化改造里程297公里。在轨道交通方面，抓好济南轨道交通和青岛地铁建设，支持有条件的市开展城市轨道交通前期研究工作。港口机场方面，推动岚山港区原油码头扩建等10个沿海港口泊位建成投产，全年新增吞吐能力4090万吨。积极发展绿色、低碳内河水运。加快青岛、日照、聊城、菏泽机场前期工作进度；搞好枣庄、泰安、滨州机场前期研究工作；力争2014年底前建成烟台潮水机场、济南机场南指廊工程。

这些项目的建设将极大地增强山东省内外的交通运输能力，尤其是胶东半岛的快速交通运输能力，使省内旅游可快速循环、外省游客可便捷到达烟威荣滨海"仙境海岸"旅游区成为可能，对盘活胶东半岛滨海旅游业、实现"蓝黄战略"中旅游休闲服务业的腾飞起到重要的推进作用。

（五）大力发展智慧旅游

2013年11月6日，国家旅游局网站发布通知，宣布将"美丽中国之旅——2014智慧旅游年"作为2014年中国旅游宣传主题，并强调将在智慧服务、智慧管理和智慧营销三方面着力，促进旅游资源和产品的开发和整合，以信息化带动旅游业向现代服务业转变。中国旅游市场将全面进入智能化、科技化的新时代。

旅游消费者将可以通过更多新媒体、新技术接收旅游产品信息；经由网络、手机预订酒店机票门票；定制具有个性的私人旅游线路等；智慧景区将提供更加多元化个性化的服务，虚拟系统将帮助游客获得更全面的旅游体验；游客与景区间进行频繁的信息交流，不仅可以促进景区服务内容和形式不断创新，也能给游客带来不同的感受。

自助游的比例上升导致游客对信息化手段所能提供的即时支撑将提出更高

要求,这同时也意味着,从过去关注旅游产业信息化到真正实现智慧旅游尚有一段较长的距离要走——实现智慧旅游关键在于数据融合与决策,但目前多个领域的数据收集尚未完全应用于旅游服务。

为进一步提升旅游综合满意度,山东省将加快建立统一的旅游公共信息数据库,在充分发挥全省17市12301旅游服务热线作用的基础上,增加座席服务,实现该热线与当地政务12345政府热线、工商、公安等热线的连接,为游客提供一站式咨询解答。另外,山东省还将结合《旅游法》对于景区承载量的规定,构建景区实时流量监控发布系统,旅游电子商务、旅游在线服务、网络营销、网络预订、网上支付、景区电子门禁系统、电子售票系统、监管信息系统等与构建"智慧景区"相关的硬件设施也将获得同步推进。在此基础上,山东省、市、县、企业四级互动的智慧旅游发展体系有望得到进一步增强。

B.11
山东省动漫产业发展分析报告

杨 梅*

摘 要： 近两年来，山东动漫基地建设扎实推进，动漫企业稳步成长，创作出一批具有鲜明民族色彩和地方特色的动漫作品。山东动漫产业要取得更大的突破，应树立"大动漫产业观"；加强原创，打造品牌；抓住重点，做好少儿动漫；突出中国特色、山东特色；改革人才培养模式；拓展传播渠道和融资渠道；打造完整的动漫产业链。

关键词： 山东动漫 动漫基地 本土动漫 民族文化

在国家政策和全国动漫产业发展的强力推动下，山东省动漫产业发展较快，取得了较大的成绩。但与先进省市相比，依然存在较大差距，需要山东动漫界深入分析研究，以取得更大的突破。

一 山东动漫产业发展成就

2012年以来，山东动漫基地建设扎实推进，动漫活动异彩纷呈，创作出一批具有鲜明民族色彩和地方特色的动漫作品。截至2013年底，山东拥有济南、青岛、烟台3个国家级动漫产业基地，现有动漫企业447家，10家企业通过国家动漫企业认定，动漫产业年产值近25亿元。

---

* 杨梅，山东社会科学院科研处副研究员。

（一）动漫基地建设扎实推进

2007年，国家新闻出版总署批准在济南、青岛、烟台三市建设3个国家动漫产业基地。目前，济南已建成三个动漫产业基地：一是山东动漫游戏产业基地，位于东部齐鲁软件园，以原创研发、网络游戏和项目外包为主；二是齐鲁动漫游戏产业基地，位于中部槐荫区，主要从事手机游戏、动漫会展和产业咨询；三是动漫游戏研发基地和交易市场，位于西部大学科技园。目前，济南已涌现出馨漫园、东方天健、沃土天人、呀咔咔动画等一批优秀动漫企业。截至2013年3月，济南的动漫游戏企业已达200多家，从业人员有1万多人，年制作国产动画片2万分钟。2013年3月，第九届中国动漫游戏年会首次在泉城召开，济南的动漫游戏企业及作品共荣获8项大奖。在2013年度（第十届）中国游戏行业年会上，济南动漫游戏行业协会被评为"2013年度中国动漫游戏行业——全国优秀动漫游戏协会"。济南正全力打造"动漫泉城"品牌。

青岛市被国家新闻出版总署批准建立国家动漫创意产业基地后，决定突出发展漫画、动画、创意作品、动漫创意形象相关衍生品、动漫会展等行业，打造完整的动漫创意产业体系，将青岛建设成为国内动漫产业发展重点城市和山东半岛动漫产业辐射源，成为"动漫之岛"。青岛的动漫产业主要集中在四个园区：即青岛国际动漫游戏产业园、青岛软件园、崂山区创业软件园、市北区科技街。青岛城阳区后来居上，他们引进了四个大型文化、动漫建设项目：台湾宏广总部项目、中视动画城项目、华强文化科技产业基地和青岛文化创意产业园项目。台湾宏广决定投入近35亿元，将总部迁到城阳区，建立亚洲最大、国际一流的动漫产业基地。中视动画城项目由央视国际电视总公司辉煌动画公司、山东欧亚投资集团公司投资18.68亿元，建设集动漫游戏、影视制作、体验展示为一体的"中国央视动漫城"。华强文化科技产业基地和青岛文化创意产业园，也将动漫作为发展重点。

烟台动漫基地位于烟台市烟台文化创意产业园区，在其成立之初，签约入驻企业不足20家，注册资本不足1000万元，从业人员200人，制作投资总额不足2000万元，到2012年底，烟台动漫基地入驻企业增加到59家，注册资本增加到8500万元，从业人员增加到600多人。他们争取到2014年底，年产动漫片超过 8000 分钟，动漫作品投资总额累计超过 2.5 亿元，年产值超过 8000 万元，形成 3~5 个知名动漫品牌。

除了济南、青岛、烟台建有 3 个国家级动漫基地外，山东还有一些地市也十分重视发展动漫产业。临沂市规划建设 5 大影视基地，着力整合打造具有全国影响的影视产业集群。其中，临沂国际影视城、东夷部落影视城、沂蒙红色影视拍摄基地已经建成，中国临沂好莱坞水上影视基地正在建设中，中国临沂 3D 影视基地也已立项，该基地首部影片便是与著名 3D 影片《阿凡达》的制作团队合作拍摄制作的 3D 电影《孙子兵法》。2013 年 9 月，临沂市建成"临沂动漫制作公共技术服务平台"，在科技创业园设立 3D 动漫渲染服务器集群、三维扫描室、三维成型室、高清立体数字动画影音室、三维动作捕捉室、摄影棚，为客户提供相关服务。目前，临沂有一漫动画有限公司、临沂鹭桦文化传媒发展有限公司、新波浪动漫科技有限公司、山东艾丽奥动漫有限公司等 4 家具有一定规模的动漫创意企业。2013 年 1 月，临沂市沂南县建设了全国首个县级动漫文化创意产业园。

中动动漫基地位于潍坊软件园内，总投资 4.5 亿元，由山东中动文化传媒有限公司投资建设，2013 年底交付使用。该项目是集动漫原创、动漫外包、出版发行、培训实践、衍生品交易等于一体的大型综合动漫产业基地，可容纳专业动漫工作人员千余人，实现年营业额 2 亿元。淄博市建设了鲁中地区最大的创意产业园山东齐赛创意产业园，目前，已有 70 余家动漫、广告企业入驻。2013 年莱芜实施的雪野动漫城项目，规划占地面积 500 多亩，将建设以动漫创作、艺术家工作室等为主体，集生产、设计、交易于一体的独具地方艺术特色的综合艺术创意基地。山东济宁也高度重视发展动漫产业，在高新区聚集了美猴动漫、豆神动漫、光影动漫、棒棒龙动漫、华温经典、华夏万维、仲尼动漫等一批动漫企业。

为进一步加强联络交流，促进动漫产业发展，山东许多地市都成立了动漫协会，除济南、青岛、烟台外，东营市成立了东营市动漫艺术协会并创办东营动漫网，聊城市成立聊城市漫画家协会并创办聊漫网，它们成为团结动漫作家，发布国内外动漫信息，展示动漫作品，推介动漫新人和开展相关业务的重要平台并发挥了重要作用。

（二）动漫活动异彩纷呈

近年来，全国各地的动漫活动可谓高潮迭起，这对传播动漫文化、培育动漫市场无疑具有重要作用。截至2013年，由国家广电总局和浙江省人民政府主办的一年一度的杭州国际动漫节已举办九次；由文化部和上海市人民政府主办的上海动漫展暨中国国际动漫游戏博览会已举办九届；由教育部、文化部主办的"中国学生原创动漫作品大赛"已举办两届。军队也积极参与动漫活动，2013年10月，以"聚享动漫·梦创未来"为主题的第二届北京国际动漫博览会开幕，中国军旅动漫首次在国际动漫博览会上亮相。据悉，近年来，全军已先后举办了4届动漫作品创作比赛。这一切，充分显示了动漫在我国的普及程度及影响力。

在山东，各类动漫活动同样异常活跃，其中影响最大的是齐鲁国际动漫艺术博览会，它被誉为"山东动漫活动第一品牌"。该博览会由济南市文化广电新闻出版局主办、山东世博文化传播有限公司策划和承办，创办于2003年，至2013年底已经成功举办了15届"齐鲁动漫展览会"和6届"世博动漫嘉年华"，2012年被省委宣传部等部门评为"山东省最具影响力的十大文化节会品牌"。其中齐鲁动漫展创办于2003年，截至2013年10月已举办至第十五届。2013年元旦和国庆节期间分别举办了第十四、十五两届。每届活动都吸引着来自省内外的数万名观众前来参观，齐鲁动漫展一般包括Cosplay大赛、动漫名家作品展、Cosplay摄影作品大赛、动漫衍生品展销、漫画学习、网络游戏竞技大赛等。"世博动漫嘉年华"也由山东世博文化传播有限公司策划和承办，强化参与性、娱乐性，每年于五一节期间举办，至2013年底已举办6届，它以"传播动漫，娱乐大众"为宗旨，以Cosplay表演比赛为主，每届活动都吸引着来自省内外的数万名观众前来参观。2013年的世博动漫嘉年华以Cosplay为亮点，国内顶级的动漫赛事ChinaJoy Cosplay嘉年华山东预选赛贯穿其中，来自省内外的24支获得决赛资格的团队进行了比赛，AA国际动漫作为动漫衍生品行业的龙头企业也应邀参加活动。

山东省大学生动漫创作大赛是山东省大学生科技节的重要组成部分，由山东省科学技术协会、山东省科学技术厅、共青团山东省委等联合主办，2009年举办第一届，2013年举办至第五届。大赛以"原创动漫，精彩无限"为活动主题，旨在大力推动山东省动漫文化发展，发现和培养动漫人才，挖掘和展示优秀作品，普及科学技术知识，在社会和大学生之间搭建交流平台，促进大学生创业就业。大赛征集作品类型有命题类动画、非命题类动画、命题类漫画、非命题类漫画、3D动画创意作品等，还评出最佳指导奖和优秀组织单位奖。

山东省大学生原创动漫大赛由山东省委宣传部、省委高校工委、团省委等七个部门联合主办、由中国海洋大学承办，为山东省第十三届大学生科技文化艺术节组成部分。大赛分平面组、二维动画组和三维动画组三组比赛，共征集到27所高校的各类作品398件，分别评出一、二、三等奖及优秀奖、优秀指导、最佳组织学校等。

齐鲁国际动漫大赛由济南市科学技术协会、山东省漫画家协会、齐鲁动漫产业基地和山东工艺美术学院联合主办，开始于2009年，每年举办一届，2013年举办了第五届，这次比赛共收到作品1200余件，其中平面类1000余件，影视动画200余件，参与学校总数多达40余所，展现出中国动漫教育行业的进步与发展。

山东省青年动漫创意大赛由共青团山东省委、山东省文化厅主办，山东世博华创动漫传媒有限公司、山东省漫画家协会承办。2013年举办首届，以"中国梦·我的梦"为主题，共收到来自全省17市青年动漫爱好者的597件作品，涵盖了动画、漫画、动漫剧本、新媒体动漫、舞台剧等多个门类。2013年共青团山东省委还主办了山东省梦想城杯"青春绿动中国梦"摄影及微电影（动漫）创作大赛。

其他有一定影响的动漫活动还有：2012鲁台动漫欢乐嘉年华，"动漫英雄"中国Cosplay秀，中国好声优山东分赛区，2013首届泉城动漫文化节暨山东电视台Cosplay大赛，"美丽山东·幸福生活"网络漫画大赛，2013青岛动漫艺术节，首届青岛市漫画艺术综合展，第五、第六届烟台动漫艺术节Cosplay大赛暨南山公园第一、第二届动漫嘉年华，烟台仙境国际动漫嘉年华暨金面具Cosplay盛典山东分赛区，聊城市第七届水城动漫艺术展，2013年日照市原创动漫大赛，全国"临沂银雀山兵学·孙子兵法"漫画大展等。

（三）动漫产业整体实力稳步提高

2013年12月，文化部、财政部、国家税务总局公布2013年通过认定的动漫企业名单，山东省的济南科明数码技术有限公司、山东广电呀咔咔动漫产业有限公司、威海光远影视动画有限公司、潍坊合展动画有限公司等四家动漫企业通过认定。

山东的《神奇泰山号·漫游科学世界》（泰山出版社有限公司）入选2012年"原动力"中国原创动漫出版扶持计划项目，山东的《神奇蓝晶石之谜》（泰山出版社有限公司）和《刘公岛之约》（山东教育出版社有限公司）两个项目入选2013年"原动力"中国原创动漫出版扶持计划项目，并获得了相应的资金扶持。

2011年，山东向国家广电总局备案的电视动画片仅1部，572分钟，列全国第21位。2012年山东电视动画片创作进步较大，向国家广电总局备案电视动画片8部、3006分钟，列全国第13位。2013年，在国家广电总局备案的电视动画片有7部，3218分钟。

这一切都说明，山东动漫产业的整体实力有了较大的提高。

表1　2012年山东在国家广电总局备案的8部电视动画片

部	作品名称	集数	每集时长	总时长
1	青青企鹅乐园	26	13	338
2	女娲、伏羲的传说	1	16	16
3	黑逗木仔奇遇记	26	13	338
4	刘公岛之约	26	11	286
5	旋风速度(1~26)	26	22	572
6	泰山	52	12	624
7	旋风速度(27~52)	26	22	572
8	福乐寻宝历险记第一部	26	10	260

表2　2013年山东在国家广电总局备案的7部电视动画片

部	作品名称	集数	每集时长	总时长
1	小森日记	208	2	416
2	蔬菜部落	26	11	286
3	快乐猪宝	26	13	338
4	花季	50	3	150
5	泰山石敢当	52	15	780
6	我的师傅姜子牙	26	22	572
7	青春企鹅乐园	52	13	676

（四）动漫作品特色鲜明

山东是中华文明的重要发祥地之一，历史悠久，文化深厚，名人辈出，古代的儒家文化源远流长，当代革命文化影响广泛，独特的地域文化如泰山文化、水浒文化、运河文化、海洋文化等特色鲜明，为发展动漫产业提供了得天独厚的条件。近年来，山东出现的一些比较优秀的本土动漫作品，具有鲜明的山东特色。如获得多项大奖、在法国戛纳展映的《孔子》、获得动漫界"金手指"奖的《泰山》，正在制作中的《少年诸葛亮》《少年孙子》等，都源自山东悠久的历史文化。

《孔子》：由中共山东省委宣传部、中国孔子基金会、山东省广播电影电视局、深圳市崇德影视传媒有限公司联合出品。全剧共104集，讲述了孔子从一个民间少年成长为文化巨人的故事，弘扬了博大精深的齐鲁文化和中华文化，对当代青少年奋发成才有强大的激励作用，深得观众的好评。2010年第一季度被国家广电总局推荐为优秀国产动画片榜首。2011年4月，入选戛纳电视节首届亚洲展映会最佳作品。

《孟母教子》《论语名句》：《孟母教子》由山东美猴动漫文化艺术传媒有限公司制作，30集，以孟母教育孟子成长为线索，演绎了家喻户晓的"孟母三迁""孟母断机"等感人故事，突出展现孟母教育孟子成长的艰辛过程，讴歌了中华民族的伟大母爱和逆境成才的奋斗精神。2013年7月，该片获得了山东省广播电影电视局颁发的"国产电视动画片发行许可证"。此前，美猴动漫曾创作过原创动画故事片《女娲、伏羲的传说》。《论语名句》被国家汉办定为全球孔子学院辅助教材，它对传播中国传统文化产生将积极影响。

《泰山》：大型文化传承动画片，共52集624分钟，由山东广播电视台、中共济南市委宣传部、泰安高新技术产业开发区管委会、山东广电呀咔咔动漫产业有限公司联合出品，由山东广电呀咔咔动漫产业有限公司独立制作，于2009年2月开始生产，历时四年。本片用大型动漫系列片的形式，将泰山的景致和泰山文化进行全方位、多角度的呈现，对泰山文化中的历史典故、民间传说和相关史料，进行了全新的演绎，故事涵盖了"泰山崇拜"

"泰山与圣贤""泰山民间故事和神话传说""泰山民俗""泰山自然景观"等多方面内容，塑造了泰山石敢当、灵芝娃娃、何首乌妞妞、小赤鳞鱼以及封禅泰山的历朝帝王、登高明志的圣贤、祈福平安的平民百姓等与泰山文化相关的众多个性鲜明的动漫形象，展现了泰山独有的人文特色。本片制作方同时研发出600余种动漫衍生产品，在泰山景区内销售与推广，实现与泰山旅游产业的合作共赢。该作品及其衍生品先后荣获"全国动漫行业优秀动画片金手指奖""全国平安文化旅游产品大赛金奖""全国旅游商品设计大赛银奖"等殊荣。山东广电呀咔咔动漫产业有限公司还于2013年在国家广电总局备案了两部原创动画片《泰山石敢当》和《泉水叮咚》，《泰山石敢当》是泰山文化系列片的延续性影片，将继续演绎泰山的平安文化。《泉水叮咚》将以家家泉水、户户垂柳的泉城济南为背景，表现其深厚文化底蕴的泉水文化。

《少年岳飞》：由济南广播电视台与济南海水科技有限公司联合出品的一部三维动画电影。2006年开始筹备，2013年8月上映，历时6年创作完成。影片讲述岳飞从出世到投军报国之前的故事，通过盘沙学字、全胜兀术、德配神枪、枪挑梁王、岳母刺字等曲折情节，展现岳飞从一个贫家子弟成长为智勇双全的少年英雄的人生经历，描绘出刻苦励志、诚信做人、立志报国的少年岳飞形象。

《好客山东·福乐齐鲁游》：由山东好客福乐数码传媒有限公司与省旅游局联合制作的大型动画系列片，以"好客山东"贺年会的两个福娃形象"福福""乐乐"为主人公，以故事的形式向观众展示了齐鲁大地的风俗民情。该片将动漫、旅游、文化融合到一起，开创了以动漫为载体，以齐鲁文化为精髓，以旅游推广为目标的崭新动漫制作模式。

《崂山传奇之花仙》《崂山传奇之王七学艺》《崂山道士》：三部作品均由青岛农业大学动漫与传媒学院师生共同创作完成。《崂山传奇之花仙》荣获2013年"泰山文艺奖"微电影作品一等奖；《崂山传奇之王七学艺》荣获2012年泰山文艺奖电影类唯一一等奖；《崂山道士》入选"2011国家动漫精品工程"动画电影精品工程创意奖，这是一部3D立体动画电影，2013年底完成创作，2014年春季投入电影院线公映。目前这一团队分成多个动画创作小组,正在进行"崂山传奇"其他题材动画片的创作。"崂山传奇"系列有望推出包含十集不同故事的系列动画片。

《少年诸葛亮》:由青岛欧亚集团有限公司和北京辉煌动画公司联合制作,共52集。该剧以博大的齐鲁文化为背景,描述了少年诸葛亮从一个山村普通孩子成长为决定天下命运之旷世奇才的心路历程。该片的拍摄将有助于临沂打造诸葛亮文化品牌。另外,临沂3D影视基地将与著名3D影片《阿凡达》的制作团队合作拍摄制作3D电影《孙子兵法》。

《刘公岛之约》:大型三维动漫连续剧,由刘公岛管委会与威海光远影视动画有限公司于2002年4月开始联合制作,预计3年完成。台湾梅花鹿"繁星、点点"和长鬃山羊"喜羊羊、乐羊羊"入住刘公岛国家森林公园后,刘公岛管委会以国宝大熊猫、"岛宝"梅花鹿、长鬃山羊为原型,与威海光远影视有限公司联合创作。该片采用全三维制作,260集,每集长度12分钟左右,共分10个系列,通过有趣的故事向观众展示了美丽的海岛风光、奇妙的海洋世界、有趣的渔家文化。第一系列为《海洋学堂》,共26集。该片完成后,将授权制作一系列儿童玩具、图书、服装等特色衍生产品。《刘公岛之约》将被打造成威海市的文化名片。

《C9回家》:由青岛数码动漫研究院制作,是一部大型3D立体动画电影,2013年11月获青岛首届东北亚版权创意精品展示交易会创意类金奖。这是一部融合科幻、励志与青春梦想的城市题材动画片,它利用3D技术把岛城自然风光、著名建筑、景点与奇妙故事结合,将影片制作成一部充满科幻内容、极具视觉冲击的现代城市科幻故事电影。

二 山东动漫产业存在的问题

尽管山东动漫产业在2011年、2012年获得了较大的发展,但与山东作为经济文化大省的地位相比并不相称,山东动漫产业相对滞后的状况并未根本改变。

据文化部发布的"2011~2012年中国动漫产业发展情况"和国家广电总局发布的信息,2012年,全国通过文化部、财政部、国家税务总局认定的动漫企业数量达到500家,重点动漫企业34家,产值过亿元的已有13家,其中湖南拓维、广东奥飞已在国内成功上市。2012年我国的动画企业多达4.2万家，全国完成制作的国产电视动画片共395部222938分钟，动漫产业总产值达759.94亿元。而截至2013年底，山东有动漫企业447家，只有10家企业通过国家动漫企业认定（2012年6家），尚无一家重点动漫企业，动漫产业年产值近25亿元。

以国产电视动画片制作为例，山东的国产电视动画片制作与国内先进省份相比存在明显的差距。

（一）数量太少

据国家广电总局公布的数据，2011年全国制作完成的国产电视动画片共435部261224分钟，全国共有21个省份以及中直有关单位生产制作了国产电视动画完成片。排名前三位的浙江、江苏、广东，制作国产电视动画片的部数和分钟数分别为71、68、55部和47545、45913、42164分钟，而山东仅有1部，572分钟，列全国第21位。

2012年全国制作完成的国产电视动画片共395部222938分钟，全国共有24个省份以及中直有关单位生产制作了国产电视动画完成片，排名前三位的广东、江苏、浙江国产电视动画片的部数和分钟数分别为57、85、46部和48542、47923、26375分钟。这一年，山东进步较大，完成8部、3006分钟，列全国第13位。但与先进省份相比，仍然差距巨大。

（二）质量不高

2011年、2012年，国家广电总局公布的全国原创电视动画片生产企业前十位、全国原创电视动画片生产十大城市均无山东企业或城市入选；广电总局向全国电视播出机构2011年度推荐播出82部优秀国产动画片，2012年度推荐播出81部优秀国产动画片，山东均无一入选；2013年前三季度总局向全国推荐优秀国产动画片共32部，山东也无一部入选；2013年10月，文化部公布了2013年国家动漫品牌建设和保护计划评选结果，确定《哪吒传奇》等20个动漫品牌项目、《新少林》等30个动漫创意项目入选，品牌项目有10个省市入选，其中上海6，广东3，天津、浙江、中央直属单位分别为2，北京、江苏、湖南、福建、湖北、湖南分别为1；创意项目有14个省市入选，其中上海5，浙江4，江苏、广东分别为3，其他省市为2或1，山东均无一入选。

（三）山东动漫产业发展面临双重压力

自2004年国家出台加快动漫产业发展政策以来，我国国产动画片年产量一路飙升，至2011年达到26万分钟，是日本当年动画片出产总量的2.5倍。但国产动漫产业的效益却没有随着产量的提高而提升。2012年国产电视动画片产量出现下滑，共395部222938分钟，同比分别减少40部和下降14.66%。这或将成为中国动漫产业发展的拐点，标志着中国动漫产业由追求数量到追求质量的转变。

文化部牵头制定动漫产业"十二五"发展规划表明，今后政府对动漫产业的支持重点将从财政、税收、专项资金等方面转移到产业发展规划上，通过制定产业发展政策，促进产业发展，使动漫企业强的更强，优的更优。也就是说，当先进省份的动漫产业基本完成规模扩张、进而转向追求质量时，山东动漫产业却要面临着追求数量与质量的双重压力。

三 加快山东动漫产业发展的对策

山东是全国经济文化大省，经济实力雄厚，科技发达，有着悠久而丰富的传统文化和现代文化，且地处沿海，国际交流与合作十分方便，只要政府和企业共同努力，采取有力措施，一定能使山东动漫产业获得较快的发展。

（一）树立"大动漫产业观"

"大动漫产业观"是文化部基于传统动漫产业概念提出的一种更为宏观的动漫产业观。传统动漫产业一般局限于动漫作品或与之密切相关的产业，而如今，动漫创意、制作、传播、消费、服务和应用正在形成一个相互合作、相互促进的系统，动漫已广泛运用于社会生活各个方面，包括教育、科普、广告、建筑、展览展示、艺术设计、安全生产、医药卫生、航空航天等诸多领域，因此，山东应强化大动漫产业观，创造条件促进动漫产业与其他产业加速融合，实现动漫产业发展的倍增效应。山东的动漫企业前几年就提出了"应用动漫"

的概念,它是指将动漫广泛应用于宣传教育、游戏娱乐、广告演示、形象包装和科技实验等诸多领域,获得了良好的效益,值得推广。

(二)加强原创,打造品牌

尽管我国的动漫品牌依旧不能与美、日等动漫强国相比,但近年来,我国原创动漫已取得很大的进步,广东打造的《喜羊羊与灰太狼》已成为国内最具知名度的动漫品牌,《熊出没》近来也广受关注,2013年,3D动画电影《终极大冒险》又获得第29届中国电影金鸡奖年度最佳美术片大奖。有专家预测,品牌将取代产品成为企业投入的重点。对此,中国动漫集团有限公司等已开展国际合作,共同组织国内外资深行业专家筛选、评鉴、辅导、提炼、开发国内优秀动漫原创题材,针对国际市场需要,实施国内优秀动漫创意设计。

与兄弟省市相比,山东至今也没有创造出具有全国影响的动漫形象。固然,山东动漫作品中也有很多形象全国知名,如孔子、孟子、孙子、诸葛亮等,但他们之出名并非动漫之功。真正的原创应该是天马行空,无中生有,凭空捏造,却深入人心,如《米老鼠与唐老鸭》《狮子王》《阿凡达》之类。现在,我国动漫年产量为20多万分钟,约占世界1/3,超过日本,居世界第一。但2012年,我国动漫产业总产值仅为600亿元,而日本产值为1.67万亿元,约为中国产值的27.8倍。原央视动画公司总经理王英说,法国一年原创动画只有1万分钟,却是"动画强国",而中国一年动画制作有20多万分钟,每年总产值约为800亿元,不及迪士尼年产值的三分之一。

据两度获得泰山文艺奖的《崂山传奇》系列主创人员赵晓春介绍,动漫创作是一项人力、物力、资金投入大、创作周期长、技术性强的系统工程。他以带领团队创作《崂山传奇之王七学艺》为例,一部20分钟的三维动画电影短片,36人的创作团队夜以继日地工作,整整用了11个月的时间才完成。更不用说国外的动画巨作如《狮子王》和《功夫熊猫》了。据了解,国外一部动画电影投资一般在1亿美元上下,而目前国内动画电影平均投资仅1千万元人民币左右,相差悬殊。所以,企业要创造动漫品牌,必须牢固树立精品意识、品牌意识,加大人力、精力和财力的投入,加强作品的原创性,包括想象性、夸张性、故事性、思想性、民族性以及人文内涵,才能打造真正的动漫品牌。

(三)抓住重点,做好少儿动漫

虽说有各式各样的动漫,动漫分级也有一定的道理,但从各国动漫发展历史看,动漫与少儿几乎有着天然的关系,满足少儿的需求是动漫创作的主要任务。从国家广电总局备案的动画片类型看,无论部数、时长,童话题材都占50%左右,教育题材约占30%。这些主要都是为少儿服务的。我国的少年儿童多达3亿以上,有这么广大的少儿市场,不重点考虑怎样为儿童服务好,而过多地空喊什么成人动漫、动漫分级,只能是舍本逐末。少儿动漫看似幼稚,实则难度极大,创作者必须深入了解少儿的真正需求。既然动漫为少儿服务,就要考虑其对少儿的影响,就不能制作播出含有暴力、低俗、危险情节、不文明语言的作品。同时,为少儿服务的动画片也并非只有故事类一种,其天地十分广阔,可以带有科学普及、思维训练甚至情感教育功能,国外的如《聪明的一休》等,国内的如《大耳朵图图》等。

(四)突出中国特色、山东特色

有特色才有地位,才有影响。中国的动画要取得长足发展,走向世界,必须创造出自己的本土动漫,立足自己的民族文化之根。山东的动漫企业更要通过自己的作品展示出博大精深的齐鲁文化。在世界动画片市场上,"花木兰""中国功夫""熊猫",甚至"三国"等中国元素已屡屡为好莱坞和日本动画片所用,并用来表现他们的思想文化,这种状况确实值得我们深思。山东动漫必须直面当下中国动漫的创作缺憾,提高原创力,突出民族特色、山东特色,用丰富多彩、类型多样且具有深厚中国文化底蕴的优秀动漫塑造中国形象,表现中国精神。

(五)改革人才培养模式

业内人士普遍认为,动漫技术人才并不少,但有人文修养的创意性人才太少。现在国内大多数高校的动漫专业教育,主要是教学生计算机操作技术，教学生在计算机上绘画，缺乏对学生进行全面的艺术教育。针对这一状况，教育部、文化部于2012年联合实施动漫高端人才联合培养计划，要在改革人才选拔方式、改革课程体系、改革人才培养模式、强化实践教学环节等四个方面重点探索，力争在"三改革一强化"上实现新突破，力争在文化人才成长规律认识上有新高度，为我国高等艺术教育改革发展提供有益的经验和做法。这一计划已在北京师范大学、中国传媒大学和北京电影学院等高校启动实施。山东应借鉴这一做法，整合相关高校的动漫教育资源，促进高校与企业的结合，改革人才培养模式，促进艺术和技术融合，共同探索动漫高端人才培养的新途径。

（六）拓展传播渠道

近年来，以手机动漫为代表的新媒体动漫日益成为我国动漫产业发展的重要突破口。文化部已经发布了手机动漫文格式行业标准，该行业标准是由文化部提出，北京邮电大学、中移动手机动漫基地、湖南拓维信息系统有限公司等单位共同起草。2013年经过数月试行，目前表现良好。

互联网为动漫产业的发展提供了新的机遇。截至2013年9月6日，仅爱动漫2013年发展用户即突破1亿户，收入突破1亿元。正如有的业内人士所说，目前动画电影能上院线的只占极少数，所以通过网络平台用户付费的方式跟创作者分成，也成为动画电影的另一个出口。《终极大冒险》便是由出品方之一的爱奇艺网站负责运营院线与网络的发行，通过尝试，爱奇艺总结了动画电影推广宣传的一些新手段。山东动漫界也应抓住这一历史机遇，抢占先机，积极发展以手机动漫为主的新媒体动漫。

（七）拓宽融资渠道

动漫产品前期投入巨大。但现实的情况是动漫产业融资渠道单一，企业资金匮乏。研究显示，动漫图书的成本相比一般图书至少高出70%，稿费支出也在普通图书三倍以上；动画影视项目所需资金往往要达到百万元甚至千万元。而动漫企业大部分是小规模民营企业，根本无力获得这么庞大的资金。鉴于动漫产业投资回报的不确定性，一般金融机构也望而却步。国家和省里虽然有一些优惠政策，但落实并不完全到位，还是难以解决动漫企业所需资金问题。这就需要动漫产业进一步降低融资门坎，拓宽融资渠道。

（八）打造完整的动漫产业链

研究表明，动漫衍生产品占整个动漫产业利润空间的80%左右。根据文化部的统计，2010年我国动漫产业整体产值为470亿元，其中核心内容产值为80亿元，衍生品产值为390亿元。2011年中国动漫核心内容产值达到100亿元，而衍生品市场则超过500亿元。2012年，动漫衍生产业和动漫主题公园贡献了动漫产业的较大部分产值。因此，加强动漫衍生产品开发刻不容缓。我国拥有一批实力雄厚的服装、玩具企业，为开发动漫衍生产品提供了良好的条件。

衍生品开发应与动漫原创作品一起统筹谋划，未雨绸缪，从而取得最佳效果，否则，可能陷于被动。《喜羊羊与灰太狼》一开始并没有商业运营的部门，很多衍生品的授权都是在该剧红了以后才进行的，使得他们错失了一些衍生品授权的机会，而且在版权保护方面比较被动。在这方面，山东动漫界应吸取全国乃至世界各国动漫产业发展的经验教训，力争在打造完整的动漫产业链方面少走弯路。

2012年3月10日，由扶持动漫产业发展部际联席会议办公室主办的"十七大以来中国动漫产业发展成果展"在中国国家博物馆拉开帷幕。展览中提出，到"十二五"期末，我国动漫产业产值将达1000亿元人民币，比"十一五"末至少翻一番。2012年7月，文化部公布《"十二五"时期国家动漫产业发展规划》，表明政府对动漫产业的高度关注和大力扶持。可以说，目前，中国动漫产业正处于最好的发展机遇期，相信在不久的将来，中国一定能自立于世界动漫强国之林，作为经济文化大省的山东，也必将有越来越多的优秀动漫作品涌现出来，成为我国动漫产业强省。

参考文献

［1］《山东动漫产业年产值近25亿元》，http：//www.comicyu.com/html2012/139/2013/132372.html。

［2］《文化部：2012年我国动漫产业总产值近760亿元》，http：//news.xinhuanet.com/fortune/2013-07/11/c_116501837.htm。

［3］《济南三大产业基地打造"动漫泉城"》，http：//sd.ifeng.com/news/fengguanqilu/detail_2013_03/22/653548_0.shtml。

［4］《青岛动漫呼唤本土原创精品》，http：//donghua.cntv.cn/2013/10/24/ARTI1382608428675188.shtml。

［5］《烟台10家动漫企业8家缺人才 获扶持争创知名品牌》，http：//news.shm.cn/2013-10/26/content_4172602.htm。

［6］《十年，一个齐鲁动漫品牌》，http：//paper.dzwww.com/dzrb/content/20130125/Articel29007MT.htm。

［7］《文化传承动画片〈泰山〉开播 石敢当和灵芝娃娃是主角》，http：//taian.iqilu.com/taiangushi/2013/0308/1465459.shtml。

［8］《山东四家动漫企业通过国家认定 截至目前已达到10家》，http：//news.ctoy.com.cn/show-19248.html。

［9］《中小动漫企业：寻找合适商业模式突围》，http：//paper.dzwww.com/dzrb/content/20111020/ArticelB04002MT.htm。

［10］《以技术创意和文化传统"突围"——中国动漫产业扫描》，http：//it.sohu.com/20091006/n267184527.shtml。

［11］《文化部：地方政府对动漫产业的支持应回归理性》，http：//www.gov.cn/jrzg/2012-06/15/content_2162020.htm。

［12］《动漫产业逐步成中国文化创意产业发展重要增长极》，http：//www.gov.cn/jrzg/2012-06/14/content_2160642.htm。

［13］《文化部：遵循动漫产业发展规律 加强内容建设引导》，http：//www.gov.cn/gzdt/2012-04/11/content_2110941.htm。

［14］《中国动漫产业发展成果展开幕 蔡武出席并致辞》，http：//www.gov.cn/gzdt/2012-03/19/content_2094779.htm。

［15］《国产动画片的年产量开始赶超日本》，http：//www.cccnews.com.cn/2012/1011/13345.shtml。

［16］《教育部文化部启动实施动漫高端人才联合培养计划》，http：//www.gov.cn/gzdt/2012-02/09/content_2061931.htm。

［17］《国内动漫服饰产业规模约33亿"蛋糕"诱人》，http：//www.dongman.gov.cn/xinwen/zhishu/201310/t20131012_775509.htm。

［18］《动漫分级管理，香港仅靠一部法律》，http：//www.dongman.gov.cn/xinwen/chanye/201310/t20131023_784993.htm。

［19］《中国电信爱动漫用户收入双破亿》，http：//www.dongman.gov.cn/xinwen/zhishu/201309/t20130909_753469.htm。

［20］《关于2012年度全国电视动画片制作发行情况的通告》，http：//ent.people.com.cn/

n/2013/0218/c86955-20515775.html。

［21］《城阳文化创意产业崛起　项目总投资过150亿元》，http：//qd.people.com.cn/GB/190560/15263915.html。

［22］《访美归来话"动漫"》，http：//news.163.com/11/0320/01/6VI6QOH900014AED.html。

［23］《千亿动漫市场85%企业亏损产值不及迪士尼1/3》，http：//qd.ifeng.com/jinpaicaijing/detail_2013_05/30/851355_0.shtml。

专题篇

Special Topics

B.12
推进山东文化强省建设先进市县创建研究

潘 峰*

摘 要： 2013年，山东在全省组织开展文化强省建设先进市县创建活动，这是文化强省建设的有力抓手和重要引擎。它旨在通过开展创建和考评活动，将文化建设进一步具体化、实在化，以创建促提升、以考评促落实，增强社会主义核心价值体系的凝聚力、文化改革发展的创新力、文化事业的保障力、文化产业的竞争力、文化人才的支撑力、齐鲁文化的影响力。

关键词： 文化强省　先进市县　创建活动

---

* 潘峰，山东省委宣传部文化体制改革与文化产业发展办公室。

山东省委、省政府提出在全省组织开展文化强省建设先进市县创建活动，这是文化强省建设的有力抓手和重要引擎。党的十七届六中全会召开后，山东制定出台加快建设文化强省的意见，把文化建设纳入经济社会发展总体规划，把文化改革发展成效纳入科学发展综合考核体系，并确定在全省组织开展文化强省建设先进市县创建活动，建立文化建设目标责任制，制定文化改革发展工作目标考评细则，引导和推进文化强省建设深入开展。文化强省建设先进市县创建活动旨在通过开展创建和考评活动，将文化建设进一步具体化、实在化，以创建促提升、以考评促落实，增强社会主义核心价值体系的凝聚力、文化改革发展的创新力、文化事业的保障力、文化产业的竞争力、文化人才的支撑力、齐鲁文化的影响力，努力使全省文化发展主要指标、文化事业整体水平、文化产业综合实力走在全国前列，把山东建设成为全国重要的区域性文化中心。

一 山东文化强省建设先进市县创建活动的具体做法和经验

2013年，山东省委、省政府部署在全省组织开展文化强省建设先进市县创建活动，并对首届先进市县考评工作作出了部署和安排。

（一）制定出台山东省文化强省建设先进市县考评管理办法

为扎实开展文化强省建设先进市县创建活动，规范考评工作管理，省文化体制改革和发展工作领导小组办公室会同40多个省直有关部门单位，在深入调查研究、广泛听取意见、充分论证分析的基础上，研究制定《山东省文化强省建设先进市县考评管理办法（试行）》（简称《考评管理办法》），并以省委省政府两办文件下发。《考评管理办法》从指导思想、范围条件、申报考评、奖励管理等方面作出具体规定；确定在全省17个市、138个县（市、区）同步开展文化强省建设先进市县考评活动，每两年开展一次；省委、省政府对考评成绩突出的市县给予文化强省建设先进市县的命名并通报表彰，实行动态管理，每年复查一次。《考评管理办法》科学规范、程序严格、操作简便、公开透明，为推动创建和考评工作常态化、长效化开展提供了重要依据。

（二）制定印发山东省文化强省建设先进市县测评标准体系

坚持重在建设、务求实效的原则，在广泛征求市县和有关部门单位意见的基础上，我省分别制定山东省文化强省建设先进市和县（市、区）测评标准体系，共设一级指标8项、二级指标27项、三级指标100项，将社会主义核心价值体系建设、公共文化服务体系建设、文化产业发展、精神文化产品创作生产、文化体制机制改革创新、优秀传统文化弘扬发展、文化人才队伍建设、文化建设组织领导等八个方面内容纳入考评体系，进行定性定量考核，使文化强省建设的目标要求进一步量化、具化、实化。测评体系主要有四个特点：一是内核突出，把社会主义核心价值体系建设这个"魂"融入文化建设的全过程，体现在文化改革发展的各个方面和各个环节；二是开放性强，在指标设计和权重上突出阶段性工作重点，部分指标可根据将来发展实际和工作重点再行修订完善；三是切合实际，统筹长远目标与当前任务、兼顾连续性和灵活性，不提过高要求，经过努力完全能够达到；四是惠民利民，专门设置群众满意度测评部分，加大群众满意度的考核权重，既吸引群众广泛参与，又不给基层增加负担，使创建和考评工作成为改进工作、提高水平的过程，成为服务群众、改善民生的过程，成为推动文化大发展大繁荣、建设经济文化强省的过程。

（三）对首届文化强省建设先进市县考评作出动员部署

省文化体制改革和发展工作领导小组办公室制定《首届山东省文化强省建设先进市县考评工作实施方案》，并专门下发通知，确定自2013年6月份始开展首届文化强省建设先进市县创建考评工作。目前，创建考评工作已正式启动，分部署动员、自愿申报、综合考评、审核公示、审批通报等五个阶段进行，9月底前评选出首届文化强省建设先进市县。文化强省建设先进市县创建和考评活动进一步激发了全省上下投身文化建设事业的干劲和热情，在全省形成了加快文化改革发展、共建文化强省的热潮。

二 山东文化强省建设先进市县创建活动引发的思考

开展先进市县创建活动是山东文化强省建设具体化、载体化、实在化的重大举措，对各地加快文化改革发展提出了新的更高要求，也为各地发挥优势、展现作为、加快发展提供了宽阔舞台。

（一）形成推进山东文化强省建设的长效工作机制

山东文化强省建设先进市县创建活动，既是压力，又是动力，它能够促进各地切实把创建文化强省建设先进市县作为重要目标，把加强文化建设作为"一把手"工程，摆上更加突出的位置，建立完善相应领导体制和工作机制，真正将其纳入经济社会发展总体规划，与经济、政治、社会各领域工作一同研究部署、一同组织实施、一同监督考核。山东省委常委、宣传部部长孙守刚曾说过：组织领导和政策扶持是促进文化改革发展的重要保障。在领导体制上，整合现有宣传思想文化议事协调机构，成立文化强省建设指导委员会，加强对文化建设的统一领导和协调，形成工作合力。在工作推进上，在全省组织开展文化强省建设先进市县创建活动，由省委、省政府表彰，每两年评选一次，把文化强省建设进一步具体化、实在化。在政策投入上，提高财政文化事业支出占总支出的比重，设立农村文化事业建设资金、艺术创作专项资金和艺术基金，扩大文化事业和文化产业专项资金规模。在评价考核上，建立文化建设目标责任制，完善文化强省建设先进市县创建标准体系、公共文化服务和文化产业发展指标体系、科学发展考核评价体系"三个体系"，形成推进文化强省建设的长效工作机制。①

（二）研究符合山东实际体现自身优势切实可行的工作方法

山东文化强省建设先进市县创建活动，可以切实督促各地紧紧围绕建设文化强省的目标要求，研究制定符合本地实际、体现自身优势的文化改革发展目标和工作思路，积极开展富有特色的创建活动，从建设社会主义核心价值体系、大力发展公益性文化事业、促进文化产业跨越发展、加强文化创作生产和新闻舆论引导管理、加快文化体制机制改革创新、弘扬和发展优秀传统文化、加大文化人才培养力度等各个方面，确立工作重点，加大工作力度，打特色牌、作优势文章，推动文化改革发展不断取得新的成效。

---

① 孙守刚：《加快由文化大省向文化强省迈进》，中国文化传媒网。

（三）制定促进改革发展的完善配套的政策措施

山东文化强省建设先进市县创建活动，可以促进各地认真落实中央和省委省政府提出的一系列文化改革发展的政策措施，完善配套政策和奖惩机制，加大文化事业投入，保证公共财政对文化建设投入的增长幅度高于财政经常性收入增长幅度；加大文化产业发展扶持力度，在专项资金、投资融资、税收优惠、贷款担保等方面，为文化产业发展创造更加有力和宽松的环境条件；完善推动文化体制改革的政策措施，制定落实好关于改革单位人员分流安置、医疗、养老、离退休待遇和跨地区跨行业兼并重组等关键环节的配套政策，推动改革顺利进行；加强和改进对文化工作的领导，充分调动和发挥各级各部门、单位以及社会各界的作用，紧紧依靠广大人民群众，动员全社会力量参与文化建设，努力形成文化强省建设的强大合力。①

山东文化强省建设先进市县创建活动，使全省的文化建设和发展站在了一个新的历史起点上，这是加快山东文化建设的重大契机。各地积极努力参加创建活动，在此过程中，既可以提升基层文化建设水平、让群众得到更多文化实惠；又可以把文化资源优势转化为文化发展优势，以高度的文化自觉、文化自信，将山东建设成与文化资源相匹配、与综合实力相适应、与富民强省目标相承接、与人民群众精神文化需求相符合的文化强省。

附录　山东省文化强省建设先进市县考评管理办法（试行）

第一章　总则

第一条　为深入贯彻党的十八大精神，落实《中共山东省委关于认真贯彻党的十七届六中全会精神加快建设文化强省的意见》（鲁发［2011］18号），大力实施文化强省战略，加强文化强省建设先进市县创建活动的考评管理，推动文化强省建设先进市县创建活动扎实开展，特制定本办法。

---

① 参见文化强省建设先进市县创建活动，http://www.sdqsnwh.com/shownews.asp?id=468。

推进山东文化强省建设先进市县创建研究

第二条 山东省文化强省建设先进市县的考评，坚持以邓小平理论、"三个代表"重要思想、科学发展观为指导，以加快建设文化强省为目标，以不断满足人民群众精神文化需求为出发点和落脚点，以社会主义核心价值体系的凝聚力、文化改革发展的创新力、文化事业的保障力、文化产业的竞争力、齐鲁文化的影响力、文化人才的支撑力等为主要内容，坚持贴近实际、贴近群众、贴近生活，坚持重在建设、务求实效、惠民利民，坚持科学评审、公开透明、公平公正，使之成为文化强省建设的有力抓手和重要引擎。

第二章 范围和条件

第三条 本办法适用范围为17个设区市、138个县（市、区，不含经济开发区、高新开发区等）。

第四条 申报山东省文化强省建设先进市县必须具备以下基本条件：

（一）组织领导有力，创建活动扎实。把文化建设纳入党委政府重要日程，纳入经济社会发展总体规划，建立健全推进文化强省建设先进市县创建活动工作机制，完善落实文化财政投入和文化发展保障政策，文化建设各项工作取得实效。

（二）社会主义核心价值体系凝聚力强，社会文明程度高。深入开展中国特色社会主义宣传教育和中国梦宣传教育，扎实推进美德山东、文明山东建设，把社会主义核心价值体系融入国民教育、精神文明建设和党的建设全过程，在全社会形成统一指导思想、共同理想信念、强大精神力量和基本道德规范。

（三）公共文化服务设施完善，群众精神文化生活丰富。坚持政府主导，按照公益性、基本性、均等性、便利性的要求，加大文化事业投入，加强文化设施建设，强化精品创作生产，健全文化服务体系，发展现代传播体系，推进城乡文化一体化，保障人民群众基本文化权益。

（四）文化体制改革到位，文化产业竞争力强。完成文化体制改革阶段性重点任务，建立起有利于文化科学发展的体制机制，文化产业持续健康发展，整体实力和竞争力增强，成为新的经济增长点和国民经济支柱性产业。

（五）齐鲁文化弘扬发展，人才队伍发展壮大。建立优秀传统文化传承体系，加强齐鲁文化资源合理开发利用，积极开展对外文化交流与合作，不断扩大齐鲁文化影响力，拥有一支德才兼备、锐意创新、结构合理的文化人才队伍。

（六）文化创新体系完善，文化发展活力增强。大力开展文化创新，推动思想观念、体制机制、工作思路、工作方式创新，文化内容形式、传播手段、文化业态、发展模式创新，文化创造活力不断增强，创新成果不断涌现。

第五条 山东省文化强省建设先进市具体测评标准和山东省文化强省建设先进县（市、区）具体测评标准另行制定。

第三章 申报和考评

第六条 文化强省建设先进市县的申报按照"自主、公开、统一、择优"的原则进行。

（一）自主。全省17个设区市、138个县（市、区，不含经济开发区、高新开发区等）对照山东省文化强省建设先进市具体测评标准和山东省文化强省建设先进县（市、区）具体测评标准自查，符合标准的均可自愿申报。

（二）公开。山东省文化强省建设先进市具体测评标准、山东省文化强省建设先进县（市、区）具体测评标准、申报程序等通过省内主要新闻媒体公开刊登。

（三）统一。申报文化强省建设先进市，需经市委、市政府对照测评标准初审确认后，由市文化体制改革和发展工作领导小组向省文化体制改革和发展工作领导小组申报。申报文化强省建设先进县（市、区），需经同级党委、政府自查确认后由县（市、区）文化体制改革和发展工作领导小组向市文化体制改革和发展工作领导小组提出申请，经市委、市政府同意后由市文化体制改革和发展工作领导小组统一向省文化体制改革和发展工作领导小组申报。

（四）择优。市文化体制改革和发展工作领导小组应按照规定程序对拟推荐对象进行严格审核、择优选取，向省文化体制改革和发展工作领导小组提出本市推荐参评名单。

第七条 文化强省建设先进的考评分"综合考评、审核公示、上报审批"三个步骤进行。

（一）综合考评。由省文化体制改革和发展工作领导小组办公室组织成立考评组，依据文化强省建设先进市县测评标准，采取听取汇报、查阅资料、随机抽查、实地考察、问卷调查、专业机构调查、设立群众联系电话等形式进行。

（二）审核公示。省文化体制改革和发展工作领导小组根据综合考评得分确定文化强省建设先进市县候选名单，征询纪检、综治等部门意见后，通过媒体进行为期一周的公示，接受群众的评议和监督。

（三）上报审批。文化强省建设先进市县候选名单公示没有异议的，经省文化体制改革和发展工作领导小组会议审议后，报省委、省政府审批。

第八条 有下列情形之一者，考评过程中实行一票否决。

（一）党委、政府领导班子成员中有违法违纪行为，受到党纪、政纪处分或被追究法律责任的；

（二）舆论导向和热点问题处置不当造成重大影响的；

（三）发生文化市场重大案件造成严重社会影响的；

（四）非法宗教活动得不到有效制止、造成严重社会影响的；

（五）隐瞒事实、弄虚作假骗取荣誉的。

第四章　奖励和管理

第九条 省委、省政府对在创建活动中考评成绩突出的文化强省建设先进市县予以通报表扬，给予适当奖励。

第十条 文化强省建设先进市县考评每两年进行一次。

第十一条 文化强省建设先进市县实行动态管理，每年进行一次复查。对文化强省建设先进市县的日常管理主要是指导、监督、检查创建工作进展情况，组织好考评和复查工作，总结推广工作经验；对不符合文化强省建设先进市县标准的行为及时给予批评和帮助；对问题严重的市、县（市、区），向省委、省政府提出给予警告、限期整改、取消先进市县资格的处理建议。

第十二条 已经被考评为文化强省建设先进市县的，有第八条所列情形之一者，予以取消先进市县资格。

第十三条 被取消先进市县资格的市、县（市、区），由省委、省政府公

开通报,本级党政主要领导、分管领导和直接责任人不得参与评选本年度的各类先进。

第十四条 被取消先进市县资格的市、县(市、区),不得参加下次文化强省建设先进市、县(市、区)的考评。经过认真整改,符合标准的市、县(市、区)可以参加以后的考评。

第五章 附则

第十五条 山东省文化强省建设先进市县的考评管理,由山东省文化体制改革和发展工作领导小组办公室组织实施。

第十六条 本办法由山东省文化体制改革和发展工作领导小组办公室负责解释。

第十七条 本办法自公布之日起实施。

B.13 山东省文化产业园区建设分析报告

马学强 王晓娟 丁绍敏 毛剑 韩雷 昝胜锋 赵迎芳*

摘　要： 近年来，山东省文化产业园区规模效益日渐显现，园区业态类型日益丰富完善，但在其建设和发展的过程中，出现了园区特色不明，重复建设、核心竞争力不强等问题，影响了文化产业的可持续发展。下一步，山东应加强宏观调控，强化政府服务，强化文化产业园区的配套服务体系建设，科学规划文化产业园区运营的各项产业，实现多业融合，优势互补。

关键词： 文化产业　园区　基地

文化产业富于智力、知识、技术和创意资源，产业链长，有利于转变经济结构，提升传统产业，增强核心竞争力。文化产业园区是文化产业发展的重要载体和集聚高地，是文化产业培育和集聚的基地，现代文化产业的发展离不开文化园区的强力支撑。当前我省借助政策优势，文化产业园区建设进入快速发展阶段，园区数量、规模及影响力迅速扩大，崛起了一批在国内具有较高知名度的园区，实现了我省文化产业的健康快速发展。但在其建设和发展的过程中，特色不明，重复建设、核心竞争力不强等问题也暴露出来，影响了文化产业的可持续发展。为科学把握文化产业园区有内容、有效益、有竞争力的目标要求，深入总结近年来我省在推进文化产业园区建设发展中的经验和做法，找准薄弱环

---

* 马学强，山东省委研究室；王晓娟、丁绍敏、毛剑、韩雷，山东省委宣传部；昝胜锋，山东大学中国文化产业研究中心；赵迎芳，山东社会科学院文化所。

节，改进工作，引导全省文化产业园区科学健康发展，省委宣传部、省委政策研究室、省发展改革委员会、省文化厅、省广电局、省新闻出版局和山东大学组成联合调研组，采取书面调查与实地调查相结合、区域调研和综合调研相结合的方式，对全省文化产业园区建设发展情况进行了全面调查摸底，探索研究文化产业园区发展趋势和规律，并结合实际，提出了有针对性的对策建议。

一 山东省文化产业园区进入加速发展阶段

对文化产业园区的概念，国际、国内至今尚无统一界定，我们认为文化产业园区应是指集聚一定数量的文化企业、具有较大产业规模、能够提供相应基础设施保障和公共服务的产业集聚区，其基本特征有三：一是"地理集聚"，以某个地理区域为集聚地；二是"产业集聚"，按照产业链条的联系或以某种专业产品为主导的集聚发展；三是"专业服务集聚"，它构建起与园内产业链条相适应的特色化的专业服务体系。

调查摸底数据显示，我省文化产业园区呈现数量快速增长、规模迅速扩大、类型日渐丰富的特点，部分文化产业园区正在成为区域发展新的增长极，成为各地转方式调结构的重要实践载体和工作抓手，这标志着我省文化产业园区建设进入了新阶段。

（一）园区数量快速增长

2002年时，全省文化产业园区只有19个，2002～2008年六年间建成45个，年均增加7.5个，文化产业园区建设开始启动；2009～2012年文化产业园区建设成为社会投资热点，四年间建成77个，年均增加19个，接近先前的3倍。截至目前，全省在相关部门登记备案的各类文化产业园区有141个。我省文化产业园区（基地）的名称来源主要由以下两个类型构成：一是机关或行业组织授予的称号；二是园区自有名称。其中包括：第一类：国家级园区（基地）：（1）科技部、中宣部、文化部、广电总局、新闻出版总署命名的"国家级文化和科技融合示范基地"1个；（2）文化部命名的"国家级文化产业示范园区"1个，"国家级文化产业实验园区"1个，"国家文化产业示范基地"12个［含1个"国家文化（美术）产业示范基地"］；（3）新闻出版总署命名的"国家动漫产业发展基地"3个；（4）财政部、工商总局命名的"中央财政支持广告业发展试点园区"3个；（5）工商总局命名的"国家广告产业园"2个；（6）中国教学仪器设备行业协会命名的"中国教育用品采购基地"1个。第二类：省级园区（基地）：（1）省委宣传部、省发展改革委、省财政厅联合认定的"山东省文化产业重点园区（基地）"20个；（2）省文化厅命名的"山东省文化产业示范园区"5个，"山东省文化产业示范基地"104个；（3）省商务厅命名的"山东省服务外包示范基地"2个；（4）省工商局命名的"山东省重点扶持广告产业园区"6个。基于我们对文化产业园区的概念内涵特征的理解，本报告所指的"文化产业园区"，不包含各级各类园区（基地）中的单个企业主体，但如有单个企业主体具有上述"集聚"性质，比如威海华夏城依托国家4A级旅游风景区发展成为集旅游、演艺、休闲、商贸、居住、教育等多项功能于一体的综合区，则作为园区计算。这类性质的园区有14个，在数量上居全国前列，与广东、上海、江苏、北京、安徽等省市同在第一梯队（根据《中商情报网》关于《2012～2016年中国创意产业园区市场调研及发展趋势预测报告》，截至2012年4月，全国已建成文化产业园区1185个，按数量划分为三个梯队：超过100个的为第一梯队、超过50个的为第二梯队、超过30个的为第三梯队。我省与广东、上海、江苏、北京、安徽等省市进入第一梯队，第二梯队为河南、福建、河北、四川等省市，第三梯队为四川、湖北、陕西、天津、辽宁等省市）。

（二）园区规模迅速扩大

全省文化产业园区注册资本总额7.88亿元，入驻企业数量18441个，吸纳就业人员243327人，占地面积16922.27万平方米。2011年，全省文化产业园区资产总额达到156.74亿元，实现业务收入685.7亿元、利润131.62亿元，上缴税金2.18亿元。其中，注册资本过1000万元的园区有82家，占总数的58.16%；集聚50家以上企业的园区有46个，占总数的32.62%；从业人员数过100人的园区有99个，占总数的70.21%；资产总额过1000万元的园区有91家（1000万～5000万元以内的21个，5000万～1亿元以内的17

个，1亿~5亿元以内的25个，5亿元以上的28个），占总数的64.54%。总体上看，我省文化产业园区的整体规模和实力显著增强，规模化、集约化发展水平明显提升。

（三）园区类型日渐丰富

我省文化产业园区呈现多样化发展态势，业态类型日益丰富完善，由规模扩张转向内涵提升阶段发展。各大产业园区功能渐趋完善，门类更加齐全，产业要素更加集聚。从投资主体类型上看，我省文化产业园区的投资主体呈现多元化发展趋势。141个园区中，政府投资主导的有60个，注册资本额2.77亿元，2011年资产额为74.25亿元；集体组织投资主导的有4个，注册资本额0.63亿元，2011年资产额为0.77亿元；民营企业投资主导的有76个，注册资本额4.37亿元，2011年资产额为50.96亿元。民营企业、社会资本投资经营的园区数量、注册资本额、资产额，分别占园区总数的54.74%、注册资本总额的63.45%、资产总额的33%，成为我省文化产业园区建设发展的主力军。从性质功能上看，我省文化产业园区业态类型日益丰富。141个园区中，创意产业园区24个，2011年实现业务收入624.09亿元、利润126.46亿元；文化产品制作园区31个，2011年实现业务收入44.82亿元、利润2.44亿元；文化商贸物流园区19个，2011年实现业务收入0.79亿元、利润0.19亿元；文化旅游休闲园区54个，2011年实现业务收入14.58亿元、利润2.33亿元；综合性园区13个，2011年实现业务收入1.41亿元、利润0.19亿元。以创意研发和创意设计为主要内容，以软件、动画、影视、广告、设计为主要产品形态的文化创意产业园区，其业务收入、利润分别占园区总收入、总利润的91.02%、96.08%，成为我省文化产业园区的绝对主导。

（四）文化产业园区正在成为区域发展新的增长极

文化产业园区的发展壮大，在推动我省文化产业又好又快发展的同时，也为所在区域经济结构优化升级和经济发展方式转变提供了新的路径，成为区域经济社会发展中的新亮点。潍坊市现有文化产业园区28个，集聚企业3183家，吸纳就业人员39845人，累计吸引近110亿元的社会资本投向文化产业集聚区建设，2012年全市文化产业实现增加值204.82亿元、同比增长23.8%，占全市生产总值比重达到5.1%，占全市服务业生产总值的14.13%，成为潍坊市经济发展新的增长点和支柱性产业，并为潍坊产业转型升级、"蓝黄两区"建设进程提速注入了强劲动力。枣庄高标准规划建设了台儿庄古城文化产业园，2011年园区实现业务收入3.82亿元、利润0.37亿元，分别占全市园区总收入的94.09%、总利润的94.87%，收入和利润以及带动的就业占全市文化产业园区总数的绝大部分，并呈现出向周边辐射的发展态势，有力地促进了枣庄资源枯竭型城市的转型发展。

二 山东省文化产业园区建设的新特征与新趋势

从世界范围看，文化产业园区诞生不过百年历史，其发展当是各类园区中势头最猛的一支，在促进资源整合、提高文化产业规模化集约化发展水平，营造文化创新氛围、提升文化产业核心竞争力，促进区域经济发展以及社会进步中的表现十分突出，同时也向世人展示了其特有的发展规律和新的发展趋向。总的来看，文化产业园区建设主要有以下共性趋势。

（一）文化资源深度挖掘，创意引领愈发显著

文化产业以内容为王，而最富有魅力的内容则来自地域特色文化。在文化产业园区，市场化和产业化机制介入文化资源的传承与开掘，极大地提高了文化资源的整合程度和资源利用率，激发出一轮又一轮的创意，引领园区不断迸发出新的生命力。伦敦剧院区（又称伦敦西区）作为与纽约百老汇齐名的世界两大戏剧中心之一，是一个依托城市文化传统、挖掘自身历史文化资源、通过不断创新构建起来的文化产业集聚区，这里不仅戏剧展演创作等创意经济活跃，而且商业和娱乐业也高度发达，数量众多的高质量商业设施与剧院、博物馆、展览馆等在空间分布上紧密交织、相辅相成，每年都吸引了大量来自全球各地的旅游者前来观剧和购物，是伦敦非常重要的经济产出片区。我国部分城市文化产业园区建设过程中也充分体现了这一点。北京琉璃厂文化产业园区依托一个有着700多年历史、一直作为北京乃至全国的文化商品集散地的文

街,以弘扬中国传统文化为核心诉求而获取了极大的品牌效应。我省杨家埠是中国三大木版年画的主要产地,以杨家埠风筝为代表驰名中外。潍坊市充分挖掘这一文化资源,加上创意元素,建设打造民俗文化旅游区,涵盖创意、旅游、销售、餐饮、房地产、影视六大类目,每年吸引数十万计的游客,客源辐射马来西亚、日本、韩国、新加坡等数十个国家和地区。

(二)文化与科技结合发展,创新驱动愈发重要

文化园区本身就是一个创新的成果,其发展成长过程中更离不开科技创新。互联网、移动通信、数字化、多媒体等高新技术从各个方面通过多种形式与文化内容结合,推动文化创作、传播、消费以及服务不断推陈出新,推动文化产业园区不断发展壮大。加拿大不列颠哥伦比亚大学是BC省动画产业园区发展的最初支撑点,文化创意企业首先在大学附近聚集或与其合作孵化,依托教授、专家、优秀学生等人才力量从事文化创意活动,形成了具有一定规模的创意产业园区,成为北美影视拍摄和制作的重要基地,被列为北美三大影视制作中心之一。我国北京市中关村科技园强化创新引领,力推科技与文化融合,让文化插上科技的翅膀,形成了以软件、信息、网络及计算机服务为主,以创意设计为主要产业形态的智力密集型和高附加值文化产业集群,涌现了水晶石、完美时空、中视中科等一批具有世界知名度的龙头企业。2011年,中关村国家自主创新示范区文化创意企业达到6201家,实现总收入4600亿元,占示范区总收入比重达23.4%。

(三)文化与相关产业融合,集群化发展愈发清晰

文化产业是一个综合性、渗透性、关联性比较突出的产业,与多个产业存在天然的耦合关系,文化产业园区的集聚功能为组建跨地域、跨行业、跨媒介的文化产业集团提供了便利,为文化与相关产业融合发展创造了有利的条件。美国好莱坞城作为世界影视业的中心,聚集着米高梅公司、派拉蒙公司、二十世纪福克斯公司、华纳兄弟公司、雷电华公司、环球公司、联美公司、哥伦比亚公司等600多家影视公司。进入20世纪60年代末,各大电影公司开始合并重组,好莱坞迎来了"新好莱坞"时代,电影公司不再单纯是电影的生产机

构,而是形成了集电影制作、有线电视网络、国际新闻出版网络、互联网于一身的跨国横向媒体巨头,并开始涉足金融、工业和商业等领域。整个好莱坞地区以电影业为龙头,带动音乐唱片、电视制作、服装设计、旅游、会展等业态的繁荣发展,成为全球时尚的发源地。我国上海张江文化产业园区以科技研发、金融支持、创新服务为特色,搭建上海动漫研发公共服务平台、上海东方惠金投融资和担保服务平台、上海文化产权交易所、上海动漫产业促进会等功能平台,集聚龙头企业实现规模效应,促进文化与科技、创意、金融、贸易的紧密结合。其中,以盛大网络、网易、九城等为首,云集众多网络游戏、休闲游戏、手机游戏的开发、运营及相关产业链企业,形成网络游戏产业集群,拥有全国网络游戏产业20%的份额;动漫产业集群以炫动传播、河马动画为首,进行特色化、专业化的动画电影创作,占上海动漫产业的市场规模达70%;数字内容产业占全国的10%,以盛大文学、新华解放传媒、世纪创荣、中文在线、上海方正等为代表,成为国内数字内容企业集聚度比较高的园区之一。

(四)文化要素高度集聚,主题化发展愈发明显

文化产业园区通过技术、人才、资本等多方面要素集聚,凸显了主题,强化了特色,同时也构筑了新的竞争力。迪士尼乐园以迪士尼动画为依托运用各种游乐设施将迪士尼动画中的人物和场景引入到主题公园内,给游客以特有的刺激与享受;同时,借用其品牌在顾客心目中的形象、声誉,将迪士尼品牌运用于主题卡通人物、主题玩具、主题服饰、家用电器等产品,从而迅速形成产品多元化或产业多元化经营格局,其品牌产品销售收入占主题公园收入的比例高达一半左右。深圳大芬油画村,本是一个毫不起眼的客家聚居的村落,从1998年开始,当地政府对其进行环境改造,加强规范引导,加大宣传力度,将其作为独特的文化产业品牌进行打造。目前居住在大芬村内的画家、画工已有8000多人,以油画为主的各类经营门店有1100家,以原创油画及复制艺术品加工为主,附带有国画、书法、工艺、雕刻及画框、颜料等配套产业的经营,形成了以大芬村为中心,辐射闽、粤、湘、赣及港澳地区的油画产业圈。我省的泰安方特欢乐世界,综合运用声、光、电、数字技术、自动控制、人工智能等高科技手段,打造主题项目、游乐项目、休闲及景观项目300多项,建

造了17个主题项目区，集中展示包括泰山文化在内的中华五千年文化，与泰山旅游风景区形成呼应，有效地解决了泰山、泰安旅游服务业产品单一和"留不住人"的难题，延长了泰安旅游产业链。

（五）园区内外辐射互动，带动效应愈发强大

文化产业园区的建设既为文化产业发展提供了物质空间载体，也会对地方经济结构调整和城市建设注入新的活力，因此被很多国家和地区视作城市复兴、转型发展的有力工具。纽约SOHO（苏荷）区曾是一个被废弃的工厂，后被一些从欧洲移居纽约的艺术家看中，发展成一个艺术家聚集区。全盛时期，面积不足纽约市区1%的SOHO区内，居住了全纽约30%以上的艺术家。艺术家在SOHO区集聚之后，又进一步促进了园区的创造活力，激发了城市建构创意资本的能力，SOHO区由此发展成为集艺术、时尚、购物、休闲于一体的都市休闲创意产业园区。我国西安的曲江新区原为一个旅游度假区，2003年以来规划开发了大唐芙蓉园、曲江海洋公园、大唐不夜城、大明宫国家遗址公园等30多个国内知名的文化旅游项目，形成了"曲江文化""曲江旅游""曲江影视""曲江演艺"等系列文化品牌，成功吸引1000多家文化企业进驻，形成了文化产业的聚集，改变了城市旅游景点长期以来依靠门票经济发展的尴尬局面，以文化旅游产业为驱动力带动区域价值全方位提升。近年来，曲江模式加快向外辐射发展，形成了曲江文化景区、大明宫遗址保护区、法门寺文化景区、西安城墙景区、临潼国家旅游休闲度假区、楼观中国道教文化展示区等六大文化板块竞相发展的跨越式发展格局，总辐射面积达126平方公里，奠定了整个陕西省文化产业发展的空间基础。我省的青岛市采取"腾笼换鸟"模式，把企业破产改制后待改造的工业老厂房进行重新设计包装，先后改造建设了创意100产业园、中联创意广场、1919创意产业园等一批文化产业园区，形成了青岛特有的文化产业发展模式。通过这种方式，既最大限度地保留了城市发展的历史文脉，也为旧城改造、老厂房重新开发利用提供了新的途径，培育了新的经济增长点。青岛市目前建成文化产业园区26个，总投资额156亿元，总建筑面积255万平方米，年创造经济效益60亿元，在为文化产业发展提供坚强支撑的同时，也为青岛市向创意城市的发展奠定了坚实的基础。

三 我省文化产业园区建设发展的不足

文化产业园区在国内真正起步只有一二十年的时间，属于新生事物，因此其发展仍面临着诸多体制机制障碍，尤其是产业概念模糊、统计口径混乱、政府多头管理等问题亟待澄清理顺。与国内外文化产业园区发展趋势和规律相比较，我省文化产业园区建设从数量和速度上看，已越过启动阶段、进入快速发展阶段，但从质量和效益上看，尚未完全进入快速有序发展阶段，正处于由自发到自觉跨越前的混沌时期，无论是发展理念还是发展方式都与文化产业园区发展趋势和发展规律有所背离，尚未形成具有时代特征、体现山东气派的文化产业园区发展模式。这具体表现在如下几个方面。

（一）基本概念、统计标准混乱

近十年来，我国文化产业快速发展，文化产业政策体系逐步形成，但是对于文化产业园区的规范仍未出台统一的规定，只有文化部针对本部所属文化产业类型所设定的管理办法。此外，我国文化产业园区、基地命名混乱，命名单位众多，比如新闻出版总署、广电总局、文化产业的村镇、中国民俗学会、中华文化促进会等都在命名。①当前，从文化产业园区名称来说，有基地、园区、示范区、集聚区、实验区等多种提法。在国家相关的正式政策文件中也有国家级文化产业实验园区、国家级文化产业示范园区和国家文化产业示范基地三个概念，但是却没有文化产业园区的正式提法。② 我省有曲阜国家级文化产业示范园区，台儿庄古城则是国家级文化产业试验园区。此外，园区与基地也没有明确区别，有的单个企业被评为示范园区，产业集群也被称为基地。山东于2008年和2009年分别命名首批和第二批省级文化产业基地，其中既包括曲阜明故城文化产业园、泰山景区这样的园区，又包括山东爱书人音像（集团）有限公司这样的单一文化企业。自2012年我省命名首批文化产业示

---

① 高宏存：《如何有效管理文化产业园区》，《经济》2012年第9期。
② 郭全中：《我国文化产业园区研究》，《新闻界》2012年第18期。

范园区和第二批文化产业示范基地开始,才有了较为明确的划分,但在理论上仍然没有清晰界定。这充分说明文化产业园区的基本概念、统计标准等都存在诸多问题。

(二)部分园区性质定位模糊

文化产业园区从概念上讲,应该指在一个相对封闭或半封闭的一定区域内,集合了文化产业的某一个链条中的一环或更多环的众多的文化企业。园区的功能在于提供所有相关服务,通过专业化的平台和特色化的服务支撑实现产业的集聚和产业链的完善,为入园企业发展壮大提供方便和机遇。从概念定位上看,我省有相当数量的园区虽然在名称上叫文化产业园区,但实际上只是以园区之名行招商引资之实,一些地方为了吸引企业入驻,不考虑其业务是否与园区性质相吻合,一些与园区主题关联度不大的企业也能进入园区;有的地方和部门热衷于给文化产业园区"挂牌"而忽视其条件和内涵;一些文化产业园区成为普通商贸和旅游的卖点,更有甚者则成为"圈地跑马"的地产项目。从功能定位上看,有的地方建设的文化产业园区功能定位雷同,一哄而上,盲目发展,文化含量低,浪费了大量资源。不少园区只是单纯地为集聚而集聚,仅仅是划出了一块区域,缺乏科学规划和配套服务,园内企业单兵作战,企业之间缺少横向联动、产业联系,难以实现共生互补、分工协作,更谈不上规模经济和规模效益,园区的产业链功能和集聚发展功能未得到充分发挥。

(三)园区管理服务亟须转型

企业向园区集中集聚,主要为的是园区全面而又专业的服务。这些服务,不仅只是物业服务,还应包括工商财税服务、技术服务、市场服务和融资服务等。从调研情况看,在众多的创意产业园区中只有寥寥可数的几个园区建有统一的技术平台,只有青岛创意100产业园开始探索建立市场平台,部分政府投资主导建设的园区虽然提供了工商财税等行政服务,但没有一家园区提供融资服务,绝大多数园区都停留在提供物业管理层面上,仅仅充当了物业公司的角色。在成熟的园区里,企业主要负责创意设计、技术进步和产品制作,其他全由园区管理机构提供。这对于入园企业来说,可以集中全部精力搞好生产经营；对于园区管理者来说，承接了园内企业服务需求外包，实现了规模经营，有利于专业化发展。文化产业园区由物业管理向全方位专业服务转型，形势十分紧迫，任重道远。

（四）开发建设主体多元衍生出系列问题

一是园区分化趋势会日趋明显。政府投资主导型园区一般把产业引导、招商引资作为主要目标，在土地供应、政策扶持、发展规划上具有先天的优势；企业投资主导型园区则将盈利作为主要目标，把园区作为资产经营，为了实现利润的最大化，忽视文化产业园区的文化内涵和根本宗旨，有的甚至本末倒置，将房地产开发作为主业，文化产业成为房地产项目的附属或招牌。二是公共服务进入园区急需破题。从园区管理运行结构来看，园区管理机构作为联系政府与园区内企业的中间桥梁，相应增加了一个管理层级，政府主导型园区仍然存在角色定位不准、部门协调沟通不足、服务意识不强等情况；企业主导型园区则因为相关公共服务和扶持政策与自身利益冲突、无关而予以搁置，园区内企业无法充分享受有关扶持发展优惠政策和服务。

（五）规划缺乏或相对滞后

一是现有园区大多没有从概念和功能层面进行战略策划，缺乏中远期发展规划。我省的文化产业园区有相当一部分是退二进三、腾笼换鸟而来，这些园区最大的特点就是因陋就简，在原有基础上进行适度改建。但原有建筑和业态的变更有相当大的难度，扩大规模不易，发展空间受限。即使是新建的园区，也大多没有从概念和功能角度进行战略规划。二是园区缺乏产业发展规划，致使园区内产业链条拓展长期停滞不前。大多数园区只有简单的概念定位，对园区产业发展目标前景尚未顾及，无以引导相关企业和项目前来集聚，在完善产业链条上鲜有作为。即使有一定的产业聚集，也只局限于空间意义上的集聚，而非产业链和价值链的集聚。三是园区定位缺乏统筹，功能定位雷同，低水平重复建设、同质化竞争等现象普遍存在，以动漫产业为例，近年来国家广电总局和新闻出版总署在全国陆续批准建立了40多家国家级动漫产业基地与研发基地。在部分城市，城市规划和产业规划早已形成，文化产业园区见缝插针，致使有的园区与周边环境反差很大，有的园区远离市区，企业职工生产生活均不方便，除了影响园区正常经营外，还难以同园区外部及其他行业实行互动，形成共同发展、相互促进的辐射带动效应。

（六）管理体制机制不顺

从全国来看，文化产业园区管理存在群龙治水、多头管理、无序管理、重复命名等问题。目前能够批准设立文化产业园区或为园区授牌的部门上有文化部、国家广电总局、新闻出版总署以及一些全国性行业协会；中有省级的宣传部、发展改革委、财政厅、经济和信息化委以及文化、广电、出版、工商等部门；下有市县级政府及其下属机构。多头管理体制下，审批部门过多，各部门职责不清、业务交叉，产生了诸多政策漏洞，给前期规划和后期管理带来诸多不便，这是造成园区过多过滥的重要原因。宣传文化部门虽然主管区域内文化产业发展，但对文化产业园区的管理缺乏法律依据，也缺乏相应措施和渠道，导致对园区发展思路及经营情况不能及时准确掌握，无从加强引导和规范。

四 科学推动我省文化产业园区健康持续发展

与起步阶段自发建设明显不同，进入快速发展阶段的文化产业园区建设的目标期望、投入规模和运作方式发生显著变化，其影响与示范效应也成倍放大，迫切需要加强科学管理和有效引导，保证其沿着科学发展的方向和道路持续健康发展。

（一）统筹文化产业园区建设与城镇和产业规划，突出主题，协调发展

文化产业园区是文化产业发展的重要载体，应在所在城镇建设与产业发展规划中明确体现。全省应坚持统筹协调统一，科学布局文化产业园区，使其落地在最合适的功能区，并与周边产业和基础设施相协调。引导各园区深入调研城市文化条件和市场前景，结合所在城镇功能区，科学设定自身性质和主题定位，研究提出长远发展规划，理清发展思路和实现路径，确保站在

城市全局发展的高度与其他园区实行差异化发展，并一以贯之地坚持下去，打造园区特色。推动园区科学编制园区产业规划，明确发展目标方向，确定培植与发展重点，确立园区服务内容和服务体系。统筹好不同文化产业园区之间的关联，发展跨区域特色产业园区，在总体布局上逐步形成一定梯度的文化经济区域布局。

（二）理顺文化产业园区管理体制机制，统一审批、统一规划

多头管理体制不利于文化产业园区的整体发展，目前亟待从国家层面对文化产业园区的发展作出统一规划，对基本概念、统计口径、管理体制作出明确规定。对于我省的文化产业园区的评选命名工作，我们建议统一归口到省级文化体制改革和发展工作领导小组管理，设置一个协调机构负责文化产业园区的审批、认定工作，协调宣传部、发展改革委、财政、国土、商务、文化、税务、广电、工商、新闻出版、旅游等部门进行统一审批和规划，规范准入门槛，提高集约集聚水平。

据统计，2011年底，全国2500家文化产业园区中，70%以上处于亏损状态，真正盈利的园区不超过10%。针对文化产业园区发展乱象，文化部对国家级文化产业示范区设立了退出机制。这是我国在文化产业园区管理机制上迈出的重要一步，是对国家文化产业示范园区的规范与激励。2012年5月，文化部撤销了四家曾被授予"文化产业示范基地"的机构。当前，对于文化产业园区的建设来说，要按照"控制总量、提升质量"的思路，对园区圈而不建、构成闲置的用地要依法予以收回、重新招商，对名不符实、功能定位不明确、缺乏文化内涵的或地产化问题严重的园区要予以调整取缔。

（三）对文化产业园区进行科学分类，一类一策，引导发展

不同类型的文化产业园区，有着不同的产业形态和运行规律，在引导推动中必须从各自需求和特点出发，有的放矢，分类实施。创意产业园区侧重激发创意、研发新产品、培育新业态，与科技园区性质功能相似，应会同科技部门参照科技园区管理和激励办法制定、完善相应政策，并与科技园区现行政策无缝衔接；依托高新技术开发区、国家文化创新基地，建立文化和科

技融合发展示范园区。文化产品制造园区工业制造特征明显，应会同工业园区主管部门参照工业园区标准制定管理和激励办法，并与现行工业园区政策衔接互动。文化商贸物流园区商贸物流特征突出，应会同商贸物流园区主管部门参照物流园区管理办法制定文化商贸物流园区政策，并与现行物流园区政策相衔接。文化旅游休闲园区侧重旅游和休闲，应会同旅游部门参照旅游度假区管理办法研究制定专门的文化旅游休闲园区管理和激励办法，并与现行旅游度假区政策衔接互动。

（四）实施重点园区培育工程，加强扶持，做大做强

全省要充分利用现有良好基础和文化产业园区快速发展势头，坚持抓大促强，实施重点培育工程，对发展前景好、潜力巨大的园区进行重点关注和支持，在规划、土地、资金等方面给予倾斜。政府政策性支持资金要安排一定比重的资金用于支持文化产业园区基础设施、公共平台建设和文化企业技术研发，推动文化产业投资基金加大对产业园区的投资力度。鼓励支持有条件的市和县（市、区）创新文化产业园区管理机制和扶持政策。顺应文化产业园区建设发展规律，引导强化品牌发展理念，进行专门的品牌策划、形象策划，塑造园区精神和核心理念，创意设计独具特色的LOGO，支持打造品牌园区。坚持文化产业园区与社区融合、与日常生活融合、与艺术和时尚融合，提升园区的文化内涵和创新发展能力，构建园区与社会发展的良性互动机制。鼓励支持实力强、发展潜力大的文化企业入驻园区，条件成熟的情况下鼓励其参与建设、整合和收购文化产业园区，打造高端园区、知名园区、特色园区，支撑实现文化产业又好又快发展和经济文化强省建设。

（五）推动园区管理转型升级，强化服务，同进共赢

山东要全面掌握和认真分析文化产业园区发展的实际情况，研究制定管理办法，有针对性地加强和改进管理与服务。引导园区管理者转变发展理念，树立共赢理念，强化服务意识，寓管理于服务之中，通过全方位高效服务实现科学有效管理。

山东要推动园区加快建设与其发展重点相配套的技术平台、融资平台、市

场平台,使园内企业能够以最少的投入实现最大产出。引导园区搭建公共服务平台,完善相关配套设施,为园区内企业充分享受政府公共服务提供便利。指导园区立足自身优势,探索特色化的服务项目,构建专业化的服务体系,以专业化的特色服务打造核心竞争力,推动园区管理实现转型升级。加快构建政府与园区新型协作互动机制,对政府而言,要转变观念,尊重园区的主体地位,坚持"少管理、多服务"的原则,在完善公共服务上下功夫,在构建宽松的制度环境下功夫,努力提高政府服务能力和服务水平。推动园区转型升级的关键在人才,应加快实施文化人才培育工程,重点培养文化产业管理人才、经营人才、科技人才及复合型人才,积极吸引优秀的国内外文化人才到山东发展,形成人才集聚洼地。

B.14 济南建设区域文化中心城市的基础条件与路径选择

石兆宏 赵仁龙*

摘　要： 文化中心是人类文化的一种空间存在形式，它是文化创新和文化集聚两大机制共同作用的结果。高度的历史文明，深厚的文化底蕴，丰富的文化资源，以及山东省的行政中心，这一切都构成了济南作为区域文化中心的基底。济南建设区域文化中心，应按照山东省区域协调发展和省会城市群一体化发展的战略布局安排，构建以省会城市群文化圈为核心圈层、以省域齐鲁文化圈为支撑圈层、以黄河流域华夏文明文化圈和大中华儒学文化圈为扩展方向的文化互动空间，形成以齐鲁历史文化、泰山与黄河自然文化、儒学思想文化、现代都市文化为纽带，以泉文化为特色的多元化、开放性文化体系，建设引领省会城市群文化圈、辐射省域齐鲁文化圈并与黄河流域文化圈及中华儒学文化圈有机呼应的区域文化中心城市。

关键词： 济南　文化中心　基础条件　路径选择

区域文化中心城市建设既是济南城市发展面临的一项老议题，也是当前区域一体化进程不断加快、文化强市战略全面展开背景下济南亟须破解的一个新命题。本文主要从文化中心形成的一般机理出发，对济南建设区域文化中心城

---

* 石兆宏，济南社会科学院；赵仁龙，济南市委党校。

市的基础条件和现实依据作出分析，在此基础上，对济南区域文化中心城市建设的目标选择和实践路径作出说明。

一 文化中心的一般概念、成因和形成机制

（一）文化中心的一般概念

文化中心是与文化区相关联的文化空间形态。文化区是指拥有相似文化特质的地理区域，由于文化区内的文化特质往往呈不均衡分布状态，那些文化特质分布较密集的地区，就构成了文化区的文化中心，其他区域则构成了文化区的边缘地带。

从本质上讲，文化中心体现的是一种文化关系，即一定文化区内部不同文化空间之间的决定与被决定关系。文化中心的决定性意义，主要与两个因素相关联：第一，文化中心通常是文化发源或者某种主流文化发生与形成的地区，拥有天然的文化占有优势，像上海自近代以来，由于占据着金融、海运、对外贸易方面的发展优势，同时也就成为海派文化的发源地，并成为区域性对外文化交流中心。第二，文化中心同时又是文化集散中心，它一方面凭借自身的行政优势、区位交通优势、信息占有优势以及相应的市场组织优势，发挥着对周边文化要素的集聚功能；另一方面，文化中心又承担着文化传达、输出和引进等方面的功能，无论是文化纵向的上通下达，还是横向的文化传播与交流，通常都是沿着中心城市———一般城市———乡村腹地这样的线路展开，这种文化集散功能实际上是与行政中心和经济中心的作用机制相关联的。

（二）文化中心的一般成因

文化中心是人类文化的一种空间存在形式。从文化变迁的历史过程来看，人类文化不仅作为物质、制度及精神观念等要素形态而存在，也作为人类历史的一条主线，经历了自身的演变过程，并展现出特定的空间存在形态，文化中心就是其中重要的空间存在形式之一。

通过进一步探究人类文化的变迁过程可以看出，促使人类文化中心形成的

一般成因主要有两个方面：一是地理环境因素。人类文明总是首先发端于那些有利于人类生存的地区，中国的长江-黄河文明、埃及的尼罗河文明、印度河畔的印度文明、地中海沿岸的希腊文明，所有这些早期文明，都与地理环境适宜人类生存有关。人类文明首先在这些地区发生，同时也就决定了这些地区是早期人类文化的发源地，人类早期文化中心也往往首先发端于这些文化源地之中。不仅如此，地理环境还决定了文明的传播通道，从而决定了文化沿着什么方向传播，进而决定了文化次中心的形成。人类文化的地理分区表明，在大的文化中心决定之后，次级文化中心的确立和形成，往往首先受到地理环境的影响，与文化中心地域相近或者地理环境更便于文化交流的地区，通常首先获得来自文化中心的辐射和带动，进而在文化上首先崛起，成为次级文化中心。二是社会变迁因素，包括社会制度变迁、政权更迭、战争以及大规模的人口迁徙等因素。根本层面的社会制度变迁，通常涉及政治与经济运行、社会治理方式等各个方面，这些制度变迁可能会导致政治中心及行政区划的改变，从而影响到文化中心的形成与发展，像封建分封制度的建立和推行，就促成了众多区域行政中心和文化中心的形成。同时，社会变迁还会带动经济中心的形成以及人口的集聚，进而促成文化中心的形成或迁移，中国自宋代以后，受战乱和政权南移的影响，经济重心不断向南方移动，就导致了北方社会生活和文化的凋落，以及文化中心的南移。另外，社会变迁还包括技术进步、生活方式改变等因素，这些因素往往会导致区域空间利用的重构，由此，各种政治、经济、文化资源也将按照新的格局实现重组，最终促成文化中心的迁移或重构。譬如，随着人类交通方式的改变，经济要素的集聚方向也在不断变化，不断由陆路枢纽向水路码头、铁路枢纽、现代空港等方向扩散转移，这在促成新的经济中心形成的同时，也促成了文化中心的迁移或重建。

（三）文化中心的一般形成机制

文化中心是文化创新和文化集聚两大机制共同作用的结果。进一步来看，基于文化创新和文化集聚两大机制的作用，文化中心的形成主要沿着以下路线展开。

一是文化创新是促成文化中心的根本机制。文化创新对于文化中心形成的影响首先表现为早期文化源地的文化创新促成了人类早期文化中心的形成。人类文化中心形成的历史过程表明，在人类文化发生初期，文化源地是文化创新的初始空间载体，那些依托优越的地理环境建立起来的文化源地，占据着文化赋存优势和文化创新优势，这些创新优势同时构成了早期文化中心形成的内在依据和条件，从而使早期的文化源地成为文化中心的主要存在形态。文化创新也是推动人类文化变迁的深层动因，文化创新不仅影响到早期人类文化的发生和文化中心的形成，也借助一个完整的历史过程，影响到人类文化的空间运动，进而对文化中心的形成与变动构成了持续性影响。

二是文化集聚运动是促成文化中心的又一基本机制。完整地考察人类文化中心的发生机制和演变进程，除了文化创新机制的影响，文化集聚运动也是推动文化中心形成的一个重要机制。文化集聚是空间集聚的一种具体形态，它主要是指文化要素的集聚，包括文化设施要素、文化制度和习俗要素、精神文化要素以及支持文化发展的各种政策、资源和环境要素等。文化集聚最终达成的结果是：在文化集结中心，文化设施、人才等要素资源获得更密集的分布，某种文化价值观和文化习俗获得更广泛、更充分的认同，制度安排获得更有效的配置，文化发展得到更充分的支持，文化集结中心成为整个文化区的发展极和战略核心，世界上许多宗教文化中心都具有这样的文化集聚特征。文化集聚一旦达成这样的目标，也就实现了文化中心建设的目标要求。显然，文化集聚对于文化中心的形成具有独特的作用和意义。如果说文化创新是推动文化中心形成的根本机制，那么，文化集聚的意义在于，它推动了文化向某一空间节点（中心城市）集结，并最终使这一空间节点成为区域文化发展的战略核心和发展极。正是基于这一点，我们认为文化集聚是决定文化中心之所以成为文化集结中心的关键因素，是文化中心的本质规定性。

二 济南建设区域文化中心城市的基础条件和现实依据

（一）历史文化资源基础

济南处在齐鲁文化的交会点上，4600多年的历史演进，造就了济南高度的历史文明，积淀了深厚的文化底蕴，形成了丰富的文化资源，这一切都构成了济南作为区域文化中心的基底。据统计，目前济南有全国重点文物保护单位21处、省级文物保护单位45处、市级文物保护单位86处；现有国家级非物质文化遗产项目7项，省级非物质文化遗产项目33项，市级保护名录达到141项。参照相关研究，我们将济南的历史文化资源分为八大类，分别简述如下。

远古文化。据考古学研究，早在八九千年前，济南地区就有了人类活动的足迹。迄今为止，济南已查明汉代及以前的古遗址达200余处，著名的有城子崖遗址、西河遗址、大辛庄遗址、东平陵故城遗址等。由此，济南地区确立了由北辛文化、大汶口文化、龙山文化、岳石文化、商代文化至两周文化的先秦文化序列，成为山东地区乃至全国古文化发展最为清晰的几个地区之一。这表明，济南地区是我国历史上重要的文化源地之一，具备成为区域文化中心的基础条件。

宗教文化。济南目前有佛教、道教、伊斯兰教、天主教、基督教五种宗教，是山东省宗教活动的中心。佛教建筑主要有灵岩寺、神通寺、兴国禅寺、四门塔、龙虎塔、千佛崖、大佛头等；道教建筑主要有长春观、华阳宫等，均是全真教的重要遗存；伊斯兰教建筑有清真南大寺和清真北大寺等；基督教建筑有经四路教堂、洪楼天主教堂、后宰门教堂、三里庄教堂等。这些都是济南文化发展的缩影，反映了济南文化的开放性、包容性和多元性。

泉水文化。"齐多甘泉，甲于天下。"济南的城市特色风貌是"山、泉、湖、河、城"的有机结合，其灵魂就是"泉"。据《济南泉水志》，至2011年8月，全市共有808泉。其中，明府城及周边有151泉，老城区外围及历城区320泉，长清区113泉，章丘市180泉，平阴县44泉。泉水喷涌、汇成湖河，使济南具有了"潇洒似江南"的灵性，并孕育了独一无二的"泉水文化"。泉水文化依托济南特有的生态环境，贯穿济南的发展历程，与阴阳五行文化、儒家文化、名士文化、茶文化等众多历史文化相互交融，成为济南的标志性文化。

名士文化。"海右此亭古，济南名士多"，这是对济南历史文化底蕴最精彩的阐述。历史上，在济南出生或生活过的名人很多。这里诞生了扁鹊、邹衍、伏生、房玄龄、秦琼、李清照、辛弃疾、张养浩、李攀龙、李开先等众多名士；曹操、李白、杜甫、苏轼、曾巩、赵孟頫、刘鹗、王尽美等都曾在济南生活过。他们不仅好学尚礼，诚实守信，勇于担当；而且好功名，善言辩，疏阔豁达，敢为天下先，形成一种名士文化，这也体现了齐鲁文化的精神特质。

商埠文化。济南是中国近代史上第一个主动开埠的内陆大城市，开创了中国内陆大城市对外开放的先河，极大地促进了济南及山东省的近代化的进程。商埠文化是济南近代文化的重要组成部分，为其增添了新内容、新形式。古城、商埠东西并列的城市格局，中西建筑风格交融的建筑风貌，是近代济南的城市特色，一些优秀的建筑，如胶济铁路办公楼、交通银行济南分行、德华银行、德国领事馆、瑞蚨祥鸿记等，成为济南特有的文化符号。

曲艺文化。济南素有"曲山艺海"之称，这里产生了山东快书、章丘梆子、梨花大鼓、五音戏、山东落子等民间艺术。尤其是开埠以来，济南曲艺大发展，达到巅峰状态，荟萃南词北曲，云集名家大师，茶园、茶棚、书场鳞次栉比，被称为"曲山艺海"。现在，济南较有特色的曲艺有济南皮影戏、吕剧、山东琴书、章丘芯子、花鞭鼓舞、鼓子秧歌、山东快书等艺术形式。

民俗文化。济南民俗文化丰富多彩，民间美术与传统手工技艺主要有济南面塑、龙山黑陶、鲁绣、鲁菜等；民俗节庆有千佛山庙会、济南药市会、趵突泉灯会、大明湖放荷灯、明湖踩藕、曲水流觞等；传统医药技艺有东阿阿胶制作技艺和宏济堂中医药文化；土特产资源主要有平阴玫瑰、章丘大葱、大明湖莲藕、核桃、油旋等。

红色文化。济南有深厚的革命传统，中共一大的 12 名代表中有王尽美、邓恩铭来自济南，并在济南成立了山东第一个党支部——中国济南地方支部。目前，济南有解放阁、济南革命烈士陵园、省党史陈列馆、济南战役纪念馆、五三惨案纪念碑、蔡公时纪念馆等众多红色文化资源，具有重要的革命历史教育意义和旅游价值。

另外，由于特定的地理位置，济南历来处于两种或多种文化的交叉地带，如"东夷"和"华夏"、齐文化和鲁文化、泰山文化和黄河文化、内陆文化和海洋文化等，形成了其敦厚儒雅、开放自信的文化品格。这一切都构成了济南的文化赋存优势，成为济南建设区域文化中心城市的深层根基。

（二）城市发展功能优势

济南是山东省的行政中心，具备推动文化集聚的行政背景和条件，这构成了区域文化中心建设的现实基础。

一是区域行政中心优势。济南因地处济水之南而得名。西汉始置济南郡，北朝及隋、唐、宋各代又改为齐州或齐郡。金元时期，济南先后为金山东东西路提刑司、元山东东西道肃政廉访司治所，是山东地区的监察中心。明洪武九年（1376年），山东最高行政机关"承宣布政使司"由青州迁至济南，济南成为山东省会。可见，济南在过去很长一段时期里一直是区域行政中心，特别是明代以来，更是山东省会，全省的政治、军事、经济、文化中心。济南长期以来作为区域行政中心，直接促成了其作为齐鲁文化中心的地位，这对于济南建设区域文化中心城市来说是周边城市无可比拟的一种文化基础优势。

二是科技教育中心优势。唯鲁有才，于斯为盛。济南作为省会城市，也是全省的科教中心，是全省高等院校和科研院所数量最多、最为集中的城市，这就为济南城市文化建设提供了强大的智力和人才支持。资料显示，济南是山东省高等教育资源最为集中的地区，2012年，济南共有普通高校40所、中等职业学校67所、技工学校28所，在校学生人数分别为50.5万人、9.1万人、5.8万人，专任教师人数分别为29649人、3956人、2781人。人才是进行文化建设最宝贵的资源，济南对教育资源的占有，决定了它同时必然是区域人才集聚高地，进而可以更充分地占有文化创新优势。

济南在科技创新方面的优势也十分明显。2012年，济南市年专利申请量23094件，增长24.4%，其中发明专利申请量8603件，增长67.9%。专利授权量14367件，增长26.8%，其中发明专利授权量2123件，增长30.8%。这些成就的取得，充分印证了济南的科技创新能力，同时也为文化创新奠定了重要基础。

三是公共文化设施优势。文化基础设施是文化发展的重要载体，是衡量城市文化建设的重要指标。近年来，济南市建成了济南国际会展中心、济南奥体中心、山东省博物馆、山东省档案馆、济南全民健身活动中心等一批重点文化设施；伴随着"十艺节"的成功举办，济南大剧院、济南市图书馆、济南市美术馆和群众艺术馆等也相继投入使用。另外，中国非物质文化遗产博览园计划于2014年国庆节开园，这是国内第一个非物质文化遗产博览园，必将在提升济南的文化设施水平的同时，为济南区域文化中心城市建设打开新的通道和平台。

四是文化产业发展优势。济南市文化产业发展优势明显：一是行业门类比较齐全。广播影视、新闻出版、印刷发行、文化旅游、文化产品生产与销售、广告会展、网络文化、演艺娱乐、动漫游戏、创意设计等传统行业和新兴行业都形成了一定的规模，业态发育较为完善。二是核心层文化产业稳步发展，初步形成了一批龙头企业和品牌。济南现有歌舞剧院、吕剧院、京剧院、杂技团、曲艺团、儿童艺术剧团6家市直专业艺术院团，艺术作品创作近年来取得了较好成绩；济南日报报业集团加强媒体建设和新闻创新，并依托人才、网络优势积极开展多元化经营，取得了良好的社会效益和经济效益；济南图书全国总发行单位已占到全省的1/2，民营书业发展迅速，涌现出了山东世纪金榜书业有限公司、山东星火国际传媒有限公司、海澜天韵集团有限公司等重点企业和知名品牌。三是动漫游戏、休闲娱乐、广告会展等外围层新兴文化产业异军突起，增速加快，成为济南文化产业中具有增长潜力的新亮点。以会展业为例，据济南市商务局统计资料显示，2013年，济南市共举办展会156场，展览面积255万平方米，同比增长15.9%；参观人数911万人次，增长9.4%；实现交易额1320亿元，增长7.9%；拉动相关行业收入182亿元，增长8.3%，会展业已成为济南市现代服务业的一大支柱行业，也是新时期文化产业发展的一个新的增长点。

基于上述发展优势，近年来济南的文化产业发展突飞猛进，取得了很大的成绩。据统计，2011年全市从事文化及相关产业单位超过1万家，从业人员超过10万人。2011年，济南市文化创意产业增加值300.44亿元，占GDP比重6.82%，增幅达到13.5%，高于GDP增速，在全国15个副省级城市中文化创意产业增加值位列第七，在全省位列第二。2012年全市文化创意产业增加值达到339亿元，占GDP比重7%，增幅12.8%，已经成为全市经济发展的支柱产业。

（三）区域中心地位与区域合作基础

济南是山东省省会城市群的战略核心，同时，也是半岛城市群的西部发展极和环渤海地区南岸的区域发展中心,这些作为区域发展中心的禀赋特征构成了济南在文化集聚方面的独特优势,为其建设区域文化中心城市奠定了重要基础条件。

一是区域中心城市和区域文化中心定位日渐清晰。早在2000年,国务院批复的《济南市总体城市规划(1996~2010年)》就将济南定位为"我国东部沿海经济开放区重要的中心城市";2006年,在《济南市总体城市规划(2006~2020年)》中,对济南城市性质定位为"环渤海地区南翼和黄河中下游地区的中心城市";2007年,山东省第九次党代会报告提出"促进济南省会城市群经济圈加快发展",同年12月27日,由省建设厅和北京大学联合编制的《济南都市圈规划》在济南发布;2010年8月,济南市被确定为国家服务业综合改革试点区域,随后市政府公布了《济南市开展国家服务业综合改革试点实施方案》,确立了建设区域性信息服务中心、现代物流中心、金融服务中心、文化旅游中心和商务会展中心的发展目标;2011年11月,济南市委九届十一次全会通过了《中共济南市委关于学习贯彻党的十七届六中全会和省委九届十三次全会精神加快建设文化强市的实施意见》,提出"把济南建设成为全国重要的区域文化中心城市"。在此,济南对自身作为区域中心城市和区域文化中心的定位安排,为其推动区域文化中心城市建设奠定了重要的框架基础。

二是区域合作日益密切。近年来,济南与周边地区的区域合作逐渐扩展、日趋紧密,尤其是省会城市群范围内各城市间的合作更是进入了实质性操作阶段。据了解,目前,济南、德州两市已签署了《德州市融入济南服务省会经济社会发展战略框架协议》,确定了五大重点合作领域;济南与莱芜达成了进一步发展两市交流合作关系的框架协议,莱芜的莱城区、钢城区、高新区分别与济南的章丘市、历城区、高新区结为友好区,经贸、旅游等50多个部门单位与济南对口单位签订了合作协议,60%左右的规模以上企业与济南相关单位建立了合作关系;淄博市召开了全市融入省会城市群经济圈发展暨主体功能区规划工作会议,就加快省会城市群经济圈建设达成共识,认为淄博必须采取措施加快与济南融合;聊城市则围绕建设山东"东引""西拓"桥头堡的目标,加快发展商贸物流、文化旅游等服务业,大力推进新型工业化,加快基础设施建设,超前谋划聊城至济南城际铁路建设各项前期工作,力争在省会城市群经济圈内的角色定位能够更加突出。所有这一切,在推动城市间协作发展的同时,必将进一步提升济南的区域中心城市功能,推动区域文化中心城市建设的深入展开。

三是区位优势愈加凸显。省会城市群经济圈地处山东省中西部,北临渤海,西北接京津冀大都市圈,西接中原经济区,东接山东半岛城市群,南与鲁南城市带、长三角都市圈紧密相连。它不仅仅是中国大陆东部的南北交通枢纽地区,是连接京津冀与长江三角洲两大经济圈的集结点,也是中国环渤海大经济圈的重要组成部分,具有突出的地域优势。随着京沪高铁的开通,济南与两大经济圈的联系日益密切,这就为济南发展会展、旅游、文艺演出、休闲娱乐等文化产业提供了更广阔的市场,同时也将在知识、人才、资金、信息交流方面,使济南更加便捷地接受北京和上海两大全国性中心城市的辐射,为城市文化建设提供更多和更高质量的创新资源。

(四)现实发展机遇

一是社会经济发展转型机遇。文化消费需求是推动城市文化建设的动力基因。目前,济南市已进入以服务经济为主的发展阶段,基于转变经济发展方式和调整经济结构的时代要求,济南市委、市政府进一步提出了把服务经济打造成济南首位经济的战略部署。文化产业作为21世纪最有发展潜力的"朝阳产业",对于促进传统产业转型升级,提升国家和城市竞争力具有重大意义。未来随着经济社会的发展转型,文化产业必将为城市文化发展注入新的活力,推动区域文化中心城市建设步入新阶段。

二是文化体制机制创新带来的机遇。创新是发展的动力源泉。近年来,关于文化体制机制创新的部署安排,为济南建设区域文化中心城市奠定了良好的制度基础。2011年10月,党的十七届六中全会审议通过了《中共中央关于深化文化体制改革、推动社会主义文化大发展大繁荣若干重大问题的决定》,开启了深化文化体制机制改革的步伐。同年11月,中共济南市第九届十一次全会审议通过了《中共济南市委关于学习贯彻党的十七届六中全会和省委九届十三次全会精神加快建设文化强市的实施意见》,会议强调,要以市场化为导向,推进现代文化产业体系建设,坚持经济效益与社会效益相统一,突出培植文化主导产业，加快推进文化科技创新，充分发挥泉城文化特色，推动文化产业跨越式发展，使之成为新的经济增长点和转变经济发展方式的重要着力点。党的十八届三中全会决定进一步强调，当前我国正处在全面深化改革的关键时期，创新文化体制机制将成为全面深化改革的主要内容之一，要"坚持以人民为中心的工作导向，坚持把社会效益放在首位、社会效益和经济效益相统一，以激发全民族文化创造活力为中心环节，进一步深化文化体制改革"。在此，这些关于文化体制机制创新的部署安排，既为文化的创新发展指明了方向，也为济南区域文化中心城市建设拓宽了思路，打开了新的机遇空间。

三是"十艺节"成功举办带来的机遇。"十艺节"于2013年10月11日在济南省会文化艺术中心大剧院开幕。通过承办"十艺节"，济南市建成了一批高水平的文化设施，打造了一批精品剧（节）目，开展了一批惠民文化活动，锻炼了一支高素质专业队伍，探索了一套文化建设机制，打造了一批城市文化品牌。所有这一切都为济南城市文化发展提供了有益的经验，也为区域文化中心城市建设打开了新的机遇空间。

济南建设区域文化中心城市也面临一些现实困难和挑战。首先，在文化体制与机制建设方面，仍然存在不足，尤其是围绕文化产业发展的体制建设和政策配套仍显不足，成为制约文化产业发展的瓶颈；其次，文化产业发展缺少创意水平高、规模大、产业链完整的龙头企业，也缺少在业界具有较高水准和知名度的文化产业园区，影响了文化产业的规模效应和极化效应；最后，在文化消费方面，一方面是总体文化消费水平相对较低；另一方面，城乡居民之间、不同收入群体之间的文化消费构成仍存在较大差异。所有这些因素都对区域文化中心城市建设构成了不利影响，需要采取措施加以解决和完善。

三 济南建设区域文化中心城市的目标定位与路径选择

（一）济南建设区域文化中心城市的目标定位

根据以上对资源基础和背景环境的分析，可考虑对济南区域文化中心城市建设的总体目标作出如下定位。

济南建设区域文化中心城市的基础条件与路径选择

按照社会主义文化大发展大繁荣和文化强国战略的总体部署要求以及山东省区域协调发展和省会城市群一体化发展的战略布局安排,构建以省会城市群文化圈为核心圈层、以省域齐鲁文化圈为支撑圈层、以黄河流域华夏文明文化圈和大中华儒学文化圈为扩展方向的文化互动空间,形成以齐鲁历史文化、泰山与黄河自然文化、儒学思想文化、现代都市文化为纽带,以泉文化为特色的多元化、开放性文化体系,建设引领省会城市群文化圈、辐射省域齐鲁文化圈并与黄河流域文化圈及中华儒学文化圈有机呼应的区域文化中心城市。

这一目标定位内含四个方面的定位要求:一是区域文化中心城市建设必须把握的背景要求。济南必须"按照社会主义文化大发展大繁荣和文化强国战略的总体部署要求以及山东省区域协调发展和省会城市群一体化发展的战略布局安排"来对区域文化中心城市建设的目标方向作出把握。具体来说,又涉及两个背景要求,其一是国家文化大发展大繁荣的战略背景和总体部署要求,这是界定区域文化中心城市建设目标的根本依据和出发点;其二是济南作为区域文化中心城市所面临的外部区域环境和区域一体化要求,这里的区域一体化要求是由当前国土空间布局优化的大背景及山东省区域协调发展和省会城市群一体化发展的总体布局所决定的,它进一步规定了济南作为区域文化中心的发展基础、未来的发展走向和高度,是界定区域文化中心城市建设目标的又一个出发点和内在依据。

二是区域文化中心城市建设必须构建的文化互动圈层。济南必须"以省会城市群文化圈为核心、以省域齐鲁文化圈为依托、以黄河流域华夏文明文化圈和大中华儒学文化圈为扩展方向",逐步建立和形成"引领省会城市群文化圈、辐射省域齐鲁文化圈并与黄河流域文化圈及大中华儒学文化圈有机呼应的区域文化中心城市"。区域文化中心城市总是基于一定的文化区和文化互动空间来实现其辐射带动功能。按照上述目标定位,济南作为区域文化中心的文化互动空间是一个开放的、多层次的空间体系,这个体系既包含了现阶段济南作为区域文化中心城市的作用区间,也内含了未来济南作为全国重要的区域文化中心在文化空间上的扩展方向,这种分阶段、分层次的空间布局和扩展思路,将更加有助于济南区域文化中心城市建设的有序展开。

三是区域文化中心城市建设必须把握的文化个性和文化脉络。济南推进区域文化中心城市建设,必须立足城市文化个性的提炼和提升,挖掘济南泉文化特色，发挥"山、泉、湖、河、城"的独特资源优势，着眼于城市整体文化特质的塑造，深入打造以泉文化为内核的"天下泉城"城市文化形象，提升城市个性文化的影响力；同时，要把握和突出齐鲁历史文化、泰山与黄河自然文化、儒学思想文化、现代都市文化四大文化脉络，以此为纽带构建既体现区域文化共通性、又体现区域文化个性特质并对外部区域空间具有号召力的文化体系。基于对城市文化特质的塑造以及对四大文化脉络的梳理，一方面可以打通和扩展济南与其外部协作空间的文化联系，强化济南作为区域文化中心的辐射带动效应；另一方面，也可以进一步提升济南在文化上的发展势能，增强济南作为区域文化中心城市的核心优势。

四是区域文化中心城市建设应该选择的结构模式。济南必须按照多元化与开放式的结构模式来推进区域文化中心城市建设。如前所述，由于区域文化中心城市的形成机制不同，可以把它们分为不同的结构模式，包括行政中心型文化中心城市、经济中心型文化中心城市、历史文化型文化中心城市、区域中心型文化中心城市等。由于当代文化发展是经济、社会、文化等多方面因素共同作用的结果，区域文化中心城市的形成与发展也就蕴含了多种因素的作用和影响，由此也就需要以一种开放的、多元化的视角来把握它的发展走势，并选择相应的区域文化中心结构模式。济南推进区域文化中心城市建设，也应该选择这样的目标和结构模式。

（二）济南建设区域文化中心城市的方向和路径选择

根据文化发展及区域文化中心建设的一般规律和要求，同时考虑到济南建设区域文化中心的基础条件及其目标安排，今后济南推进区域文化中心城市建设应将重点放在打造和强化文化中心城市的体系化优势方面。具体来说，可沿着以下方向和路径，着力推进区域文化中心城市建设。

第一，文化发展导向系统建设。济南建设区域文化中心城市，首先应该围绕文化发展导向系统建设，着重就文化价值观和文化发展理念的培育、文化政策与机制的创新等领域的工作，建立和形成作为区域文化中心的主导地位及其对周边区域的文化引领功能。具体包括：一是加快推进核心价值观和区域价值共识的构建。文化价值观是构成文化发展体系的核心和灵魂，建设区域文化中心城市、推进区域一体化发展，必须从培育核心价值观、构建区域价值共识入手。在当前我国文化发展的大背景下，区域文化中心城市建设应该立足国情，把社会主义核心价值观的培育和传播与区域价值共识的构建结合起来，以此为区域文化中心城市建设和区域文化一体化发展奠定文化共识方面的基础。二是培育和建立统一的文化发展理念。区域文化中心城市建设有两个层面的目标安排：其一是提升中心城市自身的文化发展高度，增强文化中心的辐射和带动能力；其二是建立文化中心城市与周边腹地的互动协调机制，推进区域文化一体化进程，实现区域文化的共同繁荣与发展。要实现这两个层面的目标要求，必须全力推动区域文化发展理念的培育和建设。文化发展理念是战略和策略层面的区域文化发展共识，文化发展理念不仅涉及对文化发展共同目标的选择，而且需要就文化发展的战略和策略选择形成共识，统一的区域文化发展理念是区域文化中心城市建设的思想基础。三是推动文化政策与机制创新。文化政策与发展机制的创新，是构成文化发展导向系统的一个基本方面。按照什么样的政策机制来引导区域文化一体化发展和区域文化中心城市建设，对于文化中心城市建设目标的实现具有关键性的作用和影响。在这一方面，济南首先需要围绕发挥中心城市的创新优势，着力推动文化政策与发展机制的创新与突破；同时，要推动整个区域在文化政策与机制创新方面形成共识，这是引领文化一体化发展的机制导向和体制保障。

第二，文化供给与需求系统建设。文化一方面表现为价值观、理念、道德审美等无形的精神形态的东西；另一方面，也以各种有形的文化产品和文化服务存在着。区域文化中心城市建设必须着眼于文化发展的完整体系，解决好文化供给与需求、公共物品提供和产业化运作等不同环节和领域的问题。

在文化供给方面，区域文化中心城市应该建立更高端、更完备的文化产品和文化服务供给系统，这是文化中心作为区域文化发展极必须具备的条件和发展高度，也是形成区域文化中心城市集聚效应和辐射带动效应的基本前提。在这一方面，济南应该在加快公共文化服务体系建设、打造公共文化服务高地的同时，着力打造济南的现代文化产业体系，强化文化集聚与辐射带动能力：一是要重视推进文化与现代科技的融合，探索和发展新型文化业态，以此为公众提供更加富有活力和时代感的文化产品，并以新型文化业态为引领，形成对周边区域的文化辐射与带动效应；二是要加快推动文化产业的规模化、集约化水平，以新型产业组织机制提高中心城市文化产业发展的整体水平和竞争力，并进一步增强对周边地区的辐射带动能力；三是要重视文化产业的市场化建设，探索文化产业的国际化融入机制，提高中心城市文化产业的市场组织能力和整体竞争力，实现覆盖整个区域的文化市场一体化建设。

在文化需求体系建设方面，应按照需求拉动增长的战略部署，推动区域文化中心城市不断实现文化消费需求体系的结构升级和需求链条的拉长。文化发展是一个供给与需求互为影响、彼此促动的过程。一方面，文化供给结构的改变将引领文化需求发生变化；另一方面，文化需求的增长和升级，也会促使文化生产不断创新，从而使文化供给不断实现规模的突破和形态的多样化。济南作为区域文化中心城市拥有更密集的人口分布和更高水平的人口结构，这就决定了济南也必然拥有更具规模、更高端、更前沿的文化消费需求系统，是现代文化消费需求的引领中心。今后济南推进文化需求体系的培育，一是可以通过政策引导，培育新的文化消费增长点，扩展和提升文化消费需求的规模空间，促进文化消费需求体系的完善和更新；二是可以结合文化产业升级和商业模式创新，推动文化消费的扩展和升级，构建更加符合现代需求趋势的文化消费需求体系。济南作为中心城市拥有一个发达且充满新意的文化消费需求体系，不仅将会为济南自身的文化发展打开新的增长空间，而且也将会带动区域文化需求升级，促成区域文化发展实现新突破。

第三，文化传播与交流体系建设。文化传播与交流体系建设也是济南推进区域文化中心城市建设的一个重要内容和任务，只有加快推进文化传播和交流体系建设，使中心城市成为区域文化传播以及对外文化交流的集结中心和战略高地，才能进一步强化中心城市对周边区域的文化集聚和辐射带动效应，实现区域文化中心城市建设和区域文化一体化发展的目标任务。文化传播与交流体系建设主要涉及两个方面。

一是建设现代化文化传播体系。济南作为省会城市和区域文化中心城市占有更优良的传播资源，包括更先进的传播技术、更系统的传播组织、更有效的传播渠道等，这些因素都是中心城市面向整个区域强化其文化传播极化效应的重要基础。下一步济南应该从区域文化一体化和区域文化中心城市建设的角度

济南建设区域文化中心城市的基础条件与路径选择

来进一步加强文化传播体系建设,主要是着力解决好以下三个方面的问题:一是注重发挥主流核心媒体的传播渠道优势,强化中心城市文化传播的集聚功能。济南作为山东省省会和区域中心城市占有更丰富的主流核心媒体资源,包括党报党刊、通讯社、电台电视台、出版机构等,今后应注重发挥这一优势,全力打造作为区域文化中心城市的现代文化传播体系,形成其文化传播轴心功能,以此搭建起带动区域文化传播体系实现功能提升的主体框架。二是注重对新技术、新载体的引进和利用,构建技术先进、传输快捷、覆盖广泛的现代传播体系。济南应发挥自身在数字技术方面的优势,推进文化传播与现代数字技术的对接,提高文化传播的数字化水平;同时,加快推进电信网、广电网、互联网三网融合,提升网络渠道整合利用绩效水平。三是重视区域文化传播内容的一体化设计,塑造区域文化整体形象,提升区域文化对外传播的整合效应。

二是打造对外文化交流战略高地。改革开放以后,随着地方国际化战略的全面展开,地方对外交流在服务中央外交大局的同时,也越来越多地发挥了支持地方对外开放的功能,文化上的对外交流更是逐步成为文化发展的重要组成部分,并成为促成地方全面对外开放的重要引擎和战略支撑点。从现实的组织实施来看,由于省会和副省级以上中心城市在组织对外文化交流方面拥有更多的权限和渠道优势,这就使其在推动对外文化交流方面发挥了更多的支撑作用。济南作为省会城市和副省级城市同样占有这方面的资源优势,今后应该注重发挥这些资源和渠道优势,加快推动对外文化交流,进一步把济南打造成区域对外文化交流的战略高地,推动区域对外文化交流整体水平的提升。

区域文化中心城市建设是一项系统工程,济南除了需要沿着上述几个方向落实和推进区域文化中心城市建设以外,还需要注意把握和处理好以下三个方面的关系:一是要正确处理建设文化中心与发展经济中心的关系,在目前阶段上,尤其是要处理好省会城市群经济圈与文化圈的协同发展问题,要充分认识两个圈层建设的互补性,借助二者的协同发展实现两个中心建设效应的最大化。二是要正确处理政府与市场的关系,区域文化中心城市建设一方面需要发挥城市政府的作用,尤其是在协调中心城市与周边区域的关系方面,建立和发挥政府间的协调机制十分重要;但从根本上讲,文化发展离不开市场机制的作用，文化中心建设是以文化要素在空间上的集聚和扩散为前提的，这种集聚扩散过程将越来越依赖市场机制的作用。三是要正确处理区域文化中心城市建设与"文化全球化"之间的关系，既要挖掘和弘扬本土文化、区域文化和民族文化的精华与特色，以此寻找并彰显区域文化中心城市建设的个性化价值；同时，又要善于借鉴国外的优秀文化，以此加快区域文化中心城市建设的国际化融入进程。

B.15
济南市公益性文化事业发展分析报告

闫 平*

摘　要： 一个区域文化的引领、聚集、辐射与服务的核心功能，体现于公益性文化事业的繁荣发展过程中。公益性文化事业能够为区域文化中心城市建设引领正确方向、形成文化认同、提供政策支撑、创造文化产业市场需要、培育文化资源和实践文化创新。针对济南市公益性文化事业建设成就及存在问题，以打造济南区域文化中心城市为目标，提出当前推动公益性文化事业发展的路径选择。

关键词： 济南　公益性文化　文化事业

公益性文化事业能够集中展示一个国家或地区的文化底蕴、文化成效和文化特质，是构成现代社会文明与进步不可或缺的文化元素。文化区域乃一定区域范围具有文化特质的空间载体。作为由地理环境和历史演变等因素形成的具有稳定性特征的区域性文化，对该区域民众的心理、性格、行为乃至价值取向都有着深刻的影响。公益性文化事业建设的根本目的是形成社会个体的核心价值观念及行为方式，这就使公益性文化事业与区域文化中心城市建设之间具有了一种无法分割的关联。如果说公益性文化事业是形成一个城市区域文化中心的物质基础和思想保证，那么，区域文化中心若要确立稳固地位并保持其文化聚集、引领、辐射与服务的龙头作用与功能，就必然要强化公益性文化事业对

---

* 闫平，济南社会科学院副研究员，主要研究方向为文化建设与管理。

文化高地的支撑与保障作用。当前，在我国推进社会主义文化大发展大繁荣的背景下，济南市提出建设全国重要的区域文化中心城市的战略目标，发挥好文化建设重要一翼——公益性文化事业的效能，对于打造区域文化中心城市具有重要意义和实践价值。

一 发展公益性文化事业的价值作用

作为我国文化建设的重要内容，公益性文化事业是不以营利为目的，以公益性、教化娱乐性和引导性为特征，面向社会和公众提供公共文化产品和服务的活动及载体。伴随着改革开放和市场经济的发展，我国文化市场迅速崛起，使文化产品和服务在市场经济中日益活跃，公益性文化事业由此得到长足发展。区域文化中心的形成以及卓越影响的产生，依靠的是该区域文化强大的引领、聚集、辐射与服务功能，这些功能无不体现于公益性文化事业的繁荣发展过程中。下面我们将从引领正确方向、形成文化认同、提供政策支撑、创造文化产业市场需要、培育文化资源和实践文化创新等方面，来认识公益性文化事业对于济南市区域文化中心城市建设的现实意义和价值作用。

（一）公益性文化事业为区域文化中心城市建设引领正确方向

文化的本质属性是其意识形态性，在文化建设中坚持社会效益首位原则，既是社会主义核心价值体系建设的内在要求，也是意识形态建设在人类社会进程中合乎发展规律的必然选择，这就要求公益性文化事业在文化建设中要发挥积极引领作用。尽管进入市场的文化产品能够为社会发展提供一定经济支持，但其根本目的是为了满足人民群众的精神文化需求，塑造人的意志品格，提高人的综合素质，促进人的全面发展和社会的文明进步。当前，国内外复杂多变的形势，迫切要求公益性文化事业发挥其在思想文化领域的前导功能。从国内形势看，社会主义市场经济体制不断完善，工业化、城镇化迅猛发展，文化赖以生存的体制环境和社会环境发生了深刻变化；社会文化思潮日趋多元、多样、多变，文化发挥自身功能的任务更加繁重。从国际形势看，经济全球化持续深入，世界范围内各种思想文化交流、交融、交锋更加频繁，西方国家利用传播优势不断对我国进行思想文化上的渗透,使我国文化安全面临巨大挑战。同时,国内各种非马克思主义意识形态有所滋长,否定社会主义制度、否定改革开放的言论时有出现,见利忘义、诚信缺失、媚俗低俗、封建迷信等错误价值观不断蔓延,社会主义思想文化建设任务十分艰巨。为此,广泛提供体现主流意识形态、保障国家文化主权和社会稳定的文化产品和服务,让展现国家文化形象、传承优秀传统文化、体现社会时代风貌和地域特色的文化产品和服务遍及全社会,便成为区域文化中心城市建设对公益性文化事业的迫切需要。唯其如此,才能确保区域文化中心实现文化引领风尚、教育人民、服务社会、推动发展的功能作用。

(二)公益性文化事业有助于区域文化中心城市形成文化认同

文化的认同感是一种文化的家园感和归宿感。区域文化认同包括两个方面内容:一是生活在该区域的民众对当地文化的整体特征的感知和理解;二是外区域的人对该区域文化共性的认识和标识性的总体把握。可以说,区域内居民交流形式愈多样、内容愈丰富,愈利于区域文化认同的形成。增强区域文化的认同感和凝聚作用,可以为公益性文化事业的大力发展提供合理性和契合性。同时,区域文化认同是区域精神文化家园形成的基础。应该看到,如果一个区域内人群与其他区域人群的交流频繁、交往内容丰富,那么,该区域文化扩散的机制将发挥更大作用。[①] 这便说明,区域文化认同力量一方面能够内化为本区域公众的生活方式、行为模式、价值观念、思维方式、情感表达等,奠定区域精神文化家园的构成基础,形成区域内民众一定的文化自觉和自信;另一方面,则有利于发挥本区域文化的传播辐射功能,提高区域文化在更大范围内的影响力。衡量一个区域文化生命力和影响力的重要尺度是精神文化产品所产生的社会效益,要求形成的文化共识则包含引领社会思潮的社会主义核心价值体系建设理念;爱国、敬业、诚信、友善的公民道德情怀;更加文明、优雅、健康、向上的精神文化生活;以及文化整体实力和竞争力的显著增强。这四个方面正是党的十八大对文化建设部署的重点任务要求。公益性文化事业恰恰在统

---

① 周尚意:《文化地理学》,高等教育出版社,2011,第262页。

一理念、倡导风尚、丰富精神、振兴文化产业等方面有着独特的作用和功能，发挥好公益文化凝聚文化共识、积聚民众力量的效能，无疑对区域文化中心城市的建设能够发挥至关重要的作用。

（三）公益性文化事业为区域文化中心城市建设提供政策支撑

公益性文化事业为区域文化中心城市建设提供的政策支撑体现在政策保障和体制保障两方面。文化发展与管理的政策制定属于公益性文化事业的范畴。从政策保障角度看，为保证文化发展的科学、高效以及可持续性，需要政府在深入调查研究的基础上，制定推动文化建设发展的政策和规划。近年来，我国出台了《关于加强公共文化服务体系建设的若干意见》《国家"十二五"时期文化发展规划纲要》等一系列公益性文化事业建设的指导性意见，各级政府在文化发展的政策推动上加大力度，使我国城乡文化建设取得了显著成效。从体制保障角度看，文化管理体制是政府为促进文化事业发展所建立的一套组织制度、管理机构及人员配置体系，可谓文化事业健康有序发展的宏观管理体制保障。建立健全党委领导、政府管理、行业自律、企事业单位依法运营的文化管理体制和富有活力的文化产品生产经营体制机制，以推进政企分开、政资分开、政事分开、政府与市场中介组织分开，形成行为规范、运转协调、公正透明、廉洁高效的文化管理体制，为各类文化主体创造良好的发展环境，既是我国文化管理体制改革的目标，也是区域文化中心城市建设的任务。在我国文化建设发展过程中，文化政策的强力支撑和文化管理体制的日益完善，在有力推动公益性文化事业发展的同时，也必将为区域文化中心城市营造良好的建设条件。

（四）公益性文化事业为区域文化中心城市建设创造文化产业市场需要

区域文化中心城市必然是一定区域文化事业繁荣与文化产业发展的高地。从根本上说，文化产业的发展潜力、发展规模及发展水平取决于文化需求的多少、消费能力的高低。人们对文化需求越旺盛，文化消费能力越强，文化市场就越发达，文化产业发展就会获取更大的发展动力。然而，文化消费需求是个体内在的认知能力、判断能力、感悟能力、鉴赏能力以及审美能力等的综合外在表征,如果没有文化素质的真正提升,即使人们收入增长了,也不会主动投入到文化消费中去。正如马克思所说:"对于没有音乐感的耳朵来说,最美的音乐也毫无意义。"然而,扩大文化消费、提升文化消费水平的关键在于公益性文化事业发挥普及大众文化艺术教育、提升公民整体文化素养的作用。公益性文化事业为文化产业发展创造市场需求体现在两个方面。一方面通过购买文化产品和服务,直接拉动文化消费;另一方面通过引导培育社会文化消费习惯,间接拉动文化消费。纵观近年来我国文化消费的发展态势,政府支持、政策引导是文化产业发展的重要保证。政府为广大人民群众提供广泛的、普及性的文化产品和服务,让人们在耳濡目染中逐渐提高文化消费品位和水准,从而树立健康、文明的文化消费观。人们不断追求高品质的文化生活,也就促进了文化消费市场的不断扩大,使文化产业获得持续的需求动力。由此看来,公益性文化事业对于区域文化中心城市文化产业的发展具有不可低估的体制支撑意义和拉动市场需求的作用。

(五)公益性文化事业为区域文化中心城市建设培育文化资源和实践文化创新

大量实践证明,公益性文化事业不仅促进了我国精英文化、大众文化的建设与发展,也为我国文化遗产的保护、传承与弘扬发挥了重要作用。公益性文化事业建设过程中关于挖掘、整理、研究传统文化,关于兴办节庆活动和沿袭习俗文化,关于中华优秀传统文化的教育、传统技艺的传承以及文化遗产的保护,客观上均促进了文化资源的保护、积累和传承,为文化事业以及文化产业的可持续发展提供了有力保障。公益性文化事业还有利于推进文化创新实践。文化创新是文化发展的战略基点和进步动力。一方面文化创新成果具有公共产品的性质,需要在政府的干预下、于公共文化建设过程中实现;另一方面政府可以以文化创新实现文化建设长远目标,即不仅以大量新颖别致的文化产品满足大众日益增长的精神文化需要,还能以新的文化品牌建立自身文化发展优势,提高区域文化软实力。这就要求政府在推动文化创新时注重规范性和激励性,既对文化创新的方向及其实践进行引导,又对符合政府期待的文化创新活动提供动力支持。可以说，政府干预文化创新的行为与公益性文化事业建设是同步进行的，或者说，只有在公共文化活动中，才能完成对文化创新的实践和推动。培育文化资源和实践文化创新，是区域文化中心城市建设的题中应有之义。

二 济南市文化事业发展现状分析

济南把"十二五"时期作为推进经济发展转型升级、城市建设跨越提升、社会事业全面突破的关键时期。近年来，全市文化建设事业以健康向上的良好态势，为"十二五"时期改革发展提供了有力的思想保证、精神动力和文化条件，也为济南建设区域文化中心城市创造了日臻完善的现实条件和各方面的优势。

（一）现实条件及优势

1. 体制优势

党的十七届六中全会强调，深化文化体制改革，推动社会主义文化大发展大繁荣，就是要寻求一条解决文化发展问题的政治路径。济南市抢抓文化建设的重大战略机遇，加快推进文化强市建设步伐，制定出台了《关于建设文化强市推动文化大发展大繁荣的意见》《关于加强公共文化服务体系建设的实施意见》《关于加快文化产业振兴发展的意见》等政策文件，把文化建设纳入"十二五"经济社会发展总体规划和城市建设总体规划，纳入全市科学发展指标考核测评体系，文化改革发展的力度明显加大。2011年末，济南市委九届十一次全会专题研究部署文化改革发展问题，提出要努力形成与省会地位作用和历史文化名城相适应的文化优势，把济南建设成为全国重要的区域文化中心城市的奋斗目标，对文化强市建设进行了全面部署，出台了一系列支持文化改革发展的政策措施，改革发展汇成文化强市建设的强音——文化行政管理体制改革率先启动，经营性文化事业单位转企改制进展显著，公益性事业单位内部制度改革继续深化。济南文化体制、机制理顺了，文化领域迸发出奋发向上的力量，激发了广大文艺工作者的工作热情和创造活力。

济南市公益性文化事业发展分析报告

2. 硬件优势

公共文化设施是文化公益化的物质体现,是公益性文化事业建设的首要环节。2013年10月第十届中国艺术节在济南市的成功举办,给济南的文化基础设施带来了全面建设、提升的难得契机。一是兴建西部新城省会文化艺术中心。作为济南市当前最大的文化民生建设项目,也是新中国成立以来济南市建设规模最大的公共文化基础设施,济南西部新城的省会文化艺术中心(市图书馆、市美术馆、市群众艺术馆以及省会文化艺术中心大剧院)正式投入使用,不但满足了承办"十艺节"的需要,还能长期服务于泉城百姓的公共文化需求,为济南文化繁荣发展奠定了坚实的硬件基础。二是大力整改扩建基层文化设施。初步形成了以县(市)区图书馆、文化馆为龙头,街道(乡镇)综合文化站为中心,社区文化中心、农村文化大院为基础的三级群众文化活动网络,基本完成了全市公共文化服务体系的构建。截至2012年底,全市上下11个公共图书馆、11个文化馆、1个美术馆、9个博物馆(纪念馆)和60个乡镇文化站、45个街道综合文化站、200个社区文化中心、500个农村文化大院已经全部实现免费开放。城市"10分钟文化圈"、农村"10里文化圈"基本形成,受益群众达400万人。①

3. 软件优势

一是精神文明创建活动深入推进。以唱响时代主旋律,有力推进社会主义核心价值体系建设为根本,以"爱我美丽泉城,建设文明济南"为主题,坚持"惠民生、求实效、抓特色、创品牌"的工作思路,济南市深入开展品牌创建、微笑服务、志愿服务等活动,扎实推进未成年人思想道德建设和乡风文明建设,在市内5区、10类窗口服务行业开展公共文明指数测评,首次将测评延伸到县(市)。在全国文明城市和未成年人思想道德建设复查中,济南市获第四届全国文明城市提名资格、全省未成年人工作先进城市荣誉称号,10家单位获第三批全国文明村镇、文明单位称号,6个区(市)获"省级文明县(市、区)"荣誉称号,1个县获"省级创建文明城市工作先进县"称号,文明城市创建工作扎实推进。二是公民道德建设取得了重大突破。结合中央精神

---

① 陈炜敏、曲晓妮、孟迎霞:《两件文化实事惠及400万人》,《济南日报》2012年12月21日。

要求,以全国道德模范评选为契机,扎实推进文明模范引领行动。从"排爆英雄"张保国、"执法如山的女检察官"孟红伟,到"流浪儿爸爸"郑承镇、"兵妈妈"齐亚珍、"义务守候烈士墓60余年"的农民刘延宝,济南涌现出一批在全省、全国有影响的道德模范,在第二届全省道德模范评选中,济南受表彰人数位居全省17市之首。从"济南交警""济南工行"等改革开放初期全国最早一批职业道德典型在济南出现,到近年来"泉城义工""阳光大姐""济南公交"等新时期典型得到党和国家领导人的充分肯定,济南公民道德建设公益品牌始终熠熠生辉。三是文艺精品创作成果丰硕。济南市文化艺术创作生产态势良好,艺术精品屡屡获得国家级、省级奖励。在"十艺节"剧(节)目比赛中,京剧《项羽》获文华大奖特别奖、方言话剧《泉城人家》获话剧文华优秀剧目奖,山东琴书《亲家亲》、山东快书《肉夹馍》、儿童剧《我们的名字》等6项节目及项目摘得"群星奖"。杂技剧《粉墨》、儿童剧《我的麦哲伦海峡》等一批思想性、艺术性、观赏性俱佳的文化艺术精品立于舞台。2010年以来,济南获得省级以上专业类艺术奖项102项。四是公共文化服务品牌创新卓有成效。围绕建党、国庆以及其他重大节庆,组织创建了丰富多彩的群众性文化活动品牌,如"公共文化走基层""送优秀剧目下基层""文化惠民·送戏下乡""济南市汽车流动图书馆""新市民·新课堂",公益性文化艺术辅导培训、中国济南亲子剧节、济南新青年大学生戏剧节、精品剧目演出季、京剧进校园、广场系列文化活动等,丰富了公益文化服务的形式和内容,受到群众的广泛欢迎,成为济南市乃至山东省公共文化服务品牌。五是非物质文化遗产保护成绩斐然。近年来,济南市按照非遗传承人口传身授的特点,采取一系列有效保护措施,鼓励支持传承人开展传习活动,一批珍贵、濒危、价值杰出的非物质文化遗产项目得到有效抢救和保护,部分国家级、省级以上的代表性项目得到政府的专项经费支持,截至2010年,济南市共有进入国家级非物质文化遗产保护名录的项目7项、省级的项目33项、市级的项目141项。目前,济南以龙山黑陶、济南面塑、福牌阿胶、油旋、宏济堂传统中医药等为代表的传统美术、手工技艺、饮食医药类等适合生产性保护的非物质文化遗产项目深深融入大众生活,并进入市场流通,使非物质文化遗产在增强自身传承发展能力的同时,成为促进经济发展的新亮点。六是文化人才不断涌现。推动文化大发展大繁荣,队伍是基础,人才是关键。济南市紧密联系实际,探索建立人才引进、培训、选用、激励四项工作机制,形成了一条完整的人才队伍建设工作链,为推动全市文化事业建设和文化产业发展发挥了重要保障作用。与此同时,编制印发了《济南市中长期宣传文化人才发展规划(2011~2020年)》,随着全市宣传文化系统人才工作领导小组的调整充实和文化人才工作的不断加强,涌现出一批宣传文化人才,为推动济南文化强市建设提供了良好的人才资源储备。

(二)存在的问题及劣势

济南市公益性文化事业在呈现一定良好发展势头的同时,也存在一些不容忽视的问题和劣势。一是文化事业的发展环境不够优化,文化资金来源渠道单一,文化事业经费投入不足,造成公共文化设施建设滞后、布局不够合理;文化活动经费难以及时跟进,造成文化活动场所唱"空城计",无法正常开展活动。二是城乡文化事业发展不平衡,农村文化管理体制不健全,文化活动的组织管理状况涣散;农村文化发展的潜力挖掘、资源整合能力不足;反映农村生活、为农民所接受、积极引导农民精神生活的文艺作品匮乏,活动内容和形式难以满足农民的需求。三是由于群众在文化活动中的主体性发挥不够,使得文化活动形式及吸引力有待丰富和提高。四是文化必须面向市场的趋势给公益性文化事业建设提出了新挑战,折射出济南市文化管理在体制保守、机制僵化和管理主体缺乏市场竞争意识等方面的落后问题,仅与济南近邻泰安市文化改革成效相比,便显出一定不足。近年来泰安两次荣膺全国文化体制改革工作先进地区,与其着力改革创新,推进文化与旅游、科技、资本的深度融合,开发文化资源,扩张产业规模分不开。此外,济南文化事业建设中还存在法律法规不健全、建设标准与评估考核缺位等问题,造成公益性文化事业建设难以尽如人意。

三 推动济南市公益性文化事业发展的路径

从公益性文化事业建设内涵及实践认识可以看出,公益性文化事业建设发展规划、目标、任务及举措,皆为区域文化中心城市建设的重要环节。济南市在构建区域文化中心城市过程中,要以强调文化的公益性为重心,大力促进文化事业的繁荣发展。下面提出具体实践路径。

(一)突出特点,整合完善具有区域特色的文化设施

文化基础设施是公益性文化事业发展的重要载体和依托,是一个城市或区域的文化标志和形象。在人们的记忆深处,成功的地标性建筑总能让人感知一个国家、地区或城市的文化内核、历史脉络,彰显其精神气质甚至经济实力。世界上许多知名度较高的国际大都市,如悉尼、纽约、洛杉矶、伦敦等城市,皆以富有特色的图书馆、博物馆、美术馆、艺术中心、歌剧院等文化建筑在给世人带来美好向往的同时,成就了一个城市文化中心的地位和名望。如造型特异、举世闻名的法国三大著名艺术中心之一的蓬皮杜文化艺术中心,以其大容量的活动场所和多功能的服务措施吸引着各类文化体验者,如今它已不只是一个文化场所,而且成为巴黎的一大名胜,其参观人数已远远超过了埃菲尔铁塔,位居法国首位。我国一些经济文化发展先进城市也拥有地域风格浓郁的公共文化设施,如北京的国家大剧院、上海东方艺术中心、深圳中心图书馆、武汉琴台文化艺术中心等,这些独具风格的文化设施不仅促进了当地文化事业的繁荣,对于树立城市形象、提升城市知名度同样发挥了重要作用。

作为区域性文化中心城市,济南应着力打造能充分展示自己特色、具有标志性特征、功能完善的公益性文化设施,避免因"千城一面"的设施形态造成地域文化风貌的"水土流失"。济南市在公共文化设施配置的特色化整合方面应注意以下几点:一是突出城市精神和历史文化,充分体现地域文化的独特魅力。城市精神作为一种源于历史、观照现实、契合时代、引领发展的城市核心理念,既是城市文化的重要组成部分,也是城市核心竞争力的深厚价值支撑。"诚信、创新、和谐"的城市精神,体现了济南城市的精髓和品质,公益性文化设施唯有将城市精神和历史文化作为建设理念,才能保证其具有鲜明的地域特征和深刻的文化内涵。二是体现城市综合实力和时代文化风貌。当前济南公共文化设施应以"十艺节"配套场馆设施建设为基础,着力打造与省会地位相适应、与泉城地域文化禀赋和时代风貌相协调、与市民生活需求相结合的标志性、综合性的文化设施场所。在乡镇大型设施建设过程中,要严格按照

济南城镇化建设规划标准加以引导和管理，遏止对建筑风格随意而为的行为，努力形成全市城乡风格统一的建设理念和文化设施场所，力求体现济南齐鲁文化、儒家文化、泉水文化、山水文化等地域文化特征，构建城乡一体的区域文化设施场所。三是力求公共文化设施数量充足、功能完善。公共文化设施承担着历史文化展示、文化教育、文化研究、文化交流、文化休闲等服务功能，布局广泛、形式多样、功能完善的文化场所，方能营造出"知识文化气息弥漫于城市每个角落"的氛围，构建亲民、利民的文化城市载体。

（二）内容多元，满足大众多样化文化产品和服务需求

由于大众文化程度、职业类型、收入水平和生活方式等诸多因素的差异，不同人群对公益文化的需求也不尽相同。不仅同一区域内城乡之间群众对文化的需求存有差别，不同社区之间的居民也会有不一样的需求，这就决定了现阶段对于公益性文化事业建设内容与模式的多样化要求。因地制宜、因人而异、多方拓展、多元开发文化产品内容与服务模式，才能最大限度地调动更多群众自觉参与文化活动和文化事业建设的积极性。在各种文化形态中，公益文化是大众受益面最广的文化，从国际大都市的公益文化建设经验看，调动最广大市民的文化积极性，最大限度地提高市民的参与度，是发展公益性文化事业的根本途径。如巴黎以其卓越艺术为载体的公益文化就普遍融入了大众日常生活和行为中——遍布四处的名人雕塑、司空见惯的艺术场景，不仅表现出艺术与爱国主义教育的完美结合，而且更让人们时刻沉浸在文化艺术与现代生活的融合当中。

多方拓展、多元开发文化产品内容与服务模式，一是要大力生产面向大众精神需求的高雅艺术精品。高雅文化艺术精品具有深刻的思想内容、较高的艺术水准和时代气息以及强烈的吸引力和感染力，在传递社会正能量的同时，能给人美的享受和启迪。它的生产既不能脱离对本土优秀文化的继承与弘扬，也离不开对国外优秀文化的吸收与借鉴。改革开放尤其是进入21世纪以来，济南市涌现出大量弘扬主旋律的文化艺术精品，然而这些艺术作品在数量、质量以及思想性、艺术性、观赏性的统一上，与公众的期待仍有一定差距，应尽快遏止在主题把握困惑、情节脱离现实、内容乏味庸俗等方面远离高雅艺术精品本质要求等问题出现，让文艺创作源泉回归到人民群众的现实生活当中去。二

是要重视提供大众文化产品。大众文化形态的主要特点是通俗性、流行性、娱乐性，易于百姓理解和接受。公益性大众文化作品要想更好地迎合普通民众的心理需求和现实需要，就要既生产城市居民赏心悦目、休闲娱乐的都市流行文化作品，又要有农民群众喜闻乐见、轻松质朴的娱乐文化作品。济南市应通过对文化产品创作、生产、传播载体各个环节的扶持，积极推出深受大众喜爱的、代表泉城特色文化形象的文化产品和服务，最大限度地发挥公益性文化事业的普及性效能。三是要重点扶持具有重大社会影响力、面向基层群众的公益性文化服务项目。优秀文化产品的推广与传播需要开放的、多元的、实用的服务项目的有力支撑。通过对公益性文化事业服务模式的开发与拓展，建立"全民共享、普遍受益"的良性传播机制，使不同受众既能欣赏到不同层面的文化艺术，也能参与到自娱自乐的群众文化中，这是公益性文化事业建设的基本目标。还应特别注意加强对弱势群体和特殊人群的人文观照，城市各类公共文化设施免费或优惠向农民工、老年人、儿童和残疾人开放，设置方便残障人士以及老人、儿童的活动区域和服务项目，经常性组织特殊人群开展文体活动或文化培训等，让广大群众都能享受到健康有益的精神食粮，让每个人的文化权利都得到应有保障。

（三）示范带动，发挥文化阵地导向驱动作用

对于公益性文化事业的推动莫过于对其示范项目、示范阵地的强力打造，使之成为一定区域范围内起导向示范带动作用的文化载体。近年来，国家公共文化服务体系示范区（项目）创建工作实践证明，示范区（项目）建设能够以标准化、制度化、规范化的运行机制，解决公共文化服务体系建设的突出矛盾和问题，创新文化活动和人才队伍建设机制，促进公共文化服务能力的显著提升。自2008年山东省被文化部命名为全国唯一的"全国文化信息资源共享工程示范省"以来，全省各市地涌现出许多公益性文化事业建设重点示范项目，如日照市"千百重点文化工程"、滕州市"全省公共电子阅览室建设与服务"、青岛市"文化家园工程"，等等，这些重点文化建设项目，从示范中强化了当地群众自觉参与文化活动的热情，提升了公众投身文化事业建设的责任意识。与此同时，一个区域文化中心的地位也潜移默化地在缤纷多彩、引人入胜的文化活动中得到了奠定。

济南市在实施公益性文化事业示范阵地强化战略中应重视以下六个方面的内容。一是全市各级政府要高度重视自身主体责任，把示范阵地创建列入"一把手"工程，与示范阵地管辖区政府文化管理部门签署创建责任书，有效统一全市上下创建示范阵地的思想行动，并建立相应的创建机构和规划；二是加大资金投入，保障公共财政对文化建设投入的增长幅度高于财政经常性收入增长幅度，提高文化事业支出占财政支出的比例，并且积极拓宽渠道，多方筹资，确保公益性文化事业示范阵地的建成和正常运转；三是加大对公益性文化事业的管理力度，克服重建轻管的现象，让文化管理机构和人员的责权利统一起来，通过对文化服务机构的行业评估，不断提高文化管理水平和人员业务素质，使文化管理工作逐步走向制度化轨道；四是要坚持以导向性、示范性、带动性、可持续性为原则，以寓教于乐、全民共享均等化文化产品和服务为主线，以举办品牌文化活动为龙头，引导和带动群众广泛开展各类文化活动；五是要充分利用互联网带给公益性文化事业转型建设的有利条件，积极探索网上娱乐活动的新形式，拓展群众文化活动空间；六是要加强与周边、跨区域文化示范阵地的横向交流与协作，扩大自身文化建设的影响力和辐射性，提高本区域文化中心的独立风格和知名度。

（四）更新理念，增强公益性文化机构——非营利性组织的能力建设

从经济学意义上说，公共文化和服务属于混合公共产品。它应以政府提供为主体，社会非营利性组织或者私人（市场）提供为辅。非营利性组织一般是指不以获取利润为目的，从事商品生产、流通和提供服务的民间社团组织。由于市场机制带来的社会问题的多重性和复杂性，靠政府（第一部门）或企业及私人难以合理解决公共产品的提供问题，而非营利性组织恰恰弥补了第一、二部门在解决社会问题上的不足，这也是非营利性组织迅速兴起并受到社会高度重视的原因。为此，济南市各级主管文化的政府部门和单位，除了在公益性文化事业管理、资金、人才等方面加强自身建设外，还要及时更新观念，适时发挥社会非营利性组织的作用。从我国文化改革发展整体情况看，缺乏非营利性组织的介入，是公益性文化事业发展步履缓慢一个值得关注的问题。近年来，作为社会非营利性组织——文化志愿组织的服务行为得到社会普遍赞

誉。据不完全统计,目前全国组建文化志愿服务团队2000多支,登记在册的文化志愿者人数突破30万,已经成为一支推动文化建设的重要补充力量。2013年底,在全国文化志愿服务工作现场经验交流会上,重申了文化志愿服务活动对于提升公共文化服务供给能力、促进社会和谐、实现资源整合和多方共赢的重要意义。为此,建立政府、市场、非营利性组织三者相互补充、良性互动的发展格局应当是现代社会公益文化发展的必然趋势。

济南市应充分认识并发挥非营利性组织对于推进文化事业发展的独特功能。一是激发全社会文化建设的自觉性。非营利性组织作为独立于政府和市场之外的社会组织,具有公益性、民间性、无偿性、志愿性、自治性等基本组织属性和自我管理、自我发展的特征,这类组织依靠自身优势,可以更好地充当沟通政府和公众的桥梁和纽带,激发全社会建设文化的自觉性和自信心,为凝心聚力、提高济南文化整体实力奠定有力的群众基础。二是提高公众对文化服务的满意度。随着社会阶层的不断细化,人们对于多元公共文化产品和服务的需求日益增多。而多向度的文化产品和服务单靠市场或政府难以实现有效供给,往往需要非营利性组织来参与弥补缺陷,以提高公众对文化服务的满意度。三是拓展文化发展的资金来源渠道。公益性文化服务的资金投入一向以政府为主导,如此单一的投资渠道越来越难以满足文化大发展大繁荣的形势需要,非营利性组织的介入有利于扩大公益性文化事业的资金来源渠道,从而形成政府财政转移支付、非营利性组织介入、民间捐赠等多元化的资金投入格局。通过积极有效地推动非营利性组织的建立和发展,更好地助力济南区域文化中心城市的建立。

(五)城乡协调,建立互动双赢、共同发展的统筹机制

当下,城乡文化发展不平衡已成为影响我国文化事业繁荣的一个突出矛盾,农村的基础文化设施、公共文化服务、文化资源等方面严重滞后于城市,成为制约城乡文化统筹协调发展的重要因素。济南市农村文化建设存在起步较晚、基础较差、文化投入低,农民文化素质和观念落后等问题,造成部分农村文化发展状况较差。党的十七届六中全会《报告》深刻阐述了加快城乡文化一体化发展的重要性。城乡文化一体化建设,是党中央顺应现阶段科学发展新

形势、人民群众新期待对我国文化建设作出的重大决策，是遏止城乡文化发展差距拉大趋势、扩大农村文化市场需求的根本出路。为此，济南市区域文化中心城市建设以城乡文化一体化为根本指针、统筹城乡公益性文化事业发展的任务显得十分紧要和迫切。

济南实施公益性文化事业区域发展的城乡协调应采取如下策略。一是要遵循城乡文化一体化发展的政策要求。在资金投入、产品供给、基础设施和制度保障等方面积极为农村文化发展创造条件。要通过检查和落实，保障农村文化建设专项资金到位，从强化农村基础文化设施入手，以增加农村文化服务总量、缩小城乡文化差距为根本任务，加快构建"以城带乡、城乡互动"的联动机制，制定农村文化建设中长期发展规划，让农民及农民工个人权益得到应有保障，切实发挥农村文化引导核心价值取向、培育新型农民、推动社会发展的强大动力作用。二是要利用各种文化载体引导农民广泛参与新社区文化活动。努力创新农村综合文化服务网络建设管理模式，尽早打造形成"20分钟公共文化服务圈"，大力开展各具特色、群众喜闻乐见的广场文化、庭院文化、体育活动、环境文化建设等活动；充分发挥各类民间组织、文化志愿组织以及文化能人提供人性化和个性化的文化服务的作用，形成新型农村社区良好的文化氛围。三是要创新农村文化市场管理和运行机制。努力形成有利于文化生产力发展的文化消费模式，抵制各种低俗丑恶文化。要知道，文化消费不仅取决于经济支付能力，还取决于个体的欣赏水平、参与能力和道德修养，提高农民综合素质，在农村文化市场建设中尤其要加以重视。要逐步建立起繁荣有序的现代农村文化市场，既要满足农民群众多层次文化生活需要，又要加强对文化市场的监管力度，着重加强针对网吧的监管，让网上主旋律文化大行其道；通过完善的文化市场实现文化资源的优化配置，用创新的市场机制引导农村文化市场的繁荣。

参考文献

［1］李向明、王晨、成乔明：《文化产业管理概论》，山西人民出版社，2006。

［2］《马克思恩格斯全集》第23卷，人民出版社，1972。

［3］中共山东省委宣传部：《文化体制改革与文化产业发展实务》，山东人民出版社，2009。

［4］李军鹏：《公共服务型政府建设指南》，中共党史出版社，2006。

［5］周尚意：《文化地理学》，高等教育出版社，2011。

［6］王列生、郭全中、肖庆：《国家公共文化服务体系论》，文化艺术出版社，2009。

［7］罗争玉：《文化事业的改革与发展》，人民出版社，2007。

［8］孙若风：《建设社会主义文化强国》，中共党史出版社，2012。

B.16
枣庄市公共文化服务体系建设发展战略

涂可国 闫平 汪霏霏 赵迎芳 闫娜*

摘 要： 2013～2020年枣庄市公共文化服务体系建设，既有良好的基础和机遇，又面临一定的挑战。枣庄公共文化服务体系建设，应按照枣庄转型"三大战役"和建设"幸福新枣庄"的总体要求，以提升全市人民文化生活品质为目标，以增强城市文化软实力为核心，以打造"15～20分钟"公共文化服务圈为主线，建立健全公共文化服务设施网络，提高公共文化产品供给能力，丰富公共文化服务内容，打造公共文化服务品牌，让群众就近、便捷享受基本公共文化产品和服务，满足人民群众健康丰富的精神文化生活需求，为全面建成文化强市提供良好的文化条件。

关键词： 枣庄市 公共文化服务体系 建设

2013～2020年枣庄市公共文化服务体系建设，应立足于加快推进全面建设小康社会的步伐，更好地保障人民群众的基本文化权益，加快推进城市转型，建设"幸福新枣庄"，来制定自身科学的发展战略。

---

* 涂可国，山东社会科学院文化所所长、研究员，山东社会科学院文化产业研究中心副主任；闫平，济南社会科学院副研究员；汪霏霏，山东社会科学院文化所助理研究员；赵迎芳，山东社会科学院文化所助理研究员；闫娜，山东社会科学院文化所助理研究员。

一 公共文化服务体系建设基本情况

（一）公共文化服务体系建设的成就

公共文化服务网络体系不断健全。"十一五"时期以来，枣庄先后新建、在建和筹建一批地标性重点公共文化设施，初步形成了以图书馆、文化馆、博物馆为骨干，以基层文化设施网络为基地，以文化广场、农家文化大院为补充的公共文化服务设施网络体系。

重点文化建设工程不断推进。全力抓好乡镇综合文化站和乡村文化阵地建设工程，累计建成乡镇文化站47个、村文化大院1676个、农家书屋1914个。农村电影放映工程、广播电视有线工程覆盖率达到100%，实现文化信息资源共享工程镇街和行政村全覆盖。

公共文化服务机制日益完善。在有条件的地方逐步形成了"15～20分钟"城乡公共文化服务圈，文化部门归口管理的各级公益性文化场馆实现免费或者优惠向群众开放，公共图书馆运用现代化手段积极推行电子阅览室建设，全面推广总分馆制。

群众性文化活动不断深入。以各级各类文化广场为核心，以政府为主导，以主题示范活动为特色，群众性活动的开展实现常态化、规范化。每年组织大型文化活动100余项、各类业余性文化活动近3万场。形成了以枣庄国际石榴文化节、滕州墨子文化节、滕州湿地红荷节等品牌节会活动为龙头的地方性节庆文化活动蓬勃开展的良好格局。

文艺创作成绩喜人。涌现出一批具有枣庄特色、深受群众喜爱、反映时代特色的精品力作，并在全国、全省获奖。相继创作出《风雨情怀》《驴王嫂》《碑桥记》《六字碑》等新剧（节）目50余部，获省级以上奖项200多项，创历史最好成绩。

文化遗产保护工作跨越发展。认真开展非物质文化遗产普查工作，建立健全了国家、省、市、县四级非遗名录体系。通过项目扶持、传承人动态保护等措施，推动非物质文化遗产保护工作迈上新台阶。成功举办了第二届中国非物质文化遗产博览会，一批非遗项目落户台儿庄古城。

公共文化服务队伍不断壮大。通过引进、考录、聘用，着力吸收社会文化人才，壮大了公共文化服务队伍，提升了公共文化服务专业队伍素质。全市现有专职群众文化干部170多人、广播影视业从业人员近万人、业余文艺团队400多个、民间职业剧团近百个、业余文体活动爱好者20余万人和各类文化艺术事业单位的文艺工作者4000余人。

（二）公共文化服务体系建设存在的优势与劣势

1. 优势分析

枣庄市文化服务体系建设具有独特的自然资源优势和文化资源优势。

自然资源优势。一是区位优势。枣庄市位于山东省南部，地理位置优越，既是京沪两大城市的节点城市，是鲁南经济带最有活力的区域之一，又是东部沿海和西部内陆腹地的过渡带。二是交通优势。枣庄交通发达，物流系统完善，是连接华东与华北、中原与沿海的重要枢纽，这有利于枣庄文化服务体系建设的空间合理布局和集约发展。三是生态优势。枣庄山川秀丽、名胜众多、风光优美，形成了环绕"北山""南水""西湖"的城市面貌。

文化资源优势。一是历史资源优势。枣庄文化源远流长，既有始祖文化、城邦文化、名人文化，也有运河文化和工业文化。二是文化遗产优势。枣庄物质文化遗产名列全省前茅，2009年被列为省级历史文化名城，全市现有各级文物保护单位1422处，柳琴戏和"鲁班传说"2项国家级非物质文化遗产，伏里土陶、"奚仲造车传说"等23项省级非物质文化遗产。三是红色文化优势。枣庄有着浓郁的红色文化氛围，台儿庄大战、抱犊崮抗日根据地、铁道游击队、运河支队、苏鲁支队和鲁南战役等红色抗战文化资源影响面很大。

复合型自然文化资源为枣庄文化产品和文化服务提供了可资利用的重要元素和生产内容，为文化服务体系建设提供了牢固的载体平台和坚实的基础依托。

2. 劣势分析

一是文化设施建设滞后。当前枣庄文化阵地建设达标率和覆盖率相对较低，市级两馆中，市图书馆为一级馆，而市群众艺术馆面积仅有2600平方米，

为国家二级馆,距国家一级馆的要求差距很大。县级两馆中,6个县级图书馆仅3个达到标准,6个县级文化馆无一达标且均没有独立办公场所。二是利用率低。现有文化设施陈旧、功能落后、布局不合理,加之管理不善,文化阵地无法正常使用的现象仍较普遍,资源利用率不高。三是队伍结构不合理。文化队伍面临老龄化趋势,专业人才严重不足,学历普遍偏低,兼职、借用和不到位现象较为突出。基层文化队伍基本没有专设编制,工资福利待遇低。四是财政经费投入相对不足。公共文化财政支出偏低,尤其是部分区(市)文化经费相对较少,低于1%的国家标准,部分街道、乡镇存在缺乏经费而无法开展活动的现象,部分乡镇文化站业务不断萎缩。

(三)公共文化服务体系建设的机遇与挑战

1. 机遇

随着政府公共职能的转变,我国把公共文化服务体系建设提高到战略地位加以重视,中央办公厅、国务院办公厅联合下发了《关于加强公共文化服务体系建设的若干意见》,明确了我国公共文化服务体系建设的指导思想、目标任务和工作要求。山东省、枣庄市相继制定出台了一系列加快公共文化服务体系建设的政策措施。自2008年以来,枣庄市高度重视构建完善的公共文化服务体系,先后出台了《关于推动文化大发展大繁荣的意见》《2008~2015年枣庄市文化建设规划纲要》等配套文件,强化了组织领导和政策支持力度。我国推动文化大发展大繁荣的形势和山东省、枣庄市相关政策的导向,为枣庄推动公共文化服务体系建设、打造"15~20分钟"公共文化服务圈提供了良好机遇。

2. 挑战

推动资源型城市转型、建设"幸福新枣庄"和建设文化强市对枣庄市公共文化服务体系的构建提出了新的更高要求;与全国先进地区相比,枣庄市公共文化综合实力不强,要面对更加激烈的公共文化服务区域竞争;枣庄城镇居民对公共文化服务发展的有效需求结构不合理,对公共文化产品需求的倾向性不够。

二 公共文化服务体系建设总体要求和战略目标

(一) 指导思想

枣庄市公共文化服务体系建设要以邓小平理论、"三个代表"重要思想和科学发展观为指导,深入贯彻党的十八大精神,扎实推进文化强市建设。按照枣庄转型"三大战役"和建设"幸福新枣庄"的总体要求,以提升全市人民文化生活品质为目标,以增强城市文化软实力为核心,以打造"15~20分钟"公共文化服务圈为主线,建立健全公共文化服务设施网络,提高公共文化产品供给能力,丰富公共文化服务内容,打造公共文化服务品牌,让群众就近、便捷享受基本公共文化产品和服务,满足人民群众健康丰富的精神文化生活需求,为全面建成文化强市提供良好的文化条件。

(二) 基本原则

政府主导,社会参与。突出政府在公共文化服务体系建设中的主导地位,充分调动社会各界力量参与支持公共文化建设与管理,完善鼓励社会捐赠、赞助、志愿服务政策,努力形成党委领导、政府管理、社会参与、多方联动、市场化运作的公共文化服务体系建设新格局。

以人为本,服务大众。公共文化服务体系建设要立足基层、靠近群众、符合实际、贴近生活,强化人民群众的主体地位。坚持以人为本的价值理念,努力实现文化发展为了人民、文化发展依靠人民、文化发展成果由人民共享。

统筹城乡,均等发展。遵循城乡文化一体化发展的要求,增加农村文化服务总量,缩小城乡文化发展差距,探索建立统筹城乡区域公共文化共同发展的联动机制,努力实现全社会均等普惠的公共文化服务,保障全体公民共建共享公共文化发展成果。

普及提高,多元拓展。多方拓展、多元开发,以适应人民群众多方面、多层次、多样化的文化需求,既要重视提供普及型公共文化产品和服务,又要着眼于培育提高型公共文化产品和服务,引导大众文化消费理念,大力拓展公共文化发展的空间。

健全机制，注重实效。既要建立完善投入与财政执行机制、人力资源激励与降低成本机制，又要加强绩效评估与政策调节机制，发挥公共文化服务体系的自我调节、自我修复和自我监控的保障作用，实现公共文化服务体制机制的高效率并推动其良性运转和可持续发展。

（三）发展目标

1. 总体目标

通过实施创新驱动、项目带动、融合集聚、科技支撑、文化品牌等战略，枣庄市将围绕建设文化强市的总体目标，力争到2020年建成布局合理、功能完备、覆盖广泛的公共文化服务体系，形成"15～20分钟"公共文化服务圈。文化产品创作生产更加活跃，文化资源得到有效保护和利用，文化队伍进一步壮大，公共文化服务发展的主要指标和整体水平处于全省前列，确保公益性文化服务均等、便利、普及和高效，基本满足全市城乡居民就近便捷享受公共文化服务的需求，使枣庄市成为鲁西南重要的区域性文化中心和公共文化服务体系建设强市。

2. 具体目标

公共文化服务网络建立健全。实现公共文化服务设施全覆盖，全市城乡平均每百人文化设施面积超过10平方米，形成布局合理、特色鲜明、设施完善、功能齐备、覆盖城乡的市、区（市）、乡镇（街道）、村（社区）四级公共文化设施网络，建成"15～20分钟"公共文化服务圈，城市中每万人拥有公共文化服务机构数、乡镇综合文化设施覆盖率等指标位于全省领先水平，使枣庄区域公共文化服务形象更加鲜明。

公共文化产品生产能力显著增强。涌现出一批具有枣庄特色、深受群众喜爱、体现时代特色的精品力作，力争"十二五"时期获省级以上奖励50多项，到2020年达到100部，文艺总体生产能力和成就领先于全省同类城市，部分区（市）优秀艺术门类的生产能力和文艺精品的创作成就居全省同类城市先进水平。发展艺术教育培训，支持、鼓励有条件的艺术学校开发新型教育培训项目，新办3～5个国营或民办文化艺术学校。

群众性文化活动丰富多彩。群众性文化活动开展常态化、规范化，推出一批广场活动、民俗活动、节庆活动等系列知名品牌。继续申办非物质文化遗产博览会等国家级、省级重大文化活动。城乡居民参与公共文化活动的比率逐年递升，到2020年，全市经常参与各类文化活动的群众达到总人口的40%。数字化电影放映"一村一场电影"和农村庄户剧团演出"一年一村一场戏"、农村书画大院等公益性文化惠民活动的开展更加广泛深入。

文化事业队伍建立完善。文化事业服务队伍不断壮大，素质不断提高，各级公共文化机构建立健全，经费和待遇得到保障。文化人才的年龄结构、专业结构、知识结构进一步优化，造就一批文化事业方面的领军人才、管理人才、创新人才、复合人才和科技人才，构建起一支门类齐全、结构合理、梯次分明、素质优良的文化工作者队伍，建立起有利于优秀文化事业人才健康成长和脱颖而出的体制环境，使枣庄市成为吸引优秀文化人才集聚、创业的高地。

三 公共文化服务体系建设空间布局

（一）范围

枣庄市市中、薛城、山亭、峄城、台儿庄5区和滕州市、高新区，64个乡镇街道（乡3个、镇44个、街道17个）。

（二）功能定位

以完善各级公共文化服务体系为目的，以打造"15～20分钟"公共文化服务圈为主线，推进公共文化服务网区域集聚式发展，构建特色鲜明、结构合理、效益显著的公共文化服务发展布局。

（三）区域发展思路

2013～2020年枣庄市公共文化服务体系建设空间布局应遵循以下思路。一是根据枣庄市经济社会发展的总体布局，打破目前行政区划制约和区域经济空间割据的状态；二是坚持区域文化经济协调发展，与枣庄市近中长期发展重点相配合、与城市布局和区域城市发展轴线相结合；三是要坚持就近原则，方便人民群众便利分享公共文化服务，逐步形成特色鲜明、结构合理、效益显著的公共文化服务体系建设战略格局。

根据以上思路，2013～2020年枣庄市在公共文化服务体系建设空间布局上，应按照"三带"和"多网点"的构架展开。所谓"三带"，是指以滕州市和山亭区为一体的北部公共文化服务体系建设带、以市中区和薛城区为依托的中部横向文化事业发展带、以峄城区和台儿庄区为范围的南部纵向文化事业发展带；所谓"多网点"，是指围绕64个乡镇、街道所展开的网点状公共文化服务体系建设格局。

1. "三带"

本规划期内，枣庄市应以文化基础设施为依托，以薛城区和市中区为交会点，推动滕州市、山亭区、峄城区、台儿庄区文化资源集聚整合，形成三个公共文化服务体系建设隆起带，进一步拓展公共文化服务体系建设空间。

（1）北部公共文化服务体系建设带

按照枣庄市委、市政府"组团式、同城化"发展的战略布局要求，滕州市和山亭区要借助合作互动发展的良机，充分发挥各自文化优势，努力形成文化合作互动、互利共赢的新格局，实现文化事业一体化互动发展。滕州市要发挥队伍优势、专业规模优势和先行优势，构建高规格发展平台，发挥辐射带动作用；山亭区要充分发挥文化资源优势，推动与滕州市全方位、多领域的文化交流合作。

2013～2020年，滕州市和山亭区应以滕州市龙泉文化广场和山亭区市民中心为两翼，以始祖文化、城邦文化、名人文化和红色文化为主题，以滕州市文化中心、龙泉文化广场和山亭区市民中心为主阵地，重点加强东沙河镇、桑村镇和城头镇、山亭区等组团式基础文化设施建设，深度挖掘本区域山水文化、名人文化、红色文化和民俗文化的内涵，形成自然文化和人文文化交融共生的北部文化事业发展的良好空间布局。

北部文化事业发展带要着力加强文化基础设施建设。滕州市应按照"一个中心、三个层次、多点辐射"的网络格局，加快文化中心和"一塔六馆"

龙泉文化广场建设，打造滕州市"文化新地标"。山亭区要把"六馆一院一中心"市民中心建设成为地标性公共文化设施。深入开展文化艺术活动。滕州要充分发挥柳琴剧团专业艺术表演团体的作用，发挥在戏剧、曲艺、歌曲、书画创作等方面的传统优势，精心组织创作优秀文化精品。山亭区要重点打造"百家基层文艺团队"建设工程，扶持建立类型丰富、充满活力的基层文艺团队。

（2）中部横向文化事业发展带

2013～2020年，中部文化事业发展带要利用枣庄政治中心、经济中心和文化中心的优势和两区"同城化"的宝贵机遇，充分依靠文化富集、政府驻地、经济发达、交通便利等有利条件，整合文化事业发展资源，实现文化优势互补，共建共享。充分发挥境内新城文化中心等市级公共文化服务设施集聚优势，优化市级公共文化服务体系骨干组群，不断完善区级文化设施建设，重点打造各种节会品牌和特色街区，形成有机一体的中部文化事业发展带。

重点打造节会文化品牌。市中区要举办好年货大集展销会、枣庄桃花节、中国（枣庄）户外广告技术和产品交易会、中国枣庄针织文化衫交易会、中国（枣庄）二手车博览会等重点节会活动，实现文化与经济一体化发展。薛城区要协助举办好全国性大型汽车赛事，打响"赛车之都"汽车文化品牌，做大做强"百日消夏群众文化艺术节"全省知名文化品牌，抓好以奚仲文化活动季为中心，包括民俗文化博览会、唢呐大赛等的重大节庆文化活动，吸引市中区和薛城区群众广泛参与，实现节庆效应的最大化。

保护开发丰富的特色文化遗产。市中区要抓住枣庄市资源型城市转型的政策机遇，建设好国家矿山公园，规划建设枣庄老街等历史文化街区，打造文化旅游和特色文化街区品牌；利用政府大力发展服务业的机会，将"鲁南水城·枣庄老街"建设成为特色商业文化区。薛城区要明确"特色文化城市"的战略定位，以打造奚仲文化、赛车文化、红色文化、生态休闲文化等文化品牌为主导，充分发挥"车祖奚仲"文化资源优势，进一步完善奚仲文化广场、奚仲阁、中陈郝瓷窑博物馆、鲁南民俗博物馆和数字影院等文化基础设施建设；依托丰富的民俗文化资源，合理开发洛房泥塑、薛城唢呐、夏庄石雕、鲁南大鼓等特色文化遗产；立足铁道游击队的故乡，叫响铁道游击队广场这一"山东省优秀文化广场"品牌。

（3）南部纵向文化事业发展带

2013~2020年，南部文化事业发展带要以台儿庄文化生态保护实验区为纽带，推进台儿庄区、峄城区县、乡、村三级公共文化服务体系建设，全力提升"江北水乡·运河古城"城市名片文化含量，全力抓好峄城区文体中心建设，全力打造以"运河文化"和"石榴文化"为主要特色的文化事业发展带。

注重发挥基层文化设施建设后发优势，把区级和镇、街文化设施建设作为新的突破口和增长点；抓住新型城镇化发展历史机遇，精心打造文化一条街、文化博览园；积极开展与运河文化生态实验区有关的、具有广泛群众基础的传统民俗、节庆活动，着力塑造石榴文化、运河文化、匡衡文化、二疏文化等文化品牌。

完善运河文化生态保护试验区规划，推进非物质文化遗产与物质文化遗产保护工作。加速完成以台儿庄古城为核心的15平方公里文化产业园区建设。依托台儿庄古城，在现有各类展馆基础上，完成相关传习基地重点项目建设，构建国家级非物质文化遗产园、柳琴戏博物馆、台儿庄纤夫文化村文化遗产保护聚集区。积极申报创建国家级运河文化生态保护示范区。

2. 多网点

枣庄应重点考虑基层文化建设，按照因地制宜、合理规划的原则，建设好本市多网点的文化事业发展格局。加强乡镇公共文化设施建设，在原有基础上改扩建，扩大面积，完善综合文化站设施，提升综合文化站管理水平，合理配置整合各乡镇优势资源，搬迁到镇、街中心人口居住的繁华地段，建设一批文化名镇。加快村级公共文化事业发展，完善村级文化大院、文化活动室和农家书屋，提高利用率。加快进行欠发达地区综合文化站的改扩建和农村危旧公共文化设施的改造，继续推进农村文化重点工程建设，改善、提升农村公共文化基础设施条件和服务水准，逐步改变城乡文化发展不平衡现象。

四 加强公共文化服务体系建设

尽早出台枣庄市"15~20分钟"城乡公共文化服务圈建设的具体标准，

在服务圈内对设施分布、设备配置、运行方式、配送机制、文化资源等方面进行有效整合。

（一）建立健全公共文化设施网络

切实按照公益性、基本性、均等性、便利性的原则，加快构建枣庄覆盖城乡、结构合理、功能健全、实用高效的公共文化设施体系。

制定布局合理、覆盖广泛的基础性公共文化设施建设规划，优化城市社区和乡村公共文化资源配置，采取新建、扩建和改造挖潜相结合的方式，加快公共文化设施建设步伐。按照打造城乡"15~20分钟"公共文化服务圈的战略思路，构建以枣庄图书馆、群众艺术馆为龙头，区（市）图书馆、文化馆为依托，乡镇（街道）文化站、村（社区）图书馆（室）为基础的四级公共文化服务网络，重点加强基层公共文化阵地建设。

新建、在建和筹建一批现代化地标性重点公共文化设施。发挥新城市民中心的功能，建设好滕州市、薛城区、峄城区、台儿庄区、市中区综合性文化艺术中心。推动山亭区"六馆一院一中心"的市民中心尽快投入使用，加快建设滕州市"一塔六馆"龙泉文化广场。提高公共文化设施网络达标率，到2020年全市市级图书馆、文化馆两馆达到国家一级馆标准，区（市）文化馆和公共图书馆达到国家二级馆标准，形成合理高效的公共文化设施网络。

专栏1：枣庄市公共文化服务设施重点建设工程（7项）

新城文化中心、滕州市龙泉文化广场"一塔六馆"、峄城区文体中心、山亭区市民中心、薛城区文化中心、市中区文化中心、台儿庄区非物质文化遗产博览园（含区文化馆）。

（二）提高公共文化产品供给和服务能力

1. 提高现有公共文化设施使用效率

采用政府购买、补贴等方式，枣庄市要继续做好全市文化站馆免费开放工作，推动机关、学校、部队等机构内部文化设施对外开放。充分发挥青少年活动中心、工人文化宫等各类行业性公共文化活动阵地的作用。推广公共图书馆总（分）馆制和图书借阅"一证通"服务。继续配备流动电影放映车和数字电影放映设备，完善乡镇文化站设施、人员配备，制定社区文化中心和村文化大院建设、使用、管理规划。

2. 积极开展公益性文化服务

坚持文化下基层、进乡村活动，制订年度农村公益性文化项目实施计划。持续保证"一村一月一场电影"，推行"一村一年一场戏"。鼓励、扶持庄户剧团参与公益性演出。进一步推广完善总分馆制，新建一批图书馆分馆、图书流通点，援建一批基层图书室，扶持农民自助读书组织。积极举办针对进城务工人员的文化活动，鼓励和引导农民、社区居民自办文化。引导和规范公共文化部门引入市场主体和社会力量，参与枣庄公共文化产品与公共文化服务的生产与提供。

3. 提高公共文化服务技术和产业支撑能力

以打造"数字枣庄"为目标，推进城市有线电视和地面无线广播电视数字化，加快电子政务、互动点播、宽带无线上网、付费电视、网络文化、远程会议系统等数字业务的应用与开发。鼓励数字电影院兴建和经营单位薄利多销，改变票价高、群众消费不起的状况。

五　广泛开展群众性文化活动

整合资源，拓宽思路，推进枣庄群众性文化活动多样化、品牌化、特色化和社会化。

（一）增加公共群众文化活动的多样性

以广场文化、社区文化、农村文化、集镇文化、少儿文化、老年文化、企业文化等为载体，以博物馆、文化馆、乡镇文化站、文化广场等阵地为依托，积极搭建公益性文化活动平台。枣庄市要深入开展全民阅读、全民健身活动，进一步举办好"枣庄市民大讲堂""流动书箱百里行""读书小状元"等系列读书活动。依托各级各类文化广场，开展文艺演出、电影放映、文体比赛、艺术展览等群众喜闻乐见的多种类型的文化活动。采取政府购买等方式,推动文化科技卫生"三下乡"、科教文体法律卫生"四进社区""送欢乐下基层"等活动经常化。每年开展春节文艺会演、民间游艺大拜年、元宵灯展、端午龙舟赛等民俗活动。

(二)重点打造一批全省知名文化活动品牌

枣庄市应继续做大做强"夏季广场文艺会演"和"春节民间游艺大拜年"两大全省知名文化活动品牌,增强市中区"全民读书月"、台儿庄区"一百千"读书扶持工程①和薛城区"图书共享工程"等读书活动的品牌效应。提高枣庄国际石榴文化节、滕州湿地红荷节、滕州墨子文化节等在国内外的知名度。积极支持薛城奚仲文化节、市中桃花节、山亭沧浪渊文化节、鲁南民俗艺术博览会等地方性节庆文化活动,办好"百日消夏群众文化艺术节"、农民文化艺术节等群众文化活动,培育一批文化活动品牌。

(三)注重开展城乡特色文化活动

扶持枣庄民间艺术之乡、特色艺术之乡和特色文化村镇建设,深入挖掘、整理和展示基层特色文化,经常性组织开展具有浓郁地方特色的基层特色文化活动。枣庄市应依托民间艺术展示,挖掘和整理民间艺术,培养一批民族民间艺术活动品牌。做精农村传统节庆文化活动、民间艺术活动、社团文化活动和文体竞赛竞技活动,常年开展春节文艺会演、民间游艺大拜年、元宵灯展、端午龙舟赛等民俗活动。充分利用枣庄特色剪纸、绘画、泥塑、柳编等民间工艺项目和戏曲、杂技、书画等民间民俗表演艺术,经常举办知识竞赛、演讲会、故事会、书法、美术、摄影、集体音乐舞会、秧歌、健美操等多种多样文化活动,用喜闻乐见的形式和健康向上的文化内容,为广大群众提供全方位的公益性文化服务。

(四)完善公益性文化活动机制

枣庄市应推动政府、市场、企业和社会主体四方力量参与群众性文化活动,

---

① 每年扶持兴建1个基层图书室、建立100个读书致富联系点(户)、发展1000名农民读者。

不断扩大公共性群众文化活动的覆盖面和参与度。坚持"大型活动统一办，小型活动分散办，专业业余相结合"的原则，采取与单位联办、与企业联姻、与群众联手的办法，解决群众文化活动缺资金、少场地的问题。支持群众依法兴办文化团体，精心培育植根群众、服务群众的文化活动载体和样式，鼓励文艺工作者、艺术院校学生和热心文化公益事业的各界人士开展文化志愿服务活动。

专栏2：枣庄市重要群众性文化活动品牌（14项）

非物质文化遗产博览会、鲁南民俗艺术博览会、枣庄国际石榴文化节、滕州湿地红荷节、滕州墨子文化节、薛城奚仲文化节、市中桃花节、山亭沧浪渊文化节、夏季广场文艺会演、春节民间游艺大拜年、元宵灯展、端午龙舟赛、枣庄市民大讲堂、流动书箱百里行。

六　继续深入实施文化惠民工程

按照文化惠民工程惠及大众和公益性、基本性、均等性、便利性的要求，以农村为重点，加强统筹、加大投入、创新机制、拓展内容，进一步扩大受益范围。

（一）文化阵地建设工程

全面推进符合标准的乡镇（街道）综合文化站和社区（村）文化活动中心建设。枣庄市新建居民小区和经济开发区须配套规划建设文化阵地设施，在原则上每个社区设置1个阵地的基础上，根据小区人数适量增设，地域较大的社区应增设1个，力争到2015年实现率达到80%，2020年全面实现。启动村级文化大院"三年整改计划"，每年建设100个村文化活动室，2020年达到全市所有行政村建成标准化村级文化大院。

（二）文化信息资源共享工程

在现有"共享工程"全覆盖基础上，以数字资源建设为核心、基层服务网点建设为重点，不断提高数字资源质量和规范化水平，2020年规范化站点达到总数的80%以上。枣庄要积极发展农村服务点，逐步提高基层文化活动机构提供数字化文化信息服务的能力。实现区（市）建有分中心，乡镇（街道）建有基层中心，行政村（社区）建有基层服务点。市、区要进一步加快数字图书馆建设，到"十三五"末数字图书馆新增资源20TB以上，资源总量达到60TB。加强公共电子阅览室规范化建设，真正让文化信息资源共享工程"进村入户"，适合农村使用的图书馆资源量比"十一五"末增加30%以上。

（三）广播电视"村村通"工程

枣庄要积极推进新一轮广播电视"村村通""户户通"工程和有线网络数字化建设。以增强覆盖效果为重点，采用地面无线、直播卫星、有线网络等方式，加快枣庄市农村有线广播电视网络升级改造。完善农村广播电视基础设施建设和体制机制建设，重点解决好广播电视覆盖"盲村""入村不入户"等问题。争取到2015年，完成全市乡镇光缆联网和有线电视网络线路改造，实现有线广播电视行政村与20户以上自然村"村村通"；到2020年，全面实现广播电视"户户通""户户响"，人口综合覆盖率达到99%以上。

（四）农村电影放映工程

在农村电影放映工程实现放映设备数字化改造覆盖率达到100%成就的基础上，按照企业经营、市场运作、政府购买、农民受惠的原则，完善枣庄市公益性电影放映体制，建立全市农村电影院线，健全市、区（市）、乡镇农村电影放映网络，推进农村电影数字化，建立农村数字电影院线运作服务体制机制，让广大农民群众看到电影、看好电影。保证每个行政村每月放映一场电影，全部实现农村电影数字化放映。全面实现一村一月放映一场电影、每学期农村中小学生观看两场爱国主义教育影片的目标。

（五）"农家书屋"工程

"农家书屋"工程要按照政府资助、社会捐助、农民自我管理的要求，与农村基层组织活动场所建设、村级图书室建设有机结合，实现优势互补。稳步推进"农家书屋"工程建设,到2020年"农家书屋"工程建设覆盖全市行政村。每年为书屋更新一定数量图书,建立农村出版物更新配送系统,提高配送图书质量,做到内容丰富、服务规范、农民满意。

七 公共文化服务体系建设的措施和保障

2013~2020年,枣庄要积极创建"全国社会文化先进县"、国家公共文化服务体系示范区和山东省公共文化服务体系示范区,争创山东省"文化强市"和"文化强县",力争早日建成"15~20分钟"公共文化服务圈。

(一)建立公共文化服务体系考评制度

建立健全枣庄政府统一领导、党政齐抓共管、相关部门分工负责、工青团妇等群众团体积极参与的工作机制。枣庄要把公共文化服务体系建设纳入各级政府的重要议事日程,纳入经济社会发展总体规划,纳入干部晋升考核指标,确保公共文化服务体系建设各项目标的实现。将公共文化服务体系建设列入市、区(市)各级政府绩效考核体系,作为创建社会文化先进县、先进乡镇、精神文明先进县、文明城市考核的重要内容,制定具体的考核政策和办法。增加公共文化服务工作在综合考核中的比重,在县域经济社会综合发展数据考核指标中,公共文化服务覆盖率应占2.5分,形成量化、可操作的考核体系,并加强严格认真的督导。

(二)深化公共文化服务体系体制改革

枣庄应深化公益性文化事业单位内部体制机制改革,完善人事、收入分配和社会保障制度。创新枣庄公益性文化事业单位公共文化服务设施运行机制,探索建立事业单位法人治理结构。通过制定优惠政策,打破体制界限,在资金扶持、队伍培训、行业评估等各方面积极支持民办公共文化服务。鼓励社会资本在政策范围内以各种形式兴办公共文化服务实体,从事公共文化产品生产和文化服务,逐步形成以公有制为主体、多种所有制共同发展的公共文化建设格局。

（三）加大公共文化服务投入力度

枣庄应进一步发挥政府公共财政的主导作用，加大财政对公益性文化事业的经常性投入，逐步形成以政府投入为主、社会多渠道筹资为辅的投资格局。

各级财政要把文化事业发展经费列入年度财政支出预算，加大投入力度，确保文化事业经费的投入增幅不低于当年财政收入的增长幅度。社会文化先进县（市、区）每年文化事业经费不低于财政收入的1%。加大对物质与非物质文化遗产保护的投入力度，扶持全市文化遗产的发掘、保护和民间艺术人才的培养。落实对文化建设的扶持政策，使公共文化基础设施和公益性文化事业单位所需的资金得到稳定的保障。

改革政府投入方式，以项目投入为手段，以激发活力为目标，加强审计监督，提高公共资金使用效益。推广政府采购方式，扶持和引导公共文化产品与服务的生产与提供。财政投入资金重点用于城乡基层文化建设、文化基础设施建设、文化普及和精品生产。整合各方资源，扶持欠发达乡镇文化建设，重点增加对贫困乡村公共文化建设的投入，促进城乡文化一体化发展。区（市）财政投入基层文化建设的比例不低于省定标准，确保公共文化服务体系四级网络的正常运行。

（四）完善文化事业发展政策

推动枣庄市文化事业建设制度化、规范化和法制化，制定既符合国家法规又突出枣庄市地方特点的文化经济政策。

枣庄要继续落实党中央、国务院关于文化体制改革中经营性文化事业单位转制后的有关财税政策，贯彻落实各项税收优惠政策。各区（市）要按照户籍人口每人每年3元以上的标准，安排基层文化活动专项经费。市级财政每年按照全市农村户籍人口人均1元标准安排文化活动奖励扶持经费。对文化事业单位的自用地，允许其在保留原有功能、提高标准、扩大面积的基础上进行开发，全额返还土地出让金，减免有关城建配套费等规费。文化事业单位置换、转让、开发土地取得的收益，按照"收支两条线"管理规定，全额缴入财政专户，对文化事业建设给予积极支持。

把新建公益性文化设施纳入新建城区、居民住宅小区、各类园区的规划之中，优先安排用地指标，按行政划拨方式供地，并在选址、立项、投入等方面给予支持。对因城乡建设确需拆除或改变其功能、用途的公共文化设施，必须按照国家有关规定报批，应按照"拆一建一"的标准保证按照规划择地重建。迁建应坚持先建设后拆除或建设拆除同时进行的原则，迁建补偿费用严格按国家和省有关规定执行。

进一步完善鼓励捐赠和赞助等政策，拓宽筹资渠道，引导社会资金以多种方式投入公益性文化事业。对企业赞助、政府支持的文化项目和非营利性公益性文化活动及设施，允许其税前列支。建议设立枣庄市文化科技、艺术研究专项基金，鼓励全社会参与文化科技、艺术研究。针对枣庄市文化名市建设中迫切需要的重点项目定期向社会发布，并予以资金扶持和奖励。

（五）协调城乡公共文化发展

积极实施山东省农村文化设施建设"双百"示范工程，建立完善基层文化设施网络，实现枣庄农村公共文化设施有效覆盖。枣庄各地要坚持统筹协调和均等普惠的发展理念，合理配置城乡文化资源，实现以城带乡，增加农村文化产品和文化服务总量，缩小城乡文化发展差距。以"联乡结村"工程为载体，扶持经济相对欠发达乡镇的公共文化建设，重点增加对低收入农户集中村公共文化建设的投入。建立农村文化投入稳定增长机制，切实提高政府投入的效益和效率。

鼓励农民自办文化大院、文化中心户、文化室、图书室等，支持农民兴办农民书社、电影放映队，大力扶持民间职业剧团和农村业余剧团，组建一批新的庄户剧团，推动枣庄农民书画大院列为国家重点扶持文化项目，不断促进农民自办文化健康发展。统筹城乡文化发展，尽快解决农村地区特别是边远落后地区文化资源匮乏、文化发展滞后的问题。加强社区公共文化设施建设，把社区文化中心建设纳入城乡规划和设计。

（六）培育公共文化服务人才队伍

市、区（市）两级都要制定出台专业文化艺术队伍和公益性文化服务队伍建设规划。在注重引进人才的同时，对现有从业人员进行培训，通过在职教育学习，建设一支作风好、业务精的公共文化服务队伍。

枣庄应进一步加强区（市）、街道（乡镇）和社区（村）公共文化人才队伍建设，配备好专职文化干部，做到定编定岗定位，原则上每万服务人口配备1名文化干部，每个文化站至少要配备2名专职工作人员。充分挖掘农村乡土文化人才，建立乡土文艺人才库。健全乡镇（街道）管理人才队伍和流动放映员队伍，提高基层文化队伍的综合服务能力。明确公共图书馆、文化馆（站）公益性事业单位性质，并按相关政策落实好相应的待遇，真正做到机构落实、人员落实、待遇落实。加大培训力度，各级建立群众文化干部队伍培训机制，制订培训计划，以市群众艺术馆、市图书馆、区、县（市）文化馆（站）等为依托，建立基层群众文化干部和专业人才的培训基地。加强文化服务机构建设，建立从业人员准入和持证上岗制度，加快形成文化人才培养、使用、流动等一体化服务体系。

B.17
山东农村文化消费问题分析

姜 锐*

摘　要： 党的十八届三中全会以及2014年中央农村工作会议明确指出，必须坚持把解决好"三农"问题作为全党工作的重中之重。文化消费水平是对强农、惠农、富农工作的量化评价指标之一，因此扩大农村文化消费、提高农村文化消费水平是我省当前"三农"工作的重要内容。本文以当前山东农村文化消费问题为切入点，通过实地考察和问卷调查，对山东农村文化消费的现状和存在问题进行了梳理分析，并提出了相关的对策与建议。提升我省农村文化消费水平，对于加快农业现代化和社会主义新农村建设步伐，实现富民强省的新跨越，真正让农民成为体面的职业、让农村成为安居乐业的美丽家园具有积极的意义。

关键词： 山东　农村文化消费　问题分析

党的十八届三中全会明确提出，要构建现代公共文化服务体系，实现促进基本公共文化服务标准化、均等化。中央农村工作会议明确提出"让农业经营有效益，让农业成为有奔头的产业，让农民成为体面的职业，让农村成为安居乐业的美丽家园"。扩大农村文化消费，提高农村文化消费水平，实现农业的现代化，将是实现上述目标的关键所在。着力加强农村文化建设，提升农村文化消费水平，努力满足广大农民群众多层次和多方面的精神文化需求，是贯

---

* 姜锐，山东社会科学院研究员。

彻落实党的十八届三中全会和中央农村工作会议精神，建设社会主义新农村，构建和谐社会的重要内容。

山东作为农业大省和人口大省，农村居民人数众多，有着巨大的文化消费潜力。大力推动农村文化消费，有利于国民经济产业结构优化，更为重要的是，它关系到广大农村人口的基本文化权益和发展权，影响到山东经济社会发展全局。对于建设社会主义新农村、城乡一体化发展和全面建成小康社会，实现科学发展、和谐发展、率先发展，具有重要而深远的意义。

一 山东农村文化消费现状分析

文化消费是指人们对精神文化类产品及精神文化性劳务的占有、欣赏、享受和使用等。其主要特点是，文化消费以物质消费为依托和前提，社会生产力发展水平决定着文化消费需求的增长。因此，文化消费水平能够更突出、更直接地反映出现代物质文明和精神文明程度。近年来，随着山东经济社会的快速发展，文化消费的地位和需求总量在持续、稳步地提升，已成为山东省消费领域的热点之一。统计数字显示，截至 2012 年底，山东省城乡文化消费总量较 10 年前增长了一倍多，显著高于全国增幅。究其原因，主要是受以下因素影响并决定的。

（一）农民收入的增加，提升了农村居民文化消费能力

文化需求是人们在满足基本生存需求后才可能创造出的有效需求，一定的物质基础是文化需求形成的关键因素。马斯洛的需求层次理论认为，文化产品需求属于高层次的需求，人们对文化产品的需求随着收入的增加而逐步递增。西方国家的发展经验和规律表明，当人均 GDP 超过 1000 美元时，人们的消费结构通常会发生重大变化，消费结构由原来的满足生存需求转向满足精神需求，各类消费产品的比重也由生存型向发展型、享受型升级，表现为恩格尔系数的不断降低。① 改革开放以来，我国的经济一直保持高速增长，农民的收入

---

① 刘磊等：《我国当前农村文化消费研究综述》，《传承》（学术理论版）2012 年第 9 期。

逐年提高，可支配份额也相应增加，从而导致了消费总量的不断增加。统计数字显示，山东省2010年农村居民人均纯收入6990元；2011年农村居民人均纯收入8342元，增长19.3%；2012年农村居民人均纯收入9446元，扣除价格因素影响，实际增长11%，全国排名第八；截至2012年底，山东农村文化消费总量较10年前增加了一倍多，文化消费总体水平呈上升趋势。农村居民人均收入的增加，提高了农民生活水平，广大农民逐渐把多余的财力用于文化消费，为文化消费奠定了物质基础，为文化产品市场开拓了空间。

（二）农民文化素质的不断提高，扩大了农村文化消费群体

文化产品的消费与物质产品消费不同的是它需要大量的人力资本投入，美国著名的经济学家舒尔茨认为，人们的文化教育消费具有消费与投资两种意义。人们通过文化教育消费提高了自身的素质，从而提高了自身劳动力的价值，因此，文化教育上的消费支出，也就是一种"人力资本"的投资。当前，我国在基础教育方面，已经推行了九年制义务教育，并逐步普及高中教育，高校的不断扩招也使得受高等教育的人口不断增长。近年来，国家对农村教育实行了政策倾斜，实施了许多优惠措施，如农村学生学费减免、农民职业技术培训费用优惠及减免等，使农村居民接受教育的范围不断扩大、文化素质不断提高。公众文化素质的高低与公众文化需求量的多少有着密切联系，通常表现为正相关，即人们文化素质越高，追求个人素质全面发展的意识和欲望也就越强烈，对文化产品的需求量也就越大，而文化消费水平的提高，又促进了人的综合素质发展。山东是教育大省，历来对教育事业高度重视。近年来，随着山东省农村教育水平逐年提高，农村居民文化素质也在不断提高，对农村文化需求起到了巨大推动作用。农民看书、上网、购买文化用品、参加文化娱乐活动和实用技术培训的比例都在明显提高，农村文化消费群体在不断扩大。

（三）农业劳动效率的提高，增加了农村居民文化消费时间

人们的文化消费通常都是安排在闲暇时间，因此，闲暇是文化消费的基本条件之一。由于农村生产有着很强的季节性，人们农闲时间的多少对文化需求的影响也更为显著。近年来，随着农村机械化程度的提高，农业生产的集约化和现代化程度也越来越高,这大幅度地提高了劳动效率,节省了大量的劳动时间。2012年山东省农机总值达748亿元,农机总动力达1.2亿千瓦,农作物生产综合机械化水平达到78.2%。农业机械化程度的提高,解放了农村劳动力,使农民有了更多的闲暇时间,增加了农村居民文化消费的时间。

(四)网络通信技术的迅猛发展,助推了农村文化消费需求的扩张

20世纪90年代以来,网络通信技术的飞速发展,也对文化产业发展和文化产品的生产带来了巨大、深刻的影响,使其形式和内容更加丰富多彩,各种文化产品的生产成为可能,同时也刺激了人们对文化产品的更大需求。山东省网络文化办公室2012年发布的《山东省互联网发展状况报告》显示,2011年山东省网民规模达3625万,网民规模比2010年增长8.8%,高于全国平均4%的增速,山东省农村网民比重居全国前列,占山东省网民规模的33.1%,远远高于全国26.5%的平均水平。从全国范围来看,山东农村互联网发展居于较高水平,但仍存在较大进步空间。山东农村网络的普及,农村网民的增加,极大地推动了农村文化消费需求的扩张。

(五)城镇化建设的提速,带动了农村文化消费不断升级

作为全国城镇化发展起步较早的省份之一,山东省已进入到城镇化中后期提质加速发展阶段,2012年山东城镇人口5078万人,人口城镇化率达52.43%。目前,山东已构建起以半岛城市群、省会都市圈、黄三角城镇发展区、鲁南城镇带为主体的"一群一圈一区一带"城镇化发展格局,并以每年增长一个百分点的速度发展。在城乡统筹发展的总体战略下,随着城镇化水平的提高,必然带动农村文化消费结构的不断升级。

二 山东农村文化消费存在的问题分析

近年来,山东省相继颁布并实施了一系列政策措施,积极推进农村重点文化工程建设,开展形式多样的农村文化活动,培育和发展农村文化市场。通过

广泛开展文化扶贫和文化科技卫生"三下乡"等活动,使农民群众精神文化生活得到很大改善,农村文化建设呈现出较好的发展局面。但是,在农村文化消费方面,目前仍存在一些不利因素,制约着农村文化市场的繁荣发展,主要表现在以下几方面。

一是农村居民文化消费观念相对滞后。文化消费观念决定了农民文化消费的内容、模式和结构。① 目前,对我省农村居民消费观念影响最深的,依然是许多传统的甚至是落后的思想意识,农村文化消费依然带有强烈的家庭和地域印迹。除了对下一代的教育投入,农民对自身的文化提升和文化消费需求仍然较低,对文化娱乐的需求更为保守。长期形成的被动消费和"免费"娱乐消费意识较浓,带有较强的依赖性和保守性。

二是文化产品需求与供给的结构性矛盾比较突出。文化产品的供给如没有考虑到农民的实际需求,就很难"适销对路"。目前,山东农村文化消费存在着公共文化产品和服务供给与广大群众的文化需求目标不对称的问题。农村公共文化供给主要是自上而下的供给方式,农民的文化需求得不到真正反映。一些文化产品价格过高,不能适应农民收入水平,文化活动形式比较单调、内容比较单一,对群众缺乏吸引力。调研中许多农民反映,真正适合大多数农民的、经济实用的文化产品较少,比如有用的图书、杂志、报纸偏少,虽然有农业科技方面的,但缺乏直观性、可操作性。这些问题的存在导致了农村文化消费层次偏低、结构失衡。本文调查问卷显示:农村居民选择"在家看电视"的占83.7%,位居第一;选择搓麻将、打扑克的占33.7%,位居第二;选择"看书、报、杂志"的占16.2%;选择"看文艺演出活动"的占11.2%。由此可见,娱乐消遣型文化消费方式在农村占据了主导地位,特别是33.7%的被调查者把搓麻将、打扑克作为主要休闲方式之一,不利于形成良好的文化氛围。这说明山东农村文化市场发育还不够健全,缺乏针对性较强的农村文化产品,文化产品需求与供给的结构性矛盾比较突出,影响了文化消费总量的提升。

三是农村公共文化设施建设及管理有待完善。近年来,山东农村公共文化

---

① 刘树燕:《我国农村文化消费发展问题探微》,《理论学刊》2010年第4期。

设施建设步伐加快,已建立起从省到市、县、乡镇、村级基层的五级公共文化服务网络点,初步形成了以大型公共文化设施为骨干,以乡镇基层文化设施为基础的公共文化服务网络。重点文化惠民工程持续推进,覆盖面进一步扩大,文化共享工程建立起互联网和卫星双重覆盖到村的传输网络。截至2012年底,全省1388个乡镇综合文化站建设任务基本完成,实现了乡乡有文化站的目标,建成村文化大院56000个,占行政村总数的80%以上。尽管山东农村公共文化设施建设有了较大发展,但总体上还不完善,且东西部地区差距很大,有些地区的公共文化设施建设还相对薄弱。同时,由于管理能力、队伍建设和服务水平不足,还存在"重建设、轻管理和服务"的现象,服务群众的能力没有得到充分发挥。另外,由于没有构建经营的长效机制,使得运作效率不高,最终导致文化产品和服务不能满足农村居民的需要。

四是农村社会保障制度不健全,文化产品需求受到极大抑制。目前,我国正处在体制转型阶段,社会保障领域的改革还不完善,这在一定程度上抑制了人们对文化产品需求。近年来,山东省农村社会保障工作虽然取得了长足发展,但也存在着保障体系不健全,保障水平不高等问题。其原因主要是由于农村社会保障缺乏社会保险属性,缺乏公共财政强有力的支持,资金筹措没有体现出政府责任,同时,没有形成配套的增长长效机制。尤其是现阶段的新型农村合作医疗机制,筹资水平低、保障水平低仍然是其突出的矛盾和主要问题。由于农村社会保障体制不健全、不完善,大多数农民必须把大部分收入用作预防性的储蓄,用于突发疾病或其他突发事件之需,文化产品需求必然会受到极大抑制。

五是不良文化消费比较突出。随着山东经济社会的快速发展,农村居民的精神文化需求也日益提高,文化消费不再停留在原来的单一、低水平的层次上,而是更加追求多层次、多样性的文化需求。在农村文化娱乐活动的开展中,政府起到了积极主导作用,举办了很多农民群众喜闻乐见的文化活动,如送电影、送戏、送图书科普知识下乡、文化工作者下乡服务、农业技能培训等。有些农村的农民还自发组成演出队,从生活出发编演一些老少皆宜的小节目,深受欢迎。但同时农村文化消费中的消极现象也普遍存在,不少农民在休闲时间利用搓麻将、打扑克等形式进行赌博,有的还热衷于求神拜佛、算卦占卜等封建迷信活动，产生许多社会问题。从深层次分析，其原因主要是部分农民群众信仰缺失，或者存在信仰危机，[①]另外，陋习旧俗在农村依然存在，不良文化侵蚀也日趋严重，色情、暴力、赌博甚至凶杀等文化垃圾通过各种传媒侵入农村文化阵地，腐蚀着农村群众的灵魂。尤其是在文化设施比较匮乏的农村地区，文化活动组织不够，农民参与享受的较少，积极向上的文化活动远不能满足农村群众的需求。上述现象并非个别，而是带有相当的普遍性，如不采取相应对策加以制止、纠正和引导，必将对农村的社会稳定构成威胁，对农村社会发展、经济繁荣和精神文明建设带来不利影响。

三 提高我省农村文化消费水平的对策与建议

农村文化消费水平是评价"农民是否成为体面职业、农村是否成为安居乐业的美丽家园、农业经营是否有效益以及农业是否成为有奔头的产业"的重要量化指标之一，因此，着力扩大农村文化消费、提升农村文化消费水平是实现当前中央规划目标的重要举措。扩大农村居民文化消费，提高农村文化消费水平，必须充分发挥政府的引导功能，通过各项政策措施，大力推动农村文化消费，最大限度地满足农村居民的精神文化需要。要通过发展和传播先进文化，起到提升农村居民素质、消除城乡差别、均衡社会发展的巨大作用，进而消除城乡二元社会结构，实现城乡一体化发展，让全省农村居民共享山东经济社会发展的成果，城乡共同实现全面小康社会。

（一）积极发挥政府舆论宣传的引导作用，转变农村居民文化消费观念

农村居民文化消费观念较为落后，是影响其文化消费的重要因素。因此，政府必须加强宣传引导，通过开展形式多样、内容丰富的文化消费教育活动，提高农村居民的综合素质，使其树立正确的文化消费观和消费习惯，引导农村

---

① 姜梅：《繁荣农村文化建设丰富农民文化生活》，《文学与艺术》2010年第5期。

居民进行发展型和消费享受型精神文化消费，促进农村居民身心健康和全面发展。要教育引导农村居民自觉抵制腐朽文化、抵制封建迷信思想及不良消费习俗，逐步树立科学的消费理念。在当前农村城镇化建设的新时期，要结合实际需要，通过正规教育、职业教育和在岗培训等形式，提高农村人口素质，加快农民文化消费观念和生活方式的转变。

（二）进一步完善农村公共文化服务体系建设，增加公益性文化产品供给

农村公共文化服务体系是农村文化消费的主要途径和载体，要强化政府责任，充分利用社会资源，着力构建结构合理、发展平衡、网络健全、运营高效、服务优质的广泛覆盖的农村公共文化服务体系。一是加大政府对农村公益性文化设施建设的投入。逐步建立健全同公共财力相匹配、同农村居民文化需求相适应的政府投入保障机制。确保一定数量的财政资金和文化经费用于农村文化建设。二是完善农村公共文化服务网络。设施网络是农村公共文化服务的基础，要统筹规划、合理布局，加强和完善农村公共文化服务的网络建设，实现公共文化设施网络的全部覆盖。三是突出抓好文化惠民工程和项目。按照《国家"十二五"时期文化改革发展规划纲要》的要求，加强县级文化馆和图书馆、乡镇综合文化站、村文化大院建设。四是大力提高农村文化人才的素质。积极探索建立新的用人机制和管理办法，解决镇乡文化人员老化、素质不高、队伍不稳的问题。近年来，我省农村涌现出一批"大学生村长""硕士乡长""博士县长"，这对农村文化人才建设、农村文化干部素质的提高起到了积极推动作用。五是实施优惠政策，采取"商业文化下乡"补贴、降低营业税率、延长减免所得税时间等措施，调控农村文化服务价格，特别是对科技培训、文化知识培训等，更应给予优惠。既鼓励文化单位为农民提供更多的有实用价值的科技文化培训项目，也要考虑为农民文化消费支出的能力所接受，从而吸引更多农民参与科技文化培训，提高农民综合素质和致富能力。我省有的地区依靠市县两级财政对下乡演出剧团实行财政补贴，取得了很好的效果，他们坚持秋冬农闲季节"送戏下乡"活动，演出全部是公益性的，老百姓不需要花钱，就可以看上专业的演出。

（三）建立政府引导与社会参与的多元农村文化产品提供机制

适应社会主义市场经济发展的需要，山东省要改变农村公共文化产品供给由政府包揽的模式，建立政府引导与社会多元的农村公共文化产品提供机制，即在明确政府发挥引导作用的同时，引入社会力量参与公共文化产品的生产与供应，并最终实现城乡基本公共服务均等化。一是实现供给主体多元化。进一步强化政府责任，积极发挥政府引导作用，同时，推动形成多元并存的农村文化产品供给格局，引入竞争机制，提高供给效率。二是实现筹资渠道多元化。建立包括财政渠道、市场渠道、非营利性组织渠道等多元化筹资渠道，努力形成"政府引导、社会参与、市场运作"的农村文化产品投融资新格局。只有坚持政府引导与社会多元的发展模式，才能形成农村文化消费的长效机制。

（四）增加农民收入，健全农村社会保障体系

根据凯恩斯宏观经济理论，消费是收入的正相关函数，在其他因素假定不变的情况下，消费随着收入的增加而增加、减少而减少。因此，各级政府千方百计增加农民收入，是保证农村文化消费增加的基础条件。党的十八大提出："坚持工业反哺农业、城市支持农村和多予少取放活方针，加大强农惠农富农政策力度，让广大农民平等参与现代化进程、共同分享现代化成果"。因此，增加农民收入就要强化政府对农业的支持保护，为农业发展创造良好的条件和环境，要提高农村种地集约经营、规模经营、社会化服务水平。同时要把更多的城市资源向农村延伸，通过城市带动农村发展。要继续完善农村居民的教育、医疗、养老等社会保障体系，从根本上解除农民消费的后顾之忧，增强农民对于未来的信心，提升其消费信心，推动农村文化消费。在教育保障上，要加大对农村教育设施和教育费用的投入，确保财政对农村义务教育支出，并加大对职业技术教育培训机构的财政投入。在医疗保障上，要实施全民医保，解决重大疾病患者的医疗及其家庭生活的基本保障，使重大疾病患者家庭能够正常生活。在养老保障上，通过实施家庭养老与社会养老相结合，逐步形成以社会养老为主的社会保障制度。在农民收入大幅增加的同时，教育、医疗、养老问题也能够得到妥善解决，农村的巨大消费潜力就会得到无限释放。

（五）广泛开展丰富多彩的文化活动，丰富农民文化生活

一是开展大众化的群众性文化活动。大众化的文化活动是农民文化生活的主渠道。如以文化广场等为平台，采取政府组织与群众自发相结合的运作方式，开展经常性的群众文化活动，推动城市文化资源更多地向农村基层延伸。二是培育品牌性文化活动。要充分挖掘和整合地方各类特色资源，着力打造各类文化活动品牌，通过各种文化活动形式，发挥品牌活动的影响力、辐射力和凝聚力，激发农村群众参加文化活动的积极性。三是组织普及性的文化活动。使广大农民在参与丰富多彩的文化活动中，了解和熟悉各种文艺形式，不断提高自身的文化素养。山东是儒家文化的发源地，是齐鲁文化之乡，各地都有丰富的文化资源，政府可采取鼓励措施，本着"政府引导，社会承办，市场化运行"的思路，通过培育特色文化乡、文化村，激发当地农民的热情，以切身行动参与到文化建设与消费中。同时，在有条件的农村，还要通过发展旅游业吸引游客，促进文化交流和发展，增加农民的经济收入。

（六）加强农村文化市场的监督管理，大力遏止腐朽文化传播

中央农村工作会议指出，加强农村社会管理，要以保障和改善农村民生为优先方向，要树立系统治理、综合治理、依法治理、源头治理理念，确保农村社会安定有序以及广大农民安居乐业。因此，加强农村文化市场的监督管理，应尽快建立健全农村文化市场管理体系，完善文化市场法规，切实做到有法可依。同时要加大监管力度，加强执法力量，提高执法水平，整顿和规范市场秩序，严厉打击违规、违法活动，营造扶持健康文化、抵制腐朽文化的社会环境。同时，要运用经济手段和行政手段进行调控和管理，引导农村文化市场健康有序发展。发展农村文化消费是农民科学文化水平和思想道德素养的一个精神体现，良好的农民文化消费观念，能积极促进社会主义新农村建设。

山东作为经济大省、工业大省，同时也是农业大省、农业人口大省，有能力也完全能够在构建新型工农城乡关系和新型农业经营体系方面走在全国前列。十八届三中全会和中央农村工作会议对全面深化改革和推动农村深化改革

进行了部署和安排,我省应立足实际情况,认真加以贯彻落实,扩大农村文化消费,提高农村文化消费水平,全方位提高农民素质,实现广大农村居民基本文化权益和发展权,唯此才能实现"四化同步、城乡一体"的战略部署、实现城乡共同富裕和"中国梦"、实现山东经济社会发展新飞跃。

参考文献

[1] 邹晓辉等:《提高农民文化消费水平对策研究——以广西为例》,《中国商贸》2010年第19期。

[2] 步蕾英等:《山东省农村文化消费状况及影响因素实证分析》,《科学与管理》2010年第1期。

[3] 王悦洲:《扩大农村文化消费途径思考》,《襄樊学院学报》2010年第9期。

[4] 白宇飞:《关于在世界文化和自然遗产地开展特许经营的探讨》,《中国商贸》2010年第19期。

[5] 訾励:《民族地区基层公共文化产品供给研究》,硕士学位论文,中央民族大学,2012。

[6] 王亚南、高书生主编《文化蓝皮书:中国乡村文化消费需求景气评价报告(2013)》,社会科学文献出版社,2013,第116页。

B.18 山东省流动人口文化消费引导发展的对策研究

田 杨等*

摘　要： 目前对流动人口的关注集中在生存和物质需求方面。而流动人口的"市民化"过程归根结底是一个个人发展和精神需求得以实现的过程。对济南、青岛两个城市流动人口的调查显示，流动人口文化自觉性和消费意识不足、文化支出与消费层次较低。通过数据分析，查找影响流动人口文化消费的重要因素，提出引导发展流动人口文化消费的对策建议。

关键词： 流动人口　文化消费　引导发展

流动人口的生存与发展一直是备受社会关注的重要问题。2013年全国城镇化会议明确提出了"加快城市常住人口市民化"的重大战略任务，城市流动人口作为城市常住人口的重要组成部分，其发展需求特别是精神文化需求的满足是他们完全融入城市生活的关键。目前，社会普遍关注的是流动人口的生存、就业、社会保障等物质层面的问题，而忽视了流动人口精神文化需求及其满足。根据马斯洛和奥德费的需求层次理论，人的需求建立在满足层次不断上升的基础上，表现为一个从低层次到高层次的梯度过程。当人们的物质需求得到满足后，必然追求身心健康、精神充实、自我完善，产生高层次的发展需

---

* 课题组组长：张凤莲、高利平；课题组成员：鹿立、张月君、李兰永、孙同德、刘娜、王承强、田杨、杨素雯；执笔人：田杨。

求。随着社会发展和生活环境的改变，流动人口的物质需求得到满足后，其文化消费能力必然日益增强，对文化消费的要求会日益增加，文化消费需求也日益多样化。因而，在山东经济文化强省建设深入推进、山东新型城镇化飞速发展的过程中，关注、重视和最大限度地满足山东省流动人口的文化需求，就具有重大的战略意义和实践价值。

一 山东省流动人口文化消费现状分析

近些年来，随着山东省新型城镇化建设的深入推进，城市流动人口大量涌现。2010年山东省第六次人口普查数据显示，截至2010年底，山东省流动人口达1369.8万人，占全省人口的14.3%。济南、青岛作为山东省最重要的人口流入地，流动人口规模超过百万。本课题组以济南和青岛两个城市的流动人口作为样本，对16周岁以上实际参加社会生产的流动人口进行了"生存与发展现状"的问卷调查。调查共发放问卷500份，在济南、青岛各发放250份。收回有效问卷441份，其中济南收回225份，青岛收回216份。本研究以对济南、青岛两个城市流动人口的调查数据为基础，结合文化消费行为理论和已有研究成果，对山东省流动人口的文化消费状况进行了实证分析。

文化消费的内容和形式比较广泛。文化消费既可以渗透在物质消费中，又可以表现为一种相对独立的消费形式。一般来说，文化消费多用文化支出这一单一变量来衡量。但文化消费具有的精神性特点，决定了文化消费也表现为一种行为过程，因此，应将研究视野拓展到表现为一种时间消费的文化活动。为了更准确细致地把握城市流动人口的文化消费，本研究把流动人口的实际文化消费支出与业余时间文化活动共同作为把握流动人口文化消费现状的变量来分析。此外，鉴于研究分析的需要，把文化消费（活动）内容分为娱乐消遣型、健身休闲型、社交享受型和学习发展型四种。从消费结构来看，娱乐消遣型文化消费属较低层次消费，健身休闲型和社交享受型消费属中等层次消费，学习发展型文化消费属较高层次消费。

（一）流动人口文化活动简单随意，文化自觉性较差

流动人口的文化生活相对单调贫乏。流动人口对文化活动没有特别的要求，

大多选择简单随意、免费或廉价的活动和消费方式。调查显示，60%以上的流动人口业余时间的主要活动是打牌、看电视等娱乐消遣活动。45.4%的流动人口回答说参加过群体组织活动，其中最多的是同乡会（19.2%）。只有27.5%的流动人口参与过社区活动。参与过社区活动的人口中，51%的人参与了健身活动，41.3%的人参与了娱乐活动，38.5%的人参与了科普宣讲。总体来看，流动人口文化活动参与率较低，活动内容简单，参与方式偏重被动接受的"消极参与"。在被调查的流动人口中，鲜有人回答去电影院看电影、去场馆看文艺演出或去图书馆、博物馆、美术馆等公共文化场所进行文化活动和消费。可以说，大多数城市流动人口并未真正享受到城市各种文化设施带来的好处。

（二）流动人口文化消费意识不足，文化消费支出偏低

城市流动人口为了适应新的工作和生活环境，不得不扩大消费支出。但流动人口总体消费结构还停留在基本的温饱阶段，偏重于对饮食、家庭生活、居住等基本生存需要的消费，用于精神文化活动和自身发展的文化支出较低（见图1）。

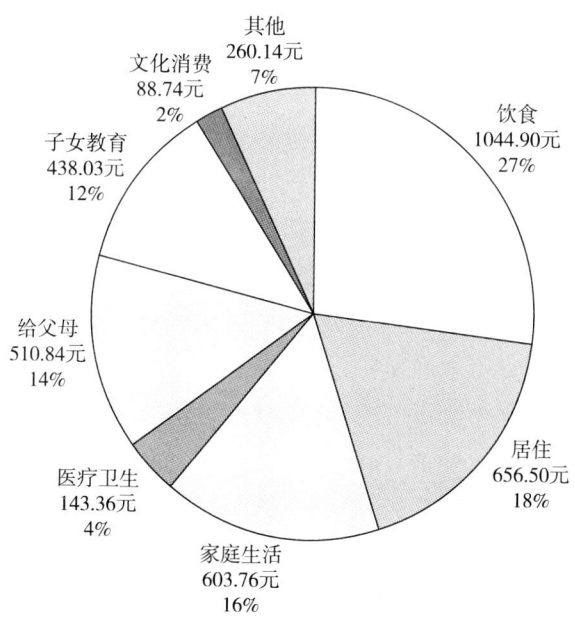

图1 流动人口文化消费占月均总支出比例

调查数据显示，流动人口月均消费支出中，饮食、居住、家庭生活支出较多，分别为1044.90元、656.50元、603.76元，文化消费低于医疗支出（143.36元）及其他支出（260.14元），仅为88.74元。流动人口人均文化消费仅占月均总支出的2%，与其他支出相比差距极大。如表1所示，月文化消费支出100元以上的流动人口只占16.8%，51~100元的占30.5%，1~50元的占24.1%，文化消费为零的人达到28.6%。流动人口半数以上文化消费支出不足50元。

表1 流动人口月文化消费支出

	0元	1~50元	51~100元	100元以上	合计
人数（人）	76	64	81	45	266
比例（%）	28.6	24.1	30.5	16.8	100.0

（三）流动人口文化消费结构不均衡，消费层次较低

流动人口的文化活动和消费结构中，偏重娱乐消遣型活动，文化消费结构层次偏低。调查数据显示，流动人口进行最多的文化活动是娱乐消遣型（60.9%）占第一位，健身休闲型（44.1%）占第二位，学习发展型（33.5%）占第三位。在当前信息、技术、知识不断发展的社会形势下，要想在社会竞争中处于优势地位，就要不断提升人力资本。由于大部分流动人口缺乏对自己人生的长期规划，因此，对学习发展型文化消费关注和投入不足。在"为自己未来发展所做努力"的回答中，选择"做好本职工作"的最多（41.5%），其次是"结交朋友"（32%），选择"培训学习"的只占15.6%。即流动人口未来可能性文化消费中，学习发展型消费投入只占到社交享受型消费投入的一半。社交和学习都是获取信息和知识的有效途径，是个人发展的有力支撑。然而，流动人口对自我素质提高和发展的关注和投入较少，这种行为模式将在很大程度上影响他们的生活满意度。接近一半的流动人口对自身生活质量的满意度评价为"一般"。

二 山东省流动人口文化消费的主要影响因素

文化消费受诸多因素的影响。根据古典消费行为理论，价格、收入与个人

偏好是解析文化消费行为的基本因素。如果将文化（产品）视为一般消费品，由于受市场影响，其价格必然制约一部分消费者的消费行为。同时，个人偏好反映出潜在消费需求，收入反映出实际消费能力。根据习惯形成理论和理性成瘾模型，个体在过去的文化消费会对当前和未来的消费产生影响，过去的文化消费体验越多，其文化消费需求就会随之增加。

国外对文化消费影响因素的实证分析显示，年龄、性别、家庭成员结构、教育水平、职业身份、地理因素等变量对文化消费具有显著影响（资树荣，2013）。由于文化消费受多方面因素的影响，国内对文化消费影响因素的实证研究，结论显示变量不尽相同。如果把影响文化消费的变量由强到弱排列，人民论坛"千人问卷"调查组（2009）调查显示依次是生活压力和文化消费价格过高、缺乏合适的文化设施及场所、时间不足、无兴趣；陈海波（2012）、袁红波（2013）等的研究显示是个人兴趣、学历、年龄、文化产品（服务）种类、文化消费设施及场所的远近、亲朋好友的消费观念、一般月消费支出等；陈海波（2013）的研究结论是个人兴趣爱好、经济收入、消费观念、文化设施完备与否、文化产品种类。但从上述代表性研究中可以总结出对文化消费产生影响的相同变量，如年龄、教育水平、职业、收入、文化设施及场所完备度、个人兴趣及消费观念等对个体的文化消费具有较为显著的影响。

综合现有研究成果中影响文化消费的可能性因素，本研究作出以下三种假设：

假设1：部分人口学特征，诸如性别、年龄、教育程度、户籍类型、婚姻状况、子女情况等会对流动人口的文化消费产生一定影响；

假设2：个人经济因素，诸如就业状态、劳动时间、收入、支出等会对流动人口的文化消费产生一定影响；

假设3：社会因素，诸如空间环境（所在城市）、城市文化设施及场所分布、文化产品（服务）价格、工作及生活环境（社交圈）、社会保障等因素会对流动人口的文化消费产生一定影响。

本文以调研数据为基础，通过Spss19.0软件对以上三个假设中的变量和文化消费支出因变量数据进行了相关性分析。分析结果如表2所示①。

---

① 此表中只列出呈现显著性相关的变量，无显著相关的变量在后面一并说明解释。

表2 流动人口文化消费支出的相关性分析

		年龄	教育程度	户籍类型	婚姻状况	月均收入	工作单位性质	每天工作时间	区域（城市）
文化消费支出	Pearson 相关性	-.151*	.313**	.155*	-.166**	.154*	.247**	-.209**	.347**
	显著性（双侧）	.014	.000	.012	.007	.014	.000	.001	.000
	N	266	266	261	264	254	260	253	266

注：** 在0.01水平（双侧）上显著相关。
* 在0.05水平（双侧）上显著相关。

从表2中可以看出，Pearson相关系数的绝对值均小于0.4，显示相关度较弱。但相关性分析结果表明：人口学变量方面，年龄、户籍类型在0.05水平（双侧）上显著相关；教育程度、婚姻状况在.01水平（双侧）上显著相关。个人经济因素方面，月均收入在0.05水平（双侧）上显著相关；工作单位性质、每天工作时间在.01水平（双侧）上显著相关。社会环境方面，所在城市在.01水平（双侧）上显著相关。结合交叉表数据分析，下面对此结果进行具体阐述和说明。

（一）流动人口的文化消费与年龄增长呈反向关系

将文化消费支出与年龄两个变量输入交叉表分析，结果显示，21~30岁流动人口的文化消费支出在所有文化消费支出段中都占有最高比例，占所有人口文化消费支出的48.9%。以30岁为界，30岁以下（16~30岁）人口的文化消费支出相对集中在51~100元，50元以上文化消费支出占同年龄段支出总量的60%左右；而30岁以上（30~50岁）人口的文化消费支出集中在50元以下，50元以下消费支出占同年龄段支出总量的70%左右。本次调查的城市流动人口平均年龄为31岁，1980年以后出生的新生代流动人口占全部调查人口的62.1%，成为流动人口大军中的主力。省吃俭用的消费传统和长期低水平的消费状态禁锢了老一代流动人口的消费观念和消费行为，其消费理念不易改变。他们中的大多数视文化消费为享乐主义，认为进行文化消费不如存起来以后使用，尽可能不进行或少进行文化消费。但新生代流动人口在流动目的、生活方式及消费理念等诸多方面与老一代流动人口有着明显不同。他们在城市居住、生活过程中，受城市环境的影响，对文化的需求远超从前，消费理念越来越接近城市人口。同时，新生代流动人口受教育程度相对较高，他们希望不再像父辈那样以体力劳动打工，对技能培训等的意向较强烈。流动人口群体将经历文化消费观念的代际转型。

（二）流动人口的文化消费与受教育程度呈正比例关系

文化程度越高，文化活动和消费的范围越广，文化活动和消费层次也越高。反之，文化程度越低，文化活动和消费的范围越窄，文化活动和消费层次也越低。在50元以下文化消费支出中，小学、初中、高中文化程度者分别占同等文化程度者文化消费支出的83.3%、69.3%和57%，学历越低，支出相对越低。反之，50元以上文化消费支出中，大专、本科以上文化程度者分别占同等文化程度者文化消费支出的62.3%和67.5%，学历越高，支出相对越高。此外，数据分析显示，流动人口的受教育程度与文化活动类型密切相关，与他们是否参与社区活动和社会群体活动及参与的文化活动类型也显著相关。但文化程度总体不高的状况抑制了流动人口的文化需求和消费，尤其是高层次的文化需求和消费。

（三）城镇户籍流动人口的文化消费相对高于农村户籍人口

农业人口是流动人口的主体。农村文化消费观念相对滞后，文化消费体验较为贫乏。农村居民过去局限性的文化消费对当前的消费行为产生影响，文化消费需求相对较弱。换句话说，消费支出和消费结构的惯性以及边际效用递减约束着他们文化消费支出的扩大和结构的变化。调查数据显示，50元以下文化消费支出中，农村户籍流动人口高于城镇户籍流动人口7%左右，而50元以上文化消费支出中，城镇户籍流动人口高于农村户籍人口，特别是100元以上文化消费支出中，城镇户籍流动人口高于农村户籍人口12.8%。

（四）有配偶流动人口的文化消费相对低于无配偶人口

数据分析显示，有配偶流动人口的文化消费略低于无配偶人口。无配偶人口包括未婚、丧偶、离婚等情况。无论流动人口的配偶和子女是否一起随迁到城市，组建家庭后，家庭总支出比单身的生活支出要大，文化消费支出更易让位给其他家庭支出。交叉分析结果显示，文化消费为零和1~50元的所有人口中，有配偶人口分别占73.3%和76.2%。50元以下文化消费支出中，有配偶人口占62.4%；50元以上文化消费支出中，无配偶人口占64.9%。相对来说，无配偶人口的文化消费支出略高一些。

（五）流动人口的文化消费与收入水平呈正向增长关系

收入是决定消费水平的主要变量。总体来看，文化产品针对高收入群体的较多，而面向低收入群体的相对较少。虽然文化消费在收入水平相近的群体中也存在一定差异，但总体来说，收入越高，文化消费越多，消费层次也越高；反之，收入越少，文化消费越少，消费层次也越低。本次调查显示，流动人口月均收入为2866.58元，月均支出为2797.4元，收支大体相抵。城市生活成本过高，抑制了他们文化消费需求的增长。交叉分析结果显示，月收入在1500元以下人口的文化消费支出仅占总体文化消费支出的13%。按地区来看，流动人口月均收入济南为2552.3元，青岛为3227.7元，青岛比济南高出675.4元。青岛地区流动人口的人均文化消费支出高于济南。50元以下文化消费支出中，济南地区流动人口占绝大多数，而50元以上文化消费中青岛流动人口接近七成，特别是100元以上文化消费中，青岛地区流动人口达到75.6%。

（六）流动人口的文化消费与其工作单位性质有关，与其劳动时间呈反向关系

限制流动人口文化活动与消费的因素除了收入以外，空闲时间少也是主要原因。流动人口在城市从事较多的行业是餐饮（22.6%）、批发零售业（15.4%）、制造业（13.1%）、建筑业（11.8%）等技术含量相对较低的行业，这些行业普遍存在劳动时间长、劳动强度大的现象。绝大多数流动人口未能按法定工作时长工作。一周工作7天的人口占41.6%，每天工作8小时以上的人口占54.3%。70%以上的流动人口未参加过社区活动，绝大多数未参加者回答说是因为"没有时间"。劳动时间与文化消费支出的交叉分析结果显示，劳动时间在8小时以上人口的文化消费集中在0~50元区间，低于工作时

间在 8 小时（之内）的人口的消费支出。在调查的全部流动人口中，个体户占 38.6%，其中 80.7% 的个体户是靠自己或家人支撑。他们由于忙于生计，劳动时间与业余时间无法区分，抑制了其文化需求，因此，文化活动和消费相对较少。文化消费为零的流动人口中，一半为个体户。文化消费在 50 元以下的人口中，个体户占 53.2%。

（七）地域环境（城市）对流动人口的文化消费具有重要的影响

城市是个综合体，反映的是生活环境，包含经济、文化、空间环境等诸多社会因素。前面提到流动人口的月均收入青岛高于济南，这间接或直接作用于两地流动人口的文化消费，导致人均消费水平的不一致。此外，流动人口的文化消费与城市文化设施、场所完善度与开放度有关。文化消费离不开文化活动，而参与文化活动的前提是必须有充分的活动场所。2012 年，山东省共有公共图书馆 150 个，文化（艺术）馆 158 个，剧场 93 个，博物馆 178 个，文化机构数量与人口的比例相差巨大。山东平均 64.57 万人拥有一个图书馆，平均 61.3 万人拥有一个文化馆，平均 54.41 万人拥有一个博物馆，均严重低于全国平均水平，与联合国教科文组织规定的比例相差 200 多倍。此外，问卷调查显示，接近 1/4 的流动人口认为在使用公园、图书馆等公共场所和设施方面会受到一定程度的不公平待遇。这表示，不仅城市文化设施和场所的覆盖率有待提高和完善，在扩大开放范围、提高使用率和服务质量方面也亟待进一步改善。

（八）流动人口的文化消费受其社会网络的影响

对流动人口社交圈子的问卷调查显示，其社会网络同质性较高，地缘关系是决定他们社会网络、信任和互惠程度的重要因素。流动人口自认社会关系亲密的人之中，"（老）同学"和"同乡出来打工的人"居前两位，亲密度分别达到 75.9% 和 74.6%。鉴于流动人口文化程度偏低，受教育程度集中在初中和高中学历，因此，其学缘关系也具有明显的地缘特性。流动人口亲密的地缘小圈子在一定程度上限制了其社会资本的拓展以及与外部社会的交流。在对"一起工作的本地人"和"社区居民"的关系评价中，选择"一般"的流动人口最多，占四成以上。流动人口的消费观念尤其是文化消费观念，容易受亲朋好友等群体内部的影响。流动人口高度密集的行业或单位，例如从事建筑劳动的流动人口，大多保持了原来的消费习惯，文化需求和消费相对简单。而城市人口比例较高的行业，受社会网络异质性的影响，流动人口的文化消费则较具城市特征。

（九）社会保障不足间接抑制了流动人口的文化消费

流动人口的工作和生活充满不确定性，这种不确定性带来的不稳定性不利于其文化消费行为的转变和升级。流动人口更换工作较为频繁，没换过工作的人口仅占24.8%。就业的不稳定性导致收入的不确定性。流动人口的收入主要用于三个方面：一是计划性或预防性储蓄及投资；二是流入地消费；三是家乡汇款。流动人口计划性或预防性储蓄包括住房、子女教育、赡养父母、自己或配偶养老、医疗、工伤、失业等方面的费用。目前社会保障体系的不健全极大强化了流动人口的预防性储蓄，致使他们除了必需的消费外，不敢进行高层次的消费，从而挤占其个人的文化消费支出。比较流动人口在流入地享有的社会保障项目数量与其人均总支出、文化消费支出的关系可以看到，参加养老保险、医疗保险与工伤保险的流动人口其文化消费支出相对较高。完善的社会保障有助于提高流动人口的文化消费。

数据分析显示，性别与流动人口的文化消费无显著相关。这与国内现有研究的结论一致。这可以解释为：鉴于文化消费内容和形式的广泛性，不同性别可能存在偏好差异，但这并不会导致两性的整体文化消费水平拉开差距。此外，子女情况、行业变量也与流动人口的文化消费无显著相关，这可能与调查问卷的内容设计及调查样本有关。教育消费是文化消费的重要组成部分。对有子女的流动人口家庭来说，教育消费既包括本人消费，也包括对子女进行的教育投资。总体来看，流动家庭大都十分重视对子女的教育，用于子女教育支出的比重在收入分配中占比较大。由于本次问卷调查中设有独立的子女教育支出一项，因此对子女的教育投资不包括在本文所定义的文化消费之中。这可能是导致子女情况与流动人口自身文化消费无直接关系的原因。关于行业变量，一方面，调查样本显示流动人口在城市从事的行业较为分散，但从事较多的还是服务业、制造业、建筑业等技术含量、收入相对较低以及劳动时间较长的工作,具有趋同性;另一方面,收入水平、工作单位性质和劳动时间等变量更为具体地体现了流动人口所在行业的特性。这致使行业变量并没有呈现出对文化消费产生影响。

为了更好地把握各自变量对文化消费因变量影响的强弱程度,将自变量和因变量数据进行了最优尺度回归分析。总模型 F 验证通过,说明模型具有统计意义。标准化系数及 F 验证结果表明,在 5% 显著性水平下,地域环境(城市)变量通过检验;在 10% 显著性水平下,劳动时间、收入水平变量通过检验。这说明,上述三项变量是影响文化消费的重要因素。此外,重要性分析显示,在通过标准化系数的显著性检验后的三个变量中,依次是地域环境(城市)、劳动时间、收入水平对文化消费的影响最大(见图2)。这也充分体现了流动人口易受城市环境影响,整体来说劳动时间长、工作收入相对较少的群体特征。

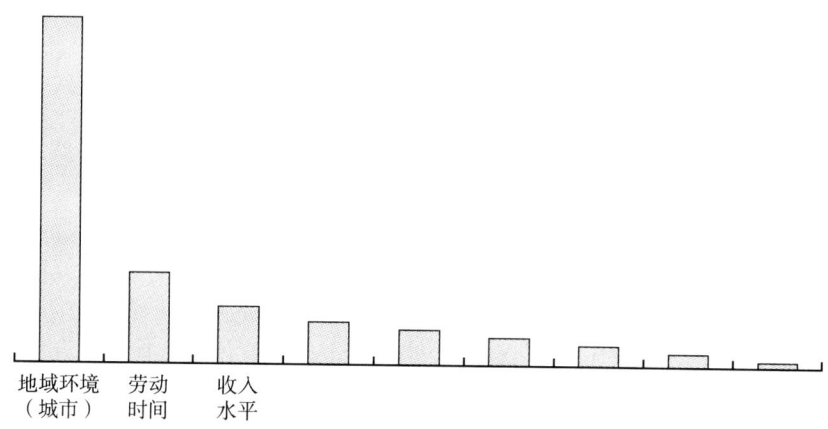

图 2 影响流动人口文化消费的前三位重要因素

三 山东省流动人口文化消费的发展对策

流动人口参与创造了城市物质财富,也应该共享城市发展和文化发展的成果。每个公民文化消费和享受的权利是平等的,都应得到保障,都应实现文化消费需求的满足、文化消费水平的提升、文化消费结构的改善。城市流动人口具有极大的文化消费发展潜力，提升其文化消费水平，在扩大我省文化产业发展的内生力，推动流动人口自身和社会的全面发展，推动城市常住人口的市民化，推动我省城镇化提质加速，建设经济文化强省等方面，都具有重大的作用。政府应针对目前我省流动人口文化消费的特点及影响因素，采取各种有效措施，建立以政府主导、社区为主体、用工单位积极参与的文化供给模式，全力提升山东省流动人口的文化消费水平。

（一）引导流动人口树立健康、合理的文化消费观念

目前，我省文化消费市场刚刚形成，整个社会对文化的消费水平较低，市民以文化作为休闲方式的观念还没有完全形成，因而，要加大宣传力度，倡导能够促进人的全面发展、有利于推动社会文明进步的健康、合理的文化消费观念。转变部分流动人口把文化消费简单等同于娱乐消遣的片面认识，防止炫耀性消费行为，促进文化消费中的知识增值和价值创新。对新生代流动人口的文化消费趋向进行正确引导，培养和提高他们进行发展型文化消费方面的兴趣和能力。

（二）关注多层次流动人口多元化文化消费需求，丰富文化产品（服务）的内容与形式

文化生产对于文化消费具有支撑性作用，为文化消费提供必需的产品和服务。目前，文化产品（服务）提供者尚未把流动人口作为重要受众群体，流动人口的文化需求和消费潜力处于被忽视状态。因而，我们要丰富城镇流动人口文化消费资源，打造梯级文化消费体系，满足多层次人口群体的文化消费需求。省、市、县、乡各级政府可购买文化产品和服务，或有针对性地发放流动人口文化消费券或消费卡；适当降低文化产品消费价格，通过降低基础文化服务税率的方法调控文化服务价格，让更多流动人口参与到文化消费中来。新生代农民工是流动人口的主体，他们受教育程度较高，对文化生活有着较高的需求，因此，全社会要关注他们的文化消费特点与需求，生产并提供符合其需求的多元化文化消费产品和服务，促进流动人口群体消费的代际转型。

（三）健全社会保障机制，释放流动人口文化消费潜能

完善的社会保障是扩大文化消费的基础条件，流动人口消费潜能开发取决于社会保障的供给状态。山东要加大流动人口的公共产品和服务供给，促进基本公共服务均等化，健全社会保障机制，有助于释放并转移流动人口的计划性或预防性储蓄，将其潜在的文化消费需求转变为实际的文化消费。要进一步贯彻落实《关于进一步做好新形势下农民工工作的意见》《山东省流动人口服务管理办法》等文件精神，健全城镇企业职工基本养老保险与新型农村社会养老保险制度，将有稳定劳动关系的农民工全部纳入社会保险制度，农民工劳动合同签订率达到80%以上，免学费政策延伸到中等职业教育，农民工基本享受随迁子女教育、住房保障、医疗卫生、文化生活等市民权益。制定城镇职工医疗保险和新农合之间的衔接政策，实现养老和医疗保险在城乡之间以及跨统筹地区之间的顺畅转移接续，提高农业转移人口在流入地城市的参保率，解决非正规就业、随迁家属的参保问题。

（四）加强城市文化基础设施建设，完善城市文化环境

流动人口的文化活动和消费与城市文化设施充足与否有关。我省大多数城市文化资源相对贫乏，特别是发展型文化教育设施不够完善，政府应将流动人口的文化生活纳入公共文化管理范围，建立流动人口文化生活服务体系。增加城市文化基础设施投入，加强文化基础设施建设，完善相关配套服务。扩大图书馆、文化馆、美术馆、博物馆、纪念馆等公共文化机构的免费开放范围，提高公共文化服务设施利用和管理水平，为流动人口进行文化活动和消费提供便利条件。为城市流动人口提供丰富的文化资源，以提高他们的文化自觉性和文化消费满意度。

（五）加强社区文化场所和设施建设，积极发挥社区的力量

一般来说，人们会选择离居所较近的场所进行文化活动和消费。社区是社会的细胞，它在满足居民活动和服务需求、参与欲求、归属感等方面发挥着重要的供给作用。流动人口的文化活动和消费与社区周边文化场所环境好坏、设施齐全与否息息相关。数据分析显示，流动人口对自己是不是本地人的身份定

位与他们对社区活动的参与程度、与社区居民的亲密程度呈显著相关关系。韩国每个社区都建有居民活动中心和图书馆，除了基本的健身设施，社区还开展多样化的文化课堂，且门槛很低，在满足周边居民业余文化需求、增强共同体意识等方面起到重要的作用。目前我省社区居民活动中心建设水平参差不齐，社区图书馆网点散布不均衡，文化服务机构和文化内容未能对流动人口的文化活动和消费起到很好的引导、服务作用。新生代流动人口向往城市生活方式，具有强烈的融入愿望。因此，山东省要使更多流动人口便利地参与社区文化活动，丰富他们在流入地的精神文化生活，拓展他们的社会网络，加强与他们当地居民的情感交流，增强他们的归属感和社会参与意识。

（六）加强对用工单位的监督管理，保障流动人口的收入和文化时间

用工单位是流动人口的直接管理者，政府通过对用工单位进行管理、督促、补贴，帮助提高流动人口的综合待遇，以间接促进他们的文化消费。收入的稳定性增加，意味着文化需求转变为现实消费的可能性会大大增加。政府应开展经常性的工资支付情况专项检查活动，杜绝拖欠流动人口工资事件的发生，维护流动人口的基本权益。明确的劳动时间或充分的业余时间，有助于激活个体的文化活动和消费。因此，政府要加强对流动人口用工单位劳动合同签订的监督管理，严格执行《中华人民共和国劳动合同法》，明确工作时间，提高8小时以外工时的工资。督促、补贴用工单位为员工提供合适的文化活动设施或场所，并鼓励用工单位定时组织职业技能和文化知识培训。

参考文献

[1] 资树荣：《国外文化消费研究述评》，《消费经济》2013年第1期。

[2] 人民论坛"千人问卷"调查组：《中国居民文化消费倾向》，《人民论坛》2009年第17期。

[3] 陈海波、赵美玲、徐先翔：《居民文化消费意向影响因素的实证分析——基于江苏镇江市的调研数据》，《消费经济》2012年第1期。

［4］陈海波、王婷、刘洁：《促进我国居民文化消费的思考》，《价格理论与实践》2013年第13期。
［5］袁红波、国凤兰：《文化消费影响因素研究》，《科技视界》2013年第5期。
［6］刘惯超：《扩大文化消费的政策选择》，《中国物价》2012年第4期。
［7］黄敬华：《开发农村消费市场对策》，《现代企业》2011年第1期。
［8］邬德政、刘鸿渊、曾艳琳：《影响农民消费行为的制约因素及化解》，《经济体制改革》2007年第1期。
［9］周笑冰：《消费文化及其当代重构》，人民出版社，2010。
［10］戴元光、邱宝林：《当代文化消费与先进文化发展》，上海人民出版社，2009。

案例篇

Case Study

B.19
第十届中国艺术节综合效益研究分析报告

徐建勇*

摘　要： 第十届中国艺术节在办节理念、办节模式、办节思路、办节机制等方面颇有创新，不仅呈现出极为鲜明的特色，为今后艺术节的举办积累了创新性的宝贵经验，也有力地推动了举办地的经济发展、文化繁荣、社会进步，综合效益十分显著，为山东的后续发展积累起雄厚优势。后"十艺节"时期，山东省应进一步放大"十艺节"的品牌效应、积聚效应、涟漪效应、海绵效应，避免虹吸效应、低谷效应，顺势而为，借力发展，推动经济文化强省建设更上一层楼。

关键词： "十艺节"　综合效益　后续效应

---

* 徐建勇，山东社会科学院文化所助理研究员。

第十届中国艺术节综合效益研究分析报告

第十届中国艺术节是党的十八大之后举办的第一个全国性艺术盛会,其剧目和美展作品数量、演展场馆建设投入、演艺产品签约总额、社会筹资总额等,均创历届中国艺术节新高,受到全国广泛关注和好评。作为东道主,山东省举全省之力,集世界之智,在圆满完成各项筹办任务的同时,充分借助这一全国性艺术平台的广泛影响和巨大带动作用,推动经济、社会、文化、生态等领域乘势而上,掀起了发展的小高潮,取得了巨大的综合效益。"十艺节"为山东带来了巨大的发展基础和优势,积累了宝贵的经验和做法,其后续效应不容小觑,是山东省因势利导创新发展、加快经济文化强省建设的重要推动力。

一 第十届中国艺术节的主要特点

山东省坚持节俭办节、创新办节、务实办节、开放办节,在借鉴往届艺术节办节经验的同时,积极探索办节理念、办节模式、办节思路、办节机制的创新,使第十届中国艺术节呈现出极为鲜明的特色,为今后艺术节的举办积累了创新性的宝贵经验。

(一)实现了促进文化艺术创作繁荣发展的根本目的

山东省以筹办"十艺节"为契机,深化文化体制改革,实施舞台艺术精品工程、"十艺节"重点剧目创作工程、社会文化艺术创作工程和重点美术创作工程等"四大工程",对重点剧目和重点群众文化作品给予资金扶持,对重点美术作品实行签约制,有效地激发了广大文艺工作者的创作热情,涌现出一大批精品佳作和艺术新人。筹备"十艺节"以来,山东省艺术精品创作累计投入2.8亿元,新创作重点剧目62台,群众文艺节目4400多个,参加县级以上选拔的美术作品13200多幅,艺术创作呈现全面繁荣的可喜局面。在"十艺节"文华奖评选中,山东省共有3台剧目荣获"文华大奖",占全国14台获奖剧目总数的21%("九艺节"广东为10%,"八艺节"湖北为18%,"七艺节"浙江为16%);1台剧目荣获"文华大奖特别奖";10台剧目获"文华优秀剧目奖",占总数的22%;1台剧目获"剧目奖";获得各文华单项奖33个。① 这在山东舞台艺术创作历史上是空前的，也创下了历届艺术节一个省份参赛和获奖剧目数量之最，避免了纯粹为办节而办节的现象，实现了借助"十艺节"推动山东省文化艺术加快繁荣发展的深层目的。

（二）体现了应民、为民、惠民的文化发展根本宗旨

山东省牢牢把握"艺术的盛会、人民的节日"的办节宗旨，坚持文化惠民、共建共享，把筹办"十艺节"与文化民生建设紧密结合起来，努力使广大群众成为"十艺节"的主办者、参与者、受益者。一方面，山东把加快公共文化服务体系建设，纳入与各市签订的筹备工作目标责任书，与筹办"十艺节"同步规划、同步推进。筹备"十艺节"以来，山东省五级公共文化设施累计投入资金249亿元，其中县乡村基层文化设施投入达133亿元以上，是山东省公共文化服务体系建设投入最集中、投资量最大的时期，推动山东公共文化设施水平大幅提升。另一方面，山东积极开展文化惠民活动，先后组织举办"喜迎十艺节、全民共欢乐"等系列惠民展演，优秀节目进农村、进社区、进广场、进学校、进军营、进企业"六进"免费演出，"唱响中国梦、喜迎十艺节"群众文化活动等，累计演出5万多场，举办广场群众文化活动3.5万余场，美术作品展览920多场，参与群众2900多万人次。2013年山东实施了16件文化惠民实事，筹集省以上各类财政资金3亿多元，撬动各级和社会资金20多亿元，用于农村文化大院完善提升、农村文体小广场建设、流动舞台车配备、送戏下乡等，受到基层群众的广泛欢迎。"十艺节"的剧目展演，向农民工、残疾人、福利院儿童等特殊群体免费送票1万余张，向低收入家庭、老年观众、青年学生等提供低价票2万余张，使老百姓得到了切实的文化实惠，广大人民群众共参、共享、共用"十艺节"文化成果，基本文化权益得到切实保障。

（三）形成了"政府主导、市场助力、社会参与"的运作思路

在"十艺节"筹办过程中，山东省17市均承担办节任务，全省办节、全民参与，在全社会营造了尊重艺术、学习艺术、享受艺术的浓厚氛围。为圆满

---

① 本文所引用数据资料皆来自第十届中国艺术节组委会及其官方网站，http://www.10yijie.cn。

完成办节任务,山东省创新思路,充分利用"十艺节"资源、品牌和平台优势,广泛动员企业和其他社会力量参与"十艺节"筹办工作。成功举办了两次"十艺节"合作企业签约仪式,先后与中国移动通信、兖矿集团、中国民生银行等61家企业和单位签订赞助协议,合同金额折合人民币3.16亿元;由泰康人寿保险公司为"十艺节"演职人员、观众、志愿者等13.4万人,承保80亿元的人身意外伤害险,创历届中国艺术节最高水平。社会的广泛参与,市场机制的充分利用,极大地节约了财政开支,凝聚了最广泛的社会资源和力量,确保了"十艺节"的顺利、高效、成功举办。

(四)展现了节俭务实回归艺术本体的举办理念

山东省在筹办"十艺节"的过程中全面贯彻落实转变作风、务实节俭的要求,大力倡导清新自然、纯朴简约之风,研究制定了《关于改进作风办好"十艺节"的实施意见》,把中央"八项规定"贯穿到演出、宣传、接待、会议、用餐等各个环节,起到了"身瘦而形美"的效果。"十艺节"开幕式在举行简短仪式之后,直奔主题,演出一台山东点亮"十艺节"的重点剧目,节约资金5000多万元;闭幕式,也是在简短的仪式之后,播放8分钟"十艺节"筹办回顾及精彩活动视频,举行"文华奖"部分优秀剧目选段演出和优秀演员表演,实现了开、闭幕式向简约转型,树立了节俭办节新风尚。"舍弃豪华的开闭幕式,让艺术回归成了这届艺术节的鲜明特色。简单而不简陋,庄重却不奢华。以一场高水平地方戏代替常规的大型晚会,打破传统办节思维定式,'十艺节'首开先河。"[①] 以简约、本真之优美代替喧嚣、奢华之俗美,充分尊重艺术发展规律,重拾文艺发展之本,可谓"十艺节"的重要贡献。

(五)开创了高效、灵活、创新的办节机制

"十艺节"的成功举办,离不开山东省各级各部门的高度重视。山东省成立了由省长任主任,常委宣传部部长、分管副省长和济南市、青岛市市长任副

---

① 徐金鹏、高洁、刘宝森:《十艺节:文化惠民,曲终人难散》,《新华每日电讯》2013年10月27日。

主任，省直有关部门负责同志和各市市长为成员的山东省筹委会，17市也相应成立了由市长任主任的市级筹委会，并抽调精干力量组建了筹办工作专门班子，确保了"十艺节"的高效筹办、顺利运转、充分保障。在举办模式上，"十艺节"将7个全国性专业艺术单项评比展演作为艺术节重要组成部分，突破16天的办节时限，实行活动前移，把"全国京剧优秀青年演员折子戏展演""全国话剧优秀剧目展演"等7个专业艺术活动作为重要组成部分，在山东提前举行，丰富了"十艺节"的内容，促进了全国各个艺术门类的创作生产。"十艺节"改变过去设主会场、分会场的办节格局，山东省17市全部承担办节任务，除承担"文华奖""群星奖"演出比赛任务的城市以外，其他各市也分别承担了专业艺术单项评比展演任务，形成了全省办节的格局。

二 第十届中国艺术节综合效益分析

第十届中国艺术节从筹备到完成历时3年时间，带动山东场馆建设、交通发展、文化生产、人才培养、生态环境、社会组织、行政管理、精神文明等软硬件快速改善，有力地推动了举办地的经济发展、文化繁荣、社会进步，综合效益十分显著，为山东的后续发展积累起雄厚优势。

（一）"十艺节"对山东经济发展形成有力拉动

1. 直接经济效益显著

"十艺节"对经济发展投资拉动强劲。"'十艺节'期间，山东省准备演出展览场馆55个，重点场馆资金投入达98.31亿元，其中新建16个，维修改建25个，其他14个老场馆也进行了改造完善。"[①] 除了场馆建设，山东各地为举办"十艺节"而进行的交通建设、城市美化、环境治理、文艺生产、宣传报道的资金投入同样巨大，有力地带动了相关产业发展。

"十艺节"演出收入十分可观。"十艺节"高艺术水准的经典剧目演出，

---

① 于国鹏：《山东充分发挥"后十艺节效应"构建文化惠民大平台》，《大众日报》2013年10月29日。

低廉惠民的门票价格，受到广大观众的热烈欢迎。像昆曲《红楼梦》《牡丹亭》，吕剧《百姓书记》，京剧《瑞蚨祥》《项羽》《楚宫恨》，黄梅戏《徽州往事》《雷雨》，话剧《四世同堂》《生命档案》，舞剧《红高粱》《铁道游击队》《粉墨春秋》等一大批经典剧目，票房火爆，出现一票难求的局面，多数演出上座率达九成以上。据统计，第十届艺术节"文华奖"票房合计为609万余元，国（境）外精品剧目展演票房合计841万余元，加上11场国（境）外精品剧目冠名收入220万元，总计演出收入达1670余万元，有力地促进了山东演出市场的发展壮大。

"十艺节"推动山东演艺产业迈上新台阶。"十艺节"期间，第十届中国艺术节演艺产品交易会在济南舜耕国际会展中心隆重举办，共投入使用展馆面积15000余平方米，展览面积是上届交易会的两倍，设立77个特装展位，大大提升了演交会的档次和规模。第十演交会共有国内外600多个演艺机构近2000个剧（节）目前来参展，近700家演出经纪机构、剧院、剧场以及其他文化公司前来演交会采购，包括美国百老汇、澳大利亚澳亚文化节、芬兰赫尔辛基艺术节等多家国外演出经纪机构和我国香港舞蹈团、澳门演艺学院、台湾文创产业联盟等多家演艺机构。① 据"十艺节"组委会统计，此次演交会全国共有86个演艺项目达成合作，签约额9.02亿元，其中，兖州市政府重点推出的大型旅游演艺项目"菩提东行"与山水盛典文化产业有限公司达成12000万元的合作，山东演艺集团与中国国际演出剧院联盟、北京联艺环球文化传媒有限公司达成1800万元的合作，② 成为山东演艺产业发展的里程碑。

2. 间接助推相关产业快速发展

无论是节庆还是演艺，都是产业关联和经济拉动力非常高的行业。据美国百老汇亚洲区主席 Marc Routh 介绍，"纽约市的总体演出经济差不多是112亿美元，在这112亿美元中，有90亿美元来自所谓的旅游观光。在这90亿美元的收入中，有60亿美元来自特别到纽约市看百老汇音乐剧的游客。在这60亿美元的消费当中，18亿美元是餐饮的消费，在购物方面是10亿美元，住宿方

---

① 焦雯、苏锐：《参展规模全面提升签约实现重大突破》，《中国文化报》2013年10月27日。
② 焦雯、苏锐：《参展规模全面提升签约实现重大突破》，《中国文化报》2013年10月27日。

面是15亿美元。其实百老汇音乐剧最具有经济影响的,就是它用这样的演出文化来带动地方经济,增强地方经济的效益"。① 第十届中国艺术节对山东相关产业同样产生很强的带动能力。

"十艺节"成功的市场资源开发运作为关联产业搭建起发展平台。在"十艺节"筹办过程中,山东省坚持运用市场化手段进行招商,鼓励社会力量参与艺术节演出营销、资金筹措、组织接待、宣传策划、票务广告等方面的工作,普遍实行公开招标、经营权出让、项目冠名、资源置换等运作办法,以开放、创新的姿态,积极利用艺术节品牌资源,广泛吸纳社会力量共同参与办节。"十艺节"组委会先后与中国移动通信集团山东有限公司、兖矿集团、中国民生银行等61家企业和单位签订赞助协议,合同金额折合人民币3.16亿元,为基础能源、邮政通信、交通运输、保险服务等多个领域的企业搭建起宣传发展的重大载体。在第十届演交会上,青岛恒德数字舞美科技有限公司与中央歌剧院达成了3800万元的合作,再次展现了文化与科技融合带给科技产业发展的巨大影响。从2013年4月开始,山东省开展了"看精彩十艺、游好客山东"文化旅游活动。据统计,依托生态资源打造的采摘文化节及各类瓜果蔬菜文化节,以"喜迎十艺节"为主题开展的文化休闲旅游,占到了全部节庆总数的近1/3。② "十艺节"期间,中外演职人员约1.6万人,国内知名艺术家和领导嘉宾近1000人,省外观众9000多人,总计近3万人来山东参与各项活动,"十艺节"美术展览创下15天接待20万观众的历史纪录,系列群众文化活动参与群众890多万人次,"十艺节"带来的海量人流给山东餐饮、住宿、交通、金融等服务业带来巨大资金流。

(二)"十艺节"为山东社会发展注入新鲜血液

一是极大地提升了山东的整体形象,提高了各举办城市的知名度和影响力。为办好"十艺节",山东省会艺术中心和济南"三馆"等新的城市地标拔地而起,受到广泛赞誉,山东城市形象品牌和城市综合竞争力得到巨大提升。

---

① 《Marc Routh 在首届剧院建设与综合运营高峰论坛上的演讲》,http://www.cbda.cn/special/special152。
② 王红军:《十艺节助力"文化强省"建设产业崛起新高度》,《大众日报》2013年11月1日。

"十艺节"举办期间,来自境内外的 200 多家新闻媒体约 900 名记者参加了"十艺节"的宣传工作,主办方召开了近 20 场新闻发布会,组织了 90 余次集中采访,多家媒体对"十艺节"筹办工作进展和举办盛况进行了全方位、多角度、高密度的宣传报道。据统计,境内外媒体在"十艺节"筹办和举办期间,原创和转载"十艺节"有关报道达 9 万多篇次,百度搜索结果超过 300 万条,山东省的知名度迅速放大。在筹办过程中,山东省广大参与人员展现出了极高的素质、优秀的品质,为省内外观众提供了周到热情的服务,让"好客山东"的形象深入人心,大大提升了山东的美誉度。

二是带动提升了全社会文明程度和群众人文素质。为举办好"十艺节",展示山东的文明形象,山东省借机开展了一系列的文明创建活动,引导社会形成文明礼貌、遵德守序、好客友善、诚信质朴的良好精神风貌。[①] 济南槐荫区召开创建省级"四德工程"示范区暨十大文明行动动员大会,深入实施"四德工程"推进行动、环境整治迎宾行动等十大文明行动,以"服务十艺节"为重点,开展志愿服务活动,为"十艺节"提供优质高效的志愿服务;以单位食堂、学校餐厅、宾馆酒店等为重点,开展"文明餐桌"活动,为参加"十艺节"的四海宾朋提供热情周到、宾至如归的服务等。"'十艺节'开幕以来,在山东的各大剧场、展会现场,山东观众的热情有序、彬彬有礼,给演员们留下了深刻印象。'十艺节'各艺术门类舞台上'好戏不断',观众'学礼'之风盛行,而这一切必将提升城市的文化品质和市民的文明素养。"[②] 活动的开展,凝聚了人心,动员了民众,推动山东广大人民群众的思想道德水平有了新的提高,使"礼仪之邦"更加安定祥和。

三是积累了举办大型活动的宝贵经验。"十艺节"规格高、规模大、活动多,区间跨度大,各地来宾多,组织活动任务异常繁重,涉及联络接洽、接待住宿、交通出行、场馆保障、安全保卫、现场组织、卫生安全等各个方面。山东有关部门科学周密部署、积极务实工作,确保了各项工作有条不紊地推进,锻炼出了一支组织协调能力强的工作队伍,形成了一批可资借鉴的

---

① 《济南槐荫启动"办好十艺节 当好东道主"十大文明行动》,人民网,2013 年 4 月 24 日。
② 赵秋丽、韩业庭、李志臣:《"后十艺节效应"令人期待》,《光明日报》2013 年 10 月 27 日。

285

工作方案和预案,探索形成了一套举办大型文化活动的经验,成为山东今后发展的宝贵财富。

(三)"十艺节"为山东文化发展提供强大动力

一是增强了全社会的文化自觉。通过筹办"十艺节",山东省广大干部群众对文化在经济社会发展中的战略地位和重要作用的认识进一步提高,各级党委、政府对文化建设的重视程度大为提高,抓文化建设的工作力度不断加大,各有关部门、社会各界对文化建设的关注度、参与度大大提高,文化自觉和文化自信进一步增强,全社会推动文化建设的热情空前高涨,掀起了波澜壮阔的文化建设热潮。

二是大幅提升了文化设施水平。山东省把完善提升公共文化服务网络纳入与各市签订的"十艺节"筹备工作目标责任书,与"十艺节"筹办统筹谋划,一起部署,一起督导,极大地推动了全省公共文化服务体系建设,成为本届艺术节筹办工作的一大亮点。通过举办"十艺节",山东省演出场馆设施建设水平至少提前推进了十年,公共图书馆、文化馆、博物馆分别达到158个、159个、178个,乡镇综合文化站实现全覆盖,农村文化大院增加到6.9万个,公共文化服务体系日益健全完善。

三是涌现出了大批文化艺术精品。为备战"十艺节",山东新创作优秀剧目62部,京剧《瑞蚨祥》、吕剧《百姓书记》、舞剧《红高粱》3台剧目摘得"文华大奖",京剧《项羽》获"文华大奖特别奖",32件作品获"群星奖",124件美术作品入选全国美展,文化艺术生产创作掀起了新的高潮,为山东文化强省建设增创了新的巨大优势。

四是促进了演艺市场发育。"十艺节"期间,山东省建立了高标准的票务系统,完善销售网络,提高服务质量,统一票务管理,面向市场、面向社会公开销售,让广大观众能够通过网上网下方便地买到演出门票。加强演出剧目宣传介绍,及时通过报刊、网站发布演出信息,让广大观众及时了解演出场次安排,方便他们选择观看自己喜爱的剧目。通过大力倡导文明观演、热情观演、有序观演,营造了尊重艺术、欣赏艺术的良好观演环境。山东演艺市场一改以往不温不火的情况,广大观众观演热情高涨,几乎场场演出都非常火爆,有的门票提前一周全部售完,甚至出现一票难求的局面。高水平的演出,较低的门票价格,便捷的演出信息渠道和购票方式,拉近了艺术与观众的距离,吸引了越来越多的观众购票观看,使山东演艺市场直线升温。

五是锻炼了一支文化人才队伍。山东省把筹办"十艺节"作为锤炼文化人才的良机,加大对编剧、导演、演员、群众文艺骨干、美术创作等各类文化人才的培养培训力度,一批优秀人才脱颖而出。在"十艺节"各项比赛中,山东省均实现重大突破,有的项目获奖数量在全国遥遥领先,充分展现了舞台艺术创作、群众文艺创作和美术创作队伍的实力。"一大批文艺人才得到历练,一批骨干力量脱颖而出,这些人才涵盖了表演、创作、设计、文化经营管理等各个环节,为我省'十艺节'后推动文化发展蓄积起雄厚人才优势。"①

三 发挥第十届中国艺术节后续效应的思路

"十艺节"是路由器,为山东省扩大文化交流合作铺平了道路;"十艺节"是试金石,检验出了山东文化发展的优势和不足,为山东省文化发展战略、政策的制定提供了依据;"十艺节"是试验田,为山东积累了宝贵的文化发展经验;"十艺节"是抽水机,吸引了全国优质文化发展要素,成为山东加快文化产业发展、繁荣文化市场的强劲引擎。后"十艺节"时期,山东省应进一步放大"十艺节"的品牌效应、积聚效应、涟漪效应、海绵效应,避免虹吸效应、低谷效应,顺势而为,借力发展,推动经济文化强省建设更上一层楼。

(一)借助"十艺节"开拓的渠道,积极扩大对外文化交流与合作

在筹办"十艺节"的过程中,为引进世界各国优秀演艺剧目,山东省与世界许多国家建立了良好的文化交流渠道。2012年7月,山东省人民政府与中华文化联谊会在山东共同举办了"情系齐鲁——两岸文化联谊行"活动,

---

① 于国鹏:《山东充分发挥"后十艺节效应"构建文化惠民大平台》,《大众日报》2013年10月29日。

台湾90名文化界、新闻界、教育界人士来访,以此为契机,山东邀请台湾豫剧团参加"十艺节"演出。山东省领导在济南会见法国卢瓦尔大区主席时,邀请该大区交响乐团来访;在印度观看印度达克莎·谢思舞蹈团演出后,邀请该团参加"十艺节"演出。"十艺节"组委会外演部邀请中国对外文化集团公司、亚洲联创(上海)文化发展有限公司、北京联艺环球文化传媒有限公司负责人来济南商谈外演项目,确定了美国杨百翰大学青年大使歌舞团、世界经典音乐剧《妈妈咪呀!》中文版、西班牙全本弗拉明戈舞剧《卡门》等外演项目;先后参加2012中国广州国际演艺交易会、第十四届上海国际艺术节演出交易会等重要节会,推介"十艺节",充分借助交易会平台,与来自世界各地的演出经纪机构、演出团体进行广泛沟通,成功引进了加拿大亚尼克·瑞约爵士乐四重奏、俄罗斯雅各布森芭蕾舞团等演出项目。山东省还充分利用境外艺术团和嘉宾参加"十艺节"的时机,开展多层次的文化交流活动,加深境外艺术家对山东省艺术院团、高校的深入了解,洽谈交流合作项目。山东省需要进一步巩固和拓宽这些文化沟通、交流、传播渠道,打好孔子和孙子文化品牌,加快发展对外文化交流和文化贸易,推动齐鲁文化"走出去",提高齐鲁文化的国际影响力。

(二)充分发挥市场机制的作用,建立健全山东现代文化市场体系

党的十八届三中全会提出要继续深化文化体制改革,"建立健全现代文化市场体系,提高文化产业规模化、集约化、专业化水平"。"十艺节"在筹办过程中走出了一条艺术与市场相结合、文化和企业共发展的新路子。"十艺节"演交会作为"十艺节"的重要组成部分,坚持以市场为导向,积极搭建演艺产业博览会交易平台,为一大批新创作的优秀剧目提供了展示、推介的机会,让这些优秀的剧目通过观众的口碑、演出的反响、票房的检验得到了演艺经纪、院线经营等各方的赞赏与认同,使他们在国内外寻找到合作伙伴,进一步开拓演出市场,提高市场占有率。[①] 兖矿集团、山东能源集团等企业在赞助

---

① 焦雯、苏锐:《参展规模全面提升 签约实现重大突破》,《中国文化报》2013年10月27日。

"十艺节"的同时,通过发动广大员工创作艺术作品,加强企业文化建设,提升核心竞争力,增强抵御风险能力;山东能源集团、山东航空公司员工演出的节目参加"十艺节"倒计时100天、30天系列宣传活动演出;山东航空公司除喷绘1架"十艺节"号飞机外,另喷绘6架"厚德齐鲁、文化山东"飞机,打造了山东文化艺术的空中形象大使;中国移动通信集团和中国联通集团通过手机官网、手机电视等信息平台,把"十艺节"相关信息传送到千家万户,实现了社会效益与经济利益双丰收,市场开发与社会宣传相结合,为文化艺术的繁荣发展插上了市场的翅膀。文化与企业联姻,不仅可以推动社会资本广泛进入文化产业,也让文化艺术扎根于企业,实现文化软实力推动企业发展,提升企业核心竞争力,是双赢之举。依靠政府力量推动、市场力量偏弱一直是山东文化产业发展的一大弊端,山东省应充分发挥"十艺节"的影响力,降低社会资本进入门槛,允许其参与对外出版、网络出版,允许其以控股形式参与国有影视制作机构、文艺院团改制经营,加快培育壮大民营文化企业,构建起统一开放、竞争有序、健康繁荣的现代文化市场体系。

(三)吸取"十艺节"的宝贵筹办经验,培育壮大山东节庆会展业

山东通过筹办"十艺节",积累了许多举办节庆的先进理念、成功做法和宝贵经验:办节要强调重视程度和质量,贵精而不在多;要强调机遇意识,借势而为方能事半功倍;要树立正确的办节指导方针,才能有所遵循;必须争取各方的大力支持和密切配合,才能高效顺利;必须坚持办节机制、模式的不断创新,才能充满生命力等。例如,"十艺节"的重要创新之处在于办节模式上采取节俭办会与市场办会相结合。为深入贯彻中央改进作风的"八项规定",进一步落实党的群众路线教育实践活动要求,"十艺节"各项活动把握适度规模,突出创新创意,展现齐鲁特色,在艺术内涵和体现群众性上下功夫,按照"水准一流、规模适度、节俭办会"的原则要求,在筹办工作中厉行节约,精打细算,少花钱、多办事。尊重市场规律,引入市场化机制,进行科学论证,广泛听取民意,通过市场的手段解决筹备过程中一些必要的财政支出,不但节省了成本,更重要的是在资源交换的过程中使企业提升了品牌知名度,丰富了企业文化内涵,真正让节庆经济发挥作用。山东省应把这些成功做法和宝贵经

验充分消化吸收，出台《促进山东节庆会展产业发展的指导意见》，改变目前山东节庆会展散乱弱小的状况，促进山东节庆会展产业健康快速发展。

（四）利用"十艺节"积聚的资源优势，快速做强山东演艺产业

"十艺节"的成功举办，为山东演艺产业的健康发展奠定了良好基础。"十艺节"催生了大量优秀精品剧目，满足了广大观众的文化消费需求，带动演出市场的异常火爆，济南市演出市场持续升温，部分文华奖参评剧目出现一票难求的情况，昆曲《牡丹亭》、越剧《柳永》、黄梅戏《徽州往事》等诸多剧目的门票在演出开始前10天即售罄。"十艺节"着力规范演出市场，营造公开、公正、透明的票务市场环境，形成了良好的演出市场氛围，有助于演出市场的有序健康发展，使演出和市场、艺术产品和观众形成良性互动。"十艺节"期间，山东为承担文华奖剧目演出，演出场所建设并安装了电子售票系统，为全省剧场统一售票系统的搭建创造了条件。山东省应借助"十艺节"带给演艺产业的巨大优势和机遇，深化文艺院团体制改革，搭建演艺产品交易平台，加强院线合作交流，优化演艺资源配置，积极推动演艺单位在山东文化产权交易所挂牌甚至上市融资，以"十艺节"票务系统为基础，统一整合演出团体、剧场等，打造涵盖演艺资讯宣传、在线订购等功能的票务销售网络，组建覆盖山东省的综合性电子票务系统，推动演艺产业实现跨越发展。

（五）推广"十艺节"成功做法，创新山东剧院运营管理模式

一般在大型节庆赛事结束之后，会出现大量举办场馆闲置现象，形成所谓的"低谷效应"。为举办"十艺节"，山东新建、修建了大量演出场馆，日常维护、运营费用高昂，"十艺节"为这些场馆继续高效利用、充分发挥作用提供了理论储备和实践经验。

"十艺节"期间，山东省举办了剧院建设与综合运营高峰论坛，邀请到世界各国顶尖专家就剧院的设计、建设、运营管理问题进行了充分探讨，达成了许多重要共识。据座谈会上提供的数据显示，目前我国大概有1900多所剧场，有超过三分之一不能满足专业演出要求，三分之一存在较大质量缺陷。李国华等专家学者呼吁，政府部门应立法对各项建筑声学等指标进行强

制性规定,加强建筑声学技术指标的立法,用法律手段来保障文化建设和文化复兴。① 上海大剧院院长张哲认为政府对公益剧院要有政策倾斜,进行财政补贴。② 论坛认为目前演艺行业重要的事情是要提高演艺市场的成熟度,弥补演艺市场的基础性缺陷;然后是培养观众进剧院看演出的习惯,剧院需要更加"接地气"和人性化,交通便利了,票价合理了,配套的服务设施齐全了,观众自然而然会走进剧院看演出。剧院建设运营专家 Adam Shalleck 认为,③ 剧院应该更加温暖、更加人性化、更加社交化,让人能感觉回到历史上那些著名剧院最鼎盛的时期。应把观众席划成小区,减少观众和演员之间的距离感,也增加了观众和观众之间的人性化及亲密化程度。要不断增强剧院功能,剧院既可以用来作演讲,同时还可以在里边开鸡尾酒会,甚至可以用于宴会。这种在功能上的灵活性和集约性让同一个剧院有了不同的风格,能够吸引不同的观众。剧院建设咨询管理专家 Duncan M. Webb④强调,剧院并不是专门为某一类人所设计的,它是为大众设计的;把不同文化活动分散在剧院的不同区域,可以更加节省成本,提高效率,为不同的观众进行服务,还可以在附属的周边进行一些服务性的商业性活动;应使观众从被动地参与到主动地参与,为不同的人在演出期间进行各种培训,进行各种文艺活动,使整个剧院显得更加生机勃勃;剧院文化的发展不仅对文化艺术产生影响,还在经济上、文化教育上和旅游上有巨大带动作用;未来的艺术发展将更加依赖于新的设计,必须充分考虑到观众、剧院建筑的长期稳定性和新的资金筹措模式,以及剧院所在社区与剧院之间关联程度的强弱。

"十艺节"期间,山东省对剧院的经营机制也进行了积极探索创新。"十艺节"开幕前夕,山东省会文化艺术中心大剧院委托经营管理签约仪式在济南举行,中国对外文化集团公司正式获得大剧院为期 8 年的经营管理权。⑤ 泰

---

① 游春亮:《立法填补文化建筑技术指标空白》,《法制日报》2013 年 5 月 24 日。
② "首届剧院建设与综合运营高峰论坛"于"十艺节"期间在济南举行,专家就剧院的设计、建设、管理、运营进行了演讲和探讨,http://www.cbda.cn/special/special152。
③ 《Adam Shalleck 在首届剧院建设与综合运营高峰论坛上的演讲》,http://www.cbda.cn/special/special152。
④ 《Duncan M. Webb 在首届剧院建设与综合运营高峰论坛上的演讲》,http://www.cbda.cn/special/special152。
⑤ 苏锐:《"后十艺节效应"令人期待》,《中国文化报》2013 年 10 月 25 日。

安市政府决定从泰安实际出发,采取托管经营与驻场演出结合的新模式,由市文化广电新闻出版局将泰山大剧院整体托管给泰安汉辰文化创意有限公司,由公司长期在剧院驻场演出,托管费用由市财政每年补贴。财政补贴主要包括演出补贴、公益惠民票务补贴和管理运行补贴3个方面。目前,泰山大剧院每天都有演出,"泰山归来看音乐剧"已成一些游客的新选择。① 山东省应出台指导意见,鼓励各地剧院转变经营管理方式,大胆采取企业化经营、委托经营、承包责任制和租赁制甚至组建场馆战略联盟,推动剧院开展各种休闲、展览、娱乐等商业活动,与旅游等行业联动,提高剧院的市场运营水平和可持续发展能力。

(六)发挥"后十艺节效应",完善文化建设政策保障

为在"十艺节"推出精品力作,山东省创新文化建设机制。在艺术创作上,建立激励机制,设立专项资金,实施精品工程,对优秀剧目创作、群众文艺创作给予资金扶持,建立部门合作机制,设立美术创作基地,对重点作品实行签约制,极大地激发了艺术工作者的创作热情。山东省应把这些有效做法制度化、政策化,尽快制定出台《关于促进山东省文化艺术产业发展的意见》《推动山东舞台艺术持续发展"4+1"工程实施方案》《"一村一年一场戏"工程方案》等文件,建立长效机制,促进艺术创作持续繁荣。在繁荣文化演艺市场上,要进一步完善山东演艺联盟和演出院线,建成高标准的售票系统,盘活场馆、院团资源。在文化项目建设上,广泛动员企业和其他社会力量参与办文化,探索形成政府管文化与社会办文化相结合的发展机制。

(七)扩大"十艺节"美术展览影响,推动形成"齐鲁画派"

一个画派的形成,是一个区域书画艺术整体成就的体现,它会在某一地域乃至整个艺术领域确立举足轻重的地位,并产生深远的影响。山东是美术大省,应该形成自己的美术品牌,打造一个山东画坛"鲁军"的整体形象。中共山东省委九届十三次全会通过的《关于认真贯彻落实党的十七届六中全会

---

① 苏锐:《山东"后十艺节效应"初显》,《中国文化报》2013年11月22日。

精神加快建设文化强省的意见》明确提出:"加强山东美术创作风格和内涵研究,推动形成'齐鲁画派'"。推动形成"齐鲁画派",是山东省在掀起社会主义文化建设新高潮的际遇下,在雄厚的艺术积淀和殷切的艺术期盼的基础上,描绘中国梦的浓重一笔,这对于建设文化强省,推动山东乃至全国美术事业的发展都具有重要意义。

"十艺节"期间,山东成功举办了"全国优秀美术作品展览""山东省重大历史题材美术创作工程""美丽的传说——山东省民间文学中国画创作工程""齐鲁画风——山东省中国画大展",社会各界对山东美术作品反响热烈,观众络绎不绝。山东画家创作出大量具有齐鲁气派的中国画作品,已经具备了齐鲁文化的鲜明印记,共同形成了齐鲁画家的群体阵容,其审美取向、题材取舍、艺术技法等足以有别于其他地域的美术风貌,成为引领齐鲁画坛的风向标。因而,山东顺应历史的自然走势,打造"齐鲁画派"这一品牌,有利于在齐鲁文化大背景下,达成文化共识,相互切磋、营造学术氛围,增强山东美术界的凝聚力,提高山东美术在全国的影响力,有利于系统梳理山东美术发展脉络,出人才出作品,培育"高、精、尖"的美术创作和理论研究的年轻队伍。①

---

① 孔维克:《推动形成"齐鲁画派"文化工程研究》,《山东社科基金项目研究报告》,2013。

B.20 台儿庄运河文化生态保护实验区发展报告

张 丹*

摘 要： 建设文化生态保护区，是我国为建立区域性非物质文化遗产整体保护模式，促进文化与经济社会的全面协调和可持续发展的重要探索。台儿庄运河文化生态保护实验区是山东省文化厅批准设立的首批省级文化生态保护实验区。实验区包括枣庄市台儿庄区全境和峄城区古邵镇。自2010年台儿庄运河文化生态保护实验区批准成立以来，枣庄市围绕城市转型总体战略，立足非遗整体性保护思路，不断创新体制机制，狠抓非遗传承保护，取得了一定成效，为山东省乃至全国文化生态区建设和保护工作作出了有益的探索。

关键词： 台儿庄　文化生态保护区　探索

建设文化生态保护区是我国为建立区域性非物质文化遗产整体保护模式、促进文化与经济社会的全面协调和可持续发展的重要探索。根据《国家"十一五"时期文化发展规划纲要》，在2010年前，我国将确定10个国家级民族民间文化生态保护区。截至2013年，文化部已正式命名了12个国家级文化生态保护区。山东省于2009年启动文化生态保护区建设工作，现已命名9个省级文化生态保护实验区。

---

* 张丹，山东省枣庄市群众艺术馆馆员。

台儿庄运河文化生态保护实验区是山东省文化厅批准设立的首批省级文化生态保护实验区。实验区包括枣庄市台儿庄区全境和峄城区古邵镇，总面积680平方公里，人口37万。台儿庄运河文化属于具有典型特点的区域文化，代表了明清时期鲁南地区运河商业文化的发展盛况，是国内为数不多的至今仍在产生重要影响力的地域文化之一。其文化表现形式涉及运河船工遗存、村镇规划、古建筑、商贸习俗、地方戏曲（舞蹈、曲艺）、节庆民俗等物质文化遗产和非物质文化遗产。同时，运河将各地区域文化连接在一起，漕运、商业活动及社会各阶层的南北往来，带来了南北文化的交流融合，使得运河区域人们的心理心态、思想意识、宗教信仰、生活习俗、文学艺术等方面逐步趋同，具有重要的历史文化和学术价值。自2010年台儿庄运河文化生态保护实验区批准成立以来，枣庄市围绕城市转型总体战略，立足非遗整体性保护思路，不断创新体制机制，狠抓非遗传承保护，取得了一定成效，为山东省乃至全国文化生态区建设和保护工作作出了有益的探索。

一　文化生态与文化生态保护区

文化生态保护区建设是文化生态保护工作的深入和发展。文化生态指人类生存发展的文化环境状态，与自然生态共同构成了完整意义上的生态范畴。文化生态包括物质文化环境状态（物质文化生态）和非物质文化环境状态（非物质文化生态），两者相互依存，相互交融。文化生态是一个系统的有机体，有其自身的发展规律，它包含了人类赖以生存的物质和精神需求，是人类生产方式、生活方式和文化方式的共同延续体。

文化生态起源于人类处理与环境关系的动机和行为。中国战国时期的荀子认为人应该尊重自然；《易传》将天地人视为三才，以为天人协调是理想的境界。其他国家注意人类生存环境的思想也产生得很早。希腊文中有"生态学"的术语。中世纪伊斯兰学者伊本·赫勒敦最早提出"文化生态"的概念，强调人类文化与周围环境的关系，认为人的生存和社会活动离不开物质资源、地理环境和气候等客观条件，人的不同特性、表现和习惯受到不同环境的影响。

直到近代，对生态问题的研究才成为一门真正的科学。1866年，德国科学家海克尔（E. Haeckel）提出"生态学"的概念，把生态学确定为一门研究有机体和它们的环境相互适应关系的科学。1955年斯图尔特首次提出"文化生态学"的概念，提倡成立专门的学科，使文化与环境成为不可分离的整体。我国关于文化生态的研究始于20世纪90年代，由于西方文化的冲击，我国的文化生态失衡现象日渐严重，于是我国便加强了文化生态研究，提出建立民族文化生态保护区的构想，有效地解决了物质文化遗产保护和非物质文化遗产保护的结合问题，使文化遗产保护步入整体保护的新阶段。

2010年2月，文化部出台了《关于加强国家级文化生态保护区建设的指导意见》（文非遗发［2010］7号），规定"文化生态保护区是以保护非物质文化遗产建立民族文化生态保护区为核心，对历史文化积淀丰厚、存续状态良好，并具有特殊价值和鲜明特色的包括非物质文化遗产在内的文化形态进行整体性保护，以促进经济社会全面协调可持续发展的特定区域"。明确了生态区建设的思路和措施，对于加强生态区建设具有重要的指导作用。但关于非物质文化遗产保护与文化生态区建设如何结合的问题并没有提出具体的解决办法。2011年2月，全国人大出台的《中华人民共和国非物质文化遗产法》对于非物质文化遗产的调查、申报、传承等工作进行了细致的规定。第26条提出：对非物质文化遗产代表性项目集中、特色鲜明、形式和内涵保持完整的特定区域，当地文化主管部门可以制定专项保护规划，报经本级人民政府批准后，实行区域性整体保护。可以看出，整体性保护思路是文化遗产保护和生态区建设的共同关键所在。

在文化保护区建设实践中，各地结合特定地域和文化传统，进行了积极探索，形成了以下几种建设模式：一是以民族文化聚集地为主，开展生态博物馆建设。二是在少数民族聚居区，开展民族文化生态区建设。三是开展非物质文化遗产博物馆、传习所、特色文化村、民间文化保护区建设。四是以特定区域为主，开展文化生态保护区建设。在管理模式、保护方式、非遗传承上，都形成了一定特色，取得了一定经验。如加强生态区环境及硬件设施建设、加强非遗重点项目保护、对传承人授徒传艺进行补贴、结合非遗开展各种活动、设立专门的保护机构，以及加强队伍建设、进行理论研究等。

山东省的文化生态区既具有全国的共性，也有齐鲁文化的地域特色。从资源情况来看，山东省文化生态区的文化遗存较为显著，如台儿庄、临清运河文化生态区的运河水工遗存及设施，荣成海洋文化生态区的海草房民居、村落，周村商贸民俗文化生态区的古商城建筑群等，规模较为宏大，是区域内非遗项目的重要依托和集聚地。生产性非遗项目尤其是手工技艺类项目的保存相对较好，很多传承人兼有商户和经营者的双重身份。群体性参与的非遗项目如民俗、舞蹈、曲艺等，原生态或原址保护的情况较弱，处于高度濒危状态，需要政府和社会各界的大力扶持。文化生态区既是区域内非遗项目的集聚地，也提供了多种有效的保护形式，对很多非遗项目的发掘和保护具有重要作用。山东省文化生态区的保护方法，主要表现为"四个有"。有管理机构，成立了文化生态区保护工作领导小组，加强对文化生态区建设的统一领导和组织协调。有扶持政策，制定了相关文件、出台了地方政策。有非遗保护体系，建立了国家省市县四级非遗保护体系，对不同项目采取相应的保护措施。有常态化活动，开展适合地域特色的非遗文化活动。此外，在资金扶持、传承人补助、非遗生产性保护，以及非遗品牌创建上，体现出很强的政府主导特色。如民间艺术之乡的命名、财政专项资金的设立、庙会节会活动的组织开展，以及文化与产业结合的规划制定等。这些扶持手段和措施，对于非遗项目的生存壮大具有较强的引领示范和推动作用。

但是，与全国相似，这些经验和措施都是围绕非物质文化遗产保护进行的，是我国非物质文化遗产保护的基本方法，主要以保护重点非物质文化遗产项目为主，其保护方式是分散、零碎、缺乏体系和整体规划的。而文化生态保护区是以非物质文化遗产保护为核心实施整体性保护的特定区域。因此，在文化生态区建设过程中，要综合考虑文化、社会、经济各方面的要求，将文化生态保护和振兴地方经济、保护自然环境和促进科学发展等区域性发展目标相结合，在保护和利用、传承和发展、政府与社会、文化主体与经济社会之间寻找平衡，创造有利于文化形态、生态环境和经济社会协调发展的条件。

二 台儿庄运河文化生态的主要特点

台儿庄地处山东省南部低山丘陵地区，是山东省南大门。台儿庄运河始凿于明朝万历年间，主要由韩庄运河和伊家河两部分组成。从春秋时期逼阳古城的水门算起，台儿庄运河文化距今已有2700年的历史。明清时期，遍及全境的京杭大运河给台儿庄留下了丰厚的物质文化遗产和非物质文化遗产。作为京杭大运河上唯一一段东西走向的运河，台儿庄在运河流经的400多年中，形成了自己具有鲜明特色的文化生态系统。其文化生态的主要特点有以下几方面。

第一，台儿庄具有千年运河上最完整的运河文化遗产体系。台儿庄拥有京杭运河上唯一一处明清风貌保存完好的古河道、古码头和水工建筑体系。其中台儿庄月河段长约3000米，拥有11座古码头和长约900米的驳岸，最老的古码头已有500多年历史。拥有最能体现明清运河沿岸居民生活特点的古村庄——纤夫村，现在村内的老人依然会唱运河号子。2001年，这段3公里的运河古道，被世界旅游组织称为"京杭大运河仅存的清代文化遗产"。2007年台儿庄古运河被国家文物局公布为第六批国家级重点文物保护单位。运河北岸的丁字街、顺河街、月河街、繁荣街上，至今仍有很多古街巷、古民居、古商铺等古建筑。台儿庄历史上曾存有包括世界五大主要宗教及中国主要民间信仰的各类庙宇。运河文化专家、聊城大学教授李泉说："台儿庄10平方公里城市街道的肌理依然保持完整，城脉基本保留，具备重建的条件。"同济大学历史文化名城研究中心研究员张学敏说："台儿庄保留着古运河的历史遗存，以及'二战'时的部分街区，经过对毁坏部分的适当重建后，完全可以申报成为历史文化名城。"作为大运河上最完整的遗产体系，台儿庄古城参加并初步通过了国务院开展的大运河全线申报世界文化遗产工作。

第二，台儿庄是一座南北交融、中西合璧最典型的古城。台儿庄地处南北过渡带，处在京派文化和海派文化的中间地带，是北方的南方，南方的北方，自古就是战略要地、交通枢纽。独特的地理位置，使它能融南汇北，形成南北文化交流，是一个多样文化荟萃之地。台儿庄大多店铺店面临街、庭院朝河，表现出顺天然、亲近人和朴素大方的特征，具有节奏明快、方便实用的商业功能。其建筑风格集南北风格于一体，体现了北方建筑风格的沉稳和南方建筑风格的灵巧。据调查，台儿庄有晋派、徽派、鲁南民居、闽南等八种风格的明清建筑。沿岸的新关帝庙、南清真古寺、北清真古寺、基督教堂、泰山庙古建筑等大都保存了原有的风貌格局，体现了独特的民族特色。

第三，台儿庄非物质文化遗产具有不可再生性。台儿庄运河文化生态保护实验区内有500多项密集且富有特色的非物质文化遗产，它们大多是运河文化漕运的产物。明清时期，政府在台儿庄设立了从事河道管理的专门机构，制定了种种漕运禁令，对当地的生产、生活方式产生了重要影响。无数沿运地区的农民离开土地，到城镇码头船闸从事搬运、拉纤、商业、餐饮等服务行业，从根本上改变了运河区域的社会结构和生产生活方式，使运河区域呈现出迥异于周边其他地区的制度文化与行为文化。明清时期的运河流经直隶、山东、江苏、浙江四省，南北文化虽有很大差异，但运河将各地区域文化连接在一起，漕运、商业活动及社会各阶层的南北往来，带来了南北文化的交流融合，使得运河区域人们的心理心态、思想意识、宗教信仰、生活习俗、文学艺术等方面逐步趋同。

在运河文化的表现形式上，台儿庄既有丰富的古村落、古桥、船闸、码头、古建筑、古民居（石板房、四合院）等物质文化遗产，也有商贸习俗、手工技艺、民间美术、民间信仰、民间娱乐、民间故事、传统戏曲、传统医学、书画篆刻、节俗、方言等非物质文化遗产。例如，在宗教信仰上，民间传统的儒道佛与妈祖信仰，基督教信仰与伊斯兰教信仰并峙。在戏曲艺术上，柳琴戏是流行于运河地区的花鼓戏、肘鼓子、柳子戏以及枣庄三句半等民间戏曲艺术的融合。民间舞蹈骨牌灯、鱼灯蕴含着南方傩舞的祭祀元素。刺绣、土陶、剪纸等民间手工技艺兼容南北文化特色。大鼓书、琴书、花鼓戏等戏曲艺术至今在运河流域广泛流传。

这些文化表现形式，既展现了运河文化的博大深厚，承载着鲁南人民厚重的历史记忆，也影响了沿运流域的文化，是运河文化不可缺少的一部分。随着封建社会的解体，运河漕运功能的消失，运河文化所依附的生存环境基本丧失，多数文化遗产逐渐削弱，甚至趋于消亡，因此，对这些文化加强保护刻不容缓。

三 台儿庄运河文化生态区保护的举措

台儿庄运河文化生态保护实验区自批准成立以来，认真贯彻非物质文化遗产保护工作"保护为主、抢救第一、合理利用、传承发展"的指导方针，坚持将非遗保护与枣庄城市转型的总体战略结合,以生态区建设推动文化旅游业发展。生态区保护既注重加强文化生态的保护,文化环境的修复,也注重非遗活态保护和生产性保护,推动了生态区整体性保护工作的开展。

一是加强文化遗产整理。保护文化遗产,必须尽可能恢复其原有历史风貌,使文化遗产赖以生存的历史环境和文化景观得以生存。古城建设前,台儿庄进行了运河文化、大战文化的抢救挖掘和文化旅游资源的调查整理工作。从文化局、史志办、民政局、水利局等部门和居民手中,征集各种书籍200余本。并对有价值的材料予以整理,研究考证,形成材料。走访台儿庄80岁以上老人40多位,初步了解几大家族的商号、码头、家族兴衰及其当时的居住情况,以及古码头、古树、大战遗址的详细情况。对大战遗址进行了系统整理。对非物质文化遗产进行了调查,了解了重点非遗项目的主要做法、工艺、传承情况。并逐步延伸,比如对于运河小吃,全面了解了枣庄地区、鲁南地区和运河沿线城市的名吃、小吃,整理归类,挖掘整理各类小吃、名吃近千种,形成300余幅照片,6万余字资料。

通过调查古建筑遗址,收集老照片,采访老人,入户调查等形式,对古城街巷、码头、驳岸、建筑作了全面细致的研究,对现存历史遗迹、老建筑全部拍照,分类保存,全面摸清八大建筑风格。对各种庙宇进行了调查,详细掌握确定建筑位置、建筑风格、建筑艺术、建筑布局,绘制了部分建筑平面图。收集整理水街水巷、古街巷、古民居、古桥、游船、牌坊、古灯等各类古城建筑参考图片500余幅。同时,对地下文物进行了抢救性发掘。初步厘清了古城的文化元素,为古城重建和生态区建设奠定了基础。

二是加强设施规划和建设。作为台儿庄大战旧地,台儿庄古城90%的古建筑毁于1938年的战火。因此,对文化遗存的保护,涉及前无古人的修复和重建工作。与庞贝古城、华沙古城类似,台儿庄古城近乎苛刻的修复工作,不仅最大限度地复活了古城,而且得到了业界的认可。在恢复文化生态的同时,考虑以非遗为元素的业态布局,使设施规划建设更加符合整体性、生产性保护原则。按照建设"百庙、百馆、百业、百艺"的要求,一方面恢复了古城原有的八种风格建筑,把古城打造成为"中国民居建筑博物馆",古城内已建成的数十家专题博物馆、非遗展览馆星罗棋布,体现了不同风格的非遗项目的多样性特色；另一方面，围绕运河文化、大战文化和鲁南民俗文化三条主线，按照"国家级、专题性、大众化、盈利型"四个理念，规划建设古城非遗博物馆。先后建成了大运河非物质文化遗产博览园、1平方公里的台儿庄非物质文化遗产博览园、第二届中国非物质文化遗产博览会主展馆。正在规划建设15平方公里的台儿庄古城文化产业园，使"两园一城"形成一个有机的整体，实现非物质文化遗产的活体呈现、动态传承。同时，反映运河船夫、纤夫生产生活原貌、礼俗、习俗的明清纤夫民俗风情村重建工作正式启动，这将成为更大范围、更高标准的非物质文化遗产的密集区与活态保护、整体保护的典范。

三是非遗活动常态化。充分发挥古城文化高地的集聚效应，举办各种特色显著、影响深远的常态非遗文化活动，不断提升文化生态区在运河流域乃至全国的文化影响力。依托古城非博园400余家非遗商铺，常年开展非物质文化遗产项目展销活动，定期或不定期举行柳琴戏、运河大鼓、皮影戏、梆子戏等演艺活动。

2012年9月，成功承办了由文化部和山东省人民政府主办的第二届中国非物质文化遗产博览会。博览会历时5天，实施了9项重大活动，有来自全国31个省（自治区、直辖市）、新疆生产建设兵团和港台地区的767个非物质文化遗产项目参展，有14支民间游艺队伍和7个国家级非物质文化遗产优秀剧种参加展演，项目参展人员2856人，优秀剧目参演人员680人。这是一届规模盛大、隆重热烈、圆满成功的非遗盛会。为实现"月月有主题，天天看非遗，打造永不落幕的非遗博览会"的构想，台儿庄在6~8月份分别开展了"手艺山东月""中华美食月""中华演艺月"活动，主题月活动在非遗博览会圆满闭幕后，依旧如期举行。2013年10月，举办了中国·台儿庄非物质文化遗产博览会，展出各级非遗项目300余个。

为加强对外宣传，提高古城在全国的美誉度和知名度，台儿庄相继举办了"世界旅游小姐走进天下第一庄"巡游、中国·枣庄"台儿庄古城杯"海内外楹联征集大赛、古城宣传语征集大赛、首届开河节、两岸抗战文学论坛、台湾大甲镇澜宫妈祖分灵台儿庄古城天后宫安座大典、台儿庄古城天后宫妈祖金身回祖庙绕台巡游、央视《城市一对一》栏目枣庄—华沙交流访谈、台儿庄大战无名英雄遗骸集中安葬仪式、"聚焦天下第一庄——记者眼中的台儿庄古

城"全国新闻摄影大赛、"寻梦台儿庄"全国旅游摄影大展、第二届两岸汉字艺术节、"英雄台儿庄"抗战主题国际雕塑大赛、纪念台儿庄大战胜利75周年系列展览、孙中山先生铜像落地揭幕仪式、泰山行宫·天齐庙落成庆典、两岸和平文化论坛等重大文化交流活动。

四是非遗保护方式多样化。通过非遗项目档案、资料库的建立，非遗名录体系的完善，传承人动态保护，设立展览馆、传习所等活动，建立起非遗保护的网络体系。台儿庄先后推出4批、221项市级非物质文化遗产项目名录，台儿庄区整理了非物质文化遗产项目560项。加大对运河非物质文化遗产项目资料的收集、整理、归档工作力度，建立健全"四个一"① 资料库。拍摄了与运河文化有关的民俗专题片、资料片，编辑出版了《枣庄运河》《运河文化刍议》等运河文化系列丛书，成立了运河文化研究会、柳琴戏研究会、女娲文化研究会等非遗文化研究机构。通过各种节日、节会活动，进行非遗项目展示展演，公益宣传。成立非遗专题展览馆、传习所，进行非遗定期展览，开展传承活动。对于经济困难的非遗传承人，市里每年都进行资金、项目的扶持，鼓励他们更好地开展非遗传承活动。

大力加强非遗生产性保护，使非遗保护与发展地方经济结合起来，推动了整体保护工作的开展。运河地区很多与生产生活密切相关的非遗项目，本身就具有市场性和消费性。借助市场手段，将非遗及其资源转化为文化产品，是最积极、最有效、最有利于非遗可持续发展的保护传承方式。对于市场前景较好的土陶、剪纸、泥塑等非遗项目，通过优惠政策，吸引到古城非物质文化遗产博览园，鼓励传承人按照文化传承规律发展生产，并为其创造条件进入市场，增强传承发展的活力。

四 台儿庄生态区保护的主要经验

制度建设是生态区建设的根本保障。一个成熟的文化生态区，如果没有独立的管理运营主体，没有适应市场需求的制度，没有产出收入的平衡，没有对

---

① "四个一"一本普查资料汇编、一个档案资料室、一个珍贵实物陈列厅、一个数据库。

于吸引传承人和项目的落户的奖补措施，单纯依靠政府财政支持和补助，将无法实现可持续发展，整体性保护的目标也无法达成。台儿庄运河文化生态区通过加强制度建设，较好地解决了管理运营、投入产出、非遗传承等问题，步入了良性循环的发展轨道。

一是建立了协调有力的领导机制。为推动包括台儿庄运河文化生态保护实验区在内的五个园区的创建工作，市委、市政府决定，成立枣庄市文化工作领导小组，由市委副书记、市长张术平任组长，市委常委、宣传部部长张宝民，市政府副市长霍媛媛任副组长，各区（市）长和25个市直部门一把手为成员，原有的台儿庄运河文化生态保护实验区工作领导小组合并在内，在台儿庄运河文化生态保护实验区建设中发挥主导作用，统一协调生态区建设。台儿庄古城保护开发建设管理委员会作为古城管理运营单位，是自负盈亏、自主运营的独立法人单位，负责古城日常管理运营，以及文化生态区的建设工作。为加强业务指导，枣庄市、台儿庄区文化部门设立了工作机构，协调解决生态区建设中的具体问题。

二是建设模式多样化。台儿庄古城包括古城文化生态区建设，始终坚持政府主导，市场运作。一方面，由王晁、丰源、中泰等5家地方煤矿入股，每家拿出10万吨煤的利润变现为4亿元资本金，组建投资公司启动古城建设。政府对文化生态区建设进行总体规划、基础设施投入，划分功能定位。另一方面，大量吸纳社会资金，参与文化生态区建设。比如，在生态区各种主题博物馆的建设中，其一是争取上级部门支持建设40多个非遗专题博物馆，如运河招幌博物馆、运河税史博物馆、度量衡博物馆等；其二是招募社会收藏家参与30多个展馆建设，如酒器博物馆、青楼博物馆、私塾博物馆、票号博物馆、金瓶梅博物馆等；其三是招募企业参与20多个展馆建设，如中国银行博物馆、同仁堂博物馆、邮政博物馆、烟草博物馆等。目前，台儿庄古城已建成开放27个博物馆。最终目标是把台儿庄古城打造成国内最大的"博物馆聚落"。

三是实施招商优惠政策。为打造生态区非物质文化遗产传承、保护、发展的平台，台儿庄制定出台了招商优惠政策。对进入生态区的非遗项目，从租金、税费、营业额分成、资金补助、服务保障等方面进行优惠。国家级、省级非物质文化遗产项目传承人入驻古城的，提供公租房；市级非物

质文化遗产项目（枣庄市以外的）传承人入驻古城的，提供廉租房。传承人子女入托、入学与本地居民享受同等待遇。18~35岁的待业青年、创业大学生进驻古城，可申请青年创业扶持基金，免收物业费，以及享受税收、房租等优惠政策。

四是加强管理运营。按照现代企业制度和旅游行业管理规范，建立健全管理运营机制和质量管理体系，引进先进的管理理念和经营模式，全面推行规范化管理服务。生态区管理公司现有13个部室，员工600多人。他们采取专业招商、定点招商等方式，在全国范围筛选生态区的经营业态，景区业态以非物质文化遗产项目为主，还有部分高端品牌的餐饮、客栈、酒吧和旅游商品。在古城内不仅有茶楼、戏台、药铺、客栈等传统店铺，有税史、私塾、驿站、奏折、票号、青楼等多个专题博物馆、展示馆，也有酒吧、演艺厅、星级酒店、主题公园等现代休闲业态。建立完善市场营销渠道，建立起地区网络化的市场营销体系和"大市场、大营销"的机制格局。设立高铁沿线9个大区，相关人员分区驻点开拓市场。开通临沂、徐州等城市直通车，实现周边市场本地化。

五 推进台儿庄运河文化生态区保护的思路

一是继续深入开展生态区内的非物质文化遗产项目普查保护工作，建立健全档案资料，不断挖掘、充实和完善与运河文化有关的非物质文化遗产名录。二是继续加强各种运河文化遗存的保护和修缮工作，使文化遗产赖以生存的原生态环境得到良好保存。同时，积极引进新的有代表性的非遗项目，进行展示和传承发展。通过定期举办各种非物质文化遗产博览会，打造非遗保护的新亮点。三是加快建设与运河文化有关的博物馆和传习所。在已建成的27个专题博物馆的基础上，加快建设中国柳琴戏博物馆、鲁南民俗博物馆等特色专题博物馆。征集相关非遗制品，作为非遗博物馆基本陈列内容，为宣传教育和学术研究发挥作用。在生态区内加快设立永久性固定非遗传习所，为传承人开展活动创造条件。四是加快推进台儿庄古城文化产业园建设。台儿庄非物质文化遗产博览园位于国家级文化产业实验园区内，规划建设总占地面积1000亩。园区以非物质文化遗产展示、传承、保护为主题，将着力打造为全国非遗项目的集中展示基地、保护成果展现基地、博览馆和传习所聚集基地、传承人收徒传承基地、研究培训基地和国内外文化交流基地。五是加快选择文化遗产项目保护较好、基础设施初步完善、自然环境和人文环境较好、群众保护意识较高的区域，建立运河文化生态村镇，作为生态保护实验区的支撑点，实现运河非遗文化的整体保护。六是推进非遗项目的生产性保护。利用古城生态区的集聚效应和招商引资优惠政策，继续吸引市场前景较好、非遗特色鲜明、在全国有影响力的非遗项目入园发展，变非遗资源优势为产业和品牌优势，形成规模效益，推动台儿庄运河文化生态保护实验区更好更快发展。

B.21
"泰安演艺模式"探讨

赵迎芳*

摘　要： 泰安市积极探索、大胆创新，吸纳社会资本，培育本土文化，在剧院运营过程中选择"托管经营与驻场演出相结合"的模式，打造多个旅游演艺项目，走出了适合泰安本地发展实际的全新模式。

关键词： 演艺　社会资本　托管　剧院

近年来，泰安市依靠文化自觉和文化自信，积极探索、大胆创新，吸纳社会资本，引入汉辰文化创意产业有限公司为市场主体，实行剧场、演艺公司、票务公司、广告公司、物业公司一体化的经营模式。泰安模式以剧场为龙头，打造了具备自主知识产权的《泰山情缘之石敢当》系列音乐剧目，促进了文化与旅游融合，多个演艺项目遥相呼应，错位发展，优势互补，走出了适合泰安本地发展实际的全新模式。"泰安模式"的主要做法有以下几点。

一　政府投资兴建剧场

泰安市投资5.46亿元兴建了泰安文化艺术中心。泰安文化艺术中心是市委、市政府确定的全市重点文化建设项目，是富民强市和幸福泰安的惠民工程，是泰安市政府新建的文化标志性建筑之一。文化艺术中心地处泰安市政府

---

* 赵迎芳，山东社会科学院文化所。

广场以南，位于泰安市的时代发展线上，是建设中的集商务、经济、文化为一体的新中心地带。泰安文化艺术中心总占地面积44306平方米，总建筑面积58995平方米，其中地上五层建筑面积40358平方米，地下一层建筑面积18637平方米，框架结构，由市图书馆、市艺术馆、市美术馆和泰山大剧院四部分组成，融景观性、艺术性、实用性为一体。大剧院作为文化艺术中心的重要组成部分，是供音乐剧、歌剧、舞剧以及大型文艺演出使用的专业剧场。它是文化艺术中心的最大子建筑，其建筑面积7525平方米，可以同时容纳1029人观看演出。剧场包括池座720席，楼座309席，有舞台机械、灯光、音响等设备。大剧院设置了室外LED大屏和完善的室内网络系统，具备广告宣传的能力，同时又对物业和演出票务进行管理。泰安文化艺术中心解决了泰安市文化设施"空巢"问题，使泰安模式具备了最基础的条件，对进一步丰富人民群众精神文化生活，保障人民群众基本文化权益、完善城市功能、提升泰安城市文化品位、促进文化与旅游的融合发展具有重要作用。

二 引入社会资本建剧团托管剧院

新建的文化设施如果没有科学的管理和市场开发运营，就会造成资产的闲置和沉重的经济负担。泰安市文广新局通过考察国内外剧院主要运营模式发现，国外剧院基本采取谁投资、谁经营、谁管理的模式，一般由政府补贴和社会（基金）资（捐）助，维持基本运营；国内的剧院管理模式主要包括业主自行管理、业主委托专业管理公司管理、业主和专业管理公司成立合资公司管理三种模式，但这些管理模式都或多或少地存在一些问题，要么政府投入过大，性价比不高；要么演出场次和剧目不能收到特别好的运营效果。泰安市最终选择托管经营与驻场演出相结合的符合泰安本地实际的全新模式。通过招商引资，引入新加坡兆璟财团。新加坡兆璟财团成立于1994年，为新加坡投资银行与金融控股持牌机构，是集教育、文化、旅游、地产于一体的综合服务机构。兆璟财团以泰安市委、市政府提出的"推进富民强市，建设幸福泰安"为目标，成立泰安汉辰文化创意产业有限公司，公司与剧院签订了大剧院托管经营协议，公司在大剧院的监督下，独立经营，市场化核算，独自进行驻场或巡演演出。根据"托管经营+驻场演出"这一模式，泰山大剧院的管理运营整体托管，托管费用由市财政每年补贴，主要包括演出补贴、惠民票务补贴和管理运行补贴。社会资金投入与政府投入一拍即合，即社会资金投入剧团、剧本、歌曲，政府资金建剧院、买服务。试运行期间惠民补贴共800万元。汉辰公司托管的大剧院将确保每年不低于70场次包括音乐剧在内的各类演出，培育健康的文化消费市场；同时采取文化惠民措施，面向广大市民提供低价位门票，让寻常百姓能够走进大剧院，亲身享受高雅艺术，提升文化品位，提高文明素质。

三 创作本土文化剧目

发展本土文化，推动本土文化走出去，一直是泰安文化发展的目标和方向。泰安文化艺术中心大剧院前期与几大院线进行谈判，均因价格、演出场次、演出内容等诸多原因而失败，这更进一步激发了泰安发展本土文化、助推本土企业的决心和积极性。泰安作为旅游城市，在"北济南南曲阜中泰安，一山一水一圣人"旅游线路的中间，具有良好的文化旅游发展的资源，音乐剧与泰山旅游融合并创作《泰山情缘》系列剧目成为必然趋势。在市委市政府的领导和支持下，市文广新局结合泰山、泰安文化，主导创作了音乐剧《泰安情缘之石敢当》。该剧完成了首部有关泰山的音乐剧剧本创作，汲取国外音乐剧百年的文化创作之精髓，依托泰山厚重的历史文化底蕴及石敢当感人的传说故事，邀请国内著名音乐人李杰、金牌词人化方创作了以泰山石敢当和泰山赤鳞鱼为核心内容的23首歌曲，成就了山东省第一部音乐剧的诞生，填补了省内空白。该剧利用声、光、电等现代科技舞台技术，集舞蹈、歌剧、话剧和杂技、柔术、威亚、绸吊、武术等元素于一体，通过舞台布景，把观众带入魔幻世界。《泰山情缘之石敢当》大型魔幻神话音乐剧的策划制作，契合了泰安泰山的区域文化优势，树立起泰山石敢当和泰山圣母的新形象。该剧全年驻场演出的形式在全国尚属首创，开创了原创音乐剧的先河。音乐剧驻场演出既能保证投资方长期经营，又能吸引更多的国内外演艺界同人的加盟与合作，使财政补贴与市场运作形成良性互动，逐步让财政补贴扮演孵化器的角色，最终走上以市场化经营反哺财政的新模式，为剧院的长期可持续发展探索一条新

"泰安演艺模式"探讨

路。除驻场演出外，汉辰文化还将音乐剧打造成精品项目，使中国音乐剧走出国门，发扬光大。《石敢当》自2013年8月29日首演以来已演出15场，运行效果良好，成功吸引了很多媒体的关注，音乐剧在当地成为时尚，目前已签约了30多家旅行社。剧场剧团一体化经营，市场化经营，上座率90%以上。《石敢当》的演出，推进了文化惠民工作的开展，登山节期间和教师节期间都有惠民专场，山东梆子剧团等团体都进行了惠民演出。《石敢当》成功推出后，石敢当广场、石敢当博物馆、石敢当文化节应运而生，极大地丰富了群众的文化生活。

四　融合旅游打造中国演艺之城

泰安立足本土优势，以文化促进旅游，实现文化与旅游的深度融合，打造泰安文化旅游新名片。目前，泰安已形成"东部封禅大典演艺，中部泰山情缘之石敢当音乐剧，西部刘老根大舞台"三核一体驱动、互动互撑的文化旅游演艺格局。《封禅大典》立足泰山文化，再现了千百年来帝王封禅的宏大场景，将演艺与旅游完美结合，弥补了泰山多年来的夜间旅游空白，形成食、宿、行、娱、游、购的一系列服务，使泰山文化旅游由单纯的"游泰山"升级到"品泰山"。《泰山情缘之石敢当》自首演以来，反响良好，取得了较好的社会效益与经济效益。作为全国知名的文化品牌，泰安新天街"刘老根大舞台"从历史、人文的角度与博大的泰山文化完美融合，也成为泰安市新的文化景观和地标性建筑，也成为泰安演艺的新亮点。此外，水浒文化旅游公司以水浒文化为背景投资打造了《水浒天风》魔幻话剧；投资10亿元的泰山宋城项目也已签约完成。泰山宋城项目由泰安旅游经济开发区与杭州宋城集团宋城旅游发展股份有限公司合作建设，主要建设内容包括《泰山千古情》大剧院、主题公园以及旅游配套设施等，是集立体式大型歌舞和高科技乐园为一体的综合旅游文化项目。泰安市多个演艺项目遥相呼应，错位发展，优势互补，进一步丰富了泰安的文化演艺市场，共同形成了泰城东中西部全覆盖，东西方文化和谐包容，高雅艺术与通俗民间文化同存共赏的泰安城市文化新格局。通过文化与旅游的大融合，泰安这座文化旅游名城必将成为一座"文化演艺之城"。

B.22 2013年度莫言研究态势分析

马 兵*

摘 要： 2013年度莫言研究方兴未艾，不仅数量增长了27%，在学理上也更为沉潜，把莫言放在宏阔的历史文化视野中，放在新文学百年纵横的坐标中，借以呈现现代汉语文学可能的高度，及其与世界当代文学的对话中所彰显出的独特的美学意蕴和价值立场。

关键词： 莫言 新文学 美学意蕴

在"诺奖"效应的持续发酵之下，2013年理论评论界的莫言研究方兴未艾，依然是年度最重要的批评话题之一。据统计，2013年各种学术和文学类刊物共刊载莫言的研究文章2200余篇，相比于2012年，数量增长了27%。同时，莫言研究在学理上也更为沉潜，不再急于为莫言获奖寻出根由或加以声援或质疑，而是把莫言放在宏阔的历史文化视野中，放在新文学百年纵横的坐标中，通过对其创作的世界性和本土性、民间性与精英性、"为大众"与"为人类"的多维度的阐释，借以呈现现代汉语文学可能的高度，及其与世界当代文学的对话中所彰显出的独特的美学意蕴和价值立场。莫言研究的热潮不但可以推动中国新时期文学的理论建设，也对弘扬山东地域文化、传承齐鲁文脉起到了积极的推动作用。

---

* 马兵，山东大学文学院。

一 莫言研究的新角度

（一）现代文学史家的莫言研究

莫言作为一位20世纪80年代崛起的作家，对其的研究是当代文学的题中之义，但长期以来现代文学方向的学者对其关注相对较少，而莫言的获奖改变了这个局面，越来越多的现代文学领域的学者开始涉足莫言研究。这种现象恐怕不能仅用跟风趋时来简单解释，现代文学的学者更希望用比较的视野来看待莫言，并建立起莫言与新文学的线索的内在关联，借此思考现代文学的传承、经典构建、文学的现代性等多方面的问题。在2013年，一批在现代文学史研究上卓有成就的资深学者不约而同地撰写了与莫言有关的评论文章，这些文章既有高屋建瓴的概观，也有细致入微的解读，不论是方法论还是思考的重心，都与当代学者的莫言研究形成一种互补性的参照。

中国现代文学研究会会长、山东大学特聘一级教授温儒敏的《莫言历史叙事的"野史化"与"重口味"——兼说莫言获诺奖的七大原因》在提炼莫言获奖的七大原因——"题材独特""文化体察""想象力""会讲故事""为评委圈子熟悉""地缘""挪威官方与中国修正关系的动机"——的基础上，对莫言小说的"野史化"和"重口味"进行了分析。温儒敏认为，自古以来中国人就习惯从叙述历史的文学作品中获得关于历史的知识及相关的想象，而现代文学并未抛却这一传统，不少作家都有史诗情结，因而现代文学中很多重量级的作品如《倪焕之》《田野的风》《子夜》《死水微澜》《财主底儿女们》《四世同堂》等都力图从不同角度呈现历史的来龙去脉，充当"正史之补"。莫言也有强烈的写史冲动，但他对历史的叙述方式不同以往，不再"感时忧国"，而试图将"大历史还原给民间"，另写出"一种生生不息的""能唤起原初激情及想象的人性与欲望的场景"，这使得"所谓历史中心、主体、主流被虚化"，而呈现为"野史"那种民间的真实，甚至有着"毛茸茸的质感"。莫言的"重口味"体现于他的原乡写作浓墨重彩，"虽有对故土的眷恋，却从未把高密东北乡当作浪漫的'边城'或'果园'"，另外，"狂欢喧哗的氛围"

与"酣畅粗鄙的语言流"也是形成其叙事重口味的重要原因。温儒敏同时对莫言"野史化"的狂欢进行了必要的提醒,莫言笔端放纵"却不能停下来作深入的思索与把握",因而也"未能给读者类似宗教意味的那种悲悯与深思",而在虚无主义与相对主义盛行的当下,莫言的"野史化"写作也有着易被拿来作庸俗理解的风险。

山东师范大学的资深教授朱德发多年来致力于五四文学史以及新文学史观的研究,他的《"里比多"释放的悲歌和欢歌——细读莫言〈丰乳肥臀〉有所思》则展现了他扎实绵密的细读功夫。由于深厚的现代文学学养,朱德发教授把《丰乳肥臀》纳入"五四"以来以写"里比多"著称的小说谱系中来看取莫言《丰乳肥臀》的文学史意义,对比丁玲、郁达夫,指出莫言以长篇小说对"里比多"释放主题的探讨达到了前人所未有的美学高度。论文对上官鲁氏、上官来弟等主要女性人物形象予以细致的解读,指出上官鲁氏"里比多"迸发力的巨大与盲目,成为推动其强蛮生命力的根底,进而阐释了小说内蕴的强大的感性美学力量如何"印证着检验着马尔库塞所著《爱欲与文明》一书对'里比多'富有深度和创意的论述"。也正是在这一点上,莫言对人性情欲的开掘触及了"人类奥秘心理共同相通的东西",具有了全人类意义的思想意义和审美价值。同样立足文本细读的还有北京大学严家炎教授的《从〈檀香刑〉看莫言小说的贡献》,他从小说的结构形态、语言特色、乡土风情的描绘等几个角度对《檀香刑》的美学特色作了自己的解读。

苏州大学朱栋霖教授的《莫言与诺贝尔文学奖》从诺贝尔文学奖积淀的"文学理想""文学观念""评价标准"谈起,再一次思考莫言强调的"大于政治"的文学表述与诺奖理念之间的暗合。文章通过对鲁迅、赵树理、高晓声、路遥、陈忠实等作家笔下农民形象的概论比较,指出莫言笔下的农民既具有"新中国当代农民的复杂性和鲜活性",又在某种程度上和鲁迅类似,体现出独立思考的可贵,并能将生活和人性的复杂多维鲜活地呈现出来,让读者去思考,因而莫言塑造的农民常常是溢出传统观念的理解之外的,而这也正是莫言之于20世纪中国文学史的意义,他能"引发我们对20世纪中国文学、文化的重新思考,引起我们文学观念的变化,思索我们和世界文学究竟有多少距离"。同样在这个向度上进行解析的还有武汉大学的陈国恩教授,他以《中国魅力与人类命题》为题，指出莫言处理中国历史情境中人物的命运与遭际时，通常展示的也是人类生存所必须面对的共有的问题，其创作富有中国色彩而又关乎人类命运。

中国人民大学的孙郁教授在《莫言：一个时代的文学突围》中全面梳理了莫言20世纪80年代以来的创作，从表达的突围、语言的突围、色彩的突围和声音的突围等角度概括莫言的文学世界。孙郁教授享誉鲁迅研究界，他在阐释莫言时也经常拿他和鲁迅来对比，给人以相当的启发。如拿《白狗秋千架》《透明的红萝卜》等小说里传递的"命运对人的戏弄"与鲁迅在《故乡》里呈现的人生经验作对比，指出鲁迅的叙述有"文化秩序的思考"，而莫言则强调了对宿命世界的拷问。又如，鲁迅在20世纪30年代推荐苏俄文学时便注意到"多声部的咏叹的美学效应"，只是没有引起当时作家的注意，而莫言雄浑的交响叙事唤回了这被文学遗忘的审美意识，是对鲁迅世界的回返。论文认为，相比于民国一代作家，莫言的学识有限，但他的想象力能"超越知识的屏障"，并以之作为自己精神狂奔的飞翼，他在众多作品里奏响生命的强音，对比鲁迅曾经感慨的"中国是无声的"，莫言确实表征了"一个时代的文学突围"。

（二）莫言小说与本土文学传统

作为20世纪80年代中国先锋文学的扛鼎者，莫言小说浓郁的现代主义和魔幻色彩素来是评论界关注的焦点，甚至构成一个时期内莫言研究的基本角度。但随着莫言走出学步阶段，他的作品也越来自觉地向本土文学的传统回归，评论者也随之开始重视莫言创作中的本土叙事资源和精神资源，2013年中，不少论文都是从这个角度来进入莫言的文学世界的。

莫言是齐人，他曾多次提到故乡讲古说书、谈狐论鬼的氛围，提到《聊斋志异》对自己的巨大影响，魏晋志怪小说是其"重要的艺术源头"，他也曾经谈到要努力"发掘我们中国的老百姓日常生活当中所蕴藏着的创作资源"。马瑞芳教授是古典文学的专家，尤以《聊斋志异》的研究见长，2013年，马瑞芳教授撰文《莫言的成功在于向经典致敬》，认为礼敬经典、学习经典、传承经典是莫言文学成就的根本。在马瑞芳教授看来，莫言笔下的"志异"元素等取自古典文学的文思随处可见：在情节上，《檀香刑》结撰的方式与《聊斋》中《梦狼》

一篇非常相似,《生死疲劳》的故事框架同样取自《聊斋》中的《席方平》;在结构上,《檀香刑》"凤头""猪肚""豹尾"三部分是借用"元代乔吉作词法概念",《生死疲劳》的叙事拟章回体,等等。从这些地方可以看出,"莫言不愧是中国小说优秀传统的延续者,是罗贯中、蒲松龄的双重传人"。

刘再复教授的《莫言的震撼与启迪》一文,从李欧梵《人文六讲》一书中的一个观察谈起。李欧梵在书中提到,与20世纪的南美和印度作家相比,中国的现当代作家的幻想能力显得薄弱,原因在于"中国文化本身的宗教成分"较为单薄,志怪和《聊斋志异》的叙事传统又没有在以写实为主旨的现当代文化语境中完成创造性的继承和转化。而莫言的可贵正在这里,他的小说中有"走向魔幻和文本互涉的趋势",对于幻想力不强的中国现当代文学来说是个异数。从这个判断出发,刘再复指出,莫言是把志怪和《聊斋志异》传统"内化到小说文本中",同时又能把魅惑的故事讲出"大格局、大结构、大悲悯",打通了"想象视野""现实幅度""叙事技巧"。刘再复同时指出,莫言借鉴经典而不拘泥于经典,他以强大的精神力把众多文学巨匠请到自己笔下,自由驱遣,别开生面。

山西大学王春林教授的《莫言小说创作与中国文学传统》首先将中国文学传统区分为"中国古典文学传统"和"中国现代文学传统"两大部分,他认为莫言对两大文学传统均作出了创造性的继承和转化。对于莫言对中国古典文学传统的汲取与化用,王春林也以《檀香刑》和《生死疲劳》为例,不但分析了两部小说的艺术结构和叙述方式与传统小说的关系,还着重探讨了"色空观""六道轮回"这种中国文化传统固有的"世界观和方法论"在小说里的体现。莫言和中国现代文学传统的关系,主要体现在鲁迅文学观念对莫言创作的潜在影响上。在王春林看来,莫言《酒国》中的"婴儿盛宴",构成对鲁迅"救救孩子"呼声的反向书写,而《蛙》里的忏悔具有一种突出的自我批判和自我解剖的意识,有着鲁迅式的"抉心自食"的精神自觉,从这个意义上说,莫言是鲁迅文学精神的自觉传承者。北京师范大学刘洪涛教授的《莫言小说与中国乡土文学的两个传统》思路类似,他把莫言放在由鲁迅和沈从文在20世纪开创的中国乡土文学的两个传统中加以界定。鲁迅的乡土文学传统基于国民性批判的启蒙主题,重视对乡土中滞重陈旧、扼杀生命活力的惰性因子的批判,当然也保留着对乡土淳朴的一面式微的伤悼;沈从文的乡土文学传统着重对乡间的强力和原始健茁人性的发掘,以补救现代人之颓废萎缩,并将其与现代民族国家的想象结合,试图重塑人们关于中国的诗意的形象。而莫言的小说创造性地把两大乡土文学传统作了化合:和沈从文一样,莫言的小说也常被解读为"中国民族的寓言",高密东北乡人强蛮狂傲的刚勇生命力与湘西质朴强健的民风不约而同,但是,莫言通过"追忆历史重建现代民族国家的想象",他的《丰乳肥臀》《红高粱家族》《生死疲劳》《蛙》等一系列长篇,几乎完整地涉及了从晚清义和团到抗日战争、土地改革和合作化运动,再到"文化大革命"以及改革开放等一百多年来的中国近现当代史,这比沈从文挖掘的相对静态的乡土题材在时空跨度上要深广得多,他"看到民族国家所担负的现代化的落魄,就此而言,莫言又更加亲近鲁迅传统"。

山东理工大学张艳梅教授的《历史文化视野中的莫言》将对莫言的阐释放到一个更开阔的背景中,不只是看重莫言传承的文学传统,更看重其植根的中国文化的母体,看重文化传统对他的渗透。论文认为莫言的写作总是扎根于对中国历史和现实最重大的问题——"土地和农民"问题的思考,骄傲于民间文化的荣光,也不回避其中的惰性,勤奋地作着超越性的努力。在他笔下,高密东北乡的土地既滋养狂放与血性,也滋生残虐与暴力,他不断以史与诗的方式回返这方土地,不断以传说和寓言形成与土地的历史和现实困境的对话关系,让高密东北乡成为象征性的"文化之乡与精神之乡"。

(三)莫言小说的翻译研究

莫言小说浓郁的乡土文化意蕴以及对本土叙事资源的征用确保了莫言小说在华语世界的流行,而莫言同时也是被广为译介的当代中国作家之一,其世界范围内的影响力包括折桂诺贝尔文学奖都离不开翻译的推动,尤其是葛浩文、马悦然、陈安娜等优秀译者的推动。在某种程度上,翻译意味着再创造,因此莫言小说的翻译文本与他的原文也构成一个相当有趣的观照视角,在语言的跨界中所呈现的对莫言的不同理解为莫言现象提供了特别的角度。2013年,莫言研究领域的多篇论文都以此作为切入的思路。

曲阜师范大学李钧教授的《新历史主义的立场和"作为老百姓的写

作"——莫言荣获诺贝尔文学奖的深层原因探析》重点虽然是分析莫言写作的姿态与立场，但这篇论文在第一部分就莫言获奖后西方舆论反响的分析提出了非常值得思考的问题。他认为，由于西方汉学家对莫言了解的片面和有限，导致西方主流媒体在对莫言获奖的解读中存在着严重的"错位和误读"现象。他以几段美国、法国媒体的报道为例，指出西媒把关注焦点更多地放在莫言与官方意识形态的关系上，而对莫言致力的人性深度的书写视而不见。论文还对评委会颁奖词中的"hallucinatory realism"一词与"magic realism"的区分作出了自己的富有新意的阐释，认为评委会之所以刻意不用后者就是为了将莫言的写作与拉美的魔幻现实主义来作出区别，前一个词组更接近莫言自己表述过的直面灵魂的"胡乱写作"的文学观念，体现的是评委会对莫言相对谨严考究的评判。

武汉大学张箭飞教授及其研究生的对谈《看得见的译者——葛浩文的莫言》通过对葛浩文的翻译与莫言原作的对比，提出了如下的命题：作为莫言英语世界最重要的翻译者，葛浩文在某种程度上通过对莫言作品的翻译在进行着自己的创作，也即莫言在英语世界里的意义与葛浩文创作式的翻译分不开。讨论主要就《红高粱家族》《丰乳肥臀》和美国 Viking Penguin 出版社 1993 年版的 Red Sorghum、美国 Arcade Classics 2012 年出版的 Big Breasts and Wide Heaps 英译本展开，研究者通过"从开篇、句法、段落、章节四个方面"对比细读，发现葛浩文对莫言的翻译并非忠实直译，"而是通过改写、删减、拆合、挪动等手法对原文本进行重新创作"：葛浩文用他的细心和扎实的中文学养在英语译文中用了不少的押韵，赋予了莫言小说的英文版一种节奏感和调性；他经常调换句子和段落位置，打乱原文的顺序，以符合英语的行文习惯；他把"《丰乳肥臀》原文第七章的内容整体前移，成了第二章，而且还删去了第七章后的'卷外卷：拾遗补阙'"，这个处理相比于原文，显得不但简洁而且富有余韵，有一种电影感的效果。质言之，经过他的翻译，英语呈现的莫言"透明而陌生"。

本年中同样立足于对葛浩文莫言翻译作分析的重要论文还有申丹的《生态翻译学视域下葛浩文翻译研究——莫言小说英译之旅》。该文借助生态翻译学的相关论述，指出葛浩文的翻译遵从"我喜欢""适合我译"这两个出发点，在作者、译者和目标读者间建立了一种和谐的翻译生态。而在具体的翻译过程中，葛浩文也在"语言维、文化维和交际维的三维转换"中做到一种动态的平衡，他"通过适当增译、减译、改译的方法，既保留了原文的主题和意象，也尽量实现了双语形神的契合"，他充分考虑西方读者对东方土地文化的好奇心和可能的兴趣，在翻译时"尽量传达等值的修辞、文化等信息"，也"尽量保留了原文的意象"。可以说，他的翻译做到了具体情境具体对待，成功地在莫言与语境完全不同的西方读者之间建立一座文化之桥。

周新凯和高方的《莫言作品在法国的译介与解读——基于法国主流媒体对莫言的评价》简述了"莫言作品在法国的译介历程"，法国是境外出版莫言作品最多的国家，也是被译介最多的中国当代作家，他的作品在"法兰西语境中获得了新的生命，有着与在中国不一样的解读"，这主要体现为如下三点：第一，莫言狂放的写作能力让人惊讶，同时，他风格的多元而又不可复制也使得他与众不同；第二，"莫言笔下的人物，是'世界性的'"；第三，"直面历史，莫言有敢于触及中国当代社会最尖锐问题的勇气"。这些解读在大处上与莫言在华语世界获得的评价一致，但是具体细节上还是能看到侧重的不同。比如，在法国最受欢迎的莫言作品是《酒国》和《丰乳肥臀》，因为法国读者从中读到某些"法国文学的特质"，从其对"历史的思考和描述方式中还看到了文艺复兴时期的人文作家拉伯雷的影子"。又比如，对不少读者而言，读莫言是为了"看中国现实在某种意义上被遮蔽了的黑暗面"。总而言之，"一方面，莫言作品在异域的不同解读有助于我们进一步认识其作品在原语国所忽略的方面，进而开启其作品在原语国被重新审视、解读与阐释的可能。另一方面，莫言的作品在被译介到法国的过程中，也经历了某种具有误读性的接受与解读过程"。

越南学者范文明的《莫言作品在越南的翻译与研究》介绍了越南对莫言小说的翻译情况、代表的翻译家，以及越南学界对莫言的研究现状。由于中越两国传统的渊源，有着"相近的文化情趣和历史情结"，对越南的读者来说，莫言的作品让他们感到特别亲切。而莫言在全球的影响力及特别的地缘关系，使得他的小说成为越南学界"新的学术增长点"，而且在"生与死""性与爱""新与旧"三个范畴中对越南年轻一辈的作家产生了重要的影响。

（四）莫言研究三十年回顾

从在文坛崭露头角到后来享誉世界，山东文坛和学界对于莫言这位乡党的关注和推介是不遗余力的，莫言的第一次作品讨论会、第一部作品研究资料汇编都是由山东评论家促成的。借莫言获得"诺奖"的东风，山东大学出版社在2013年策划出版了"莫言研究书系"，第一批共推出六种，分别是《莫言研究三十年》《大哥说莫言》《莫言弟子说莫言》《乡亲好友说莫言》《莫言研究硕博论文选编》《海外莫言研究》，多角度、全方位地展示了莫言研究三十年的丰硕成果。《东岳论丛》也在2013年6月"文学史上的鲁籍作家研究"栏目推出"莫言研究三十年回顾"专辑，对于这套书系及相关研究作了介绍。

山东社科院的张华教授在《〈莫言研究书系〉总论》中详细介绍了策划这套书系的来龙去脉，以及图书各卷的主要内容和学术价值。山东大学贺立华教授是莫言的老相知，也是国内较早开始莫言研究的学者，同时还是莫言执教山东大学时的合作导师，他的《莫言研究三十年山东学界佳话》从个人的视角深情回顾莫言自创作以来与山东学界的不解情缘，这种近距离的记录不以学术见长，但是留下相当珍贵的历史材料。

山东两位青年评论家丛新强和孙书文的《莫言研究三十年述评》将三十余年蔚为大观的莫言研究归结为七个研究向度，分别是"世界性""历史写作""民间性与乡土性""文本叙事研究""文本意蕴研究""兼具'专业'与'草根'特性的亲朋好友的近距离透视""问题与思路"。文章对于莫言学的意义和价值给予了充分的确认，认为"对于莫言的开放性研究，能够充分体现并揭示正在上升的文化自信及其民族自信"。而"从文学与文化的普世价值出发，探讨莫言作品对于世界文学和人类文明所作的独特贡献"，将构成莫言研究的永恒的推动力。文章对于莫言研究中出现的问题也予以揭举，在论者看来，最主要的问题就是"错位阐释"和"阐释不足"。前者表现为笼统和浮泛，即往往用大的"文化""理论""主义"来给具体而各有差异的作品贴标签，使得"文本往往成为脚注"。后者则表现为对于莫言作品的个案解说都落入莫言自我解说的引申和重复之中，并没有超越性的观点。莫言是位非常善于总结自己创作经验的作家，他在大量访谈和演讲中对自己的创作经历和重要作品有着细致清晰地读解,这种现身说法既为研究者提供了方便,提供了解读的可能思路,同时也对研究者提出了更高的要求,设置了更高的门槛,即要求研究者能跳出莫言创作与自我评价的阐释循环,找到自己的理解和声音。要避免上述两种研究的倾向,就必须"真正回归文本细读",从具体文本入手,通过细读的研究,规避"错位阐释"和"阐释不足"的两种偏颇,扎实推进未来的莫言研究。

莫言研究热在近些年来高校硕士博士的论文选题中也有鲜明的体现,据山东大学于红珍博士的《莫言研究三十年硕士博士论文综论》统计,从1997年到2012年,全国高校专论莫言的硕士论文有158篇,博士论文有9篇。于博士从"启蒙与历史反思""人物形象的系统研究""自由、生命意志及其他文化透视""研究方法的突破与创新""修辞学与叙事研究""中外文学互动的影响""问题和不足"等多个方面对这些研究成果进行了归纳,认为其中的一些论述颇能发别人未发之见,而文艺学、比较文学、日语、文字学等多学科的专业背景也较大地丰富和拓展了莫言研究的领域。

此外,刊载于《文学教育》2013年第6期的叶开的《莫言与新时期文学三十年》也是一篇综述性的回顾文章,作者从一个文学编辑和作家同道的角度来观照莫言的创作,他认为中国新时期文学三十年最重要的收获是"人道主义"及对其价值的持续思考和展开,而这也是看待莫言小说的一个根本着眼点。他将莫言小说创作的历程分为四个阶段:短篇小说《枯河》、中篇小说《透明的红萝卜》和《欢乐》、长篇小说《天堂蒜薹之歌》是第一阶段的代表作,其中的人道主义体现为"深切同情心和悲悯情怀";长篇小说《酒国》(1992)和《丰乳肥臀》(1995)是莫言文学创作的第二阶段,他在对中国近现代历史的叙说中,不仅有"对现实世界各种高低贵贱人物的同情,还有对历史中呈现出来的先辈和民族苦难的深切关怀";第三阶段是莫言任职《检察日报》时期,记者的身份让他接触到了真正的底层生活状况,赋予他的小说很多新的角度;第四阶段以《生死疲劳》和《蛙》为代表,小说里"深切的自我反思和自我救赎意识"使得这两部作品超越了"乡土小说"的狭隘范畴,小说里所体现出来的深刻宗教情怀和悲悯,在这个"虚无时代",具有更加深刻警醒的人道主义意义。

二 莫言研究存在的主要问题

（一）研究成果的同质化和重复化

2013年，研究界从莫言获奖的狂喜中走出，力图从更学理的层面探讨莫言创作的典范意义，也有了如前讨论的新的角度和现象，但是依然有不少的研究成果陈陈相因，无论是对莫言作品的整体概述还是具体作品的分析，无论是从审美风格上的把握还是思想题旨上的提炼，都是对学界已有的学术成果的反刍式描述，缺乏创见。比如，对莫言作品的新历史主义的分析、对其审丑的艺术用心的探讨，基本还是在20世纪八九十年代研究者提出的理论框架里打转，而没有更深入地分析莫言野史史观的历史学和诗学的意义。又如，莫言早在二十年前就主动提出要向给予他早期写作重要影响的两位大师福克纳和马尔克斯"告别"，但依然有为数不少的评论者用一种简单的比附和归纳，将莫言描述为"东方的福克纳和马尔克斯"，这无疑是对莫言丰富的文学民族世界的缩减。

（二）对莫言作品的个案分析过于集中于几个文本

莫言作品众多，其对小说文体的架构能力非凡，中短篇和长篇兼善。据中国知网数据统计，2013年，以《檀香刑》为研究对象的论文合计45篇，研究《丰乳肥臀》的文章44篇，研究《生死疲劳》的文章54篇，研究《蛙》的文章64篇，《酒国》的研究文章是15篇，《四十一炮》是7篇。而这一年中对莫言短篇小说作综合讨论的文章只有2篇，对中篇小说作综合讨论的是1篇，讨论戏剧《我们的荆轲》的文章是2篇。这组数据说明，对莫言作品的个案分析过于集中在几部社会影响较大的长篇小说上，对其艺术价值上并不逊色的其他长篇和中短篇的关注严重不足，而这也是造成研究同质化、观点重复的重要原因。莫言为评论界提供了一座宝贵的矿藏，依然需要有识者深挖。

（三）具有水准的大文化视野的研究相对匮乏

莫言的文学贡献是山东文化软实力的重要体现，莫言研究的深入也有利于弘扬山东地域文化，传承齐鲁文脉，但是前提是这种研究不是泛泛而论，而是基于对文化基因和精神脉络的还原，在较为宏阔的视野坐标中，通过对莫言的研究拓展山东文学和山东文化研究的思路与畛域。然而，评论界对莫言的研究更多地还是限于文学内部作为封闭体系的自我论证，对其小说中城与乡、伦理与信仰、历史与现实等种种关乎人类生存与思想的辩证元素尚缺乏深层的、开阔的思考和观照方式。

三 莫言研究的未来展望

莫言研究已经成为中国文学的显学，甚至有的学者建议像红学研究、鲁迅研究一样把莫言研究学术体制化。就2013年莫言研究体现的新现象和新的学术思路以及研究中呈现出的问题，我们认为，莫言的创作力依旧旺盛，对于莫言的研究在与时俱进，跟踪其最新创作的同时，也应对他已有的作品作出全面的、深入的评价分析，尤其需要在精与博之间保持一种辩证审慎的态度。

莫言的研究需要更精细的态度，这种精细不但是指学术思维上的缜密严谨，而且也指对研究对象选择的精心和匠心。莫言的作品数量众多，跨越多种文体，未来的莫言研究尤其应当注意他被关注不多的戏剧、散文和早期的长篇小说如《天堂蒜薹之歌》《酒国》等，对他的中短篇小说也不应局限于《白狗秋千架》《红高粱家族》等知名的几篇，可以时代为线索，考察其中短篇写作的文体变迁和人性主题的嬗变。同时在方法上，语言学、修辞学等侧重语体的研究有待加强，莫言研究的史料和一手资料的建设也有待开拓和完善。

"博"是指对莫言的研究可以关联齐鲁文化的研究，而这种关联既需要研究者具备文化人类学、比较文化学和生命诗学的学术自觉，又需要有对莫言作品、对齐鲁文化尤其是齐文化的熟悉与了解，只有这样才能避免虚泛的拔高和简单的比附，在文化肌理上透视莫言和山东地域文化母体的因缘。

我们相信，只要尊重学术规律，尊重观念创新，尊重文学和文化的传承，莫言研究的前景必然是广阔的，也一定能代表中国当代文学研究的高度。

B.23
2013年山东文化大事记

张 勇[*]

一月

8日 山东省电视艺术家协会主持人专业委员会成立。该委员会团结和吸纳省内从事电视节目主持工作的从业人员，提供服务，反映诉求，规范行业，开展电视节目主持艺术的经验交流、业务研讨、人员培训和评比等活动，不断提高节目主持人的行业素质，发展电视主持艺术。

10日 省委常委、宣传部部长孙守刚走访慰问部分老党员、生活困难党员和道德模范、"中国好人""山东好人"，号召全社会大力弘扬文明新风，学习身边的模范人物，努力营造向上向善、争当道德模范的浓厚氛围。

12日 作为山东文化强省建设的一项重要工程，"山东名人馆"在山东博物馆正式开馆。名人馆由省委宣传部、省文化厅、省文物局和省文联联合建设，希望通过展示现代山东名家的风范和作品，将名人馆打造成为社会主义核心价值观的宣传馆，公众感染心灵的道德馆，山东名人成就的展览馆，捐赠奉献的博物馆，优秀作品的艺术馆以及山东精神的文化馆。

13日 全省宣传文化工作会议在济南召开。会议学习贯彻全国宣传部长会议精神，总结去年工作，研究部署今年宣传思想文化工作任务。会前，省委常委会听取了全国宣传部长会议精神汇报，省委书记姜异康作了重要讲话，提出明确要求。省委常委、宣传部部长孙守刚出席会议并讲话，副省长张超超主持会议。姜异康指出，今年全省宣传思想文化工作要以学习宣传贯彻党的十八大精神为主线，坚持贴近实际、贴近生活、贴近群众，稳中求进、开拓进取，

---

[*] 张勇，山东社会科学院科研组织处。

切实做好各项工作；要深入开展中国特色社会主义宣传教育，不断巩固壮大主流思想舆论；要深入开展社会主义核心价值体系学习教育，弘扬沂蒙精神和新时期山东精神，深入推进城乡精神文明创建；要在更高起点上深化文化体制改革，推动文化事业、文化产业繁荣发展，组织开展好文化强省建设先进市县创建活动，全力以赴办好第十届中国艺术节；要进一步提高舆论引导水平，加强互联网建设、运用和管理。各级党委要高度重视宣传思想文化工作，加强组织领导，强化政策保障，推动文化强省建设不断开创新局面。

孙守刚强调，要切实把学习宣传贯彻党的十八大精神引向深入，继续组织好面向基层的宣讲活动，推动十八大精神入脑入心、覆盖城乡；统筹做好新闻宣传和对外宣传，加强互联网管理引导，为稳中求进、开拓创新、扎实开局提供有力舆论支持；积极培育践行社会主义核心价值观，深化公民道德建设"四德工程"，扎实推进精神文明创建和"乡村文明行动"；深化文化体制改革，推动文化产业跨越发展，繁荣文化产品创作生产，加快构建公共文化服务体系；着力转作风、正学风、改文风，加强宣传文化干部人才队伍建设，提高宣传思想文化工作科学化水平。张超超就贯彻落实会议精神提出要求，强调要提高思想认识，在强化组织领导上下功夫；抓好重点和关键，在工作突破上下功夫；切实转变作风，在务求实效上下功夫，以实际行动落实好宣传思想文化工作各项任务。

15日 全省社科联工作会议在济南召开。省委常委、宣传部部长、省社科联主席孙守刚出席会议并讲话。孙守刚指出，做好2013年的社会科学工作，要以认真学习贯彻党的十八大精神和省第十次党代会精神为主线，以打造山东社会科学新高地为目标，以提升我省社会科学研究实力为着力点，坚持贴近实际、贴近生活、贴近群众，强化基础、突出创新，在深化学习研究普及党的十八大精神、深化经济文化强省战略研究、深入开展社会科学普及、健全完善工作机制、加强人才队伍建设等五个方面下功夫，努力推出更多有价值的优秀成果，推动社会科学事业取得新的更大发展。孙守刚还强调，各级党委政府和宣传部门要高度重视社会科学工作，切实加强规划指导和组织协调，热情支持各级社科联按照章程开展工作，推动县（市、区）、高校、企业基层社科联建设，扩大社会科学工作覆盖面。深入实施社会科学创新工程,大力推进话语体系、学科体系、学术观点和科研方法创新。转变作风、端正学风、改进文风,把更多的社科资源投向基层,把更好的服务延伸到基层,让广大群众共享社科发展的成果,使社科工作真正做到接地气、增活力。来自各市、有关企业、高校,各省级社科界社团负责人等200多人参加了会议。

16日 山东省"基层公共文化服务提升年"活动正式启动。该活动旨在进一步完善基层公共文化服务体系建设,提升基层公共文化服务水平,为第十届中国艺术节的召开营造良好氛围。活动以创建基层公共文化服务品牌为抓手,强化设施建设、人才培养和活动开展,全面提升基层公共文化服务能力和水平。

17日 好客山东美丽齐鲁——"福牌阿胶杯"第七届山东旅游年会暨"好客山东贺年会"旅游金榜大型评选活动颁奖盛典在泰安举行。

18日 2012年度国家科学技术奖励大会在北京举行,山东省有26个项目获得国家科学技术奖励。其中潍柴动力股份有限公司开发的"重型高速柴油发动机关键技术及产业化"、山东泉林纸业有限责任公司独立完成的"秸秆清洁制浆及其废液肥料资源化利用新技术"、山东大学牵头完成的"硼酸盐激光自倍频晶体制备技术及其小功率绿光激光器件商品化应用"等9个项目获2012年度国家技术发明奖二等奖。由山东省农业科学院作物研究所完成的"超高产稳产抗广适小麦新品种济麦22的选育与应用"等17个项目获得2012年度国家科学技术进步奖二等奖。在山东省,由企业主导、高校和科研单位参与研发、实施后取得显著经济社会效益的成果占大多数,企业、高校、科研单位之间的协同创新成效显著,这也反映出山东省以企业为主体的创新体系建设不断完善,创新能力建设不断增强。

18日 2012年,山东省发明专利申请量达4.04万件,同比增长57.6%,占总的专利申请量的比重接近三分之一,比2011年提高8个百分点,首次位居全国第四位。

19日 中国广播电视协会电视剧导演工作委员会2012年会暨首届电视剧导演工作委员会表彰大会在济南召开。

21日 省直文化系统备战"十艺节"誓师大会在济南召开。会议提出要立下军令状、实行问责制、展示好形象、切实转作风，振奋精神，勇于担当，奋力拼搏，不辱使命，夺取"十艺节"办赛、参赛的全面胜利。

22日　全省"扫黄打非"工作电视电话会议在济南召开。会议认真贯彻全国"扫黄打非"工作电视电话会议精神，总结2012年的工作，部署2013年的任务。省委常委、宣传部部长孙守刚出席会议并讲话，副省长张超超主持会议。

23日　大众日报《大众金融》创刊。

二月

17日　尼山论坛组委会在北京召开第七次工作会议，尼山论坛主席、全国人大常委会原副委员长许嘉璐主持会议，尼山论坛副主席邢贲思、汝信、陈健、叶小文、邢运明、刘长乐、许琳、徐显明、陈秋途等出席会议。省委常委、宣传部部长孙守刚出席会议并讲话。孙守刚指出，尼山论坛作为我国积极参与世界文明对话、开展对外文化交流传播的原创高端平台，产生了越来越大的影响，迅速成长为对外宣传的著名品牌。特别是去年，尼山论坛走出国门，先后举办"巴黎尼山论坛""纽约尼山论坛"，均取得圆满成功。在第二届尼山论坛期间，尼山论坛组委会与联合国教科文组织和联合国文明联盟开展合作，在孔子诞生地尼山联合举办"世界文明对话日"庆祝活动，举行世界古文明国家国际合作会议、世界青年博士生论坛等。这些活动的开展，在国内外引起了较大的反响，尼山论坛的国际品牌地位得以确立和巩固。尼山论坛是山东文化强省建设的重要组成部分，前不久尼山论坛被确定为全省文化"走出去"六大重点工程之一。我们将进一步加大工作力度，努力把尼山论坛办出特色、办出水平、办成国际知名论坛。要全面启动第三届尼山论坛筹备工作，按照"小规模、高层次、大影响"的办会思路，真正把筹备工作做实、做细、做到位。尼山论坛组委会常设成员单位代表、中国新闻社、凤凰卫视战略支持单位代表等30多人参加会议。

21日　山东省委举办理论学习辅导报告会，邀请中央党校党史研究部副主任谢春涛教授，就深入学习贯彻党的十八大精神，增强中国特色社会主义道路自信、理论自信、制度自信作专题辅导报告。省委书记姜异康，省委副书记、省长姜大明,省政协主席刘伟出席,省委副书记王军民主持报告会。谢春涛教授在报告中从历史的角度对我们党成立90多年来的奋斗历程进行了回顾,对坚定中国特色社会主义道路自信、理论自信、制度自信进行了深刻阐释。报告主题鲜明,思路清晰,深入浅出,具有很强的思想性、理论性和指导性,对于更好地学习领会和贯彻落实党的十八大精神具有重要的帮助作用。王军民强调,要按照党的十八大作出的重大战略部署,更加坚定中国特色社会主义信念,更加坚定中国特色社会主义的道路自信、理论自信、制度自信,全面推进社会主义经济建设、政治建设、文化建设、社会建设、生态文明建设和党的建设。要认真总结前一阶段学习宣传贯彻十八大精神的成功经验,继续抓好十八大报告和习近平总书记一系列重要讲话的学习贯彻,坚持理论联系实际,学以致用,真正把学习收获转化为做好本职工作、推动事业发展的强大动力,为加快建设经济文化强省、谱写山东人民美好生活新篇章而努力奋斗。省委常委,省人大常委会副主任,副省长、省政府特邀咨询,省政协副主席,省检察院检察长,省武警总队司令员、政委;驻济省直部门(单位)、省管企业和中央驻鲁单位主要负责人,驻济高等院校党委书记,省直有关部门部分处以上干部等参加报告会。

22日 省文明委召开全省未成年人思想道德建设工作电视电话会议,省委常委、宣传部部长孙守刚出席会议并讲话。孙守刚指出,十八大把立德树人作为教育的根本任务。要以理想信念教育为核心,以公民素质培养为重点,以健全人格培育为基础,构建起学校、家庭、社会"三位一体"教育网络,多渠道多形式加强未成年人思想道德教育。要根据未成年人身心发展特点和教育认知规律,引导未成年人增强爱党爱国热情,提高思想道德素质,加强心理健康教育辅导工作,提升心理素质。要一手抓社会文化环境净化,一手抓少儿文艺作品创作生产,营造有利于未成年人健康成长的良好文化生态,推动更多的文体、科技场馆向未成年人免费开放。各级党委政府要把加强和改进未成年人思想道德建设工作列入重要议事日程,各级各部门按照任务分工要求,密切配合,努力为未成年人健康快乐成长提供良好条件,不断开创我省未成年人思想道德建设工作的新局面。

25日 "2013年好客山东贺年会"完美落幕。据测算,1月1日至2月

24日贺年会举办期间，全省共接待游客5272.8万人次，增长9.6%，旅游综合收入512.7亿元，增长10.6%。2013年的"好客山东贺年会"在用好春节文化民俗的基础上，更加突出温泉、滑雪等项目的"冷"优势，带动餐饮、购物等非"游"消费的繁荣，真正实现了山东旅游消费淡季不淡、淡季更旺。

由省政府设立、省文化厅具体承办的全省文化创新奖最高奖"山东省文化创新奖"正式出台评选奖励办法。省文化创新奖每两年评选一届，表彰30项文化创新优秀成果，每个获奖项目将获得5万元奖励。评选奖励办法自2013年3月1日起正式施行。文化创新奖的评选范围分为9个专业领域，包括公共文化服务创新、体制机制创新、文化产业、文化市场、演艺创新、文化遗产保护传承、文化科技、艺术教育、对外文化交流。其中公共文化服务中的先进模式、文化体制改革中的先进管理理念，以及文化产业发展、文化市场监管、文化遗产保护中的高新技术应用等，都可纳入评选范围。从评选标准来看，单位及个人都可以参选。省文化创新奖是对文化实践过程的奖励，授予对象为在文化行业各领域中以科学理论、科学方法、科学技术实施创新，为促进文化的创新发展作出突出贡献的单位及项目完成人。在文化实践过程中，对文化强省建设有重要推动作用，或在观念和理念、内容和形式、机制和体制等方面开展创新，并取得较大的社会效益或经济效益的，都可获得参选资格。省文化创新奖分别由各市文化广电新闻出版局、文化市场综合执法局、省直各文化单位、省直有关部门、高等院校等负责组织推荐、申报。申报时间距完成时间不超过三年，且在参评期间不涉及法律纠纷。相关方面专家学者将组成评审委员会进行评选，奖励经费和评选工作经费由省财政专项核拨。

26日 全省高校党建工作会议在济南召开。会议传达学习了第二十一次全国高校党建工作会议精神和省委书记姜异康对高校党建工作提出的新要求，对2013年全省高校党的建设工作作出部署。

27日 山东省利用世界银行贷款孔孟文化遗产地保护项目管理办公室与意大利海缔雅公司在山东博物馆签署咨询服务合同，世行项目咨询服务正式启动。该世行项目是我国第一个由世界银行贷款资助的文化遗产保护利用项目，也是山东省最大的利用外资进行历史文化遗产保护的主权债务项目。该项目总投资8.73亿元,其中利用世界银行贷款5000万美元,折合人民币3.33亿元,占总投资的38.19%。项目于2011年在美国华盛顿完成项目谈判、签订协议并获得世行董事会审批,进入实施阶段。项目实施周期6年,计划于2016年底完成全部工程建设。项目建设内容包括,文化遗产的保护与展示,既有孔府、孔庙、孔林、尼山文化遗产保护,曲阜明故城古建筑保护,鲁故城文化遗产保护、管理和展示,也有孟府、孟庙、孟林文化遗产的综合保护;历史古城区更新与基础设施提升,有曲阜明故城街区更新与基础设施提升、曲阜泗河拦蓄引水入城工程、明故城护城河和古泮池治理工程、邹城古城区更新等;规划及编制手册,有《曲阜历史文化名城保护规划》等。在内容设置上,该项目除包括古建筑维修和基础设施建设外,还设置了许多亮点工程,如孔孟文化数字信息系统、文化遗产解说标识系统、石碑石刻保护技术研究等。其中世界银行为山东省争取到意大利无偿赠款5万美元用于石碑石刻、木结构和彩绘保护的技术研究。

三月

1日 "山东好人——每周之星"十大年度人物评选结果揭晓。十大年度人物颁奖晚会由省委宣传部、省文明办、大众报业集团、省总工会、团省委、省妇联、山东广播电视台联合举办。全国道德模范代表许振超、李学海等为获奖者颁奖。省领导于建成、季缃绮、陈光出席颁奖典礼。评选出的"十大年度人物"分别是:中国人民解放军第二炮兵工程大学士官职业技术教育学院原副营职参谋沈星,青州市东夏镇双庙村农民郭庆刚,淄博市淄川区环保分局环境监察一科原科长孟祥民,邹平县台子镇姚家村姚希涛、王昆夫妇,蓬莱市船运大队退休干部王华堂,山东省纪委信访室正处级检查员谭明建,郯城县红花镇联伍村农民刘吉传,济南市历下区甸柳新村街道第一社区党委书记陈叶翠,通州建总集团有限公司烟台分公司原副总经理周江疆,菏泽市郓城县中医院职工高兴振。

3日 大众报业集团半岛传媒股份有限公司与青岛报业传媒集团有限公司签署战略合作框架协议。这是大众报业集团继潍坊、临沂、菏泽之后,第四次与市报携手合作，标志着山东报业整合取得重大进展，山东报业发展步入新阶段。省委常委、青岛市委书记李群出席仪式；省委常委、宣传部部长孙守刚出席并讲话，他代表省委、省政府对战略合作表示热烈祝贺。大众报业集团是国内具有重要影响力的综合性报业集团，综合实力已跃居全国报业集团第五位，在全国省报集团中名列前茅，旗下的半岛传媒是全省首家完成股份制改造的大型国有文化企业，在全省文化企业30强中位居前列。青岛报业传媒集团有限公司是青岛市直五大国有文化传媒集团之一，拥有《青岛早报》《青岛晚报》两张市场类报纸。此次合作，双方本着整合资源、互惠互利、共同发展的原则，合作成立青岛新报传媒有限公司，管理运营《青岛早报》《青岛晚报》，双方各占50％的股权。

4日 省文明委在济南召开纪念毛泽东等老一辈革命家为雷锋同志题词50周年座谈会，贯彻落实全国会议精神，总结交流学雷锋活动的经验体会，探讨学雷锋活动、学习宣传道德模范常态化的途径方法，安排部署学雷锋工作。会前，省委书记、省人大常委会主任、省文明委主任姜异康对全省学雷锋活动作出批示，省委常委、宣传部部长、省文明委副主任孙守刚出席座谈会并讲话。

山东省2013年"文化惠民、服务群众"16件实事公布。为深入学习贯彻党的十八大精神，满足广大基层群众日益增长的文化需求，省委宣传部会同省财政厅、省文化厅、省广电局、省新闻出版局，确定了2013年山东省"文化惠民、服务群众"16件实事，分别为：（1）实施乡村文明行动，建设500个乡村文明家园示范点。（2）弘扬凡人善举，在10000个村（居）建立善行义举榜（栏），倡导和鼓励村居、企业、机关和学校围绕社会公德、职业道德、家庭美德、个人品德建立公民道德档案。（3）发挥农村文化设施作用，对10000家农村文化大院进行优化升级。（4）提升国有改制文艺院团装备水平，为全省百家改制国有文艺院团更新配备演出器材。（5）扩大博物馆、纪念馆、图书馆、文化馆（站）和美术馆免费开放范围，创建百家优秀馆（站）。（6）加强爱国主义教育基地建设，扶持30个省级爱国主义教育基地改陈布展。（7）丰富农村少儿课外活动场所，为160所乡镇中心学校建设"乡村学校少年宫"。（8）满足农民群众学习需求，对5000个农家书屋进行数字化升级。（9）加强县域影视设施建设，为100家县级城市数字影院改善放映条件。

（10）振兴山东地方戏曲，建设20个山东地方戏曲示范基地。（11）实施基层公共文化辅导工程，免费培训10000名乡村文艺骨干。（12）传承优秀文化，继续扶持1000位"非遗"传承人、民间艺人"收徒传艺"。（13）实施农村公益电影放映工程，为农村（社区）放映公益电影100万场。（14）改善农村困难群众文化生活，为20000户农村困难家庭免费提供有线电视节目。（15）丰富农村文化生活，以政府购买服务方式为农村（社区）免费送戏10000场。（16）关心爱护道德模范和先进典型，为10000名全省道德模范和先进典型免费提供一次健康查体。

6日 第7届"应氏杯"世界职业围棋锦标赛决赛结束，来自齐鲁晚报棋院的16岁小将范廷钰执黑战胜韩国天才少年朴廷桓，以3∶1的总比分夺得冠军。这样范廷钰就成为中国最年轻的世界冠军，同时也成为齐鲁晚报棋院继江维杰和周睿羊之后的第三个世界冠军。

11日 曲阜鲁国故城列入全国首批考古公园立项名单。

12日 全省范围内的网络淫秽色情信息专项治理"净网"行动展开。此次"净网"行动的重点：一是集中清理网络文学网站、手机文学网站、网络游戏网站、视听节目网站、门户网站以及移动智能终端应用程序平台、在线视频播放软件、网络资源下载工具、网络游戏推广广告中含有淫秽色情内容的视听节目、网络广告动漫、图片和文字信息；二是集中清理论坛、贴吧、博客、微博客、社交网站、搜索引擎、网络硬盘、即时通信群组中的淫秽色情信息，以开展性教育、宣传性知识、推销性用（药）品为名等传播的淫秽色情信息；三是集中清理利用电脑、网络电视棒、网络存储器、手机存储卡等设备预装、复制、传播淫秽色情信息的电子产品销售商、维修店；四是将清理网络延伸覆盖至网下相关领域，大力清缴淫秽色情书刊、光盘等，特别是以未成年人为题材和传播对象的淫秽色情出版物。

15日 山东省文化系统在省图书馆、省博物馆、省艺术馆、省美术馆率先实施"大师引进工程"，以大师为引领形成高端学术科研团队，并结合事业单位改革探索建立全新的管理体制和运行机制，大幅提升"四馆"的文献学术研究、对外文化交流、社会教育水平和内部管理的科学化、规范化水平，力争多出成果、多出人才。经过积极沟通，聘任第九、十届全国人大常委会副委

2013年山东文化大事记

员长许嘉璐担任山东省图书馆名誉馆长,文化部党组成员、故宫博物院院长单霁翔担任山东博物馆名誉馆长,中国艺术研究院院长王文章担任山东省艺术馆名誉馆长,中国文联副主席、中国美术家协会主席刘大为担任山东省美术馆名誉馆长。省委常委、宣传部部长孙守刚在北京出席聘任仪式并向4位名誉馆长颁发聘书,副省长季缃绮主持仪式。

20日 山东省委党校举行春季开学典礼,省委常委、宣传部部长孙守刚出席并讲话。他强调,广大党员领导干部要深入学习贯彻党的十八大和全国两会精神,认真贯彻中央和省委要求,切实改进工作作风,密切联系群众,努力做党的群众路线的模范践行者。孙守刚指出,群众观点是马克思主义基本观点,党的群众路线是党的生命线,是党的根本路线、优良传统和政治优势,坚持群众路线是新时期的重大课题。贯彻群众路线必须着力解决突出问题,力戒浮躁之气、浮夸之风、浮华之累,在转作风、正学风、改文风上下功夫、见成效。孙守刚强调,党员领导干部要牢固树立群众观点,增进群众感情,站稳群众立场,把握群众需求,熟悉群众语言,甘当群众学生,讲求工作方法,回答解决好"为了谁""依靠谁""我是谁"的问题,把群众路线体现到忠实履行岗位职责上,落实到为人民服务的行动里,贯彻到推动科学发展、实现富民强省的实践中。

24日 中华文化促进会、枣庄市政府与台湾中华两岸文化创意发展协会达成合作意向,拟在枣庄创建中华两岸旅游文化产业交流基地。

25日 "天下第一泉"景区组建完成,正式挂牌。

山东省文化产业协会成立。省委常委、宣传部部长孙守刚出席成立大会并讲话。他指出,省文化产业协会要紧紧围绕促进建设经济文化强省这一中心任务,发挥好桥梁纽带作用,做好政府部门服务文化产业的有益补充,成为党委、政府推动文化产业发展的桥梁和纽带。要发挥好决策智囊作用,积极建言献计、出谋划策,为政府决策提供科学依据。要发挥好协调服务作用,使协会在更广领域、更大范围发挥作用,不断提高文化产业整体实力。要发挥好示范带动作用,会员之间要加强沟通、交流、合作,引导产业快速健康发展,力争实现双赢、多赢。要积极宣传中央和省委、省政府制定的相关方针政策,帮助企业增强产业发展的前瞻性,为推动全省文化产业持续健康发展和建设经济文化强省作出应有的贡献。省政府特邀咨询张建国担任山东省文化产业协会名誉会长，139家文化企业成为首批会员单位。

27日 全省文化产业工作现场会召开。会上通报，2012年全省文化及文化创意相关产业发展势头良好，预计全年文化产业增加值达到2720亿元，同比增长17.9%。尤其是文化与旅游融合发展"渐入佳境"，品牌效应开始显现。2012年，全省文化投入突破100个亿，同比增长32.57%，其中省级投入增幅高达66.77%，一批山东创造的优秀作品享誉全国，大大提升了齐鲁文化的影响力。截至目前，山东省已拥有1家国家级文化产业示范园区、1家国家级文化产业试验园区、12家国家文化产业示范基地、3家国家级动漫基地，5家省级文化产业示范园区，104家省级文化产业示范基地，年主营业务收入300亿元，主营业务利润70亿元，带动就业10多万人，示范引领和辐射带动作用明显增强。

29日 山东男篮喜获中国男子篮球职业联赛亚军。

30日 第16届山东宁阳梨花节开幕。

四月

2日 全省宣传部长会议在济南召开。会议传达贯彻全国宣传部长座谈会精神和中共中央政治局委员、书记处书记、中宣部部长刘奇葆同志在山东调研时的重要讲话精神，研究部署下一步宣传思想文化工作。会前，省委常委会听取了全国宣传部长座谈会精神汇报，省委书记姜异康作了重要讲话，提出明确要求。他说，意识形态工作是党的工作的重要组成部分。要充分认识意识形态领域斗争的复杂性、尖锐性，始终保持清醒头脑，切实增强政治意识、忧患意识、责任意识，加强正确引导和有效管理，牢牢掌握意识形态工作领导权和主导权。要深化十八大精神的学习宣传贯彻，抓紧抓好中国梦宣传教育，更好地用中央精神统一思想。要坚持党管媒体这一根本原则，坚持正确政治方向，把好舆论导向，在重大原则问题上旗帜鲜明、态度坚决、勇于担当，自觉与以习近平同志为总书记的党中央保持高度一致。要加强和改进互联网管理，进一步理顺体制，完善工作机制，加强技术能力建设，营造网上良好舆论环境。省委常委、宣传部部长孙守刚出席会议并讲话。他强调，要认真贯彻中央和省委决策部署，进一步统一思想、凝聚力量、激发干劲。要把十八大精神学习宣传贯彻引向深入，深入开展中国特色社会主义宣传教育和中国梦宣传教育。要牢牢把握正确导向，做大做强正面宣传，为经济文化强省建设营造浓厚氛围。要从具体事抓起，深化公民道德建设"四德工程"，深入实施"乡村文明行动"，加强公益广告宣传，扎实推进美德山东、文明山东建设。要深化文化体制机制改革创新，加快发展文化事业和文化产业，精心筹办第十届中国艺术节，全面推动文化繁荣发展。

全省社会主义核心价值体系建设"四德工程"北线现场观摩会议召开，与会人员先后在武城、无棣、利津实地观摩考察了"四德工程"建设情况。"四德工程"已成为山东省社会主义核心价值体系建设的有效载体和道德建设的品牌。全省17个市全部出台了加强"四德工程"建设的意见和规划，98个县（市、区）出台了规划方案，共确立34个"四德工程"建设市级示范县（市、区）、68个示范乡镇创建单位。

3日 国内首家展现史前文明的主题公园"太阳部落"开门迎客，该公园坐落于泰山南麓，汶河北岸，毗邻大汶口文化遗址。

青岛市召开加快旅游业发展大会，青岛市委、市政府主要领导出席。会议决定把打造国际化旅游目的地城市作为青岛旅游发展的新目标，建设面向世界全方位、全要素、全时空的旅游城市。

8日 世界上面积最大的牡丹主题公园——曹州牡丹园国家4A级旅游景区挂牌，曹州牡丹园观赏面积达1600余亩，拥有九大色系十种花型共1165个牡丹品种，其中具有百年以上树龄的古牡丹一百余株。园内还有芍药三百余个品种，建有国内领先的全自动控温、控湿的牡丹四季展览温室，游客可随时观赏盛开的牡丹。

9日 十艺节宣传口号和宣传画正式揭晓，省筹委会最终确定了"美丽中国梦，多彩十艺节"等8条宣传口号以及6套36幅宣传画。

10日 定陶灵圣湖汉墓高票入选由国家文物局、中国考古学会等选评的"2012年度全国十大考古新发现"。

13日 山东社科论坛——沂蒙精神与群众路线研讨会在临沂举行。中组部原部长张全景,教育部副部长李卫红,中共中央党校原副校长杨春贵、李君如,光明日报社总编辑何东平,山东省委常委、宣传部部长孙守刚出席会议并讲话。孙守刚指出,大力弘扬沂蒙精神是时代的要求、历史的必然。面对新形势新任务,广大社科理论工作者要进一步增强责任意识、担当意识,充分发挥自身优势,把弘扬沂蒙精神与贯彻群众路线有机结合起来,突破时间和地域,着眼内涵的挖掘、理论的概括、高度的提升,深入研究沂蒙精神的内涵特征、时代价值,深入研究弘扬沂蒙精神与贯彻群众路线的内在关系、重大意义,深入研究弘扬沂蒙精神、开展群众路线教育实践活动的方法措施,深入研究弘扬沂蒙精神对于实现中国梦的历史责任、使命要求,引导党员干部以弘扬沂蒙精神为动力,更加自觉地贯彻群众路线,更加主动地投身经济文化强省建设,为实现中国梦而奋斗。研讨会由光明日报社、省委宣传部、省社科联、省委高校工委、省委党校、大众报业集团、山东广播电视台、山东社会科学院、临沂市委主办,临沂市委宣传部、临沂大学共同承办。来自省内外各有关方面的专家、学者共160多人参加研讨会。

14日 省委常委、宣传部部长孙守刚到临沂市就深化党的十八大精神学习宣传贯彻进行调研。孙守刚强调,要把十八大精神学习宣传贯彻引向深入,往深处、细处、实处做,推动十八大精神进城下乡、进村入户、入脑入心。要把中国梦宣传教育作为一项重要任务,与中国特色社会主义宣传教育结合起来,组织开展富有特色、形式多样的主题教育活动,深入宣传中国梦的基本内涵、重要遵循和本质属性,引导人们把个人梦与中国梦统一起来,积极投身实现中国梦的生动实践,推动形成实现中国梦的强大精神力量。

山东大学国学大学堂正式成立。

16日 第十届中国艺术节第二批合作企业签约仪式在济南举行。省委常委、宣传部部长、"十艺节"省筹委会副主任兼秘书长孙守刚出席仪式并为赞助企业颁发荣誉证书;副省长、"十艺节"省筹委会副主任季缃绮为赞助企业颁发奖牌并讲话。中国移动通信集团山东有限公司签订了第十届中国艺术节高级合作伙伴赞助合同;山东航空股份有限公司、泰康人寿保险股份有限公司签订了第十届中国艺术节全程合作伙伴赞助合同;山东省邮政公司签订了第十届中国艺术节特别合作伙伴赞助合同。多家赞助商、独家供应商、特许经营企业也签订了第十届中国艺术节赞助合同。

第22届菏泽国际牡丹文化旅游节开幕,开幕式当天就有2.6万余名中外宾客涌入"中国牡丹之都"。文化旅游节期间,菏泽为游客奉献了40余项活动,除文艺演出外,还有中国菏泽投资贸易洽谈会、中国牡丹专题插花艺术暨中国牡丹商品展、首届中国菏泽芍药赏花旅游节、定陶仿山古庙会等活动。

18日 全省第一次可移动文物普查电视会议在济南召开,季缃绮副省长出席并讲话。他指出,此次可移动文物普查,对于全面掌握文化遗产资源,科学保护、合理利用文化遗产,加快文化强省建设具有十分重要的意义。要加强领导,科学组织,精心制定工作方案和标准规范,严格质量控制和数据审核,确保普查质量,要按照职责分工,各司其职,密切配合,形成工作合力。要按照属地管理的原则,细化分解责任任务,做到有部署、有检查、有考核。要以此为契机,健全完善文物保护政策和规划,提高全社会文化遗产保护意识,构建文物保护长效机制,推动文物保护工作再上新台阶,为加快经济文化强省建设作出积极贡献。

由山东省体育局、泰安市人民政府主办,山东省武术院、泰安市体育局、泰山风景名胜管委会承办的2013首届中国(泰山)国际传统武术节在泰山举行。本届武术节是山东省历届武术赛事中规模最大、时间最长、层次最高的一届国际综合性武术赛事。赛事共安排了20多项传统武术比赛,基本涵盖了国际国内开设的各类武术项目。有近20个国家和地区的300余名国际选手参赛,加上全国各省市1300余名选手报名参赛,整个赛事规模达到1600人以上。

19日 中国孔子基金会和孔子研究院战略合作协议签署暨中国孔子基金会曲阜办事处挂牌仪式在曲阜举行。中国孔子基金会和孔子研究院都是经中央和国务院批准成立的机构,专门从事儒学研究、传播孔子思想、弘扬中华优秀传统文化等工作。为充分发挥各自优势,形成合力,更好地推动孔子文化"走出去",双方协商建立战略合作关系,在学术研究、文化传播与交流、文化产业、国学推广与人员培训等方面进行全方位合作。

20日 第三十届潍坊国际风筝会开幕。来自国内外的100余支风筝代表队参加本届风筝会。国家体育总局副局长、国际风联主席冯建中出席开幕式并宣布开幕。本届风筝会共推出了风筝、旅游、文化、招商4大板块16项丰富多彩的主题活动，主要有万人风筝放飞表演暨第九届世界风筝锦标赛、全国运动风筝邀请赛，第三届中国画节·中国（潍坊）第六届文化艺术展示交易会，蓝黄"两区"建设重点项目推介会，潍坊滨海开发区投资座谈会等。

23日 第17届"山东青年五四奖章"评选结果揭晓，泰安市岱岳区良庄镇鲁岳农作物专业合作社团委委员马广超，威海市远航科技发展股份有限公司董事长王仕玮，交通运输部北海救助局救助队员王海杰等20名同志荣获本届"山东青年五四奖章"。另外，王巍等10名同志获得提名奖。

26日 由国家文化部、山东省人民政府、中华全国台湾同胞联谊会主办的山东名人馆"刘国松现代水墨艺术馆"开馆仪式在山东博物馆举行。文化部副部长董伟，省委常委、宣传部部长孙守刚，中华全国台湾同胞联谊会副会长纪斌，省人大常委会副主任宋远方，副省长季缃绮，省政协副主席王新陆等出席仪式并参观展馆。刘国松是台湾著名画家，祖籍山东青州，被国际艺坛公认为最具代表性的中国画家之一。2011年12月，刘国松被授予"中华艺文奖"终身艺术成就奖。作为"山东名人馆"的一部分，"刘国松现代水墨艺术馆"将永久展示刘国松捐赠的绘画作品，收藏半个世纪以来有关他的图书与艺术资料。此外，刘国松将"终身成就奖"奖金100万元捐给山东博物馆，设立"刘国松现代水墨艺术基金"。"刘国松现代水墨艺术"国际学术研讨会同日举行，来自中国内地、台湾和香港地区，以及德国、美国、韩国等国内外近20名专家学者参加。

由国家文化部、山东省人民政府主办的第七届全国话剧优秀剧目展演在山东剧院开幕。此次展演有来自全国25家话剧艺术院团（公司）的24台优秀剧目，分别在济南、莱芜的8个剧场先后演出48场。

27日 山东社会科学院发布了2013山东系列蓝皮书，围绕"全面推进新型城镇化""社区建设与基层治理""打造山东文化新优势"等主题对山东经济社会文化形势进行分析和预测。《山东经济蓝皮书》对2012年山东经济发展形势进行了分析，认为必须以新型城镇化作为扩大内需的总抓手，充分发挥城镇化拉动经济增长的巨大潜力，从根本上解决城市化落后于工业化的问题。《山东社会蓝皮书》系统总结和跟踪研究了2012年山东各地社区建设与治理结构的新进展，提出实行以城带镇，城镇联动，推动全省社区建设整体快速发展的社区建设和社区治理的总体思路。《山东文化蓝皮书》对2012年山东打造文化新优势取得的重大进展进行了回顾，提出必须通过激发创造活力、锐意改革创新、致力打造品牌等一系列举措来增强文化竞争力，提升文化发展的效益和质量，扩大齐鲁文化的国际影响力。

2012年诺贝尔文学奖获得者莫言正式受聘为山东大学首位讲座教授。

"情系雅安——山东百名书画家抗震救灾公益笔会"在济南举行，齐鲁书画家为支援四川雅安芦山地震灾区作出自己的贡献。

28日 山东省委宣传部制定出台《中国特色社会主义宣传教育工作安排实施意见》。意见指出，要牢牢把握学习宣传贯彻党的十八大精神的主题主线，紧密联系我省改革发展稳定的工作实际和干部群众的思想实际，宣传阐释中国特色社会主义的真谛要义，全面反映中国特色社会主义在山东的生动实践，不断增强全省广大干部群众的道路自信、理论自信、制度自信，在加快建设经济文化强省，实现富民强省新跨越的征程上，为全面建成小康社会，实现中华民族伟大复兴的"中国梦"提供强大精神力量。意见要求，深入宣传坚持和发展中国特色社会主义的丰富内涵，深入宣传"中国梦"的基本内涵、本质要求、实现途径，用"中国梦"汇聚发展正能量；深入宣传中国特色社会主义在山东的生动实践和成功经验，充分展示我省经济社会发展取得的巨大成就和人民群众的良好精神风貌。意见指出，要加大理论武装力度，要深入开展基层宣讲活动。要精心组织新闻宣传和网络宣传，开展"中国特色社会主义成就经验"大型主题采访活动。要以"我的中国梦"为主题，广泛开展"中国梦·劳动美""我的中国梦·争当青年岗位能手""做最美女性·扮靓我的中国梦""中国梦·中学行""红领巾心向党"等主题教育活动，引导人们坚定理想信念，构筑精神支柱，积极投身实现"中国梦"的生动实践。要加强文艺精品创作生产引导，以实现"中国梦"为创作主题，策划推出一批重点影视剧、舞台剧、歌曲、美术等文艺精品。意见强调，开展中国特色社会主义宣传教育是系统工程，是一项重大而长远的政治任务，要坚持把长远规划和阶段性安排结合起来，确保宣传教育取得实效。

省文明委全委会在济南召开，会议总结工作，分析形势，部署下一步我省精神文明建设工作。省委书记、省文明委主任姜异康出席会议并讲话。省委常委、宣传部部长、省文明委副主任孙守刚主持会议,副省长、省文明委副主任季缃绮传达中央文明委第一次全体会议精神。姜异康在讲话中指出,2012年以来,我省精神文明建设按照中央部署,突出学习宣传贯彻党的十八大精神这条主线,组织开展社会主义核心价值体系教育实践活动,开展"学雷锋,做山东好人"活动,实施"乡村文明行动",推进未成年人思想道德建设和志愿服务活动,各项工作均取得新的进展。姜异康强调,根据中央精神和我省实际,做好2013年精神文明建设工作总的要求是:坚持以邓小平理论、"三个代表"重要思想、科学发展观为指导,以学习宣传贯彻党的十八大精神为主线,以实现中华民族伟大复兴的中国梦宣传教育为主题,以社会主义核心价值体系建设为根本,加强思想道德建设,深化群众性精神文明创建,努力建设文明山东、美德山东,为提前全面建成小康社会、加快建设经济文化强省提供强大精神力量。姜异康要求,要深化党的十八大精神宣传教育,组织党员干部群众原原本本学习十八大报告和党章,深入开展中国特色社会主义宣传教育和中国梦宣传教育活动,凝聚为实现中国梦而奋斗的精神力量。要积极培育和践行社会主义核心价值观,努力探索社会主义核心价值体系建设的途径方法,积极培育和弘扬新时期山东精神。要善于运用和挖掘山东作为"孔孟之乡、礼仪之邦"的丰富传统道德教育资源,赋予新的时代内涵,着重加强道德教育,深入开展道德实践,不断深化"四德工程",推动形成良好社会风尚。要深入开展精神文明创建,坚持利民惠民抓创建,围绕加强社会管理抓创建,提升社会文明程度。姜异康强调,我省正处于由大到强战略性转变的关键时期。精神文明建设是推进经济文化强省建设的强大力量,同时也是强省建设的重要内容和目标。要加强组织领导,继续完善党委统一领导、党政群齐抓共管、文明委组织协调、有关部门各负其责、全社会积极参与的领导体制和工作机制,形成精神文明建设整体合力。省文明委各成员单位、各位委员要继续各司其职,密切配合,突出山东特色,努力开创我省精神文明建设新局面。省文明委有关成员单位作了发言。

30日 "相约十艺节、文艺走基层——第六届山东国际大众艺术节开幕式暨CBDF'中国杯'国际标准舞巡回赛"在济南举行。本届艺术节由省委宣传部、省文联主办,以"相约十艺节、文艺走基层"为主题,涵盖了戏剧、音乐、曲艺、舞蹈、民间文艺等11个艺术门类，推出舞台演出、艺术展览、群众文化活动、文化产品博览交易、艺术高端论坛等五大板块63项艺术活动，为第十届中国艺术节营造喜庆热烈的文化氛围。国标舞济南站比赛作为本届艺术节的首场活动，共有来自全国各地80余个代表队的800多名选手展开激烈角逐。

五月

2日 潍柴动力股份有限公司技术中心技术党总支副书记、三高试验队队长、党支部书记常国丽（女）等荣获第十七届"中国青年五四奖章"荣誉称号。

5日 由省委宣传部、省社科联、济南市委宣传部、济南市社科联、齐鲁晚报主办的山东省暨济南市第十届社会科学普及周活动在济南开幕。省委常委、宣传部部长、省社科联主席孙守刚出席并向"我的中国梦·宣讲进基层"活动代表授旗。省领导宋远方、季缃绮、王新陆出席活动。"社会科学普及周"把"贯彻十八大精神，同心共筑中国梦"确定为主题，并策划开展了四大板块活动：设计制作"图解十八大，放飞中国梦"主题展板，以图文并茂、简洁通俗的形式，阐释中国梦，在全省各地巡展；开展"我的中国梦·宣讲进基层"活动，组织社科专家深入农村、社区、机关、学校、企业开展宣讲活动，解读阐述中国特色社会主义与中国梦；利用齐鲁大讲坛，举办"放飞中国梦"系列讲座，深入阐释中国梦；利用科普阵地、科普读物，围绕中国梦这个主题开展各种形式的社科普及活动。

6日 山东省会城市群旅游联盟成立。该联盟由济南、淄博、济宁、泰安、莱芜、德州、聊城、滨州八个城市共同组成，作为加快省会城市群经济圈发展的破题之举，该联盟的成立标志着我省城市旅游合作进入区域组织化发展时代。副省长季缃绮出席成立大会并点亮山东省会城市群旅游联盟标识。成立大会上还签署了山东省会城市群旅游合作《济南宣言》。

7日 首届中国沂山文化节在临朐县沂山风景区开幕。

8日 2013中国（寿光）文化产业博览会开幕。

9日 由省新闻工作者协会、省新闻学会主办的2012年度山东新闻奖评选结果在济南揭晓。报纸、广播、电视等综合奖共评选出一等奖48件，二等奖99件，三等奖141件；报纸版面、新闻摄影、现场直播等14个专项奖共评选出一等奖33件、二等奖41件、三等奖62件。这些优秀作品反映了全省改革开放和社会发展的伟大实践，体现了山东省新闻界"三项学习教育"特别是"走基层、转作风、改文风"活动的丰硕成果。

10日 《汶川特大地震山东省救助援建志》正式出版发行。

11日 全省乡村文明行动调研座谈会在五莲县召开。省委常委、宣传部部长、省文明委副主任孙守刚出席会议并讲话。孙守刚说，全省乡村文明行动实施两年来取得了阶段性成果，农村整体面貌明显改观，农民群众得到更多实惠，精神文化生活更加活跃，社会道德风气向善向上。各级各部门要进一步认识乡村文明行动的重要性，层层落实责任制，建立常态化工作机制，把乡村文明行动的各项任务落到实处。在乡村文明行动的实施过程中既要突出重点，集中力量解决突出问题，又要常抓不懈，持续做好基础性、长期性工作，通过"百镇千村"示范工程、"乡村文明家园"建设、"新农村新生活"培训等项目教育影响提升农民道德素养，倡树农村文明风尚。要把生态优先理念体现在规划建设、产业、项目、政策、制度等方方面面，贯彻到农村精神文明建设实际工作中。要增强统筹规划和协同推进意识，坚持真抓实干、注重实效，充分尊重农民主体地位，结合各地农村的不同情况制定不同创建标准，分类推进实施，把好事办到群众心坎上。要加大宣传引导，进一步营造浓厚的舆论氛围，推动乡村文明行动迈上新水平。

山东省首家社交广播平台——山东经济广播手机客户端正式上线。

14日 《济南泉水志》正式出版发行。

18日 第十届中国艺术节文化部山东省第三次联席会议暨山东省筹委会第五次全体会议在济南召开，中宣部副部长、文化部部长蔡武，省委副书记、代省长郭树清出席会议并讲话，省委常委、宣传部部长孙守刚汇报了"十艺节"筹备工作情况，文化部副部长董伟主持会议。蔡武在讲话中充分肯定了山东省各项筹备工作。他说，"十艺节"筹备工作时间紧、任务重、头绪多，必须突出重点，抓住关键，确保各项活动顺利进行。全面落实中央八项规定，始终保持求真务实的工作作风和艰苦奋斗、节俭办会的工作理念，使"十艺节"既隆重精彩又节俭务实。高度重视场馆建设，进一步加快工程进度，确保高质量按时完成任务。进一步提高艺术创作质量，对参评剧目和参展作品精心修改打磨，推出更多优秀的舞台艺术作品。热情细致做好接待服务工作，统筹安排，精心设计，通力协作，周密实施，为"十艺节"成功举办提供坚强有力的后勤服务保障。郭树清在讲话中指出，山东省委、省政府高度重视"十艺节"筹办工作。各市和有关部门要切实抓好场馆建设改造工作，务必保证时间、保证安全和质量、保证服务功能。全力打造艺术精品，创作一批唱响中国梦、引领社会主义核心价值体系建设的精品佳作，打造一批具有浓郁地方特色、鲜明时代特征、独具齐鲁风格气派的艺术精品，充分展示我省文化改革发展最新成果。精心组织好开闭幕式等重大活动，体现国家水准，彰显山东特色。积极推进文化惠民，加大公共文化设施建设力度，完善公共文化服务体系建设，大力开展丰富多彩的社会文化活动。及早考虑十艺节后的场馆管理和利用，使其成为各地人民群众开展多种多样文化艺术活动的永久性舞台和场所。加强组织领导，搞好服务保障，坚持勤俭办节，营造良好氛围，以更加昂扬的精神状态，更加扎实的工作作风，全力以赴做好各项筹办工作，向党和人民交出一份满意的答卷。

由国家文物局、山东省人民政府主办的2013年"5·18"国际博物馆日中国主场城市活动在济南启动。开幕式上，蔡武、郭树清等为获得第十届全国博物馆十大陈列展览精品奖、2013年度最具创新力博物馆、国家二三级博物馆的单位颁奖和授牌，并颁发第一次全国可移动文物普查员证。国际博物馆协会确定，自1977年起每年的5月18日为国际博物馆日，2013年的主题为"博物馆（记忆＋创造力）＝社会变革"。本次活动期间，山东博物馆及省内各市博物馆举办了17个专项展览、41项特色活动、15场专题讲座。

山东省第三届全民健身运动会开幕式暨全民健身活动月启动仪式在淄博市体育中心体育馆举行，副省长王随莲出席并宣布开幕。本届运动会历时5个多月，遵循贴近群众、服务群众、惠及群众的原则，进一步向城市街道社区和农村乡镇等基层单位延伸，组织开展了太极文化推广周、健身技能展示培训、全民健身志愿服务等健身展示和服务活动，形成了上下联动、覆盖全省，周周有活动、月月有高潮的全民健身氛围。

20日 在第26届中国戏剧梅花奖大赛上，省京剧院演员刘建杰、省吕剧院吕淑娥喜摘中国戏剧表演艺术最高奖"梅花奖"。截至目前，山东省共有21人次荣获梅花奖。

22日 省委互联网舆论宣传工作领导小组工作会议召开。省委常委、宣传部部长孙守刚出席会议并讲话，副省长季缃绮主持会议。孙守刚指出，互联网日益成为舆论传播的主渠道，互联网宣传管理工作面临新机遇、新挑战。要牢固树立"一盘棋"思想，构建大舆论传播格局。要进一步完善体制机制，建立覆盖广泛、权责明确的工作体系，形成联动高效的运行机制，线上问题主动介入，线下问题积极查摆解决，积极回应网民关切，打造网上网下联动的工作机制。要加强和改进网络内容建设，围绕十八大精神、中国特色社会主义道路、"中国梦"、经济文化强省建设等重大主题精心组织宣传，弘扬主旋律，传递正能量。要突出工作重点，创新工作思路，持续开展净化网络环境"六大专项行动"，营造健康向上的网络环境。要积极促进传统媒体和新媒体融合，齐抓共管，同频共振。要着力提升舆论应急处置水平，加强官方互动发布平台建设，确保第一时间发布权威信息。季缃绮要求，各成员单位要进一步发挥牵头协调作用，按照会议部署要求，明确各自责任和目标要求，各司其职，协同配合，狠抓工作落实，切实把互联网建设好、利用好、管理好。

24日 由省对外友好协会、波兰驻华使馆和"十艺节"组委会共同主办的"2013波兰文化周"在济南开幕。副省长季缃绮和波兰驻华大使馆副馆长克什托夫·多布洛沃斯基出席开幕式。这是山东省和波兰间首次举行大型综合性文化活动，内容涉及波兰文化、艺术、美食等方面。

31日 山东省新闻道德委员会成立。在成立大会上选举产生了委员会组成人员，表决通过了《山东省新闻道德委员会章程》。省委常委、宣传部部长孙守刚出席会议并讲话。孙守刚指出，山东省新闻道德委员会是全省新闻战线的重要行业自律组织，其成立是山东新闻界的一件大事。成立新闻道德委员会是解决新闻道德领域突出问题、走群众路线、自觉接受社会监督、改进媒体管理方式、发挥行业协会作用的需要，一定要高度重视，行动要快，措施要实，机制要管用，成效要显著。要切实发挥好委员会职能作用，广泛听取社会各界意见建议，围绕《章程》规定的受理举报、评议案例、调查研究、决策参考、组织测评、推广典型等职能，想实招、办实事。要大力加强委员会的组织领导和制度建设，新闻宣传主管部门要切实负起领导责任，加强统筹协调，各地各有关部门要积极参与，使这项工作逐步走上科学化、制度化、规范化轨道。山东省新闻道德委员会当天召开了第一次全体会议，并向社会公布了举报中心电话：0531-85196067，邮箱：shengjixie@163.com，办公地址：济南市经十路16122号山东省新闻道德委员会办公室，受理社会各界对新闻机构、新闻从业人员新闻道德失范行为的举报。

六月

5日 "唱响中国梦、喜迎十艺节"山东省庆祝第八个文化遗产日系列活动在济南启动。全国人大常委会原副委员长许嘉璐、山东省副省长季缃绮等出席启动仪式并为获奖单位、个人颁证授牌。此次系列活动包括为省第三批非遗名录项目单位代表、第四批省民间文化艺术之乡单位代表、2012年省非遗保护工作十大亮点事项单位代表、十大模范代表性传承人、省十大非遗保护特色村（社区）负责人、省古籍保护先进单位和先进个人、第二批山东省传统技艺大师颁证授牌仪式，还包括省非遗优秀编撰出版成果展、省古籍普查成果展等主题展览活动。此外，全省各地也举办各类非遗和古籍保护宣传活动770多场次，参与群众800多万人，使广大人民群众近距离接触到我省非遗和古籍保护成果。

6~8日 全省乡村文明行动现场推进会在费县、滕州、曲阜举行。会议现场观摩了当地乡村文明行动开展情况，总结交流两年来全省工作情况，研究部署下一步工作。省领导孙守刚、季缃绮出席会议。孙守刚在讲话时说，乡村文明行动实施两年来，全省各级各部门重视程度不断提高，各项工作深化拓展，凝聚起各级各部门整体推进的强大合力，促进了农村环境面貌的明显改观，提升了农民文明素质和农村文明程度。新的形势对深化乡村文明行动提出了新的要求，各级各部门要进一步强化组织领导、凝聚工作合力、营造良好氛围，围绕培育新农民、建设新环境、倡导新风尚、发展新文化、创造新生活深入推进。在具体工作中要贯穿生态文明理念，狠抓环境整治，深入开展思想道德建设，突出文化特色优势，强化项目带动，推动乡村文明行动取得新成效，确保到2015年底实现"活动全覆盖、村村有新貌"，70%以上的村达到县级以上文明村标准。

9日 山东大学尼山学堂开课。

14日 中国首届自然国学学术研讨会在青岛召开。

15日 "十艺节"省筹委会第九次秘书长会议在济南召开，要求全面提升"十艺节"筹办工作质量和水平。省委常委、宣传部部长孙守刚，副省长季缃绮出席会议并讲话。孙守刚强调，"十艺节"筹备工作进入倒计时状态，要集中力量抓好重点工作，增强工作的系统性、预见性、协调性；要改进作风提高效率，完善工作责任制；要高度重视安全工作，细致排查可能出现问题的风险点，把问题消除在萌芽状态，确保安全万无一失。宣传报道工作要开阔视野、提升眼界，把"十艺节"放在建设文化强国的背景下来展现文艺繁荣发展的最新成果；要充分运用好网络新媒体，发挥其快捷互动的特点和优势；要突出展现"十艺节"对山东文化强省建设的带动和促进、对山东文化惠民的带动和促进、对山东经济社会发展的积极影响，切实把"十艺节"宣传不断推向高潮。季缃绮指出，"十艺节"筹办工作高效、扎实地向前推进，各项工作要突出"早"字，进一步明确分工和职责，分门别类地落实到人，圆满完成各项筹办任务。

由省文联主办的第六届山东国际大众艺术节论坛以"文艺与城镇建设"为主题，在青岛市城阳区进行了专题研讨。省文艺界、社科界和各市文联的专家学者40余人参加了论坛。

16日 首届鲁班文化节在滕州市举行。滕州是工匠祖师鲁班故里。首届鲁班文化节以"弘扬中华优秀文化，传承鲁班创新精神，打造中国创造之都"为主题，举办了纪念鲁班活动、传统文化高端讲座、大型动画片《小小鲁班》主要卡通形象发布仪式、城市雕塑征集大赛启动暨鲁班文化创意产业园展览馆揭牌仪式、滕州市首届青少年科技创新"鲁班奖"大赛颁奖暨鲁南科普创作基地揭牌仪式等主题活动。

中国创新设计文化展暨2013中国（青岛）工艺美术博览会日前在青岛国

际会展中心开幕。本届展会汇集世界知名书画家、国家和省市级工艺美术大师以及高中级工艺美术师500多人,展出面积近3万平方米,吸引了国内外700多家企业参展,是山东地区规模最大的工艺美术文化盛会。本届博览会上,中国工艺美术创新设计保护联盟正式成立。同时,展会还首次设立免费版权登记绿色通道、免费现场办理版权登记,最低为广大工艺美术师及市民节省60万元以上的登记费用。

17日 山东省召开电视电话会议,部署开展整治虚假低俗违法广告和打击网络淫秽色情信息专项行动。省委常委、宣传部部长孙守刚出席会议并讲话,副省长季缃绮主持会议。孙守刚指出,整治虚假低俗违法广告和打击网络淫秽色情信息是深入贯彻落实党的十八大精神,维护人民群众切身利益的重要举措,是关注和保障民生、维护媒体公信力的必然要求。各级各部门要进一步统一思想,提高认识,切实增强责任感和使命感,加强重点类别广告整治,加强重点地区广告治理,加强重大案件查办,加强网络淫秽色情信息的打击力度,加强相关领域的整治力度,不断提高专项整治工作的针对性。从6月中旬至9月,专项行动将重点整治打击医疗、药品、医疗器械、保健食品虚假低俗违法广告、宣称具有治疗作用的保健用品广告,净化网络中含有淫秽色情内容的视听节目、网络广告、动漫、图片和文字信息。省、市均设举报电话和网上举报信箱。

19日 全省文物保护工作专题培训班在济南举行开班仪式,文化部党组成员、故宫博物院院长、中国文物学会会长单霁翔作了专题讲座,副省长季缃绮出席并讲话。

20日 作为全国第一家以省级政府新闻办公室名义开设微信公众账号,山东省政府新闻办公室官方微博@山东发布、山东政务微博发布厅在新浪微博、腾讯微博、大众网众众微博同步上线。微信公众账号"山东发布"也同时开通。省政府新闻办官方微博将主要发布下列内容:省委、省政府重大战略规划、重大决策、重要活动;省里重要法规、规章、规范性文件、重要政策出台及执行情况;重大突发公共事件的相关信息;省直部门重要工作事项和公益性、服务性的民生信息、便民措施等。省政府新闻办公室主任王世农介绍,省政府新闻办官方微博将发挥"快"的优势,在第一时间发声,及时、准确地发布重要政务信息,并把省直部门和各市政务微博账号集中起来,建立山东政务微博发布厅,使微博发布厅成为"政务信息的集纳地"。目前,山东省有各类政务微博1.6万多个,有的政务微博粉丝过百万甚至数百万。山东省要求,承担民生任务多、社会关注度高的省直部门今年9月前都要开通政务微博,并入驻山东政务微博发布厅,其他省直部门和各市新闻办要在年底前全部开通政务微博,分期分批入驻山东政务微博发布厅。@山东发布网址:

新浪微博地址:http://e.weibo.com/shandongfabu/profile

腾讯微博地址:http://e.t.qq.com/shandongfabu

众众微博地址:http://zz.dzwww.com/3486638　微信账号:shandongfabu

省政府在山东大学召开高等教育座谈会,研究加快我省高等教育改革发展工作。省委副书记、省长郭树清主持座谈会并讲话。座谈会上,山东大学校长徐显明,山东师范大学校长赵彦修,山东中医药大学党委书记于富华,山东财经大学党委书记、校长刘兴云,青岛大学校长王安民,山东理工大学校长张新义,山东农业大学党委书记邢善萍,山东英才学院党委书记、院长夏季亭,滨州职业学院院长石忠先后发言。郭树清仔细听取大家意见,并与大家深入交流,详细了解情况。郭树清感谢大家对高等教育改革发展提出的意见建议。他说,教育工作十分重要,省委、省政府一直高度重视高等教育工作。多年来山东省高等教育发展取得了很大成绩,为全省经济社会发展作出了重要贡献,但与经济转型发展的要求相比还有很大差距,仍然是经济社会发展中的短板。人才、知识和创新是经济社会发展的决定性因素,必须把教育放在更加突出的位置,进一步加快高等教育改革发展步伐。

24日　由共青团山东省委主办,山东艺术学院、腾讯协办的山东省大学生"快乐创业"微电影大赛颁奖活动在山东艺术学院举行,50部优秀微电影作品脱颖而出,《十年》《一执一念》等影片分获各类奖项。

26日　全省互联网宣传管理工作会议召开。会议总结交流近年来全省互联网宣传管理工作,安排部署下一步工作。省委副书记王军民,省委常委、宣传部部长孙守刚出席会议并讲话,副省长季缃绮主持会议。省委互联网舆论宣传工作领导小组成员单位,各市、各大企业及省直有关部门、单位,省重点新闻网站负责同志参会。济南市公安局、大众网等七家单位在会议上进行了典型交流发言。

28日 省文化体制改革和发展工作领导小组会议召开，传达贯彻文化体制改革工作座谈会精神，总结经验、分析形势，研究部署下一步工作。省委常委、宣传部部长孙守刚出席会议并讲话，副省长季缃绮主持会议。孙守刚指出，要提高认识，把思想统一到中央和省委关于文化改革发展部署要求上来，坚定不移地深化文化体制改革，在新起点上加快推进文化改革发展。要不折不扣地落实好省委、省政府确定的改革方案，健全完善现代企业制度，积极培育骨干文化企业，分类推进文化事业单位改革，加快转变文化行政管理部门职能，健全完善国有文化资产管理体制机制，以深化改革破解难题、推动发展。要加快公共文化服务体系建设，以"十艺节"为契机推动全省整体创建国家级公共文化服务体系示范区、公共文化服务管理创新、"文化惠民"16件实事落实。要加快发展新型文化业态，推进文化产业重大项目建设，规划发展好文化产业园区，推动文化产业持续健康发展。各级各有关部门要强化组织领导，与群众路线教育实践活动相结合，切实转变作风，求真务实、真抓实干，推动文化改革发展各项工作落到实处。季缃绮强调要按照会议部署要求，进一步强化文化改革发展的政策措施，努力形成推进文化改革发展的强大合力。

第十届中国艺术节省筹委会在山东剧院举行"山东能源之夜"我们准备好了——"十艺节"倒计时100天文艺演出。

30日 由省社科联、山东社科院、省委党校、大众报业集团、山东广播电视台联合主办，山东省创新管理研究院承办的山东社科论坛举行专题研讨会，围绕"学习贯彻十八大精神，建设创新型山东"，就如何推动企业管理创新、社会管理创新、增强创新驱动发展新动力进行深入交流研讨。山东企业管理创新专家委员会、社会管理创新专家委员会同时成立。

七月

1日 共青团山东省委、山东省文化厅主办的首届山东省青年动漫创意大赛正式启动。

4日 第十届全国舞蹈比赛颁奖晚会在日照举行，我省《鼓子少年》获得

群舞组表演一等奖,在全国舞蹈比赛上实现历史性突破。

10日 省委宣传部党的群众路线教育实践活动动员大会召开。省委常委、宣传部部长孙守刚出席会议并讲话。孙守刚指出,要深刻认识教育实践活动的重大意义,切实把思想和行动统一到中央和省委重大部署上来。要紧密结合思想工作实际,认真贯彻落实教育实践活动的目标任务和总要求,使党员干部理想信念更加坚定,为民思想更加牢固,务实作风更加过硬,担当精神更加强化,清正廉洁更加自觉,进一步树立宣传干部的良好形象。要加强学习教育,增强宗旨意识和群众观点;聚焦作风建设,找准并着力解决"四风"问题;贯彻整风精神,积极开展批评与自我批评;抓好制度建设,建立健全长效机制。要切实担负起双重职责、双重任务,在抓好部机关教育实践活动的同时,精心组织好全省教育实践活动的宣传引导工作,营造积极健康向上的舆论氛围。要切实加强组织领导,严格落实责任,坚持领导带头、发挥表率作用,科学安排、有序推进,确保教育实践活动取得实效。

山东省首届"齐鲁书香之家"名单正式公布。

13日 第六届全球中华文化经典诵读大会在曲阜市开幕。

16日 第十二届全运会山东省代表团成立大会在济南举行。副省长王随莲出席会议并向代表团授旗。

18日 山东省方志馆聘任欧阳中石担任名誉馆长。副省长季缃绮出席聘任仪式并颁发聘书。欧阳中石是我国著名学者、书法家、教育家,出生于山东肥城市。

16~19日 省第27次社会科学优秀成果奖评选会议在肥城举行,会议共评选出获奖成果260项,其中,重大成果奖2项,一等奖20项,二等奖90项,三等奖148项。

20日 大型史诗歌剧《孔子》在山东剧院公演,首度唱响齐鲁。百人合唱、百人交响、阵容强大的声乐演员联手外国音乐家,为观众奉上一场视听盛宴。该剧由山东歌舞剧院联合独立制作人周建平及著名作曲家王宁共同制作,是转企改制后的山东歌舞剧院采取企业化、市场化、股份制的合作模式打造的作品。全剧分为四幕11场,通过"尼山圣晖""布衣孔子""杏坛讲学""问礼老子""夹谷会盟""堕三都""周游列国""子见南子""孔子归鲁""大爱无疆""圣人颂",串联孔子的一生,展现孔子的思想,还原一个走下圣坛的本真孔子。

21日 "十艺节"全国优秀美术作品展览山东预选作品展暨山东省重大历史题材美术创作工程作品展览在山东博物馆开幕。省委常委、宣传部部长孙守刚,副省长季缃绮出席并为入选作者代表颁奖。全国优秀美术作品展览是"十艺节"的核心展演比赛活动,山东省重大历史题材美术创作工程是省委、省政府为打造美术强省实施的重大文化工程。为冲刺"十艺节"全国美展,全省共创作作品6400多件,最终362件入选展览。为参加山东省重大历史题材美术创作工程,全省新创作作品1100多件,最终验收参展作品64件。这些作品立意鲜明,主题突出,技法精湛,锐意创新,代表了近年来我省美术创作的新成果、新水平。在这两项美术创作中,我省建立了文化、教育、文联、美协、院校等部门联合发动的工作机制,全省各地举办培训班680多期,展览场馆举办免费展览880个,服务群众1060万人次,真正实现了文化惠民。

25日 由文化部、山东省人民政府主办的全国曲艺优秀节目展演在滨州影剧院开幕。文化部副部长董伟,省委常委、宣传部部长孙守刚出席开幕式。曲艺是中华民族传统艺术宝库的重要组成部分。近年来,随着多种现代艺术样式的出现和快速发展,我国曲艺的传承和发展在一定程度上出现了"危机"。这次展演是文化部组织实施的全国曲艺扶持发展计划的措施之一,也是"十艺节"专业艺术单项评比展演系列活动之一,有利于依托"十艺节"品牌影响和宣传优势,提升曲艺品种的影响力和关注度,将为山东曲艺艺术的繁荣发展起到积极的推动作用。此次展演共有来自全国20多个省(自治区、直辖市)的54个节目进行演出,涵盖京韵大鼓、苏州弹词、河南坠子、四川清音等30余个曲种。其中,我省有山东渔鼓《孔子试徒》、山东快书《打洋行》等15个曲艺作品参加展演。

26日 "中国梦与儒家文化"学术研讨会在山东济南召开。与会专家学者从中国传统文化特别是孔子思想和儒家文化这个视角对"中国梦"的思想基础、智慧来源和未来实现等方面展开深入研讨。研讨会由中国孔子基金会、中央党校社会发展研究中心、山东社会科学院、山东大学儒学高等研究院、山东省齐鲁文化研究院和孔子研究院等共同主办,专家学者分别以《中国梦与儒学核心价值传承》《儒家大同理想与中国梦》等为题，进行了发言及讨论。

30日 全省文化体制改革工作座谈会召开。会议传达学习全国座谈会精神和姜异康书记在听取汇报后的讲话精神，交流经验、分析形势，研究部署下一步工作。省委常委、宣传部部长孙守刚出席会议并讲话，副省长季缃绮主持会议。孙守刚指出，经过十年改革攻坚，我省基本完成中央确定的阶段性重点改革任务，连续三次被评为全国文化体制改革工作先进地区，五级公共文化服务网络基本建成，文化产业规模实力不断壮大。站在新起点上，我省要攻坚克难，狠抓落实，不断提高文化建设整体水平。要扫尾清欠，全面落实既定改革方案，推动经营性文化单位建立完善现代企业制度，分类推进文化事业单位改革，加快转变文化行政管理部门职能，健全完善国有文化资产管理体制。要推进全省整体创建国家级公共文化服务体系示范区，推动公共文化服务管理创新和"文化惠民"实事落实。加快培育企业、项目和园区"三大载体"，大力发展新型文化业态和对外文化贸易。季缃绮要求，各级各部门要进一步统一思想认识，研究出台更务实管用、更优惠灵活、更有针对性和操作性的政策措施，共同为推进文化改革发展作贡献。

31日 中央文明委召开电视电话会议，安排部署提升中国公民出境旅游文明素质工作。全国会议结束后，我省就贯彻落实全国会议精神，提升全省公民出境旅游文明素质进行再动员再部署。副省长、省文明委副主任季缃绮出席会议并讲话。季缃绮指出，媒体网站要大力宣传普及出境旅游文明常识，旅游管理部门要建立文明旅游引导工作考评机制，各旅游公司、旅行社要加强前期培训，引导游客做文明旅游践行者。各级文明委要把提升公民出境旅游文明素质工作列入文明城市、文明行业、文明单位考核，推动各地修订完善市民公约、乡规民约、学生守则等具体行为准则。

八月

2日 国务院下发正式批复，同意将山东省烟台市列为国家历史文化名城。烟台市历史悠久，遗存丰富，文化底蕴深厚，名胜古迹众多，近代建筑集中成片，街区特色鲜明，城区传统格局和风貌保存完好，具有重要的历史文价值。

省政府召开全省乡村旅游电视会议,安排部署乡村旅游发展工作。副省长季缃绮出席会议并讲话。季缃绮指出,我省乡村旅游基础好、市场大、前景广。各级相关部门要将其作为增加农民收入、转方式调结构、统筹城乡发展的有效抓手,通盘谋划,强力推进,尽快把我省建设成为乡村旅游名省、强省。要坚持规划引领,高标准、高起点编制各级乡村旅游发展规划。要完善基础设施建设,为游客创造卫生舒适的环境。要提升服务质量,牢固树立以游客为中心的理念,提供热情、周到、诚信的服务。要强力宣传促销,不断拓展客源市场。要强化政策扶持,加大财政投入和信贷投放力度,用足用活土地政策,鼓励支持大型企业集团投资参与乡村旅游开发建设。要加强组织领导,强化督导检查,切实把各项工作落到实处。

3日 第六届山东省"泰山文艺奖"在济南评选结束,吕剧《断桥惊梦》等14件作品获得一等奖,歌曲《江南雨》等44件作品为二等奖,国画《重置的风景》等80件作品为三等奖,单项奖16项。

5日 省委举办马克思主义群众观点专题理论讲座,邀请中央党校党建研究部副主任张志明作报告。省委书记姜异康,省委副书记、省长郭树清,省政协主席刘伟出席报告会,省委副书记王军民主持。张志明长期从事党建理论教学和研究工作,是研究党建理论的资深学者。张志明的报告客观分析了开展党的群众路线教育实践活动的时代背景,全面阐述了党的群众路线的丰富内涵与时代要求,深入分析了影响党群干群关系的关键要素,系统回顾了我们党密切党群关系的光荣传统,对如何把握新形势下的党群关系提出了很好的思路对策。省级领导班子成员,驻济第一批教育实践活动单位主要负责人和部分省直机关干部参加报告会。

全国党校系统哲学年会今天在济南召开,中央党校副校长徐伟新,省委常委、宣传部部长孙守刚出席并讲话。本次年会由中央党校哲学教研部和省委党校共同主办,围绕"哲学创新与中国特色社会主义"主题,分"马克思主义经典文本与时代问题的结合""马克思主义理论武装的重大意义""哲学创新的历史使命""哲学创新的路径""中国梦的哲学思考""中国特色社会主义理论与中国梦的实现"等六个专题展开深入研讨。

8日 省住房和城乡建设厅和文物局日前公布了全省第三批省级历史文化名镇名村名单，章丘市相公庄镇、滕州市大坞镇、寿光市侯镇、安丘市柘山镇、曲阜市尼山镇、费县薛庄镇、苍山县兰陵镇、沂水县泉庄镇等8镇；章丘市刁镇旧军庄村、双山街道三涧溪村；招远市辛庄镇大涝洼村、孟格庄村、高家庄子村，张星镇徐家村；安丘市辉渠镇雹泉村、黄石板坡村；昌邑市龙池镇齐西村；青州市王坟镇赵家峪村、五里镇井塘村、弥河镇上院村；安丘市石埠子镇庵上村；东平县银山镇南堂子村、东腊山村；邹城市石墙镇上九山村；沂南县马牧池乡长山古村；沂水县马站镇关顶村等18个村为省历史文化名镇、名村。该评选旨在更好地保护、继承和发扬我省优秀建筑历史文化遗产，弘扬民族传统和地方特色。标准是文物古迹和传统文化比较集中，能较完整地反映某一时期的传统风貌、地方特色，具有较高历史、文化、艺术、科学价值，现存有清代以前建造或在中国革命历史中有重大影响的成片历史传统建筑群、纪念物、遗址等，基本风貌保持完好。

9日 中国科学院国家科学图书馆（简称"国科图"）与山东省科学院在济南签署"共享文献情报服务合作"协议，并成立文献信息共享服务站。

27日 省委宣传部召开省直宣传文化系统领导干部会议，传达学习习近平总书记、刘云山同志、刘奇葆同志在全国宣传思想工作会议上的重要讲话精神。省委常委、宣传部部长孙守刚主持会议并讲话。孙守刚指出，习近平总书记的重要讲话，站在党和国家全局高度，深刻阐述了事关宣传思想工作长远发展的一系列重大理论和现实问题，进一步明确了新形势下宣传思想工作的方向目标、重点任务和基本遵循，是做好新形势下宣传思想文化工作的纲领性文献。全省宣传思想文化战线要把学习贯彻全国会议精神摆在工作首位，认真学习领会中央领导同志讲话精神，充分认识意识形态工作的极端重要性，切实增强责任感使命感。各新闻媒体要准确宣传解读全国会议精神和讲话精神。社科理论机构和理论工作者要做好学习、研究、阐释工作，推出一批学习理论成果。要以全国会议精神为指导，认真研究谋划当前和今后工作，进一步理清思路、明确任务，创造性地开展工作，不断提高工作水平。要把贯彻落实全国会议精神与开展群众路线教育实践活动、筹办好"十艺节"结合起来，圆满完成好各项工作任务。

28~30日 第二十届北京国际图书博览会中国作家馆举办"山东主宾省"系列活动，全面推介山东文学和山东作家作品，展示山东各类文学创作成就，进一步促进山东文学事业发展繁荣。此次"山东主宾省"活动主题为"文学中国梦，齐鲁青未了"，包括四项内容："齐鲁文学再创辉煌"主题论坛，邀请全国著名作家、评论家，就齐鲁文学的发展历史、创作现状、特色及趋势走向等进行分析研讨；张炜长篇小说年编、散文年编新书发布会暨版权签约仪式；"文学鲁军新锐"与首都作家对谈会；赵德发传统文化题材作品研讨会。

31日 第六届山东省"泰山文艺奖"颁奖典礼暨第六届山东国际大众艺术节闭幕式在济南举行。此次泰山文艺奖共评出艺术作品奖154项，其中交响乐《胶东韵》、吕剧《断桥惊梦》、长篇电视剧《知青》等14项作品夺得一等奖。由省委宣传部、省文联主办的大众艺术节，以"相约十艺节、文艺走基层"为主题，组织广大文艺工作者深入基层奉献了50项、100余场各具特色的艺术展演活动，包括艺术展览、舞台演出、文化产品博览交易、群众文化活动等板块，为"十艺节"营造了喜庆的文化氛围。

九月

4日 全省乡村旅游规划编制对接洽谈会召开，从即日起到2015年，我省全面启动县域乡村旅游规划编制工作，每个辖乡村县（市、区）均须制定出台当地的乡村旅游发展规划。洽谈会一次性邀请30家旅游规划机构和132个县市区，部分县市区与旅游规划机构初步达成合作意向。此次县（市、区）乡村旅游规划的编制将分三年三个批次展开，2013年重点扶持30个县域先期开展规划编制，2014年将再推动安排90个县区，计划至2015年132个辖乡村县域全部完成规划编制任务。对于完成规划的县域，省财政将给予每个县（市、区）60万元的规划编制补贴费用；同时，为鼓励规划精品的出台，省旅游局将建立优秀乡村旅游规划评选奖励制度，每年拿出100万元对优秀乡村旅游规划成果进行奖励。

7日 由国务院侨办、山东省政府、青岛市政府、中国新闻社共同主办的海内外华文媒体高层峰会——第七届世界华文传媒论坛在青岛开幕。全国人大

常委会副委员长陈竺,国务院侨办主任裘援平,国务院新闻办副主任崔玉英,国务院侨办副主任何亚非,山东省委常委、青岛市委书记李群,山东省人大常委会副主任温孚江,山东省副省长邓向阳等出席开幕式。来自五大洲近60个国家和地区及我国港澳台的400余名华文传媒的领军人物,以及国内各主要新闻机构的高层代表600余位嘉宾聚会青岛,以"'中国梦'——世界变局与华文媒体的新使命"为主题进行高层对话,探讨海外华文媒体视野下的"中国梦",世界格局变化对海外华文媒体的影响,以及全球华文媒体如何携手"圆梦"。这也是该论坛首次在我国北方省市举办。论坛为期三天,举办了高端论坛、专题演讲、聚焦青岛城市推介会和实地参访等活动,并发表《青岛宣言》。

8日 由山东省社科联、大众报业集团、荣成市委宣传部共同主办的"山东社科论坛——荣成市开展诚信建设践行群众路线研讨会"在荣成召开,来自中央党校、山东社科院、山东省民意调查中心、山东师范大学等单位的专家学者参与了研讨。与会专家学者对荣成市自2012年以来开展的诚信建设活动给予了高度评价,认为这一活动是贯彻落实党的群众路线、践行全心全意为人民服务宗旨的良好载体,其做法和经验值得认真总结,同时对荣成市如何进一步完善诚信体系建设、更好地践行群众路线,提出了具体建议。

11日 2013年"百名法学家百场报告会"山东专场首场报告会在济南举行。省委书记姜异康出席报告会,省委副书记王军民主持。中央政法委副秘书长、中国人民大学教授姜伟作题为《中国特色社会主义法治发展道路》的报告。姜伟在报告中从历史与现实、理论与实践、中国与世界多个角度,系统阐述了中国法治历史进程和法治中国的基本要求、任务目标,深刻分析了中国特色社会主义法治的独特性和发展道路。省级领导班子成员,驻济省直部门(单位)主要负责同志等参加报告会。

12日 为深入贯彻党的十八大精神,紧密配合党的群众路线教育实践活动,省委宣传部组织编写的《永恒——沂蒙精神与群众路线》理论通俗读物,由山东人民出版社出版。全书共分六个部分:血肉联系、鱼水情深,坚持先进理论与坚定理想信念,人民利益高于一切,身体力行、为民爱民,人民群众是力量之源,大力弘扬沂蒙精神。该书深度挖掘了党赢得群众拥护的历史路径,揭示了党群关系良性互动的真谛所在,为各级党组织和党员干部加强理论学习和党性修养、开展党的群众路线实践教育活动提供了生动素材。

山东省召开乡村文明行动第二次现场推进会。省委常委、宣传部部长、省文明委副主任孙守刚出席会议并讲话，副省长、省文明委副主任季缃绮参加了观摩活动。孙守刚强调，要高度重视起来，主要领导亲自抓，舍得把钱花在基层、用在群众身上。要坚持依靠群众、"问政于民"，以农民群众满意为唯一标准，着力解决农民群众最关心、最紧迫、最直接、反映最强烈的问题。要把垃圾处理作为突破口，2014年上半年实现城乡环卫一体化镇村全覆盖。要着力推进农村生活方式改变，培养良好社会道德风气。他要求，要坚持科学规划、分类指导和示范引领，实施项目化运作，进一步扩大乡村文明行动覆盖面，力争使全省每个乡村都能有一个明显的变化，有一个较大的提高。

15日　"喜迎十艺节"黄宾虹作品巡展在山东博物馆开幕。此次巡展由省文化厅、省文物局及省文物保护与收藏协会主办，是黄宾虹作品首次在山东大规模、全系列亮相。展览集中展现了黄宾虹各个时期的精品书画、印章及画稿150余件，大量展品为其晚年艺术风格成熟期的作品，有近70%的作品是首次对外公开展出。

16日　省直文化系统离退休干部"唱响中国梦，喜迎十艺节"书画摄影作品展在省美术馆开幕。此次展览共展出省直文化系统20多个单位的181件作品，包括书法作品82件，绘画雕塑作品84件，摄影作品15件，这些作品展示了省直文化系统老干部"老有所学，老有所为，老有所乐"的良好精神风貌，也展现了广大离退休老同志喜迎"十艺节"的激情。

18日　省文化体制改革和发展工作领导小组会议召开。落实全国宣传思想工作会议部署，审议通过文化强省建设先进市县拟通报表扬名单，研究部署加快文化强省建设工作。省委常委、宣传部部长孙守刚出席会议并讲话。副省长季缃绮主持会议。孙守刚指出，文化强省建设先进市县创建活动是文化强省建设的创新举措和重要抓手，是宣传文化系统开展群众路线教育实践活动的有效载体。各地高度重视，热情很高，成效明显。要把文化强省建设先进市县创建活动持之以恒地抓下去，充分发挥其杠杆、导向和激励作用，不断完善管理办法和测评标准体系，进一步激发各地广大干部群众加快文化改革发展的干劲和热情，形成文化强省建设的强大合力。

28日 2013中国（曲阜）国际孔子文化节开幕式暨第八届联合国教科文组织"孔子教育奖"颁奖典礼在曲阜杏坛剧场举行。全国政协原副主席黄孟复宣布文化节开幕；省委常委、常务副省长孙伟出席，副省长季缃绮出席并致辞，省政协副主席王乃静出席。季缃绮指出，山东是孔子的故乡，儒家文化的发祥地。孔子所创立的儒家思想博大精深、源远流长，不仅成为中国传统思想文化的主流和骨干，塑造了中华民族的基本精神品格，而且超越时代和国界，成为东方文化的重要标志和世界文化宝库的重要遗产。2013年的孔子文化节，以"文化凝聚正能量、同心共筑中国梦"为主题，目的就是通过追忆先贤圣哲，汲取思想精华，弘扬中华传统文化，进一步增强海内外中华儿女的文化认同感和民族自信心，为实现中华民族伟大复兴的中国梦而努力奋斗。纳米比亚教育部成人教育局、孟加拉"达卡·阿萨尼亚慈善团"、科特迪瓦"知识让生活更美好"组织等获得今年的"孔子教育奖"。孙伟、王乃静为获奖者颁奖。本届孔子文化节包括癸巳年公祭孔子大典、第六届世界儒学大会、经贸合作高端恳谈会等活动。

十月

8日 "十艺节"全省安保工作电视会议在济南召开。省委常委、宣传部部长孙守刚主持会议并讲话，副省长邓向阳就"十艺节"安保工作进行安排部署。孙守刚要求，各级各有关部门要把"十艺节"期间的安全稳定工作摆在重要位置，始终绷紧安全这根弦，把安全工作做细做扎实。要认真落实安全工作责任制，把"十艺节"安保工作各项任务细化分解，落到实处，确保不留任何死角，不出现任何空档。对各项工作要进行全面的盘点梳理，把工作做得更加细致、更加扎实、更有成效，进一步夯实各项服务保障基础，为举办一届安全、欢乐、祥和的艺术盛会贡献力量。此外，邓向阳还对重点环节落实"十艺节"安保专项工作方案和应急预案提出了要求。

11日 第十届中国艺术节在济南省会文化艺术中心大剧院开幕。中共中央总书记、国家主席、中央军委主席习近平致信祝贺，向全国广大文艺工作者和海内外艺术家致以诚挚的问候，并预祝第十届中国艺术节圆满成功。中共中央政治局委员、国务院副总理、第十届中国艺术节组委会主席刘延东在开幕式上宣读了习近平的贺信,并宣布艺术节开幕。省委书记姜异康,文化部部长蔡武,省委副书记、省长郭树清,省政协主席刘伟,国务院副秘书长江小涓,省委副书记王军民等领导出席开幕式。文化部副部长董伟主持开幕式。蔡武在致辞中说,中国艺术节是我国规模最大、水平最高的艺术盛会,已经成为优秀作品争奇斗艳的园地、艺术家展示才华的舞台、人民群众欢乐喜庆的节日。本届艺术节将秉承"艺术的盛会、人民的节日"的宗旨,集中展示出全国艺术创作和文化建设的丰硕成果,为人民群众奉献更好更多的精神食粮。同时,按照"力求节俭"的要求,彰显"回归艺术本体、文化共建共享"的理念,开创举办国家级艺术节的新风。希望广大文艺工作者唱响主旋律,传播正能量,弘扬中国精神,凝聚中国力量,为建设社会主义文化强国、实现中华民族伟大复兴的中国梦谱写出新的辉煌篇章。郭树清在致辞中代表省委、省政府和全省人民,对各位来宾的到来表示诚挚欢迎。他说,"十艺节"在山东举办,是党中央、国务院和全国人民对山东的信任和重托,我们深感责任重大、使命光荣。我们将全力当好东道主,努力举办一届"更具特色、更加成功"的艺术盛会,为加快文化强国建设作出积极贡献。开幕式结束后,"十艺节"山东省重点推荐剧目——吕剧《百姓书记》精彩上演。该剧以寿光县原县委书记王伯祥的创业历程为素材,艺术地再现了寿光人民在党的领导下,面对改革大潮、敢于迎接挑战的历史。该剧制作精良、恢宏大气,剧情跌宕起伏,讲述了王伯祥冒着风险、排除万难,带领群众发展蔬菜市场、建设绿色大棚、开发寿北、改变贫穷落后面貌的感人事迹,展示出一名共产党员敢闯敢干、一心为民、把老百姓的事情当作爹娘的事情去办的公仆精神。精彩的演出不时赢得阵阵热烈的掌声。本次艺术节开幕式简约而不简单、节俭而不失精彩,一改过去请明星、聘大腕,追求大舞美、大制作、大场面的做法,摒弃舞台奢华炫目,彰显艺术本体魅力,呈现清新自然、淳朴简约之风。中央和国家有关部委领导,山东省有关领导,全国各省、自治区、直辖市代表团,港澳台嘉宾和外国来宾,知名艺术家和各界群众代表,山东省17市执委会领导等共约1700人出席开幕式。"十艺节"由文化部、山东省政府主办,历时16天,举办地包括济南、青岛等9市,各类演出近2000场次、展览活动约150个,共有2.8万名来宾到山东参与各项活动。"十艺节"期间,开展了第十四届"文华奖"和第十六届"群星奖"评选;举办了"全国优秀美术作品展览""2013中国(山东)演艺产品交易会"以及各类惠民展演活动。

第十二届全运会山东代表团总结大会在济南召开。会前,省委书记姜异康,省委副书记、省长郭树清会见了山东代表团代表。姜异康代表省委、省政府向全省体育健儿表示热烈祝贺,向全体教练员和广大体育工作者表示衷心感谢。省委常委、秘书长雷建国,副省长王随莲参加会见。在总结大会上,王随莲要求,全省体育系统要认真总结参加第十二届全运会的经验,研究制定体育事业发展的新规划,采取更加有力的措施,推动全省体育事业持续健康发展。要充分认识竞技体育与群众体育的辩证关系,广泛开展群众体育运动,打牢竞技体育的发展基础。要不断丰富竞技体育发展模式,提高科学训练水平,打造符合山东特点、具有山东特色的体育优势项目,着力提升山东省竞技体育综合实力。要大力加强体育行业作风建设,做好运动员文化教育和保障工作,切实解决影响体育事业可持续发展的关键问题。训练单位、运动员、教练员、科研医务人员代表作了发言。

12日 中共中央政治局委员、国务院副总理刘延东在山东调研时强调,要继往开来,改革创新,繁荣文化事业,振兴文化产业,推动文化大发展大繁荣,服务中国梦,让广大人民群众更好地享受文化改革发展的成果。省委书记姜异康,文化部部长蔡武,省委副书记、省长郭树清分别陪同调研。

山东省庆祝老年节大会召开,第八届"山东省十大孝星"揭晓。新评出的"山东省十大孝星"是:19年如一日照顾社区孤寡老人,被称为社区老人"专职保姆"的张佩华;20多年先后照料父母、公婆、二叔公、三叔公6位老人的谢绍爱;照顾瘫痪母亲、生活不能自理的父亲、年迈的婆婆,牵挂痴呆的哥哥的61岁的刘淑清;长年照料患病父母,悉心照顾年迈爷爷的好医生刘玉堂;19年照料双目失明老公公,天天做饭端饭、扶老人去厕所、擦屎端尿的63岁的云玉华;带着90岁高龄的姥姥去教课,将自己的青春奉献给了三尺讲台的乡村女教师王荣;关爱老人,花巨资建设老年公寓,全力为老年人创造良好生活条件的居委会副主任张光梁;视入园老人为亲人,践行"老吾老以及人之老"的东营市九九阳光乐园园长孙淑华;倾力打造省一级老年公寓,每年为政府代养五保老人贴补资金60多万元的温永明；尽心赡养母亲和爱人的奶奶，每逢春节回老家给全村80岁以上的老人每人200元，以儿女之心对待离退休老同志的山东省地质矿产勘查开发局离退休工作处处长林承轩。

13日 "荀子思想现代价值"学术研讨会在荀子"两任兰陵令"的苍山县举行。来自国内及美国、韩国、澳大利亚等国的100余名专家学者会聚一堂，围绕教育、管理、哲学等领域共话荀子。本次会议由中国孔子基金会、山东社会科学院、临沂市主办。与会期间，海内外专家们还参加了兰陵荀子墓园开园仪式。

15日 由省委宣传部、省委讲师团主办的山东省"我与中国梦"百姓宣讲比赛决赛在济南举行。省委常委、宣传部部长孙守刚出席赛后的座谈会并讲话。

17日 山东文化产权交易所艺术交流中心、书画交易中心在日照七号画廊揭牌成立，这是山东文化产权交易所在省内设立的第一家文化交流平台。山东文化产权交易所是由山东产权交易中心和大众报业集团共同出资设立的文化资本对接平台，旨在广泛吸引社会资本投资文化产业，促进文化产权、产品跨行业、跨地区、跨所有制流通、配置、增值，加速文化创意成果转化，加强文化产权保护，催生文化领域的大龙头、大项目、大品牌，带动文化资源产业化和市场化。

19日 以"繁荣广告文化、服务科学发展"为主题的山东省第十四届广告节在烟台国际会展中心开幕。

21日 《山东年鉴》2013卷出版发行。年鉴主要收录2012年度全省的大事要闻，设"特载""大事记""全省概况"等23个栏目，共130万字。

22日 张荣同志任山东大学校长，徐显明同志不再担任山东大学校长职务，另有任用。张荣，男，1964年2月出生，1984年6月入党，1986年8月参加工作，南京大学半导体专业在职博士研究生毕业。曾任南京大学党委副书记、副校长，2010年4月至2013年10月21日任南京大学常务副校长。

24日 第三届中国湿地文化节暨东营国际湿地保护交流会议在东营举办。

25日 第十届中国艺术节"群星奖"颁奖仪式在威海市举行。中宣部副部长、文化部部长蔡武，省委副书记、省长郭树清，副省长季缃绮出席仪式并为获奖单位和个人颁奖。"十艺节"共评出220个作品类"群星奖"、110个项目类"群星奖"以及100位"群文之星",共有来自全国各地的884件作品、157个公共文化项目和117个"群文之星"候选人参评。山东省文化厅及济南市、青岛市、泰安市、烟台市和威海市被组委会授予了"第十届中国艺术节群星奖优秀组织奖"。

26日 第十届中国艺术节在青岛大剧院落下帷幕。中宣部副部长、文化部部长蔡武致闭幕词,省委副书记、省长郭树清出席并致辞。蔡武在致辞中说,本届十艺节主题鲜明,高潮迭起,硕果累累,展示了艺术成果,推动了艺术团体走向市场,扩大了文化惠民事业。十艺节坚持改革创新的精神,节俭办节,突出艺术本体,对当前和今后举办大型活动都具有示范意义。当前,文化艺术的发展面临着难得的历史机遇,让我们坚持以人民为中心的创作导向,坚守为人民服务的宗旨,运用丰富的艺术形式和手段,描绘艺术之花盛况的多彩画卷,讴歌人民意气风发的时代精神,书写文化强国建设的隽永篇章,为实现中华民族伟大复兴的中国梦作出新的更大贡献。郭树清在致辞中说,"十艺节"以丰富的内容、一流的水准、崭新的模式和社会各界的广泛参与,充分体现了办节宗旨,即"艺术的盛会、人民的节日"。"十艺节"的成功,从一个侧面展示了文化体制改革的丰硕成果,显现出艺术生产和创造活力迸发的崭新面貌。"十艺节"在山东举办,为我们加快山东经济文化发展增添了强大动力。我们将借助筹办"十艺节"形成的好思路、好机制、好作风,乘势而上,锐意进取,努力开创文化强省建设新局面。

28日 全省学习贯彻习近平总书记系列重要讲话精神理论宣讲骨干培训班开班,举办培训班的主要目的是深入学习习近平总书记系列重要讲话,培训理论宣讲骨干,安排部署宣讲工作。山东省社科理论工作者宣讲团同时成立。

29日 全省宣传工作会议召开。49个市县获评为首届文化强省建设先进市县,包括济南市、青岛市、淄博市、烟台市、潍坊市、泰安市、威海市、临沂市;济南市历下区、市中区、槐荫区、天桥区;青岛市市南区、黄岛区、城阳区、即墨市、胶州市;淄博市周村区、桓台县;枣庄市山亭区、台儿庄区;广饶县、垦利县;烟台市牟平区、蓬莱市、龙口市、莱州市;诸城市、寿光市、高密市;兖州市、曲阜市;泰安市泰山区、肥城市;荣成市、乳山市;日照市东港区、莒县；莱芜市钢城区；临沂市兰山区、河东区、沂水县；齐河县、武城县；茌平县；邹平县、无棣县；菏泽市牡丹区、郓城县。

十一月

1日 2014年度全省重点党报党刊发行工作视频会议召开。会议贯彻落实中央和省委关于做好党报党刊发行工作的《通知》以及全国党报党刊发行工作视频会议精神，传达学习省委书记姜异康同志重要批示精神，动员部署2014年度全省重点党报党刊发行工作。省委常委、宣传部部长孙守刚出席会议并讲话。姜异康对做好2014年度重点党报党刊发行工作作出重要批示。孙守刚在讲话中指出，各级各部门要统一思想，提高认识，增强责任感和主动性，采取有效措施，切实完成好重点党报党刊发行任务。要在党委的统一领导下，把稳定增长的要求与不给困难单位和群众增加负担的要求统筹起来，按照职责分工，把工作做深、做细、做扎实，既全面完成2014年度重点党报党刊发行任务，又让基层和群众满意。

4日 全省学习贯彻习近平总书记系列重要讲话精神宣讲团分赴济南、青岛、德州、枣庄举行宣讲报告会，山东省宣讲活动正式启动。11月4～10日，宣讲团成员在全省各地举行了21场宣讲报告会。

15日 全省宣传部长会议召开，学习贯彻党的十八届三中全会精神和全国宣传部长会议精神，安排部署全会精神宣传工作。省委常委、宣传部部长孙守刚出席会议并讲话。孙守刚指出，学习宣传贯彻好十八届三中全会精神，是宣传思想文化战线的重大政治任务。要深刻领会、全面准确宣传全会精神，深入宣传全面深化改革的重大意义、指导思想、总体目标、基本原则和重大部署，宣传全面深化改革必须加强和改善党的领导，宣传十八大以来党和国家事业的新进展新成就。要精心组织新闻宣传，广泛开展集中宣讲，迅速兴起学习宣传贯彻全会精神的热潮。

山东省新闻界新闻奖颁奖报告会举办，庆祝第十四个中国记者节，表彰在2012年度新闻宣传工作中作出突出成绩的优秀新闻工作者。省委常委、宣传部部长孙守刚出席会议并讲话。在第23届中国新闻奖评选中，我省共有七件作品获奖,其中一等奖1件,二等奖3件,三等奖3件,新媒体网络作品连续五年获得一等奖。大会还表彰了2012年度山东新闻奖和全省"乡村文明行动"好新闻奖获奖作品。逄春阶、谭鲁民、肖国防等新闻工作者代表在会上作了典型发言。

19日 省政府在济南举行仪式,授予来自美国、加拿大等17个国家的24名外国专家2013年度"齐鲁友谊奖"。副省长孙绍骋到会讲话并为获奖专家颁发了奖章和证书。孙绍骋指出,山东省高度重视引进国外智力工作,各级引智部门围绕中心、服务大局,引进了大批高端、紧缺、急需的外国专家,为我省经济文化强省建设作出了重要贡献。各级引智部门要广泛开展国际人才交流合作,引进更多高层次外国专家。山东省自1993年开始设立"齐鲁友谊奖",至今已有391名外国专家获此荣誉。据统计,每年在山东工作的外国专家约2万人次,其中8人入选前三批"外专千人计划",居全国第6位。

23日 中央宣讲团党的十八届三中全会精神报告会在济南举行。中央宣讲团成员、中央政策研究室副主任潘盛洲作宣讲报告,省委书记姜异康主持报告会,省政协主席刘伟,省委副书记王军民出席。潘盛洲在报告中介绍了中央关于全面深化改革若干重大问题的决定起草情况和总体框架,深刻阐述了全面深化改革的指导思想、总体思路、重点任务和重大举措,围绕决定提出的新思想、新观点、新论断,结合实例进行了深入解读。潘盛洲同志的报告内涵丰富、生动深刻,联系实际、解疑释惑,具有很强的感染力,是一场非常重要、十分精彩的宣讲报告,对于深入学习领会十八届三中全会精神是一次重要的辅导。省级领导同志,省直部门单位、高校、省管企业和中央驻鲁单位主要负责人,省直机关、企事业单位干部代表和离退休干部代表,理论工作者,驻济高校师生代表,济南市机关干部代表等共约2000人在主会场参加报告会。各市设分会场,通过山东广播电视台公共频道进行现场直播。

23日 香港文汇报创刊65周年暨《一路相伴·携手同行——鲁港合作大事记》发布座谈会在济南举行,省委常委、宣传部部长孙守刚出席并致辞。《一路相伴·携手同行——鲁港合作大事记》由香港文汇报、香港文汇报山东办事处协同山东有关部门联合推出,从人口迁移、文化、经贸、慈善、教育等多个角度,总结了鲁港之间的交流史。

26日 山东省学习贯彻党的十八届三中全会精神宣讲团成立暨宣讲工作动员会举行，标志着我省全会精神集中宣讲活动正式全面启动。省委书记姜异康会前作出重要批示。省委常委、宣传部部长孙守刚出席会议并讲话。姜异康在批示中指出，集中开展党的十八届三中全会精神宣讲活动，是当前一项重要的政治任务。各级各部门要认真学习习近平总书记对宣讲工作的重要批示，精心组织多种形式的宣讲活动，实现全会精神宣讲广覆盖。希望参加宣讲的同志们吃透精神、把握政策、注重导向，紧密结合山东实际开展宣讲，帮助干部群众深刻领会全会精神，引导人们把思想和行动统一到中央要求上来，按照习近平总书记对山东工作的新要求，解放思想、开拓创新、扎实工作，为全面深化改革、加快建设经济文化强省作出积极贡献。孙守刚指出，成立宣讲团、开展集中宣讲活动，是学习贯彻党的十八届三中全会精神的重要举措，对于推动兴起学习贯彻全会精神热潮具有重要意义。

28日 全省新闻发布工作培训班举行。省委常委、宣传部部长孙守刚出席开班仪式并讲话，对进一步加强和改进新闻发布工作、推动党务政务信息公开作出部署。省委、省政府及省直有关部门和单位新闻发言人、新闻发布工作联络员、政务微博管理人员共230多人将参加为期两天的培训。

29日 全省坚决打击新闻敲诈行为专项整治和规范报刊征订专项整治视频会议召开。省委常委、宣传部部长孙守刚出席会议并讲话。

十二月

3日 全省宣传部长培训班开班。省委常委、宣传部部长孙守刚出席开班仪式并讲话。孙守刚指出，当前宣传思想文化工作站在一个新起点上，面临新形势新任务。全省广大宣传思想文化工作者要深入学习贯彻党的十八届三中全会精神，习近平总书记系列重要讲话特别是视察山东时的重要讲话精神，中央和省委关于宣传思想文化工作的重大决策部署，进一步统一思想、提高认识、增强责任感使命感，努力提高做好新形势下宣传思想文化工作的能力。要深刻认识意识形态工作的极端重要性，增强政治意识，提高政治敏锐性和政治鉴别力。要把抓导向作为第一责任，落实到工作各方面各环节，不断提高舆论引导能力,做到守土有责。要掌握科学的方法论,提高辩证思维能力,不断增强工作的科学性和实效性。要抓好理念创新、手段创新、基层工作创新,增强宣传文化事业发展活力。要树立担当精神,练就过硬的工作本领,切实把宣传思想文化工作各项任务落到实处。

18日 曲阜孔庙海峡两岸交流基地授牌仪式暨海峡两岸孔庙祭祀礼仪研讨会在曲阜举行。儒家思想是中华文明的重要组成部分和中华民族宝贵的文化遗产,对世界文明产生了重要影响。习近平总书记在曲阜视察时提出,要使儒家思想在新的时代条件下发挥积极作用。国台办批准在曲阜孔庙设立海峡两岸交流基地,为进一步发挥儒家思想的影响,积极促进两岸文化交流与认同搭建了一个全新的平台和载体。全力规划好、建设好、运用好曲阜孔庙交流基地,将为推动两岸交流合作和两岸关系和平发展作出新的更大贡献。

19日 中国海洋大学吴立新教授,当选中国科学院地学部院士;海军航空工程学院何友教授,当选中国工程院信息与电子工程学部院士;山东省农业科学院赵振东研究员,当选中国工程院农业学部院士。至此,住鲁院士总数增至40名。

22日 光明日报社、山东省委宣传部联合举办座谈会,学习贯彻习近平总书记视察山东时关于弘扬中华优秀传统文化重要讲话精神。光明日报社总编辑何东平出席座谈会,省委常委、宣传部部长孙守刚出席并讲话。孙守刚指出,习近平总书记视察山东时专门就弘扬中华优秀传统文化发表重要讲话,立意高远、思想深刻、内涵丰富,语重心长、言辞恳切,具有很强的针对性和指导性。要认真学习领会讲话精神、精读原文、融会贯通,做到真学真懂、真信真用、真抓真干,切实把思想和行动统一到讲话精神上来,深化对传统文化的研究阐释,加强宣传普及,大力推动齐鲁文化"走出去",推动形成弘扬中华优秀传统文化、建设社会主义先进文化的强大正能量。广大社科理论工作者要潜心修学、刻苦钻研,力争推出更多精品力作,共同为弘扬优秀传统文化、繁荣发展社会主义先进文化作出新的更大贡献。来自省内外的8位专家结合思想工作实际畅谈学习心得。省直有关部门单位负责人、省内部分社科研究机构和高校专家学者、中央驻鲁和省有关媒体负责人参会。

中央文明委公布了对127个全国文明城市(区)和提名资格城市进行城

市文明程度指数和未成年人思想道德建设工作测评结果。山东省10个参评城市均取得优异成绩，城市公共文明指数和未成年人思想道德建设整体水平显著提高。其中，临沂市这两项工作均获全国地级城市第一名。

25日 全国旅游景区质量等级评定委员会正式批准山东省沂蒙山旅游区为5A级旅游景区。该景区由潍坊沂山景区和临沂蒙山旅游区"合体"组成，是全国首个跨地市的5A级景区。山东省5A级景区数量至此增至9个。

30日 全省乡村文明行动领导干部培训班举办。省委常委、宣传部部长、省文明委副主任孙守刚，副省长孙绍骋出席并讲话。孙守刚要求，实施乡村文明行动要以贯彻落实中央精神为契机，以实现城乡环卫一体化镇村全覆盖为目标，从改变脏乱差状况着手，坚持连片推进，大力加强基础设施建设和环境治理，切实改善农村环境面貌和人居环境。要以"四德工程"为抓手，大力加强农村道德建设，不断提高农民群众思想道德素质。广泛开展"新农村新生活"培训，使现代意识、科学精神、文明理念植根农民群众头脑。深入实施文化惠民工程，继续办好"文化惠民、服务群众"实事。要突出地域文化特色，发挥农民主体作用，实施项目化运作，把农村环境治理向庭院居室延伸，把工作重点逐渐向提升农民素质转移，进一步提高乡村文明行动的水平。孙绍骋强调，要坚持政府主导、以城带乡、因地制宜、公众参与的原则，做好完善设施、落实人员、建立制度、搞好治理的工作，切实改善农村人居环境，加快推进城乡环卫一体化进程。

2013年山东旅游十大新闻正式揭晓。十大新闻分别是：

（1）旅游业持续健康快速发展，全省旅游总收入突破5000亿元。

（2）10月1日，我国首部《旅游法》正式实施。全省旅游公共服务设施建设加快，旅游质量水平明显提高。

（3）省政府出台《关于提升旅游业综合竞争力，加快建成旅游强省的意见》。

（4）省政府部署大力发展乡村旅游业。

（5）全省17市全部确立城市旅游形象品牌标识和宣传口号，经专业机构评估，"好客山东"品牌价值达到170亿元。

（6）旅游标准化年取得积极成果，指导各地落实《城市旅游公共服务设施规范》，推出60家省级旅游标准化示范单位。

（7）新媒体营销全面展开。搭建"好客山东旅游旗舰馆"营销平台和信息服务平台，走在全国前列。

（8）创新创建5A级景区模式，济南景区集群抱团申报"天下第一泉"，潍坊临沂跨区域联合创建"沂蒙山旅游区"，双双获得国家5A级景区称号。我省5A级景区达到9个，名列各省（市、区）第三位。

（9）确定胶东半岛滨海打造世界级滨海度假海岸目标，启动打造"仙境海岸"品牌，着手策划省会旅游城市圈、西部隆起带等区域旅游品牌。

（10）"好客山东贺年会"固化开展47项民俗节会活动。向海内外推出经典"到山东过大年"产品和贺年会旅游系列产品。

31日 十艺节组委会召开总结座谈会，全面回顾总结"十艺节"筹办工作的成功经验，对作出突出贡献的先进集体和个人进行表彰。省委书记姜异康，文化部部长蔡武，省委副书记、省长郭树清分别作出批示，肯定"十艺节"工作。省委副书记王军民出席座谈会并讲话，省委常委、宣传部部长孙守刚主持，副省长季缃绮宣读关于"十艺节"的表彰奖励决定。

2013年山东省十大新闻评选在济南揭晓［根据《大众日报》《齐鲁晚报》《大众日报（电子版）》摘编、整理］。这十大新闻是：

（1）习近平总书记来山东考察指导工作，全省掀起学习贯彻十八届三中全会精神热潮。

（2）全省深入开展党的群众路线教育实践活动，以实实在在的成效取信于民。

（3）山东"一圈一带"区域发展战略启动。

（4）山东成功举办"十艺节"，开启"节俭办节"新风尚。

（5）山东20条财政举措助推大气污染防治。

（6）全省优化营商环境，简政放权迈出大步伐。

（7）南水北调东线一期工程正式通水：长江水到达山东。

（8）山东实施"乡村文明行动"，农村环境面貌明显改观。

（9）全省实现17市异地就医即时结算，诸多政策惠及民生。

（10）"最美司机"宋洋感动齐鲁，"山东好人"大量涌现。

中国皮书网
www.pishu.cn

发布皮书研创资讯，传播皮书精彩内容
引领皮书出版潮流，打造皮书服务平台

栏目设置：

- □ 资讯：皮书动态、皮书观点、皮书数据、 皮书报道、皮书新书发布会、电子期刊
- □ 标准：皮书评价、皮书研究、皮书规范、皮书专家、编撰团队
- □ 服务：最新皮书、皮书书目、重点推荐、在线购书
- □ 链接：皮书数据库、皮书博客、皮书微博、出版社首页、在线书城
- □ 搜索：资讯、图书、研究动态
- □ 互动：皮书论坛

中国皮书网依托皮书系列"权威、前沿、原创"的优质内容资源，通过文字、图片、音频、视频等多种元素，在皮书研创者、使用者之间搭建了一个成果展示、资源共享的互动平台。

自2005年12月正式上线以来，中国皮书网的IP访问量、PV浏览量与日俱增，受到海内外研究者、公务人员、商务人士以及专业读者的广泛关注。

2008年、2011年中国皮书网均在全国新闻出版业网站荣誉评选中获得"最具商业价值网站"称号。

2012年，中国皮书网在全国新闻出版业网站系列荣誉评选中获得"出版业网站百强"称号。

权威报告　热点资讯　海量资源

当代中国与世界发展的高端智库平台

皮书数据库　www.pishu.com.cn

皮书数据库是专业的人文社会科学综合学术资源总库,以大型连续性图书——皮书系列为基础,整合国内外相关资讯构建而成。该数据库包含七大子库,涵盖两百多个主题,囊括了近十几年间中国与世界经济社会发展报告,覆盖经济、社会、政治、文化、教育、国际问题等多个领域。

皮书数据库以篇章为基本单位,方便用户对皮书内容的阅读需求。用户可进行全文检索,也可对文献题目、内容提要、作者名称、作者单位、关键字等基本信息进行检索,还可对检索到的篇章再作二次筛选,进行在线阅读或下载阅读。智能多维度导航,可使用户根据自己熟知的分类标准进行分类导航筛选,使查找和检索更高效、便捷。

权威的研究报告、独特的调研数据、前沿的热点资讯,皮书数据库已发展成为国内最具影响力的关于中国与世界现实问题研究的成果库和资讯库。

皮书俱乐部会员服务指南

1. 谁能成为皮书俱乐部成员?
- 皮书作者自动成为俱乐部会员
- 购买了皮书产品(纸质皮书、电子书)的个人用户

2. 会员可以享受的增值服务
- 加入皮书俱乐部,免费获赠该纸质图书的电子书
- 免费获赠皮书数据库100元充值卡
- 免费定期获赠皮书电子期刊
- 优先参与各类皮书学术活动
- 优先享受皮书产品的最新优惠

3. 如何享受增值服务?

(1) 加入皮书俱乐部,获赠该书的电子书

第1步 登录我社官网(www.ssap.com.cn),注册账号;

第2步 登录并进入"会员中心"—"皮书俱乐部",提交加入皮书俱乐部申请;

第3步 审核通过后,自动进入俱乐部服务环节,填写相关购书信息即可自动兑换相应电子书。

(2) **免费获赠皮书数据库100元充值卡**

100元充值卡只能在皮书数据库中充值和使用

第1步 刮开附赠充值的涂层(左下);

第2步 登录皮书数据库网站(www.pishu.com.cn),注册账号;

第3步 登录并进入"会员中心"—"在线充值"—"充值卡充值",充值成功后即可使用。

4. 声明

解释权归社会科学文献出版社所有

皮书俱乐部会员可享受社会科学文献出版社其他相关**免费**增值服务,有任何疑问,均可与我们联系

联系电话: 010-59367227　企业QQ: 800045692　邮箱: pishuclub@ssap.cn

欢迎登录社会科学文献出版社官网(www.ssap.com.cn)和中国皮书网(www.pishu.cn)了解更多信息

社会科学文献出版社　皮书系列

"皮书"起源于十七、十八世纪的英国，主要指官方或社会组织正式发表的重要文件或报告，多以"白皮书"命名。在中国，"皮书"这一概念被社会广泛接受，并被成功运作、发展成为一种全新的出版形态，则源于中国社会科学院社会科学文献出版社。

皮书是对中国与世界发展状况和热点问题进行年度监测，以专业的角度、专家的视野和实证研究方法，针对某一领域或区域现状与发展态势展开分析和预测，具备权威性、前沿性、原创性、实证性、时效性等特点的连续性公开出版物，由一系列权威研究报告组成。皮书系列是社会科学文献出版社编辑出版的蓝皮书、绿皮书、黄皮书等的统称。

皮书系列的作者以中国社会科学院、著名高校、地方社会科学院的研究人员为主，多为国内一流研究机构的权威专家学者，他们的看法和观点代表了学界对中国与世界的现实和未来最高水平的解读与分析。

自20世纪90年代末推出以《经济蓝皮书》为开端的皮书系列以来，社会科学文献出版社至今已累计出版皮书千余部，内容涵盖经济、社会、政法、文化传媒、行业、地方发展、国际形势等领域。皮书系列已成为社会科学文献出版社的著名图书品牌和中国社会科学院的知名学术品牌。

皮书系列在数字出版和国际出版方面成就斐然。皮书数据库被评为"2008~2009年度数字出版知名品牌"；《经济蓝皮书》《社会蓝皮书》等十几种皮书每年还由国外知名学术出版机构出版英文版、俄文版、韩文版和日文版，面向全球发行。

2011年，皮书系列正式列入"十二五"国家重点出版规划项目；2012年，部分重点皮书列入中国社会科学院承担的国家哲学社会科学创新工程项目；2014年，35种院外皮书使用"中国社会科学院创新工程学术出版项目"标识。

法律声明

"皮书系列"(含蓝皮书、绿皮书、黄皮书)由社会科学文献出版社最早使用并对外推广,现已成为中国图书市场上流行的品牌,是社会科学文献出版社的品牌图书。社会科学文献出版社拥有该系列图书的专有出版权和网络传播权,其LOGO( )与"经济蓝皮书"、"社会蓝皮书"等皮书名称已在中华人民共和国工商行政管理总局商标局登记注册,社会科学文献出版社合法拥有其商标专用权。

未经社会科学文献出版社的授权和许可,任何复制、模仿或以其他方式侵害"皮书系列"和LOGO( )、"经济蓝皮书"、"社会蓝皮书"等皮书名称商标专用权的行为均属于侵权行为,社会科学文献出版社将采取法律手段追究其法律责任,维护合法权益。

欢迎社会各界人士对侵犯社会科学文献出版社上述权利的违法行为进行举报。电话:010-59367121,电子邮箱:fawubu@ssap.cn。

社会科学文献出版社